존 웨슬리의 일기

KB191530

존 웨슬리의 일기

존 웨슬리 지음 | 나원용 옮김

kmc

존 웨슬리의 일기는 그의 회심 238주년이 되는 1976년에 상(上)권을 발간한 후 한국 감리교 100주년이 되는 1985년에 웨슬리 문고로 바꾸면서 상, 하 권 수정판을 낸 바 있습니다.

존 웨슬리는 신앙적으로 피폐했던 영국 교회에 새롭고 뜨거운 믿음으로 변화된 감리교회를 창시했을 뿐 아니라, 프랑스 혁명이 수만 명의 생명이 희생된 채 이루어졌으나 그의 기독교 사회 복음 운동은 피 흘림 없이 부패했던 영국 사회를 정화하고 산업혁명을 성공적으로 이끄는 위대한 공헌을 했습니다.

그는 회심 후부터(1738년 5월 24일) 잠시도 하나님과 이웃을 떠나서 살지 않았으며 새벽부터 밤까지 잠자는 시간을 제하고는 오직 복음 전도를 위해 전 생애를 바쳤습니다. 그가 복음 전도를 위해 걷거나 말을 타고 여행한 거리는 지구를 2바퀴 반이나 되는 거리였으며, 그가 교회에서든 거리에서든 행한 설교는 무려 50,000번이 넘었습니다. 그리고 그는 규칙쟁이(Methodist)란 별명을 듣기까지 정한 시간의 성경공부와 기도시간을 가졌으며, 오늘의 교회 부흥의 중요한 요건이 되는 소그룹 운동(속회)의 창시자였습니다.

그의 신앙과 신학을 따르며 살려는 우리 웨슬리 후예들인 감리교회 성도나 교역자는 이 책에서 웨슬리의 복음에 대한 확신, 복음의 뜨거운 경험, 끝없는 전도 열정, 참으로 진실하며 충성스러운 복음의 사역자의 생생한 삶을 접하게 될 것입니다.

그간 상, 하 권으로 발행하였던 일기들을 한 권으로 묶고 보다 좋은 판형으로 새롭게 출판했습니다. 모든 감리교도들이 읽고 오늘의 우리 사회에서 웨슬리의 삶을 살아가게 되기를 간절히 바랍니다.

1994년 8월 15일
이해석 목사

「존 웨슬리의 일기」 개정판 출간을 축하드립니다. 이 책은 존 웨슬리 회심 238주년을 기념하여 1976년에 처음 세상에 빛을 보았으니 무려 30년 만에 개정된 셈입니다. 물론 선교 100주년 기념으로 상, 하 두 권으로 출판된 바 있습니다. 처음 이 책은 젊은 나원용 목사님의 손길로 옮겨졌고, 개정판은 이제 원로가 되신 나원용 감독님의 가슴을 통해 옮겨졌습니다. 세월의 흐름에 따라 새롭게 단장하면서 웨슬리 유산은 더욱 손길 가까이에서 되살아나고 있습니다.

이 책이 다시 출판된 것은 존 웨슬리 탄생 300주년을 기념하여 한국웨슬리학회에서 '웨슬리설교전집'을 발행한 것과 함께 뜻 깊은 경사이며 감사한 일입니다. 존 웨슬리의 표준설교 53편을 포함한 150편의 설교가 모든 웨슬리안들에게 신학적 모범강령이 되었다면, 존 웨슬리의 일기와 편지 안에는 감리교인들의 심장을 여전히 뜨겁게 하는 신실한 삶과 정신이 담겨 있습니다.

존 웨슬리는 온 감리교인들에게 신앙의 모범이며, 모든 기독교인들에게 다시 영적 각성을 되풀이하게 하는 영성의 모델이었습니다. 특히 하나님의 말씀을 일용할 양식으로 삼아 살아가는 우리에게 웨슬리의 일기는 일용할 영성을 제공할 것입니다. 18세기 사람 웨슬리가 21세기를 살아가는 오늘 우리에게 말을 걸어오고, 내일로 향한 길에 동행한다는 것은 상상만 해도 가슴 뿌듯하며 흐뭇한 일입니다.

우리 감리교회가 2007년 영적각성 100주년의 해에 웨슬리 영성을 새롭게 주목하고, 평생 한결같이 희망의 달음질을 한 웨슬리의 신앙의 본을 닮으려는 뜻이 여기에 있습니다. 이러한 웨슬리의 유산이 오늘 우리에게 전달되는 것은 학문적인 노고와 경건한 성찰 그리고 나누고 섬기는 아름다운 사랑 때문에 가능합니다. 무엇보다 후학을 사랑하고 널리 나누려는 마음으로 이 책을 자비량으로 출판하신 나원용 감독님께 감사드립니다.

하나님께서 우리를 도우셔서 웨슬리의 가슴을 닮게 하시고, 그 경건의 삶과 사랑의 봉사를 배울 수 있도록 인도하시길 기원합니다. 그리하여 우리 감리교회가 "희망을 주는 감리교회"로서 웨슬리의 유언을 따라 정의와 사랑과 나눔으로 이루어지는 참된 하나님 나라를 이루며, 감리교인들이 "신실한 사람들"이 되어 성령의 능력을 의지하고, 경건한 삶 속에서 참된 기쁨과 행복을 발견하기를 희망합니다.

신경하 감독회장

차 례

Contents

존 웨슬리의 생애와 시대

제럴드 케네디

존 웨슬리의 인격을 그의 일기보다 더 잘 말해 주는 것은 없다. 그러나 존 웨슬리는 일기에 자신에 대한 몇 가지 사실들을 포함하지 않았다. 우리가 존 웨슬리에 대하여 더 객관적으로 살핀다면 이 세계에서 가장 위대한 일기를 잘 이해하는 데 큰 도움이 될 것이다. 그의 일기 중에는 18세기 영국에 관한 많은 사실들이 다루어졌다. 그러나 한 사람의 관찰로는 다 볼 수 없는 어떤 힘이 움직이고 있다. 그러기에 이제 우리는 그 당시를 어떤 한 사람이 경험할 수 있었던 것보다 더 큰 범위에서 살펴보겠다.

존 웨슬리는 대부분이 비국교도요, 강한 성격의 소유자이며 학자적이었던 조상들의 긴 가통을 이어받고 태어났다. 존의 부모님들은 모두 영국 교회로 개종한 사람들이었으며 다른 여러 개종자들과 같이 이들도 교회가 무엇이고 왜 그것을 믿는지에 대하여 지나치리만큼 분명한 견해를 가지고 있었다. 웨슬리의 조상들은 경제적으로 부유한 층에 속하지는 않았으나 그들의 취향으로 볼 때 언제나 국왕의 편이었고 기존 질서를 고수하려는 편에 섰다. 존 웨슬리는 언제나 왕당파였으며 미국 독립 운동가들에게는 동정적이지 않았다. 혁명에로의 소동이 일기 시작할 무렵에 그가 쓴 '우리 미국 거류민을 위한 중요한 연설'은 미국 거류민들에게 차가운 반응을 일으켰을 뿐이었다. 많은 일에 그렇게도 자유로웠던 그는 아버지 사무엘처럼 정치적으로는 퍽 보수적이었다.

사무엘 웨슬리 목사는 북 링컨서의 한,촌락인 엡워스(epworth) 교회의 교구목사였다. 그곳은 지리적으로나 문화적으로 그렇게 좋은 곳은 아니었다. 그 마을은 '액세름' 섬이라고 알려진 촌으로, 삼면은 강으로 에워싸여 있고 다른 한 면은 운하로 싸인 마을이었다. 저지대에다 습지라서 건강에 좋지 않은 곳이었다. 주민들은 도덕적으로나 문화적으로 평균 이하였으며 정치 지도자, 종교 지도자들에 대해 존경심을 갖지 않았다. 그곳은 사무엘 웨슬리와 같은 이가 행복하게 목회하기에는 세상에서 가장 어려운 곳이었다.

마음 맞는 친구들에게서 떨어져 나온 웨슬리 가족은 그들 스스로 사회생활과 그들 자신의 문화 경험을 쌓아올려야만 하였다. 주민들은 교구목사와 그 가족들을 소극적으로 싫어하는 정도가 아니었다. 웨슬리 가족이 그곳에서 40년간 사는 동안 웨슬리가(家)의 농작물은 불탔고 소들은 피해를 입었다. 그리고 마침내 목사관이 불타게까지 되었다. 존은 이 마지막 재화에서 겨우 건짐을 받았다(후에 존은 자신을 "불속에서 꺼낸 타다 남은 막대기"라고 말하였다). 존은 부모들이 도피하라는 유혹을 받았다면 주민들은 그에 대해 아무 반응도 보이지 않았을 것이다. 사무엘 웨슬리는 교구민들이 자신을 좋아하거나 말거나 상관없이 자기 일을 하기 위해 엡워스를 떠나지 않았다. 시를 쓰기도 하였고, 많은 빚을 지게 되어 1705년 투옥된 일도 있었다. 종교나 정치에 관하여 자신의 생각을 말하는 데 주저하지 않고 굽힘 없는 용기로 밀고 나간 사무엘 웨슬리는 마침내 교구민들에게 존경받기에 이르렀다.

수산나 웨슬리는 여러 가지 귀한 은사를 받은 여인으로, 마음씨와 능력은 정말 남편보다 나았다. 때때로 수산나는 자신의 강한 마음 때문에 타협을 거절하기도 하였으나, 많은 경우에 수산나는 남편이 자기 스스로 가정의 주인이라고 생각하게끔 이끄는 재치의 소유자였다고 한다. 훗날 그녀가 태어났더라면 수산나는 자신을 위해 더 나은 기록을 남길 수 있었을 것이다. 그러나 18세기 사람인 그녀는 자신의 삶이 자녀들, 특히 존과 찰스 두 형제를 통해 충족된 것을 알게 되었다. 수산나는 열아홉 남매를 낳았는데 그 중에 여섯 남매만이 살아남았다.

수산나의 교육철학에 "제 마음대로"라는 것은 전혀 없었다. 아이들을 조용히 울게 가르쳤고, 5세 생일에 알파벳을 배우고 그 다음 날 아침에는 창세기 첫 장을 읽게 할 정도였다. 한편 사무엘 웨슬리는 수산나가 자녀 중 한 명에게 같은 사실을 스무 번이나 되풀이하여 가르쳐 주었다고 지적하였을 때 "아이에게 열아홉 번 가르치고 거기서 그쳤더라면 그동안 모든 수고가 헛것이 되었을 것이다."라고 대답하였다. 그만큼 수산나는 참을성 있는 사람이기도 하였다. 물론 모든 자녀들이 이런 엄격한 교육으로 가르침을 잘 받은 것은 아니었다. 그러나 존에게만은 적중하였으며 그 모든 규칙들은 후에 귀한 일들을 이룰 수 있었던 존 웨슬리의 성품의 뼈대를 이루게 하였다.

존 웨슬리는 1703년 6월 17일에 출생하였으며 어려서부터 논리적이었다. 이런 성품을 별로 좋아하지 않았던 그의 아버지는 아들에게 "이 세상에는 그런 좋은 논리만 가지고 이루어진 일이란 심히 적단다." 하고 충고한 적도 있었다.

존 웨슬리는 1714년 버킹엄 공작의 지명으로 차터하우스 스쿨에 입학하였다. 그곳에서 그렇게 큰 인상적인 일은 없었다. 다만 존보다 덩치가 큰 아이들이 그의 식탁에 놓인 고기를 다 훔쳐가는 일이 있었다. 존 웨슬리는 후에 이 일에 대하여 그것이 아마도 자신의 건강 유지에 큰 도움이 된 것 같다고 기록하였다.

차터하우스를 마친 존 웨슬리는 옥스퍼드대학교에 입학하였고, 그곳에서 그의 일생 중 가장 행복한 시절 중의 한때를 누렸다. 그는 즐거운 사교생활을 하였고, 아주 이상하게 들리겠지만 빚을 졌다. 1725년 그는 포터 감독에게서 집사 안수를 받았다. 이렇게 존이 생의 단계를 거쳐 가는데 이상하게도 아버지에게서 별로 격려를 받지 못하였다. 그러나 1년 후에 존 웨슬리가 링컨대학의 '펠로우'(Fellow, 교수직과 행정직을 겸임하는 특별 연구원)로 선발되자 그의 아버지는 크게 기뻐하였다. 편지를 보낸 사무엘은 그동안 불안정하였던 재정 형편에 대하여 말한 후 "나 자신의 운명이 어떠한 것일지 하나님만이 아신다. 그러나 내가 어디 있든지 내 아들은 링컨대학의 '펠로우'다."라고 말하며 편지의 끝을 맺었다. 웨슬리가에서는 장학금에 대하여 큰 자긍심을 가졌다.

젊은 '펠로우'는 적당한 수입이 생겨서 즐거운 환경을 얻었고, 이로써 그에게 어울리는 삶의 터전이 마련된 것 같았다. 그는 얼마동안 학교를 떠나 아버지 교구의 설교자로 사역하였고, 어머니의 가정살림에 충고하는 것도 주저하지 않았다("내가 내 아이에게 가르침을 받아야만 하느냐!'고 어머니는 울먹였다). 그러나 1729년 웨슬리는 다시 대학으로 돌아와 거기서 희랍어와 철학, 논리학을 강의하였다. 동료들과는 달리 그는 맡겨진 일에 책임을 다하는 진실한 선생이었다.

그동안 그의 동생 찰스는 학교 안에서 비공식적인 클럽을 조직하였는데, 종교를 진지하게 연구하고 동료들의 윤택한 영적 생활을 돕기 위한 것이었다. 얼마 후에 존은 '신성클럽'이라고 불리는 이 모임의 지도자가 되었고, 이들은 '규칙쟁이'라는 별명을 얻게 되었다. 두 이름은 모두 비웃음 속에서 얻은 것이었다. 어느 시대에나 이러한 모임은 모두 호기심에 찬 눈들의 관찰의 대상이었는데 18세기 옥스퍼드대학교에서는 그들의 몸가짐을 정신이상자들보다는 좀 위의 것으로 여겼다.

신성클럽은 매 주일 밤마다 모이다가 곧 매일 저녁마다 모이게 되었다. 회원들은 교회의 회원들이었으며, 정기적으로 성찬을 받았다. 가끔 일주일에 두 번 이상씩 금식하며 경건한 서적을 읽었다. 또한 수감자들을 방문하고 빚진 자들을 감옥에서 풀어 줄 방법을 찾았으며 가난한 아이들을 가르치고 그들의 적은 소유를 자선사업에 기부하였다. 신성클럽은 곧 존 웨슬리의 주요 관심사가 되었으며 다른 회원들도 후의 그들의 생애를 보아 약한 사람들이 아니었다. 그들은 웨슬리의 지도를 아무 말 없이 받아들였다.

사무엘이 세상을 떠난 뒤에 존과 찰스는 1735년 아메리카 식민지를 개척

하던 제임스 에드워드 오글도프 장군과 함께 조지아 주로 떠났다. 찰스는 대령의 비서로, 존은 목사와 선교사로 갔다. 그들은 1735년에 항해를 시작하였고, 배를 타고 가던 중에 몇몇 독일 모라비아 교도들을 만났다. 존 웨슬리는 그들의 단순한 믿음과 확신에 깊은 영향을 받았다.

조지아에서 그는 아침 4시에 일어나 모든 시간을 연구와 상담, 설교와 기도, 그리고 자기성찰에 바쳤다. 그래서 그는 "일단 우리가 잠자리에 들면 파도가 친다거나 배가 흔들린다거나, 어떤 것도 하나님께서 우리에게 주신 단잠을 깨울 수 없다."고 말하였다.

그러나 조지아에서 겪은 경험은 성공적이지 못하였다. 인디언들은 그가 상상하였던 것처럼 순진한 자녀들이 아니었다. 개척민들은 그의 엄격하고 고교회적인 태도를 달가워하지 않았고 도리어 그를 독재자로 간주하였다. 한 여인과의 사랑은 잘못되어 쓰디쓴 법정투쟁으로 가게 되었다. 그는 자신의 높은 희망을 내던지고 자신만만하였던 자신을 땅에 던진 채 1738년 쓸쓸히 귀국 길에 올랐다. 그는 자신의 일기에 귀국 항해에 대하여 "나는 아메리카에 인디언들을 회개시키러 갔다. 그런데 누가 나를 회개시킬 것인가?"라고 썼다.

이는 웨슬리가 겪은 영적인 칠흑의 밤이었다. 식민지의 재무관들은 그에게 부과한 세금을 어김없이 받아냈다. 반면 그의 사임서는 지체 없이 받아들였다. 자신을 믿지 못한 웨슬리는 모라비안들에 대한 기억으로 젊고 학식 많은 모라비안 선교사 피터 뵐러에게 도움 받고자 하였다. 다소 의심되는 점이 있기는 하였으나 감리교회의 시조는 이 단순하고 경건한 모라비안에게 도움 받은 바가 컸다.

개인의 극적 체험의 중요성은 흔히 그 경험을 가진 사람이나 혹은 그것을 해석하려는 사람에게서 과장되기가 퍽 쉽다. 그러나 1738년 5월 24일 존 웨슬리의 일기 서두에 그는 비교적 조용하게 자세히 이야기하기를 "올더스게이트의 집회 도중 8시 45분경에 내 마음이 이상스럽게 뜨거워짐을 느꼈다."고 하였다. 존 웨슬리는 마음에 있는 모든 쓸데없는 갈등이 녹아 없어지고 하나님과 더불어 평화로움을 느꼈다. 그는 그때 그 경험으로 인해 넘쳐흐르는 기쁨은 없었으나 자신의 모든 죄를 씻음 받았다는 확신이 있었으며 하나님에 대한 신뢰는 그리스도 안에서 흔들림 없게 되었다고 말하였다.

로마 가톨릭교회의 벨기에 사제 맥시민 피에테 신부가 감리교인들은 이 사건을 지나치게 전설화하려고 한다고 생각한 것은 옳다. 그러나 괴로워하며 무엇인가 애써 찾아 헤맸으나 얻지 못해 답답해하던 한 사람이 확신과 자신감 그리고 영적으로 충만한 힘을 얻은 것만은 틀림없는 사실이다. 한 위대한 전도자가 태어났으며 이와 함께 미래의 전도의 물결이 일기 시작한 것이다. 웨슬리의 시련은 오랜 기간에 걸쳐 왔으며, 모든 면에서 그가 생각하는 것보다 훨씬 점진적인 과정으로 왔다. 아무도 이런 영적 사건을 바르게 이해할 수 없었으나 그 결과들은 사건 자체를 드러내기 시작하였고 이는 끊임없이 계속되었다. 웨슬리는 환상을 본다거나 못 본 이의 음성을 듣는 일들을 조장하는 그런 기질의 사람이 아니었다. 그는 고등교육을 받았고, 모든 것을 조사하고 분석하지 않고서는 받아들일 수 없는 논리적인 사람이었다. 어떤 몇몇 전도자들의 거칠고 절제되지 않은 감정적인 특징은 결코 웨슬리의 것이 아니었다. 기교 많은 정치가요, 문장가였던 호레이스 월풀이 1766년 웨슬리의 설교를 들었다. 월풀에게 감리교회는 '하나의 어리석은 새 빛' 이었지만 웨슬리에 대해서는 "놀랄 만큼 미끈한, 그러나 분명히 갤럭과 같은 배우다. 재주도 있었고 그의 설교는 웅변조였으나 마지막 부분에서는 음성을 높였고 아주 보기 거북하게 감정주의적인 모습을 보였다."고 말하였다. 그런 자료에서부터 왔기에 이는 설교자들의 절제에 대한 겉치레의 말이 될 뿐이다. 존 웨슬리는 신비적인 데에 기울지 않았고, 모든 신비주의자들에 대해 의심을 품었다. 그는 신비주의자들이란 자기 자신들의 개인적인 판단을 교회의 것보다 앞세우려는 사람들이요, 사람들을 언제나 진리로 이끌지 못하는 극단적인 개인주의를 따르는 사람들로 여겼다. 그는 언제나 목사였으며, 그가 어떤 목회자들을 비판할 때라도 결코 교회 자체를 비난하며 말하지 않았다.

웨슬리의 의사표현 방법은 1780년에 그가 발행한 찬송가 서문에 나타나 있다.

1. 이 찬송가들에는 빈약한 시가 없으며 서툰 것도 없고 운을 고치기 위해 넣은 것도 없으며 군더더기도 없다.
2. 과장이나 떠벌림이 없다. 그렇다고 해서 낮추거나 벌벌 기는 면도 없다.
3. 여기에는 유행어 표현이 없으며 뜻 없는 낱말도 없다. 우리는 상식을 말하며 산문과 시를 쓰고, 또 고정되고 결정적인 뜻으로만 낱말을 쓴다.
4. 여기에는 내게 그렇게 말해 주기를 바라며, 영어의 청순함과 박력, 어떤 능력의 소유자에게도 알맞은 단순함과 소박함이 있다.

이 사람에게 안이한 길이나 허술한 점이란 없었다. 그렇기 때문에 그 자신도 어리석은 사람들을 반갑게 대하는 것이 고통스러운 일이었고 참기 어려웠다. 그는 온전한 헌신과 일로 꽉 찬 하루를 기대할 뿐이었다. 비록 그가 수많은 설교자들과 평신도들의 충성과 애정을 받은 사람이었지만 결코 그를 받들기에 쉬운 사람은 아니었다. 그는 감리교 운동을 시작하였을 때부터 죽을 때까지 감리교 운동의 권위자였다.

웨슬리의 목회의 두드러진 특징은 단순한 마음가짐이었다. 그는 장기를 손에 잡고서는 결코 뒤를 돌아보지 않았다. 심지어 그의 가정을 견딜 수 없게 하였던 불행스러운 결혼이라도 자신의 의무와 과업 수행을 멈추거나 빗나가게 하지 못하였다. 그에게 가장 중요한 말은 "훈련"이었으며 시간 낭비는 가장 큰 죄였다. 그는 유복한 생활을 할 수 있었으나 말년에 자신의 회계 장부책에 기록하였던 대로 정확하게 계산하고 기록하며 살았다. "그러나 나는 할 수 있는 대로 많이 저축하고 할 수 있는 대로 많이 주려고 하며 그것이 내가 가진 모든 것임을 늘 확신해 온 것에 만족하기에 이제는 더 이상 이렇게 하지 않겠다."고 하였다. 이 사람이 바로 그의 활동을 역사가 랙키가 지적한 바와 같이 영국에 프랑스 혁명과 같은 비참한 혁명이 일어나지 않게 지켜낸 존 웨슬리다. 그는 종교와 정치계에 갱신과 개혁의 힘을 많이 끼쳤다.

18세기 영국은 도덕적으로 영적으로 심각한 상태에 있었다. 그 시대는 종교적 부흥을 위해 순조로운 시대가 아니었다. 정치인들은 부패하였고 상류

층은 시민의 의무나 사회적인 책임에 대해 응분의 사명감도 없이 자기 유익만을 좇고 있었다. 하류층에 속한 사람들은 술에 흠뻑 취하였으며 그 결과 1742년에 700만 갤런 이상의 값싸고 독한 술이 소비되었다. 또한 여행하는 것도 매우 불안하였다. 시골에는 노상강도가 들끓었으며 도시에는 많은 소년 범죄자들이 폭력을 휘둘러 거리를 무섭게 만들었기 때문이다.

해롤드 니콜슨이 그의 책 「이성의 시대」에서 지적한 바와 같이 국회란 특정 부류의 사람들만을 위한 대의기관이었으며 1832년 선거법 개정 후에는 아무 위신도 없었다. 어떤 대지주들은 11명 정도의 대의원 수를 조정할 수 있었으며 40명도 못 되는 유권자를 둔 선거구도 있었으나 거기에서도 대의원이 나왔다. 올드샐럼은 주민이 없으면서도 국회에 의원을 2명이나 보냈다. 그러나 크게 성장하고 있던 공업도시에는 대의원이 전혀 없었다. 그런 제도에서는 대의제를 갖춘 대영제국 정부로서 존경을 받을 수가 없었다.

아주 하찮은 죄에도 사형이 구형되는 곳에 조금이라도 사회정의가 있었다고 인정하기에는 오늘날로서는 매우 어려운 일이다. 놀랍게도 253개의 죄목이 사형에 해당되었다. 예를 들면 토끼 한 마리를 쏘았다거나 교량을 손상하였다거나 어린 나무 한 그루를 베었다거나 겨우 5실링 값어치 이상의 것을 훔쳤을 때 그런 죄인을 교수형에 처할 수도 있었다. 1816년에는 10명의 어린이가 사형집행을 기다렸다. 그러나 이러한 극단적인 상황에 대해 배심원측의 일방적인 반항이 있었기 때문에 수천 명의 죄수들이 그들의 생명을 구한다는 명목으로 해외 추방 선고를 받기도 하였다.

종교는 쇠퇴할 대로 쇠퇴하여 상류사회에는 멸시를 받았고 하류사회에는 관심권 밖으로 밀려났다. 왓슨 감독은 분명히 믿고 말하기를 "그리스도의 죽음 이후, 아니 이 세상 역사가 시작된 이후에 무신론과 불신앙이 이보다 더 공언된 시대는 없었다."고 하였다. 종교적으로 남아 있는 것은 대부분 형식뿐이요 생명 없는 것이었다.

영국 교회는 크롬웰에게 입은 타격에서 회생하지 못하였다. 성직자들이 개인적으로는 결코 찾을 수 없는 그런 곳을 찾아다니며 사는 동안, 감독들은 세상의 일로 여러 사람들 앞에서 말다툼을 하였다. 가난하고 교육받지 못하였으며 박봉에 허덕이는 보좌 설교자들이 많은 영국 교구를 섬겼으며, 그 교구의 수입을 받기는 하였으나 그것을 받을 만한 일을 하는 성직자들은 결코 만나볼 수 없었다. 아무도 모범을 보이기 위해 번민하는 사람은 없었고 많은 목회자들은 사냥을 다니거나 술 취하였다. 그러는 동안 교구민들의 영적 생활은 계속 쇠퇴하였다.

이런 모든 일들이 종교적인 열심주의와 비슷한 것에 대해 큰 의혹을 자아내게 하였다. 몇몇 지배계급에 속한 이들은 종교란 천민들과 교육받지 못한 이들의 질서를 유지하는 데 유용한 것이라고 보았다. 반면 그 맥없는 고요를 깨뜨릴지도 모르는 감정의 움직임은 전혀 원하지 않았다.

웨슬리의 아버지가 좀 더 그 시대의 전형적인 사람이었더라면 그가 교구민들과 그렇게 다투지는 않았을 것이다. 아마 교구민들을 될 대로 되라고 내버려 두었을 것이기 때문이다.

전 유럽에 걸쳐 영적 기근 상태가 드러나기 시작하였으며 종교적인 실재를 필사적으로 찾던 사람들은 차츰 그룹과 사회와 새로운 종파를 형성하게 되었다. 이런 새로운 모임에 모인 사람들은 누구나 다 진지한 마음을 가진 사람들이었다. 이들이 바로 비국교도들이었다. 이들은 종교란 주로 개인적인 양심상의 문제이지만 기성 교회가 다스릴 그런 성질의 것이 아니며 그렇게 되어서는 안 된다고 믿는 사람들이었다. 조지 폭스의 친구들의 모임과 퀘이커 교도들은 17세기에 나타났으며 그들은 한동안 혹독한 박해를 받았다. 그러나 1689년 신앙의 자유법이 통과되어 이 운동은 양적으로나 영향력으로나 모두 성장하였다. 그들이 확신한 종교는 개인적인 내적 경험에서 이루어졌다. 그들은 엄격한 신조를 갖지 않았으며 대개 야외에서 설교하기 시작하였다. 웨슬리 시대에 그들을 별난 사람들로 여기기도 하였으나 일반적으로 존경받았다.

이 세기에 침례교도들이 자라나고 있었다. 이들이 기성교회와 다른 점은 영아세례의 정당성을 부정한 점이었다. 장로교인들이 번성하기 시작하였는데 특별히 스코틀랜드에서 그러하였다. 그들이 사도직 전승을 부인한 점과 지역개체 교회가 그들의 목사를 선택해야 한다고 주장한 점은 진지한 종교

탐구자들에게 큰 감화와 지지를 얻었다. 그리고 그 당시에 뉴잉글랜드에서 큰 영향을 끼친 조합교도들도 있었다. 자연신론의 냉랭함에 환멸을 느낀 많은 사람들은 소시니안(Socinian), 몰리니스트(Molinist), 유니태리안(Unitarian) 등으로 전향하고 말았다. 헌팅턴 부인은 채플을 짓고 예배당 목사(Chaplain)를 임명한 후 헌팅턴 부인의 친교회라는 상당한 운동을 이룩하였다. 귀족들은 그들의 동료 중 하나가 부흥운동을 격려해야 한다는 것 때문에 놀랐으며 버킹엄 공작부인은 "그대가 저 땅에 기어 다니는 평범하고 가련한 자들과 똑같은 죄 많은 심령을 가졌다고 일컬어지는 것은 어처구니없는 일이다." 라고 기록하였다. 헌팅턴 부인은 그의 활동을 계속해 나갔으며 설교자들을 훈련하기 위해 신학교까지 설립하였다. 이 기관은 감리교인으로 차 있었으나 웨슬리는 졸업생들에 대해 비관적인 견해를 가졌다. 감리교도들과 헌팅턴 부인 사이에는 이러한 균열이 있었다.

대부분 이런 그룹들은 전국적인 큰 영향을 끼치지 못하였으나 지방 사람들의 종교적인 욕구를 충족시켜 주었다. 그러나 그들은 웨슬리 운동에 응답할 수 있는 중심점을 준비해 주었고, 부흥의 큰 물결이 이는 가능성을 열어주었다. 물론 실제로 그러한 부흥의 물결이 영국과 그 너머에까지 이르게 한 힘은 위대한 조직가 존 웨슬리와 찬송가 작가 찰스 웨슬리, 그리고 능력있는 설교자 횟필드 등에 의해 발동되었다.

새로운 교회를 창설한다는 것은 결코 그의 의사가 아니었음을 기록한다는 것은 매우 중요한 일이며 바로 그 생각이 그에 대한 공적인 비난을 일으키기에 충분하였다. 그는 끝내 영국 국교회의 사제로 세상을 떠났으며, 그와 미국 감리교도들과의 사이에 있던 날카로운 대립은 바로 그들의 점점 높아가는 분리론에서 온 것이다. 감리교회 회원들은 국교회의 회원들이었다. 또한 웨슬리는 그들이 모두 교회에 대한 서약에 충실하고 규칙적으로 그들의 교구 보좌 사제에게 신실하게 성찬 받기를 기대하였다. 존 웨슬리는 말년에 이렇게 기록하였다.

"감리교도들이라는 호칭을 듣는 사람은 아주 특별한 한 가지 사정이 있다. 그것은 아무나 그 회의 회원으로 받아들일 수 있다는 말이다. 그들은 회원으로 인정받기 위해 누구에게나 아무런 조건도 부과하지 않는다. 사람들에게 특별한 것이든 혹은 일반적인 구원의 확신이든 원하는 대로 갖게 하며 절대적이거나 조건적인 법이든 상관 말고 국교도이든 비국교도이든 장로교인이든 독립교도이든 원하는 대로 두어라. 그런 것은 장애물이 아니다. 사람들이 어떤 것이든 자기가 원하는 세례 방법을 택하게 하라. 그것이 그들을 받아들이는 데 걸림돌이 되지 않는다. 장로교인은 장로교인으로, 독립교도나 재침례교도나 다 자기들의 예배 방법을 사용하라. 그래서 퀘이커 교도든 또 다른 것이든, 아무튼 그것에 대해 논쟁하지 않을 것이다. 그들은 생각할 수 있고 또 마음대로 생각하게 해야 한다."

기성교회의 성직자들이 감리교회 설교자들에게 강단을 맡기지 않기 시작한 것은 놀랄 일이 아니다. 조지 휫필드는 야외에 나감으로 이 문제를 해결하였으며 거기서 수천 명에게 설교하였다. 그러나 웨슬리는 쉽게 이 길을 택하는 것이 어려울 만큼 철저한 국교도였다. 그래도 1739년 4월 2일에 브리스톨 교외의 한 산에서 설교하는 것을 족하게 여기게 된 것은 그의 친구들의 강권 때문이었다. 그러나 그는 자신의 일기에 적기를,

"오후 4시에 나는 좀 더 느슨해지기로 마음을 먹고 노상에서 구원의 기쁜 소식을 선포하였다. 도시에 인접한 땅의 조금 높은 곳에서 3,000명이나 가까운 사람들에게 외쳤다."

이 결심은 두 가지 중요한 일들을 이루었다. 첫째 웨슬리를 닫힌 교회의 장애에서부터 자유롭게 해 주어 어떤 설교자도 이룰 수 없는, 대중에게 다가가게 해 주었다. 둘째, 감리교회를 평민들을 위한 운동이 되게 하였다. 이것은 존 웨슬리가 소원하였던 대로였으며, 만일 선택할 수 있었다면 이러한 방법을 택하여 만족하였을 것이다. 또한 웨슬리가 가난한 사람들에게 설교하는 동안 다른 이들이 부자들을 위해 목회활동을 한다고 해도 야외설교를 좋아하였을 것이다.

많은 사람들이 회개하여 돌아왔으므로 그들은 디딤돌이 되었다. 그런 모임들이 더욱 자라나게 되자 웨슬리는 혼자서 그들을 다 돌볼 수 없게 되었다. 그래서 마침내 12명으로 이루어진 오늘날의 '속회'가 생겼으며, 속회 지도자를 세우고 그들이 회원들의 영육간의 형편을 보살피게 되었다. 어떤 회원들은 병자를 위문하고, 어떤 이들은 가난한 이들에게 봉사하였으며 웨슬리는 매 계삭회마다 보고를 받았다.

실로 이 종교운동을 보존하고 널리 퍼뜨릴 수 있었던 것은 천재적인 조직력에 기인한다. 중앙집권적이고 교회다운 조직이었기 때문이다. 누구에게 이를 조정할 힘이 있는지 물을 필요도 없었고 영국 전역에 세워진 예배처소의 공적인 이름까지도 웨슬리의 이름으로 세워졌다. 웨슬리와 정책적으로 의견이 다른 사람들은 그들 스스로 마음을 고치거나 아니면 이 운동에서 떠나야 하였다. 여기서 반드시 언급되어야 할 일은 나중에 큰 사업이 된 많은 재정을 다루는 데 있어서 조금이라도 사고라고 할 만한 일이 있었다는 흔적이 없었으며 웨슬리가 스스로 부자가 되거나 개인적인 부의 축적을 위해 그의 힘을 쓰지 않았다는 점이다.

만약 교회 밖에서 설교하는 행위를 많은 사람들이 적절하게 생각하지 않았다면 안수 받지 못한 설교자를 쓰는 것은 더 큰 문제였을 것이다. 토마스 맥스웰이 런던 신도회에서 설교하려고 할 때 웨슬리는 저지하려고 그곳으로 급히 달려갔다. 그러나 그의 어머니 수산나는 그에게 판단내리기를 늦추라고 충고하였고, 마침내 평신도 설교자도 하나님의 뜻에 따라 세워진 것을 확신하였다. 평신도 설교자는 그 운동의 등뼈가 되었고 그들 중 몇 사람은 한 몫을 할 수 있는 사람임을 입증하였다. 그들은 배우며 여행하면서 참으로 분주한 시간을 보냈고, 그들의 수고로 감리교도들은 모든 도시와 촌락으로 퍼졌다.

몇몇 안수 받은 성직자들이 이 운동에 동참하였으나 전체적으로 볼 때 그들은 이 운동에 반대하였다. 버틀러 감독이 웨슬리에게 "그대는 여기서 아무 할 일도 없네. 그대가 이 교구에서 설교하도록 위임받지 않았으니 내 충고에 따라 곧 떠나게."라고 말하였다. 그러자 웨슬리는 "감독님, 이 땅에서 제가 할 일은 제가 할 수 있는 좋은 일을 하는 것입니다. 그러므로 어디든지 제가 선한 일을 할 수 있는 곳이라는 생각이 들면 그곳에서 일하는 데 필요한 만큼 오래 머물러야만 합니다. 그러므로 저는 여기에 머물겠습니다."라고 대답하였다.

설교자로서 존 웨슬리는 주문으로 얽매이는 일은 없었고 그가 기록한 설교문은 평범해 보이나 조심스럽게 구성되었으며 교리적인 면이 무척 짙었다. 웨슬리는 감정에 호소하려고 하지 않았으며 무식한 설교자들과 그리스도의 피에 대한 구절에 고함을 지르는, 그런 설교자들을 경멸하였다. 회집이 있을 때 즉석에서 이런 일들이 일어나곤 하였으나 그는 그런 반응을 언제나 꺾어버렸다. 웨슬리는 조지 휫필드의 웅변도 때로는 좀 천박하게 들리기도 한다고 하였다. 웨슬리의 설교에 대한 목적은 이해시키는 것에 있었으며 그의 어휘는 언제나 단순하고 직접적이었다.

웨슬리의 가장 중요한 능력은 그의 개인적인 증거에 있었다. 사람들은 그때에도 지금과 같이 그의 믿음직한 경험의 말을 인정하였다. 웨슬리는 자기 자신을 위하여 무엇인가 먼저 발견하면 그것에 대한 확신에 대해 말하였으며 그 말을 들은 다른 사람들도 같은 것을 발견할 수 있는 확신을 주었다. 그는 사람들의 삶이 변화되는 것을 보았으며 그의 설교에는 큰 것을 기대하게 하는 위대한 감화력이 있었다. 무엇보다도 웨슬리는 복음이란 어떤 사람의 삶에나 상황에나 변화를 일으킬 수 있다고 믿었다. 사람들은 오랫동안 이러한 힘찬 증거를 들어보지 못하였다.

반대파들은 때때로 공공연한 박해를 하도록 발끈하였다. 경관들은 언제부터 폭도들이 돌을 던지기 시작하였는지 몰랐다. 집회 때에는 큰 소리를 지르는 바람에 계속 진행하지 못하고 중단되기도 하였으며, 한번은 야외집회 장소에 황소를 몰아넣기도 하였다. 걷잡을 수 없는 폭도들 앞에서 보여준 웨슬리의 용기에 대한 기록들도 몇 가지 있다. 그가 영국에서 가장 존경받을 만한 인물이 될 때가 오고 있었지만 처음에는 멸시와 미움을 받는 쓰라린 경험을 겪어야 하였다. 그의 운동은 경멸당하였고 값비싼 대가를 치르지 않고서는 아무도 그 운동의 일부가 될 수 없었다. 개혁자 윌버포스가 정치생활을 시작할 때 친구들에게서 그가 감리교 운동과 어떤 관계가 있다는 것을 언급하지 말라는 강한 권고를 받았다.

감리교 운동은 순회운동제였다. 그래서 모든 설교자들은 여행하였고 한 곳에 오래 머물지는 못하였다. 이 순회에 대해서 존 웨슬리보다 기록이 높은 사람은 아무도 없었다. 웨슬리는 인생의 후반 50년 동안 25만 마일을 대부분 말을 타고 여행하였다.

유복한 과부와 결혼생활이 행복하지 못했던 주요한 이유 중 하나는 피곤도 모르고 계속 강행한 여행 때문이었다. 그는 어떤 일기에도 상관없이 말을 탔으며 만나는 모든 사람들에게 그들의 영혼에 대하여 말하였다. 비에 맞아 젖거나 그렇지 않거나 편안하거나 사정이 어렵게 되거나 상관없었다. 그래서 그는 자랑스럽게 말하기를 "하나님의 은혜로 나는 신경질을 낸 일도 없고 아무 일에나 불평하지 않았으며 불만스러운 일이 전혀 없다."고 하였다. 마치 사도 바울과 같이 그는 어떤 경우에나 자족하기를 배웠다.

그 시대는 특별한 순회전도가 적당한 시대였다. 마침 산업혁명이 시작되었고 인구가 증가하고 있었다. 웨슬리는 영국공업의 중심을 이루었던 런던, 브리스톨, 뉴캐슬의 삼각지대를 사역의 중심점으로 삼았다. 어떤 사람이 말했듯이 교회의 가장 위대했던 시대들이란 수도사들의 시대, 감리교도들의 시대, 선교사들의 시대였다.

존 웨슬리의 특징은 감리교회의 조직과 신학에 똑같이 나타나 있다. 그는 참으로 실제적인 마음의 소유자여서 사람들의 영혼에 관심을 갖는 동시에 육신에 대해서도 관심이 있었다. 당초부터 그는 사람들의 육신생활에 대해 관심이 있었으며 그가 가장 자기중심적인 생활을 하던 때까지에도 사회봉사를 위해 시간을 썼다. 한 친구의 추산에 따르면 그는 일생 동안 3,000파운드 이상을 사회봉사 사업에 기부했다고 한다. 조금만 돈을 꾸어줘도 크나큰 도움을 받는데도 그런 돈을 못 얻어 고생하는 가난한 노동자들과 소상인들을 돕기 위해 기금을 조성하였다.

그는 또 가난한 집 아이들을 위해 브리스톨, 킹스우드, 런던, 레이톤, 더블린에 학교를 설립하였다. 그의 교육철학은 현대 교육가들에게는 별로 달

갑지 않을 것이며 특히 진보적인 사람들에게는 그러할 것이다. 이는 그가 어머니 수산나의 교육법을 따르고 있었기 때문이었을 것이다. 그는 엄하게 훈련시키고 많이 외우게 하였다. 반면에 여흥시간은 적게 주었다.

감리교회에 속한 가난하고 병든 회원들 역시 가난한 감리회원들의 후의 안에서만 돌봄을 받을 수밖에 없었다. 그들은 미약한 수입으로 자기보다 못한 이웃들을 도와주었으며 처음부터 다른 사람의 짐을 나눠지기로 각오하였다. 웨슬리를 만난 사람들은 자주 그의 청렴함에 대해 말하였다. 그는 하나님을 공경하는 일 다음으로 청렴이 중요하다고 주장하였고 이 말을 성경 말씀과 같이 많은 사람들에게 충고하기를 "그대가 방문하는 모든 가난한 이들에게 가르치려고 노력하는 중요한 교훈과 함께 해야 할 것은 두 가지를 더 가르치는 구제 사업인데, 그 하나는 부지런함이요 또 하나는 청렴함이다."라고 하였다.

감리교 운동은 시초부터 사회적인 책임에 대해 이야기하였으며, 웨슬리는 직접적으로 말하기를, 성서는 다만 사회의 성결을 알 뿐이라고 하였다. 이 정신은 곧 이 사회의 부재지주제도와 세속적인 목회자들에 대한 심판이 되었으며 기성 교회의 개혁에 큰 몫을 감당하였다. 죽음 이후의 생에 대하여 풍성한 설교가 있었던 동시에 이웃에 대한 그리스도인의 책임이 크게 강조되었음을 묵과할 수 없다.

어떤 저술가들은, 예를 들면 알도스 헉슬리는 하급계층 사람들로 그들이 당한 참으로 견디기 어려운 운명과 화해하는 데 영향을 준 웨슬리에 대하여 말하였다. 그러나 그들은 이러한 조건을 변화시키는 데 끼친 그의 영감을 과소평가한 것 같다. 예를 들어 로이드 쇼지 같은 이들은 말하기를,

"노동계급의 임금제와 노동시간과 다른 여러 가지 조건들을 개선한 그 운동은 가장 좋은 지도자들과 위임되지 않은 지도자까지도 감리교 운동의 결과로 생긴 기관에서 훈련받은 사람들 중에서 왔음을 알게 된다. 나는 감리교회가 국가의 특성을 이루는 데 끼친 결과를 국제회의에 참석할 때 크게 깨달았다. 대륙에서 온 사람들의 눈에는 영국인들과 미국인들에게 색다른 전망을 갖게 하였다. 이는 존

웨슬리가 감리교 운동이 사람들의 영적 본능을 심화시키고 그들을 훈련하게 하
였으며 항상 지켰기 때문이다."

이 사람의 단순한 마음의 헌신과 다함없는 열정이 한 위대한 운동을 창시
하게 한 것이다. 이런 일이 이루어지는 데에는 사람들과 환경조건의 우연의
일치가 있었다고 알려진다. 또한 그러한 상황에는 언제나 "때가 찼다!"는
것이 기본조건이 된다. 그가 생이 다할 무렵의 보고에 따르면 그 즈음에 240
개의 감리교 신도회가 있었고 541명의 순회 설교자들과 13만 4,000명 이상
의 회원이 있었다고 한다(어떤 이는 웨슬리가 죽었을 때 그가 늘 썼던 낡은
몇 권의 책과 낡은 제단용 가운 한 벌, 좋지 않게 남용된 평판, 그리고 감리
교회를 남겼다고 기록하였다). 그는 여러 선교사들을 아메리카로 파송하였
고 독립전쟁 때까지 그는 아메리카에 있는 감리교회 신도회의 지도자였다.
　웨슬리의 실제적인 성격을 입증해 주는 예로는 그가 콕스 박사를 미국 감
리교회의 감리사로, 리처드 와트코트와 토마스 베시를 장로로 안수한 것보
다 분명한 것이 없다. 그의 이러한 성격은 언제나 고교회를 향한 그의 확신
을 쓰러뜨렸다. 찰스 웨슬리를 포함한 많은 사람들에게는 충격적인 일이었
다. 찰스 웨슬리는 충성스러운 영국 국교회 회원으로서 사도전승을 믿었으
며 이는 곧 이 전승을 받은 감독만이 정당한 안수를 줄 수 있음을 뜻하였다.
그러나 존 웨슬리는 사도전승설 전체를 가볍게 부정해 버렸다. 존 웨슬리는
이제껏 그 전승설이 증명된 일을 결코 보지 못하였으며 그 설에 설복된 일
도 없고 설복 당하지도 않을 것이라며 솔직하게 말하였다.
　웨슬리가 미국으로 보내는 감리교회 사역자들에게 안수해 줄 것을 로우
스 감독에게 최선을 다하여 청원하였다는 사실은 반드시 인정되어야 한다.
그러나 이 청원은 거절되었으며 이 때문에 앵그리컨 교회의 제1대 미국 감
독은 스코틀랜드 계통에서 안수를 받지 않으면 안 되었다. 웨슬리가 가장
좋아한 참조 사항은 경험과 성서였다. 감리교도들을 위해 일하려고 안수 받
은 사람들의 필수 사항으로는 경험이 지배적이었으며 그것을 금지할 근거
를 성서에서 찾을 수 없었기 때문에 그는 그 일을 실행하였다. 그리고 선한

사람들은 그것이 잘된 일이냐 혹은 잘못된 일이냐를 따짐에 있어서 이 세상 끝나는 때까지 의견을 달리할 것이다.

1746년 런던에서 감리교 운동의 중심이었던 집회소에 한 진료소가 개소되었다. 이곳에 가난한 사람들이 올 수 있게 되었고 웨슬리는 그가 할 수 있는 가장 좋은 치료를 베풀었다. 고침은 하나님께로부터 오는 것이었으며 어떤 병들은 감정적이고 지적인 데서 온 것임을 진단해 내는 데 기민하였다. 후에 그는 한 약제사와 경험 많은 외과 의사를 고용하였으며 이 외과의사는 까다로운 병에 걸린 환자를 다루었다. 그는 「소박한 의술」이란 책을 한 권 썼는데 이 책은 '모든 병을 고치는 쉽고도 자연스러운 방법' 이라는 조금 낙천적인 부제가 달려 있었다. 이 책이야말로 가난한 사람들을 위한 유일한 도움의 길이었으며 그렇기에 1828년에는 32판이 출판하게 되었다.

웨슬리만큼 많은 사람들의 모임에 완전한 권리를 행사한 사람은 많지 않다. 공식적으로 사람들은 그를 언제나 '웨슬리 씨' 라고 불렀지만 사적으로는 '교황 존' 이라고 부르는 이도 있었다. 감리교인의 행동규범은 특별하고 엄격하였다. 회원 중에 행위가 단정치 못한 사람은 즉시 출교를 당했다. 감리교회 회원들은 쉬운 길을 가는 것을 원치 않았으며 일반적으로 마음을 기울이는 정도도 아니었다. 이 신도회는 오직 영혼 구원을 첫째 관심사항으로 삼는 사람들로만 이루어졌다. 그들은 오늘 이 시대 사람들에게는 지나치게 혹심하게 보이는 규칙과 훈련 하에 살았다.

그렇지만 설교자들에게는 더욱 엄격한 훈련이 실시되었다. 그들은 자신의 평상 업무 외에 하루에 다섯 시간씩 독서하였다. 웨슬리는 그들에게 5파운드 상당의 책을 준비할 것을 제안하였다. 그리고 특별히 설교자들을 위한 도서관을 런던과 브리스톨, 뉴캐슬에 설립하였다. 웨슬리는 그들에게 어떻게 설교할 것인지를 가르치는 데 힘썼고 분명하게 의사를 표하는 화술과 명백한 조직법에 대하여 조언하였다. 매년 열린 연회에서는 자유토의가 원칙이었으나 한 관측자는 기록하기를 "웨슬리 목사 혼자서 모든 일을 처리하는 것으로 보였다."고 하였다. 때때로 일시적인 반발이 있기는 하였지만 웨슬리는 50년 간 감리교회의 일을 대부분 다스려 나가되 모든 감리회원들과 설교자들의 사랑과 존경을 받으면서 일을 수행하였다. 그는 스스로 하기 싫은 일을 결코 타인에게 부과하지 않았으며 그에게 그렇게 요청하는 사람도 없었다. 그는 늘 우아한 태도를 가졌고 사람들은 그의 대화에 마음이 끌렸다. 사무엘 존슨까지도 부수웰에게 말하기를 "나는 존 웨슬리와 만나기 싫다. 대개 그가 나를 말로 매혹시켜 거기서 나가 어떤 노파를 찾아 만나게 된다."고 하였다. 그를 대접한 집주인들은 웨슬리에게 사로잡히다시피 하였고 훗날까지도 그 일을 자랑스럽게 여겼다.

웨슬리가 그의 부친의 보좌 설교자로 루트란 가난하고 작은 마을에서 일하였을 때 자신의 한 일에 대해 기록하기를 "나는 군중을 끌어들이지 못하였고 그들의 양심을 경각시키지도 못하였다. 많은 설교를 한 것에 반해 아무런 결실을 얻지 못하였다."고 하였다. 그러나 그의 후반 인생에는 아주 다른 일이 일어났다. 박해는 그쳤으며 반대는 녹아버렸다. 그는 존엄한 사람이 되었고 사랑과 존경을 받는 인물이 되었다. 일찍이 그는 조지 횟필드가 그렇게 큰 인기를 얻기 때문에 겪은 어려움에 대해 언급한 바가 있는데 그는 말년에 바로 그와 같은 즐거운 비명을 지르게 되었다. 그의 건강은 놀랄 만큼 좋았으며 그의 정력은 마지막 순간까지도 감퇴하지 않았다.

그가 83세가 되었을 때 가벼이 불평하기를 15시간 동안 독서를 하였더니 눈이 조금 피곤해지기 시작하였다고 하였다. 85세 때에 그는 브리스톨 밖 6마일까지 설교하러 걸어갔으며 "감리교회 설교자 중에서 견딜 만한 건강을 가지고서도 불평하는 이가 있다면 그는 이를 부끄러운 일로 여길 것"이라고 말하였다.

86세 때 그는 어느 날 아침 한 설교자와 함께 요크에서 새벽 3시에 조반을 들며 마부에게 "4시에 마차를 문 앞에 준비하게."라고 말하면서 "내가 말한 것은 한 15분이나 5분 늦게가 아니라 정각 4시일세."라고 덧붙였다.

그는 그 좋은 건강의 이유에 대하여 스스로 다음의 세 가지를 말하였다.

1. 50년 간 계속해서 아침 4시에 일어난 일.
2. 아침 5시에 늘 하는 설교, 이는 세계에서 할 수 있는 가장 좋은 건강체조이기

도 한 일.

3. 바다나 육지를 막론하고 1년에 적어도 4,500마일 이상 여행한 일.

그는 자신의 80회 생일에 참으로 귀한 말을 남겼다. "나는 하나님께서 내게 시키려고 하시는 그 일을 위하여 하나님의 능력의 손길에 나를 낮추어 나간다."

다른 모든 사람들과 마찬가지로 그의 말년은 매우 고독하였고 특히 이미 죽은 친구들의 수를 헤아릴 때 더욱 그러하였을 것이다. 가장 심각한 일은 1788년 그의 동생 찰스 웨슬리를 보낸 일이었다. 말년에 이 형제는 서로 직접 만나지 않았다. 찰스 웨슬리는 존이 미국 선교를 위하여 사역자들에게 안수한 일을 받아들일 수 없었고, 또한 감리교 운동이 영국 교회에서 분리되도록 촉구하는 일은 비단 어떤 일이든 하기를 원치 않았기 때문이다. 찰스는 자신의 장례식은 감리교회 설교자가 집례하는 것이 아니라 교구 목사가 집례하게 되기를 바란다고 부탁의 말을 남겼다. 그는 자신의 시신을 마리레본 교회 마당에 장사하고 시티로드 채플(감리교회)과 연결되는 묘지에 장사하지 말라고 명하였다.

그러나 이러한 의견 차에도 불구하고 이 형제의 애정은 조금도 약해지지 않았다. 찰스 웨슬리가 죽은 지 2주일 후에 있었던 한 예배 시간에 존 웨슬리는 그의 동생이 지은 유명한 찬송을 불렀는데 "내 친구는 다 가고 이제 나만 홀로 남았구나. 주님과 함께 나 홀로 여기 있네."라는 다음 구절을 부르게 되었을 때 그만 엎드려 울음을 터뜨렸다. 이 엄격하고 잘 훈련된 사람이 그의 감정을 이렇게 밖으로 나타낸 일은 퍽 드문 일이었다.

노년의 웨슬리가 마지막으로 쓴 편지는 바로 한창 노예 해방을 위하여 참으로 용감하고 전도 운동을 전개하고 있던 윌리엄 윌버포스에게 썼다는 것은 의미심장한 일이다. 그것은 승리를 얻을 때까지 낙심 말고 나가라는 강한 격려의 편지였으며 다음의 글로 마쳤다. "하나님의 이름과 그의 능력으로 나가시오. 이 햇빛 아래에서 본 가장 악한 것인 미국의 노예제도라고 할지라도 하나님 앞에서 소멸되고 말 것이오." 그가 만일 이렇게 뒤흔들게 하는 말이 미국에 있는 영적 자녀들의 분열을 초래하게 될 것임을 미리 내다볼 수 있었다면 그것은 웨슬리에게 큰 불행을 주었을 것이다.

그는 1791년 3월 2일에 눈을 감았다. 분명하고 굵은 목소리로 그가 마지막으로 한 말은 "무엇보다 가장 좋은 것은 하나님이 우리와 함께 하심이라."였다. 웨슬리는 자신의 관 운구자는 그가 유산으로 한 파운드씩 주게 한 여섯 명의 가난한 사람들로 하라고 지시하였다. 시티로드의 감리교회 예배당에 안치된 그의 관을 찾은 조객들은 만여 명이었다고 한다. 수많은 사람들로 인한 혼란을 피하기 위해 오전 5시에 하관식을 거행하였고 30여 년 동안 그와 진실하게 사귀었던 설교자요 친한 친구였던 존 리처드슨이 집례하였다. 매장 선언을 하는 차례가 되었을 때 리처드슨은 낱말 하나를 바꾸어 "이곳을 떠난 우리의 사랑하는 아버지의 영혼과 그 자신까지를 불러 가시는 일이 전능하신 하나님을 기쁘시게 해 드리는 일이기에"라고 하며 존 웨슬리를 아버지라고 불렀다.

웨슬리는 그의 이름으로 되어 있는 모든 재산은 '합법적인 100명'이라고 알려진 100명의 감리교회 설교자들에게로 명의를 변경하게 하였다. 또한 그 100명에게 그들 자신을 다른 형제들보다 상위에 놓지 않도록 경고하는 편지를 남겼다. 그 때문에 감리교회 안의 모든 설교자들은 다른 사람들과 똑같은 특권과 권리를 가져야 한다는 결의안이 만장일치로 가결되었다.

감리교도들은 시티로드 채플을 중앙 성전으로 여겼다. 이 예배당은 1788년에 건립되었고 인접된 건물 안에 살림방이 준비되어 있었다. 존 웨슬리가 마지막 일생을 보낸 곳이 이곳이었다. 이 채플에는 존 화이트헤드 박사(의사로 개업하기 전 7년 동안 감리교회 순회 선교사로 수고하다가 은퇴함)가 쓴 비문이 실린 한 기념 판이 놓여 있다. 그는 이 비범한 한 사람의 생애를 묘사하는 데 어울리는 결론적인 말로 그에게 찬사를 보냈다.

한 인간으로 그 학식과 순수한 경건 미에 있어서
다른 누구에게도 뒤지지 않으며
그 열심히 목회에 바친 수고와

폭넓게 쓰인 것은

모든 사람보다 뛰어난,

사도 바울 이래 처음 보는 인물이리라.

1735년 10월 14일 ~ 1738년 2월 1일

제1장 | 조지아 선교사

1735년 10월 14일(화) 1735년 옥스퍼드 퀸즈 대학의 벤자민 잉함, 런던 상인의 아들인 찰스 델라모트, 동생 찰스 웨슬리, 그리고 나는 조지아로 가는 배를 타기 위하여 그레이브센드로 가는 보트를 탔다. 우리가 모국을 떠나는 이유는 궁핍을 피하려는 것이 아니었고(하나님께서는 우리를 위해 그때그때 필요한 것을 풍성하게 복을 주셨다) 분토나 찌꺼기 같은 부귀나 명예를 위함도 아니었다. 다만 우리의 영혼을 구원하고 또 전적으로 하나님의 영광만을 위해 살려는 것이었다. 오후에 우리는 그레이브센드에서 좀 거리가 있는 곳에서 시몬즈 호를 찾았으며 곧 그 배에 올랐다.

10월 17일(금) 나는 우리와 같은 배에 타고 있는 독일 사람들과 이야기하기 위하여 독일어를 배우기 시작하였다. 주일에는 날씨가 맑고 고요해서 우리는 후갑판에서 아침예배를 드렸다. 나는 처음으로 즉흥설교를 하였고, 이어서 6~7명에게 주의 만찬을 베풀었다.

10월 20일(월) 비록 아주 사소한 경우일지라도 자신을 부인한다는 것은 하나님의 복으로서, 우리 자신에게 퍽 도움이 되리라고 믿었다. 그래서 우리는 고기와 포도즙을 전적으로 금하고 채소류, 주로 쌀과 비스킷만을 먹는 것으로 음식을 제한하였다.

10월 21일(화) 그레이브센드를 출발하였다. 우리의 일상생활은 다음과 같았다. 새벽 4~5시까지는 개인기도 시간으로 보냈다. 5~7시까지 성경을 함께 읽었는데 초대 문서들과 비교하면서 주의 깊게 읽었다. 보통 9~12시까지는 나는 독일어를 배우고, 델라모트는 희랍어를, 내 동생은 설교를 준비하였으며, 잉함은 아이들을 가르쳤다. 12시에는 지난 모임 이후 그때까지 해 놓은 일을 하기 전에 계획한 바를 서로 나누기 위해 모였다. 1시 경에는 점심을 들었고, 그 후 오후 4시까지는 우리가 각각 맡은 사람들을 위하여 책을 읽어 주거나 개인적으로 이야기를 해 주거나 꼭 필요한 것을 해 주는 데 시간을 썼다. 6~7시까지는 내가 묵고 있는 선실에서 두 여객에게 책을 읽어 주었고(그 배에는 거의 80명의 영국인이 있었다) 다른 형제들도 각각 자기 방에서 몇몇 사람들에게 책을 읽어 주었다. 7시에는 독일 사람들의 공중예배에 참석하였는데, 그동안 잉함은 갑판 사이에서 듣기를 원하는 많은 사람들에게 성경을 읽어 주었다. 8시에 우리는 피차 권면하고 가르치기 위하여 모였다. 9~10시 사이에 잠자리에 들었는데, 바다의 파도소리와 배의 요동도 하나님께서 우리에게 새 기운을 주시려고 허락하신 단잠에서 우리를 깨어나게 할 수 없었다.

10월 24일(금) 지금까지 모든 것이 하나님을 기쁘시게 해 드렸다. 바다는 전혀 나를 괴롭히지 못하였다. 한 번도 읽고 쓰고 글을 지으며, 육지에서 할 수 있는 어떤 일을 하는 데 방해받지 않았다.

10월 31일(금) 우리는 다운스에서 출항하였다. 11시에 나는 요란한 소리에 깨어났다. 잠시 후에 그것이 별 위험한 일이 아님을 알았지만, 그것을 밝히고 난 뒤에는 영원의 벼랑에 순간순간 서게 되는 사람들이 어떠한 자세를 가지고 살아야 할 것인가에 대한 생생한 신념을 갖게 되었다.

11월 1일(토) 우리는 성 할렌 항을 지나 다음 날에 코우웨스로 들어섰다. 잔잔한 바람이 불었다. 우리는 함께 항해하게 될 군인들을 기다렸는데 동행자들을 가르칠 좋은 기회라고 생각하였다.

11월 16일(주일) 토마스 하드, 그의 부인 그레이스 등 후에 퀘이커 교도가 된 사람들이 그의 아이들인 말크와 17세쯤 되는 페베 등과 함께 종종 요청하였기에 주의 깊게 가르친 후에 세례를 베풀었다.

11월 21일(금) 위험한 병에서 회복된 한 여인이 주의 만찬에 대해 가르쳐 달라고 요청해 왔다. 나는 이 여성에게는 먼저 기독교 자체의 성격에 대하여 가르쳐야 할 것이라는 생각이 들었다. 그래서 로의 '기독자의 완전에 대한 논술'을 하루에 한 시간씩 함께 읽기로 하였다.

11월 23일(주일) 배가 몹시 흔들리고 바람이 심하게 불어서 잠에서 깨어났다. 내가 죽지 않으려고 하기 때문에 죽기에도 마땅하지 못하다는 사실을 마치 보여 주는 것 같았다.

12월 2일(화) 나는 어느 중환자이자, 인생 문제로 심각한 고민에 빠진 한 여인과 이야기하던 중 참 만족을 얻었다. 그런데 며칠이 못 되어 그 여인의 병이 깨끗이 나았고, 심각한 문제도 해결되었다.

12월 7일(주일) 우리 몸이 그동안 습관대로 그렇게 자주 음식을 먹을 필요는 없음을 알게 되었다. 그래서 우리는 저녁식사를 들지 않기로 하였는데도 아무런 불편을 느끼지 않았다.

12월 10일(수) 우리는 코우웨스를 출발하여 오후에는 니들스를 통과하였다. 이곳에는 울퉁불퉁한 기암들이 있었고, 그 바위에 파도가 부딪혀 큰 거품이 일었다. 마치 거품이 섬의 한 면을 이루는 듯 높이 치솟아 해안에서 직각으로 올랐다. 그 광경이 내 마음속에 "하늘을 그 뼘으로 재시며, 그의 장중에 바닷물을 쥐시는 바로 그분!"이라는 한 구절을 생생하게 느끼게 해 주었다. 오늘 나는 전에 한두 차례 같이 이야기하던 사람에게 종교의 핵심에 대해 자세히 말해 주었다. 나중에 그 여인은 많은 눈물을 흘리면서 말하기를 "어머니는 제가 겨우 열 살 때 돌아가셨어요. 어머니가 남기신 마지막 말씀은 '아가야, 하나님을 두려워해라. 네가 비록 나를 잃는다 해도 너는 결코 친구가 궁하지는 않을 거야.' 그런데 이제 저는 참 친구가 가장 필요하다고 하면서도 만나리라고는 결코 기대할 수 없는 때에 만나게 되었어요."라고 하였다.

12월 18일(목) 높은 열과 심한 기침으로 거의 죽어가던 한 여인이 죽기 전에 성찬받기를 원하여 왔다. 그런데 성찬을 받은 후 곧 회생하기 시작하더니 며칠 뒤에는 죽음의 위험에서 벗어나게 되었다.

　1736년 1월 15일(목)　여객들이 물을 똑같이 나누어 주지 않는다며 오글도 프 장군에게 불평하였다. 그래서 그는 새로운 책임자를 임명하여 그 일을 맡게 하였다. 이 때문에 전임 책임자와 그의 친구들은 우리에게 이런 변동 이 생긴 책임을 돌리며 화를 냈다.

　1월 17일(토)　많은 사람들이 불어오는 역풍 때문에 견디기 어려워했다. 저녁 7시경에 역풍은 폭풍우로 변하더니 더 높이 치솟아 9시까지 계속되었 다. 9시경에 바닷물이 이물에서 고물까지 우리 위를 뒤덮었으며 마침 거기 에 서너 사람이 있었다. 물은 선실의 유리창까지도 산산이 깨뜨렸다. 다행 히 나는 옷장 때문에 큰 충격에서 피할 수 있었지만 우리는 모두 물을 흠뻑 뒤집어썼다. 11시경에 나는 겨우 큰 선실에 누웠으며 '내가 다시 살아서 깨 어날 수 있을까?' 의심하다가 또 죽음을 두려워한 일로 부끄러워하며 곧 잠 들어버렸다. 순간적인 예고에 하나님 앞에 나서기를 기뻐할 수 있는 자의 그 마음이 얼마나 청결하여야 할까? 아침이 가까워지면서 풍랑이 멎었다. 주께서 바람과 바다를 꾸짖으시니 모든 것이 고요해졌다.

　1월 23일(금)　저녁에 또 다시 폭풍이 일기 시작하였고 아침에는 더욱 거세 져서 선원들은 어쩔 수 없이 바람에 배를 맡길 수밖에 없었다. 나는 아직도 죽기를 꺼려하는 나 자신을 보면서 "그대는 믿음이 없지 않느냐?"는 말 외 에는 할 수 없었다. 오후 1시쯤 큰 선실 밖으로 나오면서 보니 바다는 전처럼 그리 거칠지 않았다. 그러나 배 곁으로 파도가 밀려오고 있었다. 삽시간에 나 는 물에 쓸렸고 간담이 서늘해졌다. 나는 겨우 머리만을 쳐들고 있었다. 그러 나 감사하게도 아무 상처도 입지 않았다. 밤중에 폭풍은 가라앉았다.

　1월 25일(주일)　정오에 세 번째 폭풍우가 시작되었는데 4시쯤 되니 지난 두 번의 것보다 더 거셌다. 그때 우리는 참으로 "바다는 능력이 있으며 무섭게 노하였다. 바다의 노한 물결은 위로 하늘에까지 솟구쳤으며 갈라져 아래로 지옥 바닥까지 내리쳤다."는 구절을 실감하였다. 바람은 우리 둘레에서 윙윙 노호하였으며 - 나는 처음 듣는 소리였는데 - 마치 사람의 소리처럼 아주 분명한 휘파람소리로 들려왔다. 배는 이리저리 심하게 흔들렸다. 뭐든지 붙들기는 해야겠는데 붙들고 서 있기가 어려웠고 그나마 붙들지 않으면 잠시도 서 있을 수가 없었다. 거의 십 분마다 배 고물이나 배 주변에 충격이 와서 혹시 파도 때문에 배가 산산조각 나지 않을까 하는 생각이 들었다. 이 시각에 전에 내가 개인적으로 세례를 베푼 적 있는 아이를 교회에 바치고 싶어 하여 내게로 데려왔다. 나는 문득 예루살렘이 갈대아 사람들에게 멸망당하기 전에 땅을 사들이던 예레미야가 생각났다. 또한 이제 자비로우신 하나님이 생명의 땅으로 이끄실 것을 우리에게 보이시려는 계획하신 보증물로 보였다.

7시에 나는 독일인들에게로 갔는데 오래 전에 그들의 진지한 태도를 본일이 있었다. 그들은 영국인이 하기 싫어하는 일, 즉 다른 여객들을 섬기는일을 실천하여 그들이 가진 겸허한 마음의 자세를 끊임없이 보여 주었다. 그리고 "그것은 그들의 자랑스러운 심령을 위해 좋을 뿐이었다.", "그들이 사랑하는 구세주께서는 그들을 위해 그보다 더 많은 일을 하셨다."고 말하면서 자신들의 수고에 대하여 아무런 보상도 받기를 원하지 않았다. 그뿐 아니라 그들에게는 날마다 다가오는 위험도 그들을 동요하게 할 수 없는 온유한 마음씨를 다른 사람들에게 보여 줄 기회가 자주 있었다. 예를 들면 어떤 사람들이 그들을 밀치거나 때리거나 내팽개치더라도 그들은 아무런 불평을 하지 않고 그대로 일어나서 다른 데로 가 버렸다. 여기에서 그들이 자만심이나 노여움이나 복수심에서부터 자유로운 것과 같이 공포심에서도 해방되었는지 그 여부를 시험할 새로운 기회가 생겼다. 그들이 예배를 드리기 시작하였을 때였다. 시편을 한참 읽고 있을 때 바닷물이 뒤덮이고 큰 돛이 조각조각 찢어졌고 바닷물이 배 위를 온통 덮었으며 갑판에도 물이 쏟아져서 마치 그 깊은 바닷물이 이미 우리를 삼킨 것 같은 기분이었다. 그때 영국인들은 비명을 질러댔지만 독일인들은 조용히 찬미하기를 계속하였다. 그 일이 있은 뒤 나는 한 사람에게 "무섭지 않나요?"라고 물었더니 그는 "아니요. 하나님께 감사드립니다."라고 대답하였다. 나는 계속해서 "그러나 당신네 부인들과 아이들은 두려워하지 않았나요?"라고 물었다. 그러자 그는 부드럽게 "아닙니다. 우리네 부인들과 아이들은 죽음을 두려워하지 않습니다."라고 대답하였다.

1월 29일(목) 저녁 7시쯤에 한 허리케인의 치맛자락에 부딪히게 되었다. 바람은 그쳤지만 비가 몹시 와서 바다는 꽤 거칠었다. 갑작스럽게 온 하늘이 어두워져서 선원들이 밧줄을 분간하거나 돛을 접을 수도 없게 되었다. 바람이 배를 치켜 올림과 동시에 또 쳐 내리지 않았다면 배는 별수 없이 뒤엎어지고 말았을 것이다. 거의 그런 상태가 지난 즈음에 우리는 돛대 위에 옛날 사람들이 카스토르와 폴리데우케스(그리스신화의 제우스의 쌍둥이 아들)라고 부른 쌍둥이자리 같은 것을 보았다. 그것은 별 같기도 한 흰 불의 작은 공 덩어리였다. 선원들은 폭풍우 중에나 폭풍우가 끝날 때 나타나며 보통 기둥이나 돛대 위에 나타난다고 말해 주었다.

1월 30일(금) 우리는 또 한 번 폭풍우를 만났으나 이번 것은 앞 돛대를 찢는 정도에 그쳤고 더 큰 손해는 없었다. 우리 침대가 모두 젖어서 나는 마루에 피곤한 몸을 눕히고 아침까지 단잠을 잤다. 그리고 더 이상 침대에서만 자야 한다고 생각하지 않는다.

2월 1일(주일) 우리는 캘롤라이나의 배를 만나 이야기하였으며 4일 수요일에는 측연(測鉛)이 닿는 곳에 이르렀다. 정오쯤에 돛대에서 육지의 나무들을 볼 수 있었고 오후에는 큰 갑판에서도 볼 수 있었다.

2월 5일(목) 오후 2~3시까지 하나님께서는 우리를 모두 안전하게 사바나 강으로 인도하셨다. 우리는 소나무 작은 숲이 해안을 따라 길게 뻗쳐 마치 한겨울에 봄의 화신을 보여 주는 듯한 티비 섬 근처에 닻을 내렸다.

2월 6일(금) 아침 8시경에 우리는 아메리카 땅에 첫 발을 디뎠다. 그곳은 티비 섬을 마주 보는 한 작은 무인도였다. 오글도프 장군은 우리를 어느 비스듬한 땅으로 인도하였고 우리는 그곳에서 감사드리려고 모두 무릎을 꿇었다. 그리고 그는 보트를 타고 사바나로 갔다.

2월 7일(토) 오글도프 장군이 독일 목사 중 한 사람인 스팡겐베르그와 함께 사바나에서 돌아왔다. 나는 그가 어떤 정신의 소유자인지를 알게 되어 그에게 내 행동에 대해 충고해 주기를 원하였다. 그는 "내 형제여, 한두 가지 질문을 먼저 하겠습니다. 그대는 마음속에 증거가 있습니까? 하나님의 영이 그대의 영혼 속에 그대는 하나님의 자녀라는 증거를 가지고 있습니까?"라고 말하였다. 나는 이 질문에 놀라서 뭐라 대답해야 할지를 몰랐다. 그는 이를 보고 "그대는 예수 그리스도를 압니까?"라고 다시 물었다. 나는 잠시 있다가 "나는 그가 온 세상의 구세주 줄 압니다."라고 대답하였다. 그는 이에 "사실입니다. 그러나 그가 바로 당신을 구하셨다는 것을 믿으십니까?"라고 응답하였다. 이에 대해 "나는 그가 나를 위해 죽으셨기를 바랍니다."라고 대답하였는데, 그는 단 한 마디, "그대는 그대 자신을 아십니까?"라고 말하였다. 나는 "알고 있습니다. 그러나 나는 그런 말들이 다 공허한 말들 같아서 두렵습니다."라고 말하였다.

2월 13일(금) 몇몇 인디언들이 우리에게 오고 싶다는 뜻을 전해 왔다.

2월 14일(토) 1시쯤에 토모치치와 그의 조카 트레아노우히와 그의 부인 시나우키 그리고 부인 2명과 두세 명의 인디언 아이들이 보트로 왔다. 우리가 그 배에 오르자마자 그들은 우리 손을 잡고 흔들었다. 그리고 토모치치(머스그로브 부인이 통역하였다)는 다음과 같이 말하였다. "여러분, 오서서 참 반갑습니다. 내가 영국에 있을 때 누군가 나에게 그 위대한 말씀을 해 주시기를 바랐고 또 우리나라도 원하였습니다. 그러나 지금은 우리 모두 혼란에 빠져 있습니다. 그래도 여러분이 오서서 반갑습니다. 나는 이제 올라가서 우리나라의 현인들에게 말할 텐데, 그들이 내 말을 들어주기를 바랍니다. 그러나 우리는 스페인 사람들이 만드는 그러한 크리스천은 되기 싫습니다. 그래서 우리는 세례를 받기 전에 배우기를 원합니다."

2월 15일(주일) 다른 한 무리의 인디언들이 찾아왔다. 그들은 모두 키가 크고 균형 잡힌 사람들이었으며 말씨는 매우 부드럽고 행동도 점잖았다. 오후에 셋만 남고 모두 돌아갔다.

2월 16일(월) 오글도프 장군은 아리타마하우 강변에 새로운 부락을 세우기 위해 출발하였다. 그는 잉함과 헬스돌프와 그 3명의 인디언 외에 약 50명을 데리고 떠났다.

2월 19일(월) 내 동생과 나는 보트를 타고 사바나를 지나 아메리카에 있는 가난한 이방인들을 찾아보기 위해 갔다. 그러나 토모치치도 시나우키도 집에 없었다. 돌아와서 우리는 사바나의 행정장관인 코스턴을 방문하였다.

2월 21일(토) 생후 열하루 된 매리 웰치라는 아기는 제일교회의 관습과 영국 국교회의 원칙에 따라 침례를 받았다. 그 아이는 병으로 아팠으나 세례 받은 때부터 회복되었다.

2월 24일(화) 오글도프 장군이 돌아왔다. 저녁 때 나는 사바나로 다시 갔으며 거기서 스팡겐베르그와 니치맨 감독와 앤드류 도버가 우리와 함께 머스그로브 부인을 찾아갔는데 거기에 간 목적은 오글도프 장군이 우리를 위해 세워 주겠다고 약속한 집의 터를 택하기 위해서였다. 나중에 돌아갈 보트와 약속이 어긋나 우리는 밤을 거기서 보낼 수밖에 없었다. 다음 날 돌아갈 때(우리가 나중에 있게 된 곳에 퀸시가 있었다) 델라모트와 나는 독일 사람들과 함께 숙소를 정했다. 우리는 이제 날마다 그들의 행동을 관찰할 수 있는 기회가 생겼다. 그들은 언제나 고용되었고 언제든지 스스로 즐거워하였으며 서로 즐거운 농담을 나누었다. 반면 분노와 다툼, 원수 갚는 일과 무정함, 떠밀음과 욕하는 일은 다 내던져 버렸고 어떤 부르심을 받았든지 그 소명에 어울리는 걸음을 걸으며 살아갔다.

2월 28일(토) 스팡겐베르그가 잠시 동안 펜실베이니아로 가야 하고 니치맨 감독은 독일로 귀국하게 되어 그들은 교회의 이런 중대사를 의논하기 위하여 모였다. 여러 시간 동안 기도하고 의논하고 선거하고 감독을 인수하는 과정을 밟았다. 그 모든 일들이 그렇게도 진지하면서도 단순하게 진행되었다. 이 일은 나를 1,700년이라는 시간을 잃어버리고 저 형식과 제도도 없고 다만 성령과 그 능력의 역사 속에 장막쟁이 바울이나 어부 베드로가 회의를 하던 그런 어떤 집회에 참여하고 있는 것 같은 생각을 들게 했다.

2월 29일(주일) 오글도프 장군이 프레데리카로 가기 전에 사바나에는 더 이상 오지는 않았다는 말을 듣고 나는 앞으로 일에 대해서 그의 명령과 지시를 받아야 할 것만 같은 생각에 다시 그 배로 돌아가서 그를 찾아갔다. 그 다음 우리는 공중기도회에 참가하였고 후에 영국에서 온 몇 통의 편지로 기운을 되찾았다. 4시쯤에 나는 다시 사바나로 돌아왔다.

3월 7일(주일) 고린도전서 13장 말씀으로 설교하면서 사바나에서 목회를 시작하였다. 두 번째 공과(눅 18장)는 우리 주님의 예언으로, 예수님 자신이 (그리고 결국에는 그를 따르는 사람들이) 세상과 마주쳐 당할 일과 그럼에도 그것을 만족스럽게 여기는 성도들을 위해 하신 은혜로운 약속의 말씀이었다.

3월 14일(주일) 전에 어떻게 하겠다고 알린 내 계획대로 나는 모든 주일과 성일에 우리 교회의 규칙에 따라 18명에게 성찬을 베풀었다.

3월 15일(월) 퀸시가 캘롤라이나로 가게 되어 나는 목사관으로 이사하였다. 그 집은 우리보다 많은 식구들에게도 넉넉하리만큼 큰집이었으며 좋은 정원도 있고 그 외에도 편리한 시설이 많이 있었다.

3월 30일(화) 프레데리카에서 잉함이 왔는데 그는 나를 그곳으로 오라고 말한 그쪽 사람들의 간절한 편지를 가져왔다. 다음 날 나는 델라모트와 함께 단 한 가지 음식만으로도 우리의 생명이 여러 가지 음식물을 먹을 때와 같은지 시험해 보았다. 우리는 그 실험을 빵으로 하기로 하였는데, 우리가 다른 아무것도 먹지 않았을 때보다 더 활기 있거나 건강하지는 않았다.

4월 4일(주일) 오후 4시경에 나는 밑바닥이 평평한 일종의 나룻배인 페티아우가를 타고 프레데리카로 향하였다. 다음 날 저녁에 스키도웨이 섬 근처에 닻을 내렸는데 마침 물이 많아져서 12자 내지 14자 깊이나 되었다. 나는 모래날림을 피하기 위하여 큰 외투를 머리에서부터 발끝까지 덮고 후갑판에 누웠다. 1~2시까지는 물 아래에서도 깨어 있었으나 순식간에 잠들어 버렸기 때문에 입 안에 물이 꽉 차 올라올 때까지 어디에 있었는지 몰랐다. 외투를 갑판에 내버린 채 어떻게 헤엄쳐 돌아왔는지 알 수 없으나 다른 보트가 하나 매달려 있던 거룻배의 다른 쪽으로 와서 밧줄을 타고 그리로 올라왔다. 옷을 적신 것 외에는 별로 다친 데가 없었다. 역풍이 어찌나 심한지 토요일 10시에 우리는 겨우 프레데리카에서 20마일 떨어진 드보이 섬까지 겨우 거슬러 올라갈 수 있었으나 강한 조수가 역으로 밀려와서 작은 배로 들어갈 수가 없었다. 여기에서 우리는 1시가 지나도록 파도가 치는 대로 있었으며 번개와 비가 우리 위로 흠뻑 내렸다. 한 15분가량 오더니 구름이 일부는 오른쪽으로, 또 다른 일부는 왼쪽으로 지나서 맑은 하늘을 뒤에 두고 가버렸으며 바로 우리 뒤에서 세찬 바람이 불어와 우리는 두 시간 만에 프레데리카에 이르렀다. 상륙하기 조금 전에 나는 성경을 펴서 "만일 하나님이 우리를 위하시면 누가 우리를 대적하리요"라는 구절을 찾아 읽었다. 해안에 이르러서 나는 내 동생이 그간 잠시 앓았기 때문에 몸이 몹시 허약해진 것을 알게 되었다. 그러나 나를 본 그 시간부터 고쳐지기 시작하였다. 이 역시 하나님께서 하신 일이다.

4월 11일(주일) 그날을 위한 복음서 첫 절을 가지고 나는 새로 지은 창고에서 이야기하였는데 그 구절은 "너희 중 누가 나보고 죄 있다고 할 수 있겠느냐? 그리고 내가 진리를 말한다면 너희가 어찌 나를 믿지 않느냐?"는 것이다. 엿새 후 매일 나는 현명한 사도들의 충고를 우리도 따라야 한다는 절대적인 필요성의 생생한 예증이 생겼다. 그 사도들의 충고란 "아무것도 때가 이르기 전에 판단하지 말라. 흑암 속에 감추어진 것들을 빛으로, 또한 마음속의 생각을 다 드러나게 하실 주께서 오실 때까지…"라는 것이다.

4월 17일(土) 우리는 사바나를 향해 출발하여 화요일 저녁에 도착하였다. 아직도 우리의 계획을 추구하기 위한 문은 전혀 열리지 않았음을 알고 어떻게 해야 사바나에 있는 적은 무리들에게 우리가 쓸모 있게 될 것인지를 깊이 생각하였다. 그리고 우리는 다음의 내용에 합의하였다. 첫째, 그들 중에서 가장 진지한 사람들을 중심으로 작은 모임을 만들어 그들이 서로 비판하고 가르치고 격려할 수 있게 일주일에 한두 번씩 모이도록 조언하자. 둘째, 이들 중에서 몇 명을 모집하여 서로 더 친밀하게 하게 하여 하나를 이루게 하자. 부분적으로는 우리가 개인별로 면담하거나 때로는 그들을 전부 우리 집에 초대하자. 이 일은 매 주일 오후에 갖기로 결정하였다.

5월 5일(수) 나는 사바나 시 제2집정관 파커의 아이의 세례집례 요청을 받았다. 파커 부인은 내게 "우리 부부는 이 아이에게 침례를 베푸는 것을 원하지 않아요."라고 말하였다. 나는 "만일 당신의 아이가 몸이 약한 증세가 있으면 물을 뿌리는 일로 족할 것입니다."라고 말하자 그녀는 "아니오. 아이는 약하지 않지만 나는 그 아이를 물에 담그지 않기로 결심했어요."라고 답하였다. 이 말다툼에서 나는 이길 수가 없었다. 그래서 나는 집으로 돌아왔고 그 아이는 다른 사람에게서 세례를 받게 되었다.

5월 9일(주일) 나는 공중기도회 시간을 교회가 원래 지정한(아직도 영국에서 종종 볼 수 있는데) 시간에 따라 구분하기 시작하였다. 아침 집회는 5시에 시작하고, 성찬식(설교 포함)은 11시에, 저녁 집회는 3시경에 시작하기로 하였다. 그리고 이날부터 나는 넓고 편리한 장소인 법정에서 기도문을 읽기 시작하였다.

5월 10일(월) 나는 교우들을 집집마다 차례로 심방하기 시작하였다. 이를 위해 시간을 (날씨가 더워 그들이 일하지 못하는) 정오부터 오후 3시까지 따로 떼어 놓았다.

5월 16일(주일) 저녁에 우리는 프레데리카에서 갓 돌아온 내 동생 때문에 놀랐다. 조금 이야기한 후에 우리는 다시 그곳에 있는 불쌍한 사람들을 동생이 없는 동안 어떻게 돌볼 것인지에 대하여 의논하였다. 결국 나와 잉함이 차례로 돕기로 하였는데 내 순서가 먼저 돌아왔다. 그래서 18일에 도보로 썬더볼트까지 가서 다음 날 오후에 작은 배를 타고 출발하였다. 저녁에 우리는 스키도웨이에 이르렀다. 수는 적었지만 매우 정중한 회중들과 같이 저녁 기도회를 열었다.

5월 22일(토) 오후 4시경에 도보이사운드에 들어섰다. 바로 우리 앞에 불던 바람이 어찌나 세차던지 우리가 그 안에 있을 때 바다는 매우 거칠어서 출입구로 물이 쏟아져 들어와 배는 순간순간 가라앉을 듯하였다. 그러나 그 바람은 반시간 만에 우리를 건너편에 이르게 해 주었고 다음 날 아침에 프레데리카에 이르게 하여 하나님을 기쁘시게 해 드렸다.

6월 3일(목) 승천일이었으므로 우리는 성찬식을 거행하였는데 단지 허드의 가족만이 참석하였다. 사람들이 더 많이 오지 않은 이유는 어떤 한 부인이 무심코 한 말이 온 마을을 들끓게 했기 때문이다.

6월 10일(목) 우리는 사바나에서 하기로 했던 것과 같은 그런 일을 프레데리카에서도 실행하기 시작하였다.

우리의 계획이란 주일날 오후와 저녁에 공중 집회를 마친 뒤에 성도들 중 가장 진지한 사람과 시간을 보내면서 찬미하고 성경 읽고 서로 이야기를 나누는 것이었다. 이날 저녁에는 마크 허드만이 참석하였다. 그러나 주일에는 허드와 두 사람이 더 가입하기를 원하였다. 시편을 읽고 잠시 담화를 나눈 뒤에 나는 윌리엄 로의 「기독자의 완전」을 낭독하였고 다른 시편을 마지막으로 읽었다.

6월 19일(토) 오글도프 장군이 남쪽에서 돌아와 20일 주일에 명령내리기를, 아무도 대낮에(전에도 그러했듯이) 낚시질과 새잡이 등으로 낭비해서는 안 된다고 하였다. 오후에 나는 내가 프레데리카에서 보고 들은 바 기독교와 모순되며 그 고장 번영에도 모순이 되는 점을 요약해서 말하였다. 그 사건은 당연한 결과를 초래하여 어떤 사람들은 그 이야기를 듣고 도움을 얻었으나 나머지 사람들은 크게 화를 냈다.

6월 22일(화) M의 태도가 너무 냉담해진 것을 보고 그에게 그 이유를 물었다. 그는 대답하기를 "나는 당신이 하는 일을 하나도 좋아하지 않아요. 당신이 하는 모든 설교는 어떤 특정한 사람을 비꼬아 하는 말이기 때문에 나는 더 이상 당신의 설교를 듣지 않을 거예요. 그리고 다른 모든 사람들도 나와 같은 생각인데, 이는 모두 다 우리를 욕하는 말을 듣기 싫어하기 때문이에요."라고 하였다. 이어서 말하기를 "그 외에도 그들은 자신들이 개신교인이라고 합니다. 그러나 당신이 어떤 종교인지 말할 수 없다는 것입니다. 그들은 그것이 어떤 결과를 가져올지 모르겠다고 합니다. 그리고 이제 당신의 사사로운 행동에 대해서도, 이곳에 도착한 후에 생긴 모든 언쟁들도 다 당신 때문이에요. 이 고장에는 참으로 어떤 사람도 당신이 한 말을 마음에 두는 사람은 없을 것입니다."라고 하였다. 그는 내 대답을 듣기에는 너무 열이 올라 있어서 나는 아무 말도 하지 않았고, 다만 그가 숨김없이 털어놓은 점에 대하여 감사하며 그 자리를 떠났다.

6월 23일(수) 밤 11시경 배를 타서 26일 토요일 오후 1시경에 사바나에 도착하였다.

6월 27일(주일) 약 20명이 아침 기도회에 우리와 함께 참여하였다. 한두 시간 후에 큰 무리의 인디언들이 왔는데, 그들은 그들의 회중이 모여야 할 곳을 우리의 예배장소로 빼앗아 준 사람을 만나고 싶어서 왔다.

6월 30일(수) 나는 모든 인디언 부족들 중에 가장 덜 개화되고 가장 덜 타락한 초크타우스 족에게로 즉시 갈 수 있는 길이 열렸으면 하였다. 그러나 나의 이런 말을 듣고 오글도프 장군은 반대하였다. 그곳에 있는 프랑스인에게 방해를 받거나 죽임을 당할 위험이 있을 뿐 아니라 그보다도 목사가 부족한 사바나를 떠나는 일이 바람직하지 않다고 생각하였기 때문이다. 그의 반대의사를 저녁에 나의 형제들에게 이야기하였더니 그들도 모두 "우리는 아직 가면 안 된다."고 하였다.

7월 1일(목) 인디언 청중이 모인 적 있고, 한번은 토요일에 모였다. 그날 그들의 수령인 치카리가 오글도프 장군과 만찬을 하였다. 만찬 후에 나는 머리가 허옇게 센 그 노인에게 "당신은 무엇을 위해 지음 받았다고 생각해 오셨습니까?"라고 질문하였다. 그는 "위에 계신 분이 우리를 무엇 때문에 지으셨는지 아십니다. 우리는 아무것도 모릅니다. 우리는 어둠 속에 있습니다. 그러나 백인들은 많이 압니다. 그리고 그들은 마치 자신들이 영원히 살 것 같이 커다란 집을 짓습니다. 그러나 백인도 영원히 살지 못합니다. 내가 먼지 되듯 백인들도 먼지가 되고 말 것입니다."라고 말하였다.

7월 20일(화) 치카소 인디언 중에 다섯 사람이(그 족속 중 약 20명이 며칠 동안 사바나에 머물고 있었다) 우리를 보려고 그들의 통역자인 앤드류와 함께 왔다. 그들은 모두 무사들이었으며 그 중 4명은 수령들이었다. 두 추장은 파우스투베와 밍고 마띠우이였다.

7월 26일(월) 내 동생이 영국으로 가는 배를 타기 위하여 가는 길에 나도 같이 찰스타운을 향해 갔으나 역풍 때문에 수요일 저녁까지도 사바나에서 40마일 떨어진 포트로얄에 도착하지 못하였다. 그 다음 날 아침에야 그곳을 떠났다. 그러나 그날 오후에 바람이 어찌나 거세고 드높았던지 우리가 성 헤레나사운드 해협을 가로질러 가고 있을 때 가장 나이 많은 수부가 소리 지르기를 "이제 모두 자기 몸은 스스로 보호하셔야 합니다."라고 하기에 나는 그에게 "하나님이 우리를 모두 돌보실 것입니다."라고 말하였다. 내 말이 거의 떨어짐과 동시에 돛이 떨어져 버렸다. 나는 만일 배가 가라앉는다면(매순간 가라앉는 것 같으므로) 배 안에 있는 사람을 다 내리게 하고, 바람이 세고 바다는 거칠지라도 해변까지 헤엄쳐 가게 할 것을 조금이나마 기대하고 배 가장자리에 서 있었다. 그러나 "네 믿음이 없음은 어찜이뇨?" 돛이 떨어지자마자 두 사람은 그것을 붙잡아 배 안으로 끌어들였고, 다른 세 사람은 있는 힘을 다하여 노를 저었다. "하나님께서 바람과 바다에게 명령하시었으므로" 한 시간 만에 안전하게 육지에 도착하였다.

8월 2일(월) 나는 오글도프 장군의 편지를 전하기 위하여 찰스타운에서 30마일 떨어진 부총독이 주재하는 곳으로 출발하였다. 그곳은 작은 언덕 위에 세워져 있는데 사면이 모두 골짜기였다. 참 마음에 들었다. 한쪽은 빽빽한 숲이고 다른 한쪽은 벼와 인디언 콩이 심어져 있었다. 나는 돌아가는 길에 흑인 교인 50여 명을 이끌고 있는 시킨스의 집에 들러 볼까 하였다. 그러나 내 말이 너무 지쳤기 때문에 나는 찰스타운으로 곧장 오는 길을 통해 돌아와야만 하였다. 나는 불(Bull) 대령의 배로 돌아올 수 있을 것이라고 생각하고 우리가 타고 왔던 배를 사바나로 보냈다. 그러나 그의 배가 곧 떠날 계획이 없었으므로 나는 포트로얄 항구까지 걸어갈 생각으로 목요일에 애슐리 페리로 갔다. 그러나 벨링거는 말 한 마리를 준비해 줄 뿐만 아니라 나와 함께 10마일 떨어진 컴비 페리까지 같이 가 주었다. 거기서 말과 한 안내인을 고용하고 다음 날 저녁에 버포르(포트로얄)에 이르렀다. 우리는 아침에 배를 탔는데 바람이 역으로 불고 파도도 높아서 주일 아침까지도 사바나에 도착하지 못하였다. 오글도프 장군이 간 것을 알고 나는 단 하루만 사바나에 머문 후 프레데리카를 향해 화요일 아침에 출발하였다. 썬더볼트로 걸어가던 중 아주 심한 소나기를 맞아서 내 옷은 마치 옷을 입은 채 강물을 건너간 것 같이 흠뻑 젖었다. 이럴 때 나는 아메리카의 비나 이슬이 몸에 해로울 것이라고 생각하는 대중의 일반적인 과오를 보게 된다. 나는 이번 외에도 벌써 여러 번 비에 흠뻑 젖어 본 적 있지만 아무런 해가 없었다. 그리고 나는 여러 날 밤을 노숙하여 밤새 내리는 이슬을 다 맞아 보았다. 썬더볼트에서 우리는 배를 탔다. 8월 13일 금요일에 페레데리카에 도착하였으며 거기서 나는 내가 캘롤라이나에서 가져온 편지를 오글도프 장군에게 전하였다. 다음 날 그는 슨튼조지를 향해 떠났다. 그때부터 나는 프레데리카에서 일이 잘 되리라는 가능성이 점점 줄어듦을 깨달았다. 그곳의 많은 사람들은 극단적으로 질투하는 데 지칠 줄 몰랐다. 그들이 싫어하는 게 두려워서 나머지 사람들 중에는 그들과 의견이 다르다는 것을 드러낼 만큼 모험하는 사람이 거의 없었다.

8월 28일(토) 나는 몇 권의 책을(우리가 가진 적은 책 중에서) 프레데리카에 있는 도서관을 위하여 따로 떼어 놓았다. 나는 오후에 그 섬의 저편에 있는 보루로 걸어갔다. 5시경에 집으로 돌아오려고 하였는데, 안내인이 길에 익숙하지 못하여 우리는 얼마 후에 숲속에서 길을 잃고 말았다. 우리는 계속해서 걸었으며 9~10시까지 있는 대로 힘을 내서 가려고 했지만 나중에는 피곤해지고 이슬로 흠뻑 젖어서 그만 거기서 쓰러져 아침까지 잤다. 8월 29일 주일 날이 밝아올 무렵에야 우리는 다시 출발해서 곧장 앞으로 가려고 애를 썼다. 해가 솟아오르자 우리는 곧 프레데리카 근처인 그레이트 사바나에 와 있는 것을 알게 되었다. 이와 같은 섭리로 나는 또 하나의 공포, 즉 숲속에 드러누워 있던 일에서 구원을 받게 되었다. 그리고 이 경험은 겨우 견딜 만한 건강을 가진 사내도 단순히 "제 길에 있는 사자"임을 보여 주었다.

9월 2일(목) 나는 한 외돛배를 타고 떠나 주일 아침 10시경에 스키도웨이에 이르렀고 저녁에 사바나에 도착하였다.

10월 21일(화) 우리는 이제까지 프레데리카의 가난한 사람들을 위해 무엇을 할 수 있을까 생각해 보았다. 나는 친구들의 판단에 따르기로 하였는데, 그들은 내가 그곳에 한 번 가야 한다고 하였다. 내가 거기에 머무르는 동안 사바나의 내 사역은 잉함이 대신 맡기로 하였다. 나는 16일 토요일에 여기에 왔으며 기대했던 것보다는 나은 것을 몇 가지 찾아냈다. 나는 처음에는 용기가 없었지만 곧 잊을 수 없는 다음의 말씀이 기억났다. "나는 하나님께 부르짖었다. 이 세상에 있는 그 사람보다 네 안에 계신 그분이 더 위대하시다. 일어나라. 그의 뜻을 지켜나가자." 그리고 저녁 기도회가 끝난 뒤에 프레데리카에 머무는 동안 매일 밤 했던 것과 같이 몇몇을 우리 집에 초대하였다. 나는 그들에게 내가 생각할 때 모든 고대문인들 중에서 가장 우리에게 도전을 주는 에프라임 시러스의 권고문을 하나 읽어 주었다.

10월 18일(월) 프레데리카에서 몇몇 독일 사람들이 있음을 알게 되었다. 그들이 영어를 모르기 때문에 공중예배에 참석하지 못하였으므로 그들을 우리 집으로 초청하였더니 그때부터 매일 점심시간에 찾아왔다. 우리는 먼저 독일 찬송가를 부른 뒤에 신약성경 한 장을 읽고 할 수 있는 대로 잘 설명해 주었다. 그리고 찬송을 부른 뒤 기도로 마쳤다.

10월 25일(월) 나는 느리고 위험한 선박여행 끝에 31일 주일에 사바나에 도착하였다.

11월 23일(화) 오글도프 장군은 잉함, 델라모트, 나를 사바나에 남겨두고 영국으로 떠났다. 그는 우리가 처음 미국 땅에 도착하였을 때보다 인디언을 위해 설교하는 일을 좀 더 줄일 것을 기대하면서 떠났다. 내가 인디언 전도에 대하여 말할 때마다 곧장 응답하기를 "다른 목사님 없이 당신이 이 사바나를 떠날 수 없습니다."라고 하였다. 이에 대한 나의 분명한 대답은 "위와 반대되는 사태에 대하여 내가 어떤 의무가 있는지 알 수 없습니다. 나는 결코 여기에 한 달을 머물 것이라고 약속하지도 않았습니다. 여기에 도착했을 때, 그리고 그 후 이때까지 내가 인디언에게 갈 수 있게 되면 더 이상 영국인에 대해 책임질 일도 없고 지기도 싫다고 공개적으로 선언한 적 있습니다."였다. 그러나 내가 지금 사바나를 떠나지 못할 어떠한 의무가 없다고 해도 "그들의 영혼을 조금만 더 돌보아 주되 어떤 사람이 와서 당신의 자리를 맡아줄 때까지만 참아 주세요."라고 말하는 교인들의 진지한 요청을 물리칠 수 없었다. 나는 이 일에 더욱 마음을 기울이게 되었다. 그 이유는 이방 사람들에게 평화의 복음을 전할 때가 아직 오지 않았으나 그들의 모든 나라는 혼란 속에 있었기 때문이다.

12월 23일(수) 델라모트와 나는 안내인과 함께 커우픈까지 걸어가려고 출발하였다. 우리가 두세 시간 걷고 있을 때 안내원은 솔직히 우리가 지금 어디에 와 있는지 모르겠다고 하였다. 그러나 우리가 그렇게 멀리 오지 않았을 것이라는 생각이 들어서 그대로 계속 가는 것이 좋겠다고 생각하였다. 한두 시간 만에 우리는 삼나무 늪지대에 이르렀다. 밤이 오기 전에 사바나로 돌아갈 시간적 여유가 없어서 우리는 그곳을 걸어서 통과하였는데 물이 가슴까지 차올랐다. 늪지대를 건너 1마일쯤 갔을 때다. 거기서부터는 길이 전혀 없었다. 해도 이미 저문 후여서 우리는 거기에 둘러앉아 불을 피우고 아침까지 머물려고 하였다. 그러나 부싯돌이 젖어서 꼼짝 못하게 되었다. 나는 계속 걷자고 하였으나 일행들은 지치고 어지럽다고 하더니 6시쯤에 바닥에 눕고 말았다. 그때 땅바닥은 우리의 옷처럼 젖어 있었고 기온은 빙점 이하여서 곧장 얼어붙었다. 그러나 나는 다음 날 아침 6시까지 잤다. 그동안 짙은 이슬이 내려 마치 흰 눈처럼 우리를 덮고 있었다. 해가 떠오른 지 한 시간쯤 지나서 우리는 어느 큰 농장에 이르렀고 저녁에 사바나에 도착하였다. 그동안 아무도 다치지 않았다.

12월 28일(화) 우리는 좀 더 나은 안내원을 데리고 육로로 프레데리카를 향해 출발하였다. 수요일 저녁에 오기치 강 언덕에 있는 보루에 도착하였다. 다음 날 오후에 우리는 조그마한 카누를 타고 쿠아누치 강을 건넜는데 우리가 타고 간 말들은 카누 옆에서 헤엄쳐왔다. 우리는 강둑에 불을 피우고 비가 오는데도 아침까지 잤다.

1937년 1월 1일(토) 우리가 예상했던 것보다 여행이 오래 걸려서 준비한 것이 부족하게 되었다. 그러나 통째로 구운 (햇빛에 말린) 곰 고기가 조금 있어서 그것을 끓였더니 아주 좋은 음식이 되었다. 다음 날 우리는 스코틀랜드 고산지 개척마을인 다리엔에 도착하였는데 그 사람들은 술 취하지 않으며 부지런하고 따스한 사람들이었다. 그곳의 엠레오드 목사는 내가 보기에는 진지하고 단호하면서도 경건한 사람이었다. 월요일 저녁에 우리는 다리엔을 떠나서 5일 수요일에 프레데리카에 도착하였다. 이곳의 모든 일을 우리가 예상했던 대로 냉랭하고 무정하며 처음의 사랑을 유지하는 사람은 찾아볼 수가 없었다. 이 불행스러운 곳에서 허공 찌르기를 20일을 계속 한 후 1월 26일에 나는 프레데리카를 마지막으로 떠났다. 비록 그동안 생명의 위협을 여러 번 받았으나 내가 떠나는 이유는 위험을 우려해서 그런 것은 아니었다. 다만 그곳에서 좋은 일을 못하게 된 데에 대한 전적인 실망 때문이었다. 그 실망 때문에 나는 그곳을 더 보지 말고 떠나자는 생각에 만족하기로 하였다.

1월 31일(월) 우리는 사바나로 돌아왔다. 2월 1일 화요일은 조지아에 처음으로 사람들이 상륙한 것을 기념하는 연례 축제일이었으므로 우리는 설교를 하고 성찬을 베풀었다. 24일 목요일에 잉함이 영국으로 돌아가 하나님을 기쁘시게 하기 위하여 이곳에서 하나님의 일에 힘을 더하도록 몇몇 친구를 더 데려오자는 데 의견을 모았다. 그래서 26일 토요일에 그는 사바나를 떠났다.

3월 4일(금) 나는 조지아 재정 관리인에게 1736년 3월부터 1737년 3월까지 연간 경상비에 관한 청구편지를 썼는데 목사관 수리비며 프레데리카 여행비 등에 대한 예산을 삭감하고도 델라모트와 나를 위한 액수가 44파운드 4실링 남짓이었다.

3월 24일(목) 로버트 하우스의 집에 불이 나서 한 시간 안에 아무것도 남지 않게 되었다. 그래서 그를 돕기 위한 모금운동을 벌였는데 그곳 사람들은 일반적으로 자신보다 훨씬 더 어렵고 필요한 것이 많은 이웃을 살리기 위하여 자기들이 가진 그 적은 소유 중에서도 조금이나마 기꺼운 마음으로 돕는 놀라운 면을 보여 주었다.

4월 3일(주일) 이 크고 거룩한 주간에 우리는 매일 설교하고 성찬을 베풀었다.

4월 4일(월) 나는 우리 교구에 살고 있는 유대계 교인들과 이야기하기 위해 스페인어를 배우기 시작하였다. 그들 중 몇몇 사람은 그리스도를 주님이라고 부르는 사람들보다도 훨씬 더 그리스도에게 가까운 마음을 가졌다고 생각한다.

4월 12일(화) 나는 캘롤라이나에 어떤 사람이 우리 교인 중 몇 사람을 결혼 거행 예고도 없이, (교회에서 3회 연속 예고하는 일) 증서도 없이 결혼시켰고 앞으로도 그렇게 할 것이라고 선포하였기에 그의 그런 행동을 중지시키리라 결심하고 찰스타운으로 향했다. 목요일에 그곳에 도착하여 런던의 콤미싸리의 가든 감독에게 이 일을 이야기하였더니 그는 앞으로 이런 불법을 더 이상 행하지 못하게 조치하겠다고 보증해 주었다.

4월 19일(화) 우리는 찰스타운을 떠났으나 폭풍우와 역풍을 만났고 닻을 잃어버려서 밤새도록 파도에 시달리다가 21일 목요일 간신히 찰스타운 항구에 돌아갔다.

4월 22일(금) 그때가 바로 그들의 연례 방문기간이어서 나는 남캘롤라이나의 목사들과 만나는 즐거움을 누렸다. 오후에 그들 사이에서는 '우리의 의이신 그리스도'라는 문제로 몇 시간 동안 대담을 하였다. 이는 내가 영국의 어느 곳을 방문하거나 또 어떤 다른 곳에서도 전혀 들어 보지 못한 일이었다.

4월 23일(토) 풋폰에 가까운 성 바돌로메의 톰슨 목사에게 내가 해로 여행으로 집에 가는 길에 고생하는 일이 있었다고 이야기하였더니 그는 나에게 육지로 가기 원할 때에는 자신의 말 한 필을 제공해 주겠다고 제안하여서 기쁘게 이를 받아들였다. 그는 20마일이나 나와 함께 가 주었고 또 20마일을 안내할 종을 붙여주었다. 그곳에서 다른 사람들보다 좀 더 민활해 보이는 한 젊은 흑인 여성을 보았다. 나는 그 여성에게 캘롤라이나에 얼마나 있었냐고 묻자 그 여성은 발바도우스에서 태어났고 2,3년 간 있었다면서 그곳 목사님 댁에서 어려서부터 살았다고 하였다. 나는 또 그녀에게 그곳에서 교회에 나갔었냐고 물었더니 "아무렴요. 매 주일 갔었지요. 우리 집 마님의 아기들을 데려다 주려고요."라고 대답하였다. 나는 다시 그녀에게 교회에서 무엇을 배웠냐고 물었더니 그녀는 "아무것도 없습니다. 듣기는 퍽 많이 들었는데 그것을 도무지 이해할 수 없었어요."라고 대답하였다. 이 가련한 인생이 내 가르침에 얼마나 열심이며 집중하였는지 글로 형언하기 어려울 정도였다. 이튿날 그녀는 전날 밤에 배운 것을 모두 기억해 냈고 모든 질문에 척척 대답하였다. 그리고 말하기를 그녀를 지으신 그분께 어떻게 좋은 사람이 될 수 있을지 가르쳐 주시기를 구하겠다고 하였다.

4월 27일(수) 나는 칠리피니에 있는 벨링거의 농장에 이르렀는데 거기서 비 때문에 금요일까지 머물렀다. 여기서 나는 (인디언 어머니와 스페인 아버지를 둔) 반 인디언과 몇몇 흑인들을 만났는데 그들은 누군가 좀 가르쳐 주기를 원하였다. 벨링거가 한 흑인 젊은이를 나와 함께 퍼리스버그까지 가게 보내주었다. 나는 이 젊은이도 역시 배우고 싶어 하고 또 잘 배울 수 있는 가능성이 있음을 알게 되었다. 아마도 아메리카의 흑인들에게 기독교를 가르치는 가장 쉽고 빠른 길은 농장 주인들을 찾아 문안하고 그들 중 가장 진지한 사람들을 찾아내는 것이다. 그런 다음 그들에게 어떤 노예들이 가장 잘 마음을 기울일지, 또 영어를 잘 이해할 수 있을지를 물어본 후 이 농장 저 농장으로 그들을 찾아가 각각 필요하다고 생각하는 기간 동안 함께 머무는 것이다. 그런데 나와 캘롤라이나에서 함께 지낸 3,4명의 신사들도 그러한 도움이 참 즐거운 일이 될 것이라고 하였다.

4월 30일(토) 나는 사바나에서 돌아왔으며 나의 적은 무리들이 기대했던 것보다 더 나은 상태임을 보았다. 이는 내가 그들과 떠나 있는 동안에 동역자들을 하나님께서 크게 기뻐하시사 그들의 노력에 대해 복을 주신 결과다.

5월 18일(수) 나는 내가 믿기로는 이곳에서 처음 생겼다고 생각하는 자연신론으로 개종한 자를 발견하였다. 그는 전형적으로 종교적인 사람이었는데 어떤 때에는 너무 열광적이었다. 그러나 안일주의자들에게 빠져버리면서 그의 열심과 믿음은 차례로 파선되고 말았다.

5월 25일(수) 나는 (다른 몇몇 사람들이 그러했던 것과 같이) 전에 몇 해 동안 로마교회 교인이었다가 지금은 믿게 된 사람에게 며칠 동안 좋은 대접을 받았다. 나는 때때로 교회가 빠져 있는 슬픈 과오와 그러한 교회의 일원으로서 계속 머문다는 것이 얼마나 위험한 일인지에 대해 설교하였다. 이러한 경우에 나는 내가 받은 수많은 충고에 대하여 언급하지 않을 수 없는데, 그 충고란 교황주의자들이 늘어나는 일을 조심하라는 것이었다. 내가 기억하기로는 불신앙자들이 늘어나는 일을 조심하라는 충고는 한 번도 받은 일이 없었다. 다음의 몇 가지 일을 생각해 볼 때 참으로 놀랄 수밖에 없다. 첫째, 내가 이제까지 다녀본 여러 곳에서 불신앙자들로 타락한 자들의 수에 비하여 교황주의로 개종한 사람들의 수는 비교가 안 되었다. 둘째, 교황주의가 아주 나쁜 종교라고 한다면 무종교는 더 나쁜 것이다. 그래서 세례 받은 불신앙자들은 언제나 사고만 하는 사람들이요, 교황주의자도 한 번 출생한 자보다 이중으로 악한 자들이다. 셋째, 영원한 세계와 관련지어 볼 때 교황주의자들이 위험한 상태에 있다고는 하나 자연신론자들은 더욱 더 나쁘다. 그리고 더 위험한 상태에 있는 것이다. 만일 그들이 회개하지 않는다면 그들은 틀림없는 저주의 자식이다. 그리고 끝으로 교황주의자들을 다시 살리는 일이 어렵다면 불신앙자들을 다시 살린다는 것은 더군다나 어려운 것이다. 나는 많은 교황주의자들이 다시 개종한 일을 알고 있지만 자연신론자들이 그러했다는 것은 결코 들어보지 못하였다.

5월 29일(주일) 성령강림주일이므로 몇 주 동안 계속해서 매일 교육을 받은 우리의 네 학자들이 주의 만찬자리에 참예하게 해 달라고 여러 번 간청해 왔다. 참으로 이즈음에 하나님의 신이 많은 아이들의 마음에 역사하심을 보았다. 아이들은 가정과 교회에서 들은 일에 더욱 조심스럽게 참예하기 시작하였다. 그리고 아주 눈에 띌 만큼 진지한 모습이 그들의 모든 몸가짐과 대화 속에 나타났다.

6월 29일(수) 창고 관리인이면서 사바나의 행정책임자인 코스턴이 열병에 걸렸다. 나는 매일 그를 찾았는데 (다른 교인이 아프거나 위험한 병에 걸렸을 때 그러했듯이) 내 수고가 헛되지 않아 그가 병중에서도 감사하는 모습을 보여 주어 큰 희망을 갖게 되었다.

7월 3일(주일) 성찬이 끝나자 곧 나는 윌리엄슨 부인(코스턴의 조카)에게 좀 비판받아야 할 일이라고 생각이 든 것을 말하였다. 이에 대해 그녀는 심히 화가 나서 내게 그렇게 취급되고 싶지 않다고 말하였고 집으로 가고 있던 거리 모퉁이에 이르자 갑작스럽게 달아나 버렸다. 다음 날 코스턴 부인이 윌리엄슨 부인에 대해 변명하며 말하기를 윌리엄슨 부인이 그 전날 일어난 일로 심히 괴로워하고 있으니 내가 그녀에 대해 좋게 여기지 않았던 점이 무엇이었는지 그것을 서면으로 설명해 달라고 요구하였다. 그래서 나는 그에 따라 다음 날 그렇게 하였다. 그러나 나는 먼저 코스턴에게 다음과 같은 말을 적어 보냈다.

"존경하는 코스턴 씨, 이제까지 당신은 당신 스스로 내 친구임을 보여 주셨으며 이 점을 나는 깊이 간직하고 늘 잊지 않고 기억하겠습니다. 그리고 이제까지 이런 복을 주신 하나님께서 이것을 계속 주시기를 간절히 바라고 있습니다. 그러나 당신이 나의 한 가지 청원을 허락하지 않는다면 이것은 그렇게 될 수 없습니다. 그 청원이란 그렇게 쉬운 일이 아닙니다. 그것은 바로 내가 해야 할 의무라고 생각하며, 이를 실행할 때 나를 비난하시지 말라는 것입니다. 이렇게 해 주실 수 있다면 내가 사람을 가리지 않고 일하여도 나와 당신 사이에는 결코 오해가 생기는 일이 없을 것입니다. 혹시 생긴다고 하여도 곧 해소될 수 있을 것입니다. 유난스럽게 나를 반대하는 사람들이라 할지라도 내가 하나님의 법도에 매우 충실하다는 점 외에는 별로 반대할 만한 점을 찾지 못할 것입니다."

7월 6일(수) 코스턴이 집행리 법원 서기와 함께 우리 집에 와서 "어떻게 내가 목사님의 직무의 어느 부분인들 실행하는 것을 비난하리라고 생각할 수 있습니까?"라고 다정하게 물었다. 나는 짤막하게 "내가 당신의 가족 중 한 사람에게 성찬분급을 거절하는 것이 내 직책에 속하는 일이라고 생각한다면 어떻겠습니까?"라고 대답하였다. 그는 "만일 목사님이 나나 혹은 내 아내에게 거절한다면 나는 정당한 이유를 대라고 할 것입니다. 그러나 다른 사람의 일은 상관 않겠습니다. 그들의 문제는 그들 스스로 살피게 하겠어요."라고 대답하였다.

7월 27일(수) 예수 그리스도의 선한 군병인 스팡겐베르그를 다시 만나 기뻤으며 그와 함께 8월 1일 월요일에 내가 오랫동안 생각해 오던 에베네저로의 여행길에 올랐다. 도중에 나는 그에게 우리가 오랫동안 즐겨왔던 조용한 시절은 끝나고 있음을 말하였는데 이는 그도 내가 (어떤 이가 그에게 말해 준 것과 같이) 사람을 편벽되이 대하는 그런 사람이 아니고 모든 사람을 빈부의 차별 없이 친구나 원수지간이든 차별 없이 대하기로 결심한 사람임을 곧 알아주기를 바라여 한 말이다. 그리고 그에게 앞으로 올 것이라고 생각이 드는 곤란에 대해 충고를 구하였으며 하나님의 은총 중에서 그것을 따르기로 결심하였다. 저녁에 우리는 가난한 살즈버거 사람들이 개척한 뉴에베네저에 도착하였다. 이 사람들의 부지런함은 실로 놀라웠다. 60채의 오막살이들은 깨끗하고 질서 있게 지어져 있었으며 그 집들 사이의 땅들은 아주 잘 손질되어 있었다. 거리의 한편은 인디언 강냉이 밭이고 다른 한편은 몇몇 개개인의 농장인데 이 모두가 얼마 안 되는 사람들이 1년 안에 이루어 놓은 일이라고는 참 믿기 어려웠다.

8월 3일(수) 우리는 사바나로 돌아왔다. 7일 주일에 나는 윌리엄슨 부인의 성찬식 집례를 금하였다. 그랬더니 8일 월요일에 사바나의 법원서기가 다음과 같은 경고문을 내걸었다.

조지아 사바나의 모든 경관, 십일조 헌납자들과 이 일의 관련자들에게

여러분은 존 웨슬리 씨를 발견하는 즉시 체포하고 도시 집행관에게 그의 신병을 인도하여 윌리엄 윌리엄슨 씨과 그의 부인 소피 씨의 고소에 답하게 하시오. 존 웨슬리 씨는 이유 없이 회중 앞에서 그녀에게 성찬 베풀기를 거절하여 상기 소피의 명예를 훼손하였으며 이로 인해 윌리엄슨 씨에게 1,000파운드 상당의 손해를 입혔습니다. 그러므로 구속 영장을 발급하며 이것이 집행할 근거입니다.

1737년 8월 7일 토마스 크리스티

8월 9일(화) 존스 경관이 영장을 집행하여 나를 집행리 파커와 법원서기에게로 데리고 갔다. 나는 그들에게 대답하기를 주의 만찬을 베풀고 안 베푸는 일은 순전히 종교적인 일인데 그들이 이 일로 나를 심문하는 것은 이해할 수 없는 일이라고 말하였다. 파커는 내게 "그렇지만 당신은 사바나를

위하여 열리는 다음 법정에 출두해야 합니다."라고 말하였다. 옆에 있던 윌리엄슨은 "여러분, 웨슬리 목사의 출정에 관해 보증을 세우고 싶습니다."라고 말하였다. 그러나 파커는 즉석에서 대답하기를 "웨슬리 목사님의 답변만으로 충분합니다."라고 하였다.

8월 10일(수) 코스턴은(그의 편지에도 표현된 바와 같이 우리 사이에 있던 우정을 고려하여) 왜 내가 윌리엄슨 부인을 성찬식에 참여하지 못하게 하였는지를 법정에서 그 이유를 대라고 요청하였다. 나는 대답하기를 "그렇게 하면 좋지 않은 결과가 더 초래할 것이라고 우려되기 때문에 배심원 앞에서 이유를 제시하도록 합시다."라고 하였다.

8월 11일(목) 코스턴이 우리 집에 와서 여러 가지 격한 말을 하던 중에 "이 사건에 당신이 가진 가장 좋은 결말을 지읍시다. 우리 질녀가 그렇게 취급되어야 하오? 나는 이미 내 칼을 빼들었고 만족할 때까지 결코 도로 집어넣지 않을 것이오."라고 하였다. 잠시 후에 그는 또 말하기를 "많은 회중 앞에서 그녀를 거절한 이유를 대시오."라고 하였다. 나는 "그것을 꼭 원하신다면 그렇게 하지요. 그리고 그것을 그녀에게 전하시는 게 좋으시겠지요."라고 대답하였다. 그는 "그녀에게 당신이 직접 말하시오."라고 하였다. 그래서 나는 "내가 하겠습니다."라고 말하고 그가 간 후에 다음의 글을 썼다.

소피 윌리엄슨 부인께

코스턴 씨의 요청으로 한 번 더 씁니다. 내가 집행의 근거로 삼은 규칙은 이렇습니다. 성찬에 참예하기 원하는 사람은 적어도 전날 어느 시간까지 교구에 그 이름을 기록해야 합니다. 그러나 그대는 이것을 이행하지 않았습니다. 그리고 누구든지 이웃에게 말이나 행동으로 잘못을 저질러서 회중의 분노를 샀다면 교구는 그가 참으로 회개하였음을 공개적으로 선포하기 전까지는 주의 만찬에 나오지 말게 본인에게 알려주어야 합니다. 만일 부인이 다음 주일에 성찬에 나아오기를 청한다면 나는(전에 몇 번 그렇게 한 것 같이) 거기서 부인이 잘못을 하였음을 광고하겠습니다. 그러나 부인께서 공개적으로 참으로 회개하였음을 공표한다면 나는 부인에게 성찬을 베풀 것입니다.

1737년 8월 11일 존 웨슬리

델라모트가 이 편지를 갖고 갔는데 코스턴은 다른 여러 가지 말을 하면서 "내가 바로 피해자입니다. 공공연한 모욕을 내가 받았으니 나는 우리 질녀를 지지할 것이오. 이제는 내가 모욕을 당한 것입니다. 하지만 내가 만족을 얻게 될 것이오."라고 말하였다.

세상에서 얻을 수 있는 것이라면 그가 어떻게 만족을 얻게 될 것인지 나는 생각할 수 없었다. 그러나 금요일과 토요일에 이르러 징조가 나타나기 시작하였다. 코스턴은 많은 사람들에게 "웨슬리 목사는 소피에게 앙갚음을 하려고 성찬 참여를 거절하였소. 그가 소피에게 결혼 신청을 하였는데 우리 질녀가 이를 거절하고 윌리엄슨과 결혼하였기 때문이오."라고 말하였다.

나는 하나님의 자비로우신 섭리를 이 주간에 주신 성경말씀을 통해 분명하게 보았다. 월요일 저녁에 하나님께서는 다음과 같은 말씀을 우리에게 주셨다. "전날에 너희가 빛을 받은 후에 고난의 큰 싸움을 견디어 낸 것을 생각하라. 혹은 비방과 환난으로써 사람에게 구경거리가 되고 혹은 이런 형편에 있는 자들과 사귀는 자가 되었으니 너희가 갇힌 자를 동정하고 너희 소유를 빼앗기는 것도 기쁘게 당한 것은 더 낫고 영구한 소유가 있는 줄 앎이라. 그러므로 너희 담대함을 버리지 말라. 이것이 큰 상을 얻게 하느니라. 너희에게 인내가 필요함은 너희가 하나님의 뜻을 행한 후에 약속하신 것을 받기 위함이라(히 10:32~36)."

화요일 저녁의 성경말씀은 히브리서 11장이었는데 이를 읽던 중 나는 특히 그가 든 예에서 다음의 말씀에 큰 용기를 얻었다. "도리어 하나님의 백성과 함께 고난 받기를 잠시 죄악의 낙을 누리는 것보다 더 좋아하고 그리스도를 위하여 받는 수모를 애굽의 모든 보화보다 더 큰 재물로 여겼으니(히

11:25~26)"

수요일의 성경말씀은 다음의 말씀으로 시작하였다. "이러므로 우리에게 구름 같이 둘러싼 허다한 증인들이 있으니 모든 무거운 것과 얽매이기 쉬운 죄를 벗어 버리고 인내로써 우리 앞에 당한 경주를 하며 또는 거리끼는 믿음의 주요 또 온전하게 하시는 이인 예수를 바라보자. 그는 그 앞에 있는 기쁨을 위하여 십자가를 참으사 부끄러움을 개의치 아니하시더니 하나님 보좌 우편에 앉으셨느니라(히 12:1~2)."

목요일 성경말씀 중에는 이러한 위로의 말씀이 있었다. "돈을 사랑하지 말고 있는 바를 족한 줄로 알라. 그가 친히 말씀하시기를 내가 결코 너희를 버리지 아니하고 너희를 떠나지 아니하리라 하셨느니라. 그러므로 우리가 담대히 말하되 주는 나를 돕는 이시니 내가 무서워하지 아니하겠노라. 사람이 내게 어찌하리요 하노라(히 13:5~6)."

금요일에 읽은 야곱의 말씀은 "시험을 참는 자는 복이 있도다."이었고 토요일의 말씀은 "내 형제들아 영광의 주 곧 우리 주 예수 그리스도에 대한 믿음을 너희가 가졌으니 사람을 차별하여 대하지 말라(약 2:1)."

나는 다만 약한 사람들이 돌아서지 않을까, 적어도 그들이 서로 공적으로 모이는 회집을 저버리지는 않을까 하는 점이 두려웠다. 그러나 나는 두려워할 필요가 없는 것을 두려워한 셈이다. 하나님께서 이 일도 돌보아 주셨다. 그래서 14일 주일에는 몇 달 전보다도 더 많은 회중이 아침예배 시간에 출석하였다. 많은 사람들은 "나봇을 백성 가운데에 높이 앉힌 후에 불량자 두 사람을 그의 앞에 마주 앉히고 그에게 대하여 증거하였다."는 첫 번째 말씀을 주의 깊게 읽었다.

8월 16일(화) 윌리엄슨 부인은 한 선언서에 서명하였는데 서면에 나타난 것보다 더 많은 것을 은연중에 비추고 있었다. 그 문서에서 그녀는 "웨슬리 목사가 자신에게 여러 번 결혼을 청하였는데 그 모든 청들을 자신이 거절하였다."고 주장하였다. 그래서 그 사본을 얻으려고 하였더니 코스턴은 "목사님의 일은 미국 내의 어떠한 신문에도 다 게재되어 있습니다."라고 말하였다. 목요일 혹은 금요일에 26명의 이름이 적힌 대배심원 명단이 배부되었는데 그들은 22일 월요일에 대배심원으로 모이게 되어 있었다. 그러나 이 사람들은 다음 날 곧 소집되고 24명의 이름이 첨가되었다. 그런데 이 배심원 중 한 사람은 영어를 모르는 프랑스인이오, 한 사람은 가톨릭 신자였으며 한 사람은 자타가 공인하는 무신론자였다. 셋은 침례교도요, 16~17명은 비국교도요, 다른 몇 사람들은 나와 개인적인 불화로 내게 앙갚음을 하겠다고 공언한 사람들이었다. 22일 월요일에 대배심원을 향해 코스턴은 열띤 어조로 고발하기를 "영적인 독재를 경계하고 양심을 거스르고 침해하는 새로운 불법적인 권위에 반대해야 한다."고 하였다. 이어서 윌리엄슨 부인의 진술서가 낭독되었다. 그 다음에 코스턴은 배심원들에게 "사바나 사람들을 위하여 대배심원들이 제출한 불평 목록"이라는 제목의 문서를 나누어 주었다. 대배심원의 대다수가 몇 가지 특별한 구절을 정정하여 9월 1일 목요일에 재판소에 다시 제출한 것으로, 열 가지 고소 내용을 두 가지 신고형식 하에 제소하고 사람들 앞에서 낭독되었다. 여기에서 그들이 선서하고 주장한 내용은 "존 웨슬리 목사는 존엄하신 우리의 통치자이신 주님이 베푸시는 평안과 왕국의 법을 범하였다."는 것으로 다음과 같았다.

1. 윌리엄슨 씨의 동의도 없이 윌리엄슨 부인에게 말하고 편지를 보냈습니다.
2. 윌리엄슨 부인의 성만찬 참여를 거부하였습니다.
3. 귀의자들에게 영국 국교회에 대한 충성을 선서하게 하지 않았습니다.
4. 주일 아침 예배를 분리시켰습니다.
5. 파커 씨의 어린아이에게 세례 집례를 거절하였습니다. 한편으로는 부모들이 아이가 약하거나 견디기 어렵다고 말하였는데도 이를 무시하고 아이를 억지로 물에 담갔습니다.
6. 윌리엄 고우 씨를 성찬 받지 못하게 거절하였습니다.
7. 나다니엘 풀힐 씨의 장례식 집례를 거절하였습니다.
8. 자기를 스스로 사바나의 상임목사라고 불렀습니다.
9. 성찬 받지 않았다는 이유로 윌리엄 앨리온비 씨를 대부(代父)로 받아들이는 것

을 거부하였습니다.

10. 같은 이유로 제이콥 매튜스 씨를 거부하였고 보증인을 두 명만 세웠는데도 한 사람을 더 세울 때까지 기다리지 않고 한 인디언 상인의 아이에게 세례를 베풀었습니다.(이것은 내가 잘못하였다. 그가 한 사람을 더 세울 때까지 세례를 거절했어야 하는데….)

9월 2일(금) 내 일이 P와 서기에게 넘어간 후 세 번째로 열린 법정에 출석하였다. 나는 다만 한 시민의 권리로 첫 번째 고소장의 즉석 청취를 제안하였으나 거절당하였다. 나는 같은 제안을 오후에 또 내놓았으나 다음 재판 날짜까지 연기되었다. 나는 다음 재판 날에 다시 출석하였고 그 다음 공판에도 출석하였으나 (판사의 말로는) 윌리엄슨이 출타 중이라는 이유로 끝내 듣지 못하였다. 소수의 배심원들(그들은 결코 찬성하지 않음)의 이 공소장에 대한 올바른 견해는 그들이 통치자에게 전해 준 다음과 같은 문서에 잘 나타나 있다.

조지아의 통치자 귀하

존 웨슬리 씨에 대한 8월 23일, 31일에 제출한 두 공소장에 반대하여 조지아 주 사바나 군읍의 대배심원들이 드리는 글입니다.

아래에 서명한 소위 대배심원들은 겸손한 마음으로 소위 공소장에 대한 우리의 마음이 불쾌하다는 점을 말씀드릴 수 있게 해 주시기 바랍니다. 많은 사람들을 비추어 보면서 우리는 웨슬리 씨에 대한 고소는 코스턴 씨가 그의 소장에 즐겨 말한 대로 종교적인 독재에서부터 마을을 보호하기 위해서가 아니라 전적으로 웨슬리 씨의 인격을 비방하려고 꾸며진 일입니다. 여러 가지 사정을 말씀드리는 것이 각하를 지루하게 해 드리는 것이지만 우리는 그 고소들에 대해 이의를 제기하지 않을 수 없는 이유를 말씀드리고 싶습니다.

첫째 고소 이유에 대하여 우리는 웨슬리 씨가 윌리엄슨 부인에게 말하거나 편지 쓴 일로 국법을 어겼다고 생각하지 않습니다. 3월 12일(그녀의 결혼식 날) 이후로 웨슬리 씨가 그녀의 숙부의 요청과 목사의 자격으로 훈계와 비판을 위하여 7월 5일 그녀에게 보낸 편지 외에 웨슬리 씨가 윌리엄슨 부인에게 개인적으로 말을 하거나 편지를 써서 보낸 증거가 없기 때문입니다.

둘째 이유에 대하여 우리는 그것이 바른 고소라고 생각하지 않습니다. 웨슬리 씨가 법을 위반하면서 자기 스스로 권위 있는 사람이라고 생각하였다고 보지 않습니다. 우리가 이해하는 바대로 모든 성찬을 받기 원하는 사람은 적어도 성찬을 받는 전날까지 교구에 자기 이름을 서명하여야 합니다. 그러나 윌리엄슨 부인은 이를 이행하지 않았습니다. 더군다나 웨슬리 씨는 때때로 전 회중 앞에서 이를 공포하였으며 예배 규칙에 순종할 것을 강조하였으며 전에도 많은 사람들이 이에 불순종하였기 때문에 거절한 바가 있습니다.

셋째에 대하여 우리는 그것이 바른 고소라고 생각하지 않습니다. 우리는 비록 그가 형식적인 공포는 하지 않았다고 하더라도 그보다도 더욱 강력한 방법으로 귀의자들이 영국 국교회로 귀의했다고 공포하는 것을 계속 들어 온 사람들입니다. 즉 그는 사도신경과 니케아와 아다니시안 신조, 39개조 신앙고백, 일반기도서 전서, 그리고 교회의 설교문을 설명하고 변호하는 일을 통하여 공포한 것입니다. 또한 우리는 제도를 받아들이고 허입한 사람들이 형식적인 공포를 요청하지 않았기 때문이라고 생각합니다.

넷째 고소 내용에 대하여 우리는 그것이 현행법 중 어느 조항에도 위배된다고 할 수 없다고 생각합니다.

다섯째 고소도 바르다고 생각하지 않습니다. 웨슬리 씨는 예배 규정으로 그가 한 일을 정당화하였기 때문입니다. 만일 그 부모들이 아이가 약하다는 것을 증거한다면 물을 그 아이 위에 조금 뿌리는 것으로 족하였을 것입니다. 그것이 암시하는 바와 같이 우리가 겸손하게 생각할 때 만일 부모들이 그것을 증거하지 않는다면 그것이 족하지 않을 것입니다.

여섯째 고소도 바르지 않습니다. 우리 중 한 회원인 윌리엄 고우 씨는 자신이 알지도 못하는데 아무런 소식 없이 자신의 이름이 기록되었다는 것에 크게 놀랐습니다. 그는 공적으로 선언하기를 그 일은 본인에게 아무런 불만거리도 아니라고 하였습니다. 이는 웨슬리 씨가 그 일에 대해 이미 설명한 바 있으며 본인은 그 설명에 만족하였기 때문입니다.

일곱째 고소도 바르지 않다고 생각합니다. 나다니엘 폴힐 씨는 비세례파에 속한 사람이며 생전에 말하기를 자기 시신은 영국 국교회 아래에 매장되지 않기를 원한다고 하였습니다. 그 후에 우리는 폴힐 씨가 장사되었을 때 웨슬리 씨는 프레데리카에 있었거나 아니면 그곳에서부터 오는 도중이었다는 것을 믿을 만한 충분한 증거가 있습니다.

여덟째 고소내용에서 우리는 '상임목사' 라는 낱말의 뜻을 분명히 알지 못하기 때문에 그 고소에 대해 의아스럽습니다. 그러나 아홉째와 열째에 대해 우리는 웨슬리 씨가 한 일이 영국 국교회의 법으로 충분히 정당화된다고 생각합니다. 교회법으로 성찬을 받지 않은 사람은 누구나 어떤 아이의 대부나 대모로 받아들이는 것을 금한다고 되어 있습니다. 그런데도 윌리엄 앨리온비 씨가 제이콥 매튜스 씨는 웨슬리 씨에게 그들이 성찬 받았다는 일을 증거한 바가 없습니다.

이 문서는 대배심원 12명이 작성하였으며 이 중에서 3명은 경관이었고 6명은 십일조를 드리는 사람들이었는데 만일 대배심원이 규칙대로 15명, 즉 경관 4명과 십일조 회원 11명으로 구성하였다면 위의 서명한 인원은 결과적으로 대배심원의 다수가 될 뻔하였다.

9월 30일(금) 설교 준비를 마쳤기에 지금 우리 사이에 크게 퍼져나가고 있는 불신 풍조의 독소에 대한 시기적절한 해독제가 되기를 바라는 마음으로 로저스 박사의 대설교를 회중에게 읽어 주기 시작하였다.

10월 7일(금) 나는 내 친구들에게 나를 영국으로 돌아가라고 하나님께서 부르시는 것인지 아닌지에 대하여 상담하였다. 즉 인디언들을 가르칠 가능성은 전혀 보이지 않으며 더군다나 아메리카 대륙의 어떤 인디언이든 배우고 싶어 하는 이가 있다는 것은 보지도 듣지도 못하였기 때문이다. 사바나에 대해서도 내가 머물기 편하다고 생각이 들지 않는데도 더 머문다든지, 또는 이방인들을 찾아가기 위한 여행길이라는 것 외에 내가 주민들에 대하여 어떤 책임을 지기로 말이나 글로나 스스로 약속한 적은 결코 없다. 나는 스스로 내 계획을 취소함으로써 그곳에서부터 전적으로 책임을 벗을 수 있다고 생각하였다. 그리고 내가 통치자의 손에 완전히 잡혀 있는 식민지 조지아에서와 같이 싫건 좋건 간에 일하는 것보다 영국에 있는 불행한 사람들을 위하여 더 큰 봉사를 할 수 있는 기회라고 생각하였다. 이렇게 깊이 생각한 끝에 친구들은 모두 동의하면서 "꼭 돌아가야 한다.", "그러나 아직은 때가 아니다."라고 결론을 지었다. 그래서 나는 모든 생각을 지금은 잠시 접어두기로 하였다. 때가 되면 하나님께서 '내 앞에 그 갈 길을 밝혀 주실 것이다.' 라는 생각이 들었기 때문이다.

10월 15일(토) 내가 알기로는 사바나에서 5마일쯤 떨어져 있는 곳에 하이게이트라는 프랑스 사람들로 이루어진 마을에 사는 사람들은 영어를 모른다. 내가 그들에게 매 주일 오후에 프랑스어로 기도서를 읽어 주겠다고 하였더니 그들은 그 제안을 매우 기쁘게 받아들였다. 22일 토요일에 햄스태드의 독일 사람들에게도 독일어로 기도서를 읽어 주었으며 매주 한 차례씩 계속하였다. 우리는 이러한 예배를 하이게이트나 햄스태드에서 시편으로 찬송하면서 시작하였다. 그리고 프랑스어나 독일어 성경에서 한 장씩 읽고 설명한 뒤에 기도와 다른 시편으로 끝맺었다.

10월 29일(토) 사바나에서 살던 몇몇 프랑스인들이 하이게이트 기도회에 참석하였다. 다음 날 나는 그들에게서 "별로 많지 않은 하이게이트의 프랑스 사람들을 위해 기도서를 읽어 주셨으니 이번에는 영어를 잘 알지 못하는 더 많은 사바나 거주 프랑스인들을 위해서도 해 주셨으면 합니다." 하는 부탁을 받았다. 30일 주일부터 그렇게 하기 시작하였으며 그 결과 거룩한 날 하루 종일 기도회를 열었다. 첫 영어 기도회는 새벽 5~6시 30분까지 진행되었다. 이탈리아어(몇몇 바우도이스 사람들을 위하여)로는 9시에 시작하였다. 영어로 진행하는 둘째 예배(설교와 성찬 포함)는 10시 30분~12시 30분까지 계속되었다. 프랑스 예배는 1시에 시작하였다. 2시에는 어린이들을 가르쳤고 3

시경에는 영어로 예배를 드렸다. 끝난 뒤에 나는 우리 집의 가장 큰 방에서 많은 사람들과 함께 성경읽기와 기도와 찬양을 하는 복된 시간을 보냈다. 6시에는 소위 모라비안 교도들의 예배가 시작되는데 거기에서 나는 가르치는 사람이 아니라 배우는 사람으로서 즐겁게 참여하였다.

11월 3일(목) 나는 이날 열린 재판과 22일 화요일에 열린 재판에도 다시 출두하였다. 그날 코스턴은 나와 말을 하고 싶어 하였다.

그는 지난 9월 15일에 작성한 진술서 중 하나를 읽었는데 그 중의 하나는 내가 그의 집에서 코스턴을 거짓말쟁이에 악한이라고 욕하였다고 쓰여 있었다. 지난 법정에서부터 나를 사회평화의 적이요 교란자라고 비난해 왔는데 나는 그동안 이 사실을 까맣게 잊고 있었다. 그는 이를 다시 들고서 사람들 앞에서 반복하였다. 나는 다시 친구들에게 상의하였다. 그들은 지금이야말로 우리가 기다리던 때라며 나와 같은 의견을 냈다. 다음 날 아침 나는 코스턴을 찾아가 곧 영국으로 떠나려고 하는 내 계획을 알렸다. 나는 같은 내용의 광고를 사거리에 붙이고 조용히 여기를 떠날 준비를 하였다.

12월 2일(금) 나는 바다 형편이 좋은 정오쯤에 캘롤라이나를 향해 떠나자고 제안하였다. 그러나 행정장관은 나에게 사람을 보내어 말하기를 나에 대한 주장에 대해 대답을 다 마치지 않았으므로 도외로 나가는 것을 금한다고 하였다. 나는 "6, 7회나 법정에 나가 대답하려고 하였습니다. 그러나 몇 차례고 그렇게 하려고 애썼는데도 끝내 괴롭게도 그렇게 못하였습니다."라고 답하였다. 그러자 그들은 그렇다고 해도 그 주장의 답변에 대한 보증 없이는 갈 수 없다고 하였다. 나는 "무슨 보증이냐?"라고 물었다. 두 시간이나 그들은 상의를 하더니 서기가 내 마음을 집중시키는 한 증서를 보여 주었다. 거기에는 내가 출두명령이 있을 때 출두하는 조건으로 50파운드의 벌금을 내야 한다고 적혀 있었다. 그는 덧붙여 "그러나 윌리엄슨 씨도 고소에 대한 보상으로 당신이 보석금을 내기를 원하였다."고 하였다. 그래서 나는 "당신은 나를 매우 잘못 대우하고 있고 통치자에게도 잘못하고 있습니다.

나는 보석금을 절대로 내지 않을 것입니다. 당신의 일은 당신이 잘 알아서 하고 내 일은 내가 알아서 하겠소."

오후에 행정장관은 명령서를 발부하였다. 내용은 모든 관리들과 파수병들은 내가 도 경계 밖으로 나가는 것을 잘 막고, 누구든지 내가 나가는 것을 돕는 일을 금지한다는 것이었다. 내가 말하지 않은 행동에 대한 증거를 잡으려고 하는 고장이라는 것을 경험으로 안 나는 이제는 죄수가 된 상황에서 지금이야말로 이곳을 떠나야 할 때임을 분명히 알게 되었다. 저녁 기도회가 끝나자마자 1년 9개월간의 복음 선포(내가 여기에서 꼭 해야 했기 때문은 아니고 할 수 있었기에 한 일이지만)를 끝낸 후 곧장 조지아를 떠나면서 내 발에 묻은 먼지를 털어냈다.

12월 3일(토) 우리는 퍼리스버그에 아침 일찍 도착하였고 포트로얄까지 안내원을 얻으려고 하였다. 그러나 끝내 못 구하고 해 뜨기 한 시간 전쯤에 안내자 없이 우리끼리 출발하였다. 두세 시간 걸은 후에 우리는 한 노인을 만났다. 그는 우리를 한 오솔길로 인도하였다. 근처에는 (나무껍질을 조금 벗겨서) 길 안내 표시를 낸 나무들이 줄지어 있었는데 노인은 그 나무들을 따라가면서 5, 6시간 내에 포트로얄에 도착할 것이라고 말하였다. 우리 일행은 모두 네 사람이었는데 그 중의 한 사람은 나와 같이 영국으로 가려는 사람이었고 다른 두 사람은 캘롤라이나에 가서 살려고 하는 사람이었다. 11시쯤에 우리는 큰 수렁지대에 이르렀고 오후 2시가 되도록 그 주위에서 방황하였다. 그러다가 다른 안내표가 있는 나무들을 찾았고 그것을 따라갔더니 마침내 두 갈래 길에 이르렀다. 우리가 택한 길은 거의 통과할 수 없는 깊은 숲이었다. 그것도 1마일쯤 가서는 막히고 말았다. 해는 벌써 저물고 있었다. 우리는 내가 주머니에 넣고 온 생강이 든 빵 외에는 하루 종일 아무것도 먹지도 못하여 피곤하고 어지러워 그 자리에 둘러앉고 말았다. 빵의 3분의 1을 점심에 나누어 먹고, 또 3분의 1은 지금 먹었으며 나머지는 다음 날 아침을 위해 남겨 두었으나 물은 하루 종일 한 모금도 마시지 못하였다. 나뭇가지로 땅속을 깊이 찔러 보았더니 끝이 축축하였다. 그래서 우리 중 한 사람이 엎드려 손으로 파기 시작하였는데 한 석자쯤 파내려갔더니 물이 나왔다. 우리는 하나님께 감사드리며 그 물을 떠 마시니 시원해졌다. 날씨는 몹시 차가웠으나 우리 중에 불평하는 사람은 없었다. 하나님께 우리를 맡긴 후 서로 가까이 몸을 대고 누워 다음 날 아침 거의 6시까지 (적어도 나는) 내리 잤다.

12월 4일(주일) 하나님께서 우리에게 새 힘을 주시어 약해지지 않고 피곤하지 않은 몸으로 일어나 포트로얄로 가는 길을 찾기 위해 다시 노력해 보기로 마음먹었다. 우리는 동쪽으로 방향을 돌렸다. 그러나 길을 찾을 수도 없고 나무껍질 벗긴 표시도 찾을 수 없을 뿐 아니라 숲은 점점 더 깊어져서 우리는 오던 길로 되돌아가는 수 있다면 그것이 상책이라고 생각하였다. 전날 그 깊은 숲속을 지나올 때 나는 별다른 이유 없이 나뭇가지를 군데군데 꺾으며 왔는데 그것이 우리가 길을 찾을 수 없을 때 몇 차례나 큰 도움을 주었다. 마침내 하나님께서는 1~2시 사이에 무사히 전날 작별인사를 했던 노인 벤자민 아리에우스의 집까지 되돌아가게 도와주셨다. 저녁에 나는 많은 프랑스인 가족들을 위해 기도회를 인도하였다. 그 후 아리에우스의 집에서 1마일쯤 떨어진 곳에서 사는 사람들 중 한 사람이 우리를 포트로얄까지 인도하겠다고 하였다. 아침에 우리는 출발하였다. 해질 무렵이 되어 그 안내인에게 우리가 지금 어디쯤에 와 있는지 알겠느냐고 하였더니 그는 "모르겠습니다."라고 답하였다. 그러나 우리는 7시까지 계속 걸어가 한 농장에 도착하였다. 다음 날 저녁, 많은 고난과 지연 끝에 포트로얄 섬에 상륙하였다.

12월 7일(수) 우리는 버포르까지 걸어가서 비우포트의 존스 목사를 만났다. 그는 내가 여기에 잠깐 머물렀을 때 같이 잠을 잔 적이 있었던 분으로 오랜만에 영국의 친절을 생생하게 맛보여 주었다. 목요일에 델라모트가 와서 그와 함께 9일 금요일에 찰스타운으로 배를 타고 갔다. 역풍과 파도와의 충돌, 배고픔과 추위가 겹친 느린 항해를 거쳐 13일 화요일 아침 일찍 그곳에 도착하였다. 여기에서 나는 더 큰 시련과 다른 여러 위험이 있을 것이라

예상하였다. 경멸과 빈곤은 견디기 쉽지만 누가 존경과 풍요를 잘 견딜 수 있단 말인가?

12월 14일(수) 공중기도회를 인도해 달라는 요청을 받았다. 나는 시편 72편과 이사야 40장의 첫 부분에 기록된 영광스러운 약속으로 훨씬 마음이 새로워졌다. 오후에 죽어가는 한 사람을 방문하였다. 우리는 그가 아직도 생생한 충고로 차 있고 구로시아 황후와 타마스 황태자, 오토만 폴테의 일들을 정리하기에 분주한 상태에 있음을 보았다.

12월 18일(토) 나는 과격한 어느 변화에 사로잡혔는데 내가 기대했던 것보다 좀 더 일찍 왔다고 생각하였다. 그러나 나는 한 번 더 이 조심성 없는 사람들과 우리의 보고를 믿은 몇몇 신실한 사람들에게 설교할 수 있는 힘을 부여받았다.

12월 22일(목) 나는 사무엘 호로 아메리카를 떠났다. 그러나 그것이 하나님을 기쁘시게 해 드리는 일이라면 아주 떠나지는 않으련다. 일행은 펄시 선장, 캘롤라이나에 몇 달 동안 지내 온 젊은 신사, 사바나에서 내가 사역하였던 교회 성도 한 사람, 그리고 얼마 전에 퍼리스버그에서 살던 사람으로 그곳에서 간신히 도망쳐 나온 프랑스인 한 명이었다.

12월 24일(토) 우리는 찰스타운 방파제를 떠나 항해하였다. 정오쯤에는 육지를 볼 수 없게 되었다. 다음 날 바람은 순조로웠지만 파도는 높았다. 25일에도 매한가지였지만 바다는 우리가 아메리카로 오던 16주보다 더 큰 어려움을 안겨 주었다. 나는 어쩔 수 없이 대부분의 시간을 누워 있을 수밖에 없었다. 그렇게 자세를 취해야만 좀 편안했기 때문이다.

12월 26일(월) 나는 한 흑인 젊은이에게 기독교 원리를 가르치기 시작하였다. 다음 날 나는 맛있게 먹고 사는 것을 멈추고 식사를 줄이는 옛날 나의 단순한 생활로 돌아갔다. 그렇게 한 후부터는 위장이나 머리도 배의 동요에 별 영향을 받지 않게 되었다.

12월 28일(수) 무슨 위험인지 모르나(바람은 적고 물결은 잔잔한데) 헤아릴 수 없는 많은 걱정이 여러 날 동안 나를 점점 더 괴롭혔기 때문에 나는 열심히 하나님께 간구하였더니 하나님께서 이를 기뻐하사 곧 내 영혼에 평화를 되찾게 해 주셨다.

1738년 1월 1일(주일) 선장과 키잡이를 제외한 모든 사람들이 아침, 저녁 예배에 참석하였으며 하나님의 말씀을 프레데리카의 가난한 사람들이 그러했던 것처럼 깊이 경청하였다.

1월 2일(월) 슬픔과 무거운 마음을 (특별한 이유 없이) 갖게 되었다. 20명 정도 되는 회중을 가까이하거나 말하는 것도 전혀 싫어졌다. 나는 내 자신이 적은 회중에게 무책임하기 때문이 아니겠는가 하는 생각을 하였다. 그래서 저녁부터 선실을 돌보는 아이를 가르쳤다. 그러고 나니 마음이 훨씬 가벼워졌다. 다음 날 몇 차례고 수부들에게 말하려고 갔지만 말하지 못하였다. 어쩐지 그들에게 말을 거는 것이 어떤 결과를 낳을지 예측할 수 없었고 어떤 계기 없이 말하는 것도 어이없는 일 같아 보였다.

1월 6일(금) 나는 데렌테의 생애를 간추리는 일을 마쳤다.

1월 7일(토) 나는 성경구절을 젊은 흑인에게 읽어 주고 설명해 주기 시작하였다. 다음 날 아침에는 배 안에 있던 다른 흑인이 말씀을 듣고 싶어 하였다. 그 후로 나는 영어도 모르고 배 안에서 아무도 대화해 주는 이가 없는 가련한 프랑스 사람을 찾아갔다. 이때부터 나는 그에게 매일 아침마다 성경 한 장을 읽어 주고 설명해 주었다. 9일 월요일과 그 후 며칠 동안 나는 여러 해 동안 축적해 오던 쓸데없는 욕망인, 그리스도인이 되기 위하여 고독해지는 일에 대해 숙고하였다. 나는 지금 충분히 고독하다고 생각하였다. 그렇다고 해서 내가 지금 그리스도인에 가까운 사람이 되었을까? 그리스도가 기독교의 모델이라면 나는 아직 그리스도인이 아니다.

1월 13일(금) 우리는 큰 풍랑을 만났으며 바닷물이 계속 배 위로 넘쳐흘렀으므로 하는 수 없이 모두 덧문을 닫았다. 처음에는 무척 무서웠으나 곧 하나님께 부르짖었으며 주시는 힘을 받았다. 10시 전에 누우면서 두려움 없이 하나님께 기도드렸다. 한밤중에 우리는 바닷물 소리와 바람 소리 그리고 사람들의 소리가 뒤섞인, 이제까지 들어보지 못한 복합된 소리에 잠을 깼다. 바닷물이 배 위로, 옆으로 내리치며 내는 소리는 마치 큰 포성이나 아메리카 대륙의 천둥소리에나 비교할 만하지 다른 것과는 비교할 수가 없었다. 배가 뛰고 섰다가는 갑자기 나가고, 떨리는 움직임들은 마치 지진과 흡사하다고나 할까. 선장은 곧장 갑판 위로 뛰어 올라갔다. 그러나 선원들은 그의 말을 들을 수가 없었다. 그것은 정말 허리케인이었다. 남서쪽에서 시작하여 서쪽으로 가더니 10분 만에 동쪽을 돌아서 남서쪽으로 다시 왔다. 그와 동시에 바닷물은 말 그대로 산더미같이 각각 다른 방향에서 한꺼번에 밀어 닥쳐왔다. 배는 키를 잡는 대로 움직여지지 않았고 키잡이는 심한 비 때문에 나침반을 볼 수 없었다. 그래서 그는 배가 바람에 불려가는 대로 놔둘 수밖에 없었다. 약 30분 후 강한 폭풍우는 멎었다. 다음 날 정오쯤에 바다는 잔잔해졌다. 처음으로 나는 하나님께서 참으로 나를 돕는 분이심을 설교할 뿐 아니라 하나님의 말씀을 이 배 안에 있는 모든 심령에게 적용하기로 결심하였다. 그리고 단 한 사람이 들어도, 아니 아무도 귀담아 들으려고 하지 않아도 "결코 나의 그 노력은 헛되지 않을 것"임을 알게 되었다. 나는 곧 이 결심을 실천하였고 이로 인하여 내 영은 소생하였다. 그리하여 그날부터 나는 그동안 계속 내 심령을 가라앉게 하였던 그 두려움과 무거운 마음을 갖지 않게 되었다.

1월 24일(화) 우리는 외국을 향해 가는 배 두 척을 만났다. 그들과 이야기하던 중 우리가 그토록 기다리던 영국 땅이 1,600리그 거리에 있다는 반가운 소식을 들었다. 내 마음은 착잡한 생각으로 가득 찼으며 그 일부분을 다음과 같이 기록하였다.

"나는 아메리카로 인디언들을 회개시키러 갔다. 오! 그런데 나를 회개시킬 사람은 누구란 말인가? 누가 무엇으로 이 불신앙적인 악한 마음에서부터 나를 구해 낼 것이란 말인가? 나는 맑은 여름 하늘의 종교를 가졌다. 나는 말을 잘할 수 있으며 그뿐 아니라 위험이 없는 동안에는 나 자신을 믿을 수 있었다. 그러나 죽음이 내 앞에 직면하게 될 때 내 심령은 두려워 떨었다."

1월 29일(주일) 우리는 영국 땅을 다시 보게 되었다. 정오쯤에 리자드 포인트(Lizard Point)가 보이기 시작하였다. 우리는 순풍을 타고 다음 날 정오쯤에 웨이트 섬의 서쪽 끝에 이르렀다. 1월 31일 저녁 때 퍽 조용하였으나 한밤중에는 강한 북풍이 불었다. 이 바람은 우리를 안전하게 다운스에 이르게 해 주었다. 그 전날 횟필드가 배를 타고 나갔기 때문에 서로 알 수 없었다.

새벽 4시에 우리는 보트를 타고 한 30분쯤 가서 딜에 상륙하였는데 그날은 바로 2월 1일, 조지아에서는 오글도프 장군이 상륙한 기념 축제일이었다. 그러니까 내가 조지아의 인디언들에게 기독교를 가르치기 위해 고국을 떠난 지 벌써 2년 4개월이 되었다. 그러나 나 자신은 무엇을 배웠단 말인가? 아메리카로 다른 사람을 회개시키려고 갔던 나 자신이 실은 하나님께 온전히 회개하지 못하고 있었다(전에는 꿈에도 그렇게 생각하지 않았다). "나는 결코 미쳐서" 이렇게 말하는 것이 아니라 "진실한 마음으로 과장 없이 말하고 있을 뿐"이다. 아직도 어떤 사람들이 그러한 꿈을 꾸고 있다면 언젠가 그들도 깨어나서 지금의 나와 같은 자신들을 알게 되었으면 하는 마음뿐이다. 그들이 철학을 읽었느냐? 나도 그러하였다. 고대어와 현대어로 읽었느냐? 나 역시 그러하였다. 그들이 신학에 통달하였는가? 나도 다년간 공부하였다. 그들이 영적인 것을 유창하게 말할 수 있는가? 바로 그 같은 일을 나도 할 수 있다. 그들이 구제를 많이 하였는가? 보라. 나는 내 소유 전부를 빈곤한 삶들을 먹이는 데 썼다. 그들이 자신의 물질을 주는 것처럼 노력도 기울였는가? 나는 그들이 한 것보다 훨씬 많이 수고하였다. 그들이 자신의 형제들을 위하여 고난 받을 각오가 되어 있는가? 나는 내 친구들과 명성과 안일함과 나라도 떨쳐 버렸다. 나는 내 생명도 드려 미지의 땅을 오고갔으며 내 몸을 깊은 데 삼키게 내어 준 적도 있었다. 더위에 탔으며 수고하며 지치면서, 무엇이든 하나님께서 내게 주시기를 기뻐하시는 일이면 감당하면서 나를 다 드렸다. 그러나 이 모든 일이 하나님 앞에 용납될 만한 사람으로 나를 만들었는가? 내가 이제까지 한 모든 일이나, 알 수 있는 일이나, 말하고, 주고, 행하고, 고난당한 일들이 나를 하나님 앞에서 의롭게 만들었는가? 결코 그렇지 않다. 하나님의 거룩하신 말씀이 참이라면 이 모든 일들이 그리스도를 믿는 마음 안에서 이루어졌을 때에는 거룩하고 의롭고 좋은 것이겠지만 그렇지 않다면 "똥이나 찌꺼기"라서 "꺼지지 않는 불"로 태워질 뿐이다.

이것을 나는 땅 끝에서 배웠다. 즉 나는 "하나님의 영광에 어긋났으며" 내 전 생애는 "악한 나무"가 "좋은 열매 맺는 것"을 볼 수 없는 것과 같았으며 "나와 같이 하나님의 생명에서부터 멀어진 자"는 "화의 자식이요", "지옥을 이어받을 자"였다. 내 자신의 선행과 고난과 의(義)는 범죄한 나를 하나님과 화해케 하기에는 너무나 부족하였다. "나의 머리털보다 더 많은" 죄 중에 지극히 적은 것이라도 속죄하는 데에는 까마득하며 우리가 한 일 중에서 가장 좋은 것이라고 하여도 속죄가 필요하다. 그렇지 않다면 하나님의 심판 앞에 설 수 없을 것이며 내 마음에 "사형선고를 받았을 때 나에게는 그것을 변호하거나 달리 어찌할 아무것도 없다. 그래서 아무런 희망도 없다. 그러나 나는 예수의 구속"을 통해 "자유롭게 의인이 된 사람이며 나는 아무 소망도 없으나 내가 찾으면 그리스도를 발견할 것이고" 또한 "그리스도 안에서 발견될 것이며 이는 내게 어떤 의가 있어서가 아니라 그리스도를 믿음으로, 즉 믿음으로써 얻게 되는 하나님의 의인 것이다(빌 3:9)."

만일 내게 어떤 믿음이 있다고 말한다면(그런 말을 많은 가련한 위로자들에게서 들었지만) 나는 그와 마찬가지로 마귀도 가지고 있으며, 그것은 일종의 믿음인데 그런 이들은 약속의 성약 앞에는 아직도 문외한에 불과하다고 답할 것이다. 그러므로 사도들은 갈릴리 가나에서 예수께서 처음으로 그의 영광을 드러내셨을 때도 주님을 믿은 신앙을 가졌으나 그들은 세상을 이길 만한 믿음을 갖지 못하였다. 내가 갖고자 하는 믿음은 하나님을 확신하고 분명히 의뢰하는 것인데, 이는 바로 예수 그리스도의 공로로 내 죄는 용서되었고 나는 하나님께서 기뻐하시는 이로 화해되었음을 믿는 것이다. 나는 사도 바울이 세상 모든 사람들에게 권고한 믿음, 특히 그가 로마에서 말한 믿음을 갖기 원한다.

그런데 그러한 믿음은 모든 사람들도 다음과 같이 부르짖을 수 있게 한다. "이제는 내가 사는 것이 아니요 오직 내 안에 그리스도께서 사시는 것이라. 이제 내가 육체 가운데 사는 것은 나를 사랑하사 나를 위하여 자기 자신을 버리신 하나님의 아들을 믿는 믿음 안에서 사는 것이라(갈 2:20)." (많은 사람이 가지고 있지 않으면서 마치 이런 믿음을 가진 것처럼 생각한다.)

1738년 2월 1일 ~ 1738년 6월 6일

제2장 ┃ 올더스게이트 거리의 집회

2월 1일(수) 여관에서 많은 사람들에게 기도서를 읽어 주고 성경의 일부를 설명한 후에 나는 딜을 떠나 피버샴으로 왔다. 나는 여기서 기도서를 읽고 내가 이제까지 만난 가장 거칠었던 어느 인디언보다도 더 야만적이면서도 기독교인이라고 불리는 소수의 사람들에게 둘째 공과를 설명하였다.

2월 2일(목) 나는 보렌돈에 있는 델라모트에게로 갔다. 거기에서 냉대 받을 것이라고 생각했으나 하나님께서는 내 앞에 길을 예비해 주셨다. 내 이름을 말하자 "하나님께서는 참으로 여기 이곳에 계신데 내가 그것을 몰랐다."는 말을 하지 않을 수 없을 정도로 환영해 주었다. 저녁에 나는 2년 4개월 동안 떠나 있던 런던으로 다시 돌아왔다. 비록 내가 새로운 땅에 갔다 온 것이 애초에 내 결심에 위배되고 그곳에서 좋은 결과를 낳지 못하였다고 하더라도 나는 여러 가지 일로 하나님께 감사드리지 않을 수 없다. 이로써 나는 내 심령 속에 무엇이 있었는지를 보여 주시고 나를 겸손하게 하시며 나를 확증시켜 주신 그분을 신뢰한다. 또한 나는 "사람을 조심하라"는 가르침을 받았다. 이 때문에 나는 "우리가 가는 모든 길에 하나님을 인정하고" 우리의 이성으로는 실망하더라도 "주님은 우리의 길을 인도하시며" 주님만이 아시는 다른 방법으로 하실 것이라는 사실을 확실히 알게 되었다. 이로써 나는 내가 어릴 때부터 무서워하고 싫어하였던 바다의 공포에서부터 자유롭게 되었다. 이로써 하나님께서는 내게 주님의 종들을 많이 알게 해 주셨다. 특히 헤른후트 교회 사람들을 알게 해 주셨다. 그래서 독일어, 스페인어, 이탈리아어로 쓴 성인들의 저서를 읽는 길이 열렸다. 나는 이로 인하여 다른 사람들에게도 좋은 결과가 오기를 바란다. 조지아의 모든 사람들이 하나님의 말씀을 읽었다. 어떤 사람들은 믿게 되어 잘 달려가기 시작하였다. 아프리카와 아메리카에 있는 이교도들을 위하여 기쁜 소식을 출판하기 위한 준비가 진척되고 있었다. 많은 어린이들이 "어떻게 하나님을 잘 섬길 수 있을까?"에 대하여 배웠으며 이웃에게 필요한 사람이 되는 길을 배웠다. 그리고 식민지와 큰 관계를 맺고 있는 사람들은 어린 식민지(아메리카)의 실정을 파악하여 오고 가는 많은 세대를 평화롭게 하고 행하게 할 큰 기초를 놓을 기회가 생겼다.

2월 4일(토) 나는 친구들에게 영국 귀환이 좀 서둘러진 몇 가지 이유를 말하였다. 친구들은 모두 그 사연을 조지아 관리위원회에 말해 주는 것이 마땅하다는 데 의견을 모았다. 그래서 다음 날 아침에 오글도프 장군을 기다렸으나 말을 할 시간이 없었다.

오후에는 성 요한의 복음주의자들 집회의 설교를 요청받았다. 나는 "누구든지 그리스도 안에 있으면 새로운 피조물이라."는 좀 강력한 말씀을 전하였다. 나중에 들은 소식이지만 그 교구의 소위 믿음이 가장 좋다는 사람들이 대단히 반발하였다고 하여 다시는 그곳에서 설교할 수 없게 되었다.

2월 6일(월) 나는 모든 친척과 많은 옛 친구들을 방문하였다. 나는 내가 아직 "모든 사람들에게 미움 받는" 때가 아직 아니라는 것을 알게 되었다. 오! 그런 날이 오더라도 두려움이 없을 만큼 내 마음이 준비될 수만 있다면!

2월 7일(화) (꼭 기억하고 싶은 날이다.) 한 네덜란드 상인 바이난츠의 집에서 나는 방금 독일에서 온 피터 뵐러, 슈리우스 리히터, 웬셀 니이서 등을 만났다. 그들이 영국에 친지가 없다는 것을 알게 된 나는 숙소를 주선해 주겠다고 말하고 내가 묵고 있던 해톤의 집 근처에 숙소를 마련해 주었다. 이때부터 나는 런던에 머무는 동안 그들과 이야기할 수 있는 기회를 놓치지 않으려고 하였다.

2월 8일(수) 다시 오글도프 장군을 찾아갔으나 계획했던 대로 말할 기회가 없었다. 후에 기다렸다가 통치위원회 앞에서 간단하지만 분명하게 식민지의 현황을 말해 주었다.

2월 12일(주일) 나는 홀본에 있는 성 앤드류 교회에서 설교를 하였다. 여기에서도 더 이상 설교할 수 없을 것 같다.

2월 15일(수) 나는 다시 기다렸다가 위원회에 지난번 위원회에서 말한 내용을 서면으로 제출하였다.

2월 17일(금) 나는 피터 뵐러와 같이 옥스퍼드로 갔다. 그곳에서 샤르니에게 친절한 영접을 받았는데 그는 우리가 아메리카로 향해 갈 당시 늘 모여서 '정답게 의논하던' 여러 사람들 중 이곳에 남아 있는 유일한 인물이다.

2월 18일(토) 우리는 스탠튼 하코트로 가서 갬볼드를 만났다. 내 옛 친구는 신비스러운 환각에서 깨어났으며 사도 바울이 타우러나 제이콥 베멘보다 더 나은 저자라고 믿고 있었다. 다음 날 나는 옥스퍼드의 어느 성에서 다시 한 번 설교하였다. 이 기간 동안 나는 피터 뵐러와 많은 대화를 나누었다.

2월 20일(월) 나는 런던으로 돌아왔다. 화요일에는 성 헬렌 대 성전에서 설교하였다.

2월 22일(수) 나는 다시 위원회에 가서 간단하게 설명하고 난 다음 왜 내가 조지아로 떠났는지를 서면으로 기록한 것을 그들에게 제출하였다.

2월 26일(주일) 나는 6시에는 성 로렌스 교회에서, 10시에는 성 캐더린 크리이 교회에서, 오후에는 와핑에 있는 성 요한 교회에서 설교를 하였다. 나는 첫째 설교가 하나님께서 복을 주실 만큼 하나님을 기쁘시게 해 드린 것이었다고 믿는다. 사람들에게 가장 많은 비난을 산 설교였다. 이 세상이 '신중함'이라고 부르는 부정의 비밀에 대해 공개적으로 도전하였기 때문이다.

2월 27일(월) 나는 마차를 타고 새리스버리로 갔다. 함께 여행하던 사람들과 여러 차례 심각한 것을 가벼운 대화로 시작하는 세상의 지혜로 하나님의 지혜를 고치고자 하였기 때문에 내가 말한 모든 것은 모래 위에 쓴 글씨가 되어 버렸다.

2월 28일(화) 나는 어머니를 다시 한 번 뵙게 되었다. 다음 날 티벨톤에 있는 동생을 찾아 보러 갈 여행 준비를 하였다. 3월 2일 목요일에 옥스퍼드에 있던 동생 찰스가 죽어간다는 소식을 듣고 나는 곧 그곳으로 떠나야만 하였다.

지금 나는 내가 전에 가졌던 결심을 새롭게 하면서 다음과 같이 적었다.

1. 내가 대화해야 할 모든 사람들에게 완전히 열린 마음으로, 솔직한 마음으로 대한다.
2. 계속 진지하게 일하되 어떤 작은 것이라도 잠시라도 경박하거나 웃음거리가 되도록 하지 않을 것이다.
3. 하나님의 영광을 위한 것이 아니면 아무 말도 하지 않을 것이며 특히 세상일에 대하여 말하지 않겠다. 다른 사람들은 그렇게 할지도 모른다. 아니 그들은 말해야만 할지도 모른다. 그러나 그게 내게 무슨 상관인가?
4. 하나님께서 영광을 받으실 일이 아니면 아무것도 즐거움으로 여기지 않을 것이다. 내가 하는 모든 일에 대해 매순간마다 하나님께 감사하며, 하나님께 감사할 만한 일이 아니라고 느껴지는 일은 정도와 종류에 상관없이 다 거절한다.

3월 4일(토) 나는 옥스퍼드에서 늑막염에서 회복되고 있는 동생을 만났다. 거기서 피터 뵐러도 만났는데 다음 날인 3월 5일 주일에 하나님의 장중에서 나는 뵐러를 통하여 분명하게 내게 믿음이 - 바로 그것만으로 우리가 구원을 받는데 - 없음을 확신하게 되었다.

나는 '설교를 그만 두어라. 네 자신이 믿음이 없는데 어떻게 다른 사람에게 설교할 수 있는가?' 하는 마음의 생각이 들어서 충격을 받았다. 그래서 나는 뵐러에게 내가 설교를 그만 해야 하는지, 더 해야 하는지에 대해 물었다. 그는 "그대가 믿음을 갖게 될 때까지 믿음에 관하여 설교하시오. 그리고 그 다음에는 그대가 얻은 믿음을 가지고 믿음에 대해 설교하시오."라고 대답하였다.

그래서 3월 6일 월요일에 내 영은 그 밑바닥에서 뒷걸음질하고 있었지만 나는 이 새로운 교리에 대하여 설교하기 시작하였다. 믿음으로만 얻게 되는 구원을 내가 처음으로 전한 사람은 사형 언도를 받은 한 죄수였다. 그의 이름은 크리포드였다. 피터 뵐러가 전에도 여러 차례 그에게 말하라고 권한 적 있다. 그러나 나는 그렇게 할 수가 없었다. 나는 여러 해 동안 그러했듯이 임종 시 회개가 불가능하다는 것을 열심을 다해 주장해 온 사람이었기 때문이다.

3월 15일(화) 나는 콜포스크리스티 회원인 킨친과 시 형무소에서 옥살이를 하던 폭스와 함께 맨체스터로 갔다. 5~6시 사이에 온다헤스 채플을 방문하였는데 거기에는 어느 때부터인가 옥스퍼드 성의 죄수였던 한 가난한 사람이 살고 있었다. 그는 집에 없었으나 그의 부인의 마음이 감동되어 눈물을 흘리게 되었고 우리는 함께 기쁨을 나누며 하나님을 찬양하였다. 8시경에 비가 오고 날은 어두워져서 우리는 길을 잃었지만 시가지 근처의 깊은 도랑을 가로지른 좁은 다리를 어떻게 건넜는지도 모르게 건너서 9시 전에 시프스톤에 이르렀다. 저녁식사 후에 여관에 있던 사람들에게 기도서를 읽어 주고 다음 공과를 설명해 주었다.

이튿날 우리는 버밍햄에서 음식을 먹고 그곳을 떠난 지 얼마 안 되어 심한 싸락눈을 맞았다. 이는 우리에게 나왔던 사람들에게 어떤 권고의 말이나 교훈의 말을 해 주지 않고 그대로 가게 내버려두고 떠난 우리의 태만의 죄에 대한 벌이기도 하였다.

저녁 때 우리는 스태포드에 도착하였다. 가족 기도회에 그 집 안주인이 우리와 함께 참여하였다. 이튿날 아침에 우리가 가기 전에 마부와 종들 중 한 사람이 깊은 감동을 받은 것 같았다. 아침식사 직후에 마구간에 들어서면서 나는 그곳에 있던 사람들에게 몇 마디 말을 하였다. 내 말을 들은 한 낯선 사람이 "선생님, 저는 선생님과 함께 여행하고 싶습니다."라고 하였다. 그리고 내가 집 안으로 들어오자 그는 나를 따라오면서 "선생님, 나는 당신이 참 좋은 분이라고 믿습니다. 그래서 내 생애의 일부를 말씀드리고 싶습니다."라고 말하였다. 그는 말하는 동안 눈물을 계속 흘렸다.

우리는 10시쯤 뉴캐슬에 도착하였다. 그 여관에서 우리가 이야기할 때 몇 사람들이 경청하였으나 한 화려한 차림의 젊은 주인은 그저 우리를 지켜볼 뿐 관심이 아주 없었다. 그러나 계속 우리는 이야기를 하였다. 우리가 밖으로 나갈 때 그 여인은 눈을 고정시키고 움직이지도 않았으나 마치 죽은 자가 살아난 것을 본 것처럼 놀란 눈치였다.

3시경에 홈스 채플에 와서 우리는 의복과 접시들이 널려 있는 방을 보고 깜짝 놀랐다. 곧이어 두 사람들이 저녁식사에 나왔다. 킨친은 그들에게 괜찮다면 저 신사가 당신들을 위해 감사기도를 드릴 것이라고 하였다. 물끄러미 바라보고 있어서 동의했다고 생각했으나 내가 기도하는 동안에도 그 중의 한 명은 모자를 쓴 채 앉아 있었다. 우리는 그들이 괘념치 않는 것을 보았지만 서서히 화제를 하나님께로 옮기고 이야기를 계속하였다. 얼마 후에 그들의 얼굴이 변하였고, 그 중 한 사람이 모자를 슬며시 벗어서 뒤로 놓았다. 그러고는 우리가 말한 모든 것이 진리라고 하였다. 그는 슬픈 죄인이었는데 이제까지 조금도 죄를 괴롭게 생각해 오지 않았다고 하였다. 그러나 이제 그는 하나님의 도우심으로 엄숙하게 하나님께로 돌아서기로 결심하였다고 한다. 우리는 그와 그의 동료에게 "그 거룩하신 곳에서 그들에게 도움을 주시옵소서."라고 기도드리라고 권하였더니 다른 한 사람도 한 마디 한 마디 열심히 들었다.

저녁에 지쳐서 알트링함에 들렀다. 거기서 한 퀘이커 교도를 만났다. 그는 참 논쟁을 좋아하는 데 잘 길들여진 사람임을 곧 알게 되었다. 한 시간쯤 그곳에서 헛되지 않은 시간을 보낸 후에 나는 그에게 가능한 한 조금만 토론하고 대신 거룩한 생활을 하며 겸손하게 하나님과 함께 걸어가라고 충고하였다.

밤늦게 우리는 맨체스터에 도착하였다. 17일 금요일은 온종일 크레이톤과 함께 보냈다. 성 앤 교회의 홀 교구목사가 신병으로 누워 있었다. 다음 날인 19일 주일에는 킨친과 내가 샐 포드 예배당에서 예배를 집례하였다. 이는 곧 크레이톤이 성 앤 교회 예배를 자유로이 인도하게 되었다는 것을 뜻하며 그 결과로 나는 그날 오후에 "누구든지 그리스도 안에 있으면 새로운 피조물이다."라는 바울의 말을 중심으로 설교하였다.

이른 아침에 우리는 옥스퍼드에 들여보내기 위하여 데리러 왔던 킨친의 동생을 데리고 맨체스터로 떠났다. 우리는 여행 중에 만나는 어떤 사람이든지 그를 깨우치고 가르치며 권고하는 기회를 절대 놓치지 않기로 굳게 결심하였다. 우리가 처음 멈춘 너스포드에서 사람들은 우리가 말한 모든 권고의 말을 감사하게 받아들였다. 그러나 터기 온다 힐에서 우리와 식사를 하며 함께 이야기를 나눈 한 여인은 매우 정숙한 부인이었는데 한 시간 가까이 말한 우리의 노고가 헛되어 보였다. 그런데도 계속해서 권면하였더니 그 여인은 갑자기 깊은 잠에서 깨어난 사람처럼 보였다. 권하는 말 한 마디 한 마디 모두 그의 심령에 영접되었다.

5시경에 킨친이 쌍말을 타고 가는 한 남자와 여자 곁에서 말을 타고 가는데 그 남자가 말을 걸었다. "선생님, 이 좋은 날씨를 주신 하나님께 감사하셔야겠어요. 비가 왔다면 선생님은 그 작은 말과 함께 흙투성이가 되실 뻔했기 때문입니다." 이에 킨친은 "그렇죠. 우리는 하나님께 우리의 생명과 건강과 음식과 의복을 주신 것에 대해서도 감사해야 합니다."라고 답하였다. 폭스가 그를 뒤따랐는데 그는 "선생님, 아내가 저 신사와 좀 더 이야기했으면 좋겠답니다."라고 하였다.

우리는 여관에 머물며 전도할 심령을 찾고 있었는데 그들이 왔다. 그들은 스톤에 있는 우리 여관을 다시 찾아왔으며 나는 그들과 함께 온 그들의 친지들에게 저 위대한 믿음 안에 이 생과 앞으로 올 생이 약속되어 있다고 설명하였다.

3월 21일(화) 9~10시 사이에 우리는 헤지포드에 이르렀다. 마침 그때 어떤 사람이 그 전날 그곳에서 떨어져 죽은 한 젊은 여인에 대한 이야기를 하고 있었다. 이 일은 우리에게 거기 모인 모든 사람들에게 그들 자신의 날들을 헤어 보기 위하여 "지혜의 근본"에 마음을 적응시키는 좋은 기회가 되었다.

오후에 한 사람이 우리를 뒤쫓아 왔는데 우리는 곧 그가 듣기보다는 말하기를 좋아하는 사람임을 알게 되었다. 그러나 우리는 할 말을 다 해 주었다. 저녁에 한 퀘이커 교도인 젊은 사람이 우리를 뒤따라왔다. 나중에 우리가 묵고 있는 헨리의 한 여관에 찾아와서 자신의 가족들을 불러오게 한 후 우리 기도회에 참석하였다. 나는 보통 때와 같이 기도회 후에 둘째 공과를 그들에게 설명하였다. 먼저 길에서 만났던 사람은 다음 날 아침에 한두 마일쯤 우리와 함께 갔는데 그 전날보다 말을 훨씬 적게 하고 헛소리를 하지 않으려고 무척 조심하는 것 같았다.

한 시간 뒤에 한 노신사가 우리를 따라왔다. 그는 자신의 아들을 옥스퍼드에 입학시키려고 가는 길이라고 하였다. 우리는 그에게 "어느 대학에 입학시킬 것입니까?"라고 물었는데 그는 모른다고 답하였다. 아는 사람도 없고 누구에게 추천을 받아야 할지 모르기 때문이라는 것이다. 한참 대화한 후에 그는 하나님께서 우리를 자신의 기도 응답으로 보내주셨다고 말하였다. 저녁에 우리는 "네가 모든 길에 그를 인정하면 그가 길을 인도하시리라."는 위대한 진리의 생생한 예를 우리가 이토록 많이 받은 것에 기뻐하면서 옥스퍼드에 도착하였다.

3월 23일(목) 나는 피터 뵐러를 다시 만났다. 그는 자신의 산 믿음의 열매를 이야기하여 나를 더욱 놀라게 하였다. 그 산 믿음이란 '성결과 행복'이며 이는 그가 확실히 믿고 기도하여 얻은 것이다. 다음 날 아침에 나는 희랍어 성경연구를 다시 시작하면서 "율법과 언약" 속에 살기로 결심하였다. 하나님께서 이 교리가 하나님의 것이었음을 보여 주실 것을 확신하며 시작한 것이다.

3월 26일(주일) 나는 윌함에서 '새로운 피조물'이란 제목으로 설교를 하고 저녁에는 옥스퍼드의 한 모임에 갔다. 거기서 나는 '다른 모임에서의 태도와 마찬가지로' 한두 개의 기도문을 사용한 후 주기도를 드렸다. 그 다음에 신약성서에서 한 장을 자세히 설명하고 서너 개의 기도문과 한 편의 시로 모임을 마쳤다.

3월 27일(월) 킨친과 함께 성에 가서 기도드린 후에 "사람은 한 번 꼭 죽게 정해져 있다"는 제목으로 설교하였다. 그 다음 우리는 사형선고를 받은 한 사람과 함께 기도하였다. 먼저 기도를 드리고 그 시간에 우리에게 주신 말씀으로 기도드렸다. 그는 무겁고 혼란한 상태에서 무릎을 꿇었는데 자신이 지은 '죄'로 인하여 뼛속 깊이 쉼을 얻지 못한 상태였다. 한동안 지난 뒤에 그는 일어나서 진지하게 "나는 이제 죽어도 좋을 만큼 준비가 되었습니다. 나는 그리스도께서 내 죄를 벗겨 주셨음을 알기에 더 이상 내게 정죄함이 없음을 압니다."라고 말하였다. 그 같은 기쁨을 그는 사형장으로 가면서도 보여 주었고 마지막 순간에도 "사랑하시는 이에게 영접되었다."는 확신 속에 완전한 평화를 누렸다.

4월 1일(토) 폭스의 집회에 출석하였는데 내 심령이 꽉 차서 그곳에서 우리가 익숙히 써 오던 틀에 잡힌 기도서에 나 자신을 제한할 수 없었다. 나는 더 이상 그러한 형식을 갖춘 기도문에 나를 제한하지 않을 것이다. 이제부터 어떤 특별한 경우마다 그에 알맞게 기도하되 형식을 갖춘 기도문이든 자유로운 기도든 상관없이 필요에 따라 하겠다.

4월 2일(주일) 부활주일이었으므로 나는 우리 대학 채플에서 "때가 오리니, 지금이 그때라. 죽은 자들이 하나님의 아들의 음성을 들을 것이요 그들은 그 음성을 들음으로 살 것이라."는 말씀으로 설교하였다. 오후에는 성에서, 그 다음에는 칼 팍스에서 같은 말씀으로 설교하였다. 내게 약속이 있지만 그것은 저 멀리 있어 보였다.
그것이 이루어질 때까지 나는 조용히 물러 앉아 기다리는 것이 더 좋을 것 같아서 3일 월요일에 킨친의 말에 따라 햄프셔 주 덤머에 있는 그에게로 갔다. 며칠이라도 더 머물렀으면 하는 마음이 간절하였지만 런던으로 돌아와 달라는 성화에 18일 화요일 런던으로 돌아갔다.

4월 22일(토) 나는 피터 뵐러를 한 번 더 만났다. 나는 이제 그가 말하는 신앙에 본성에 대하여 아무런 이의가 없다. 그가 말하는 믿음이란 "확실하게 신뢰하는 것이요, 한 인간이 하나님을 확신하는 것이며, 그리스도의 공로로 그의 죄가 용서되고 하나님이 기뻐하시는 자로 화해되었음을" 말한다. 나는 그가 말하는 이 산 믿음의 열매의 거룩함도 부인할 수 없었다. 성령께서 우리의 영과 함께하시사 스스로 증거를 맺게 해 주시므로 우리는 하나님의 자녀들이며, 또한 "믿는 자는 누구든지 그 안에 증거를 가지고 있으며" 전자가 전적으로 확산되는 것과 같이 "누구든지 하나님께로부터 난 자다."라는 후자도 매한가지였다. 그러나 나는 그가 말한 즉각적으로 주어지는 믿음을 이해할 수 없었다. 어떻게 믿음이 순간적으로 주어지는지 이해할 수 없었으며, 어떻게 사람이 즉각적으로 어둠에서 빛으로 돌아올 수 있는지, 그리고 죄와 비참함에서부터 성령 안의 의와 기쁨의 세계로 돌아설 수 있는지 이해할 수가 없었다. 그래서 나는 다시 성경을 찾았으나 참 놀랍게도 즉각적인 회심의 예 이외에는 거의 어떤 예도 찾을 수 없었다. 있다고 하면 신생을 위해 사흘 동안이나 고통 속에 있었던 바울 사도의 점진적인 예뿐이었다. 내게는 오직 하나의 길이 남아 있었으니 이는 곧 "그러므로 나는 하나님께서 초대 기독교 시절에도 역사하셨으나 시대는 변했다고 생각하였다. 그런데 내가 왜 하나님께서 그때나 지금이나 꼭 같은 방법으로 역사하시리라고 믿어야 할까?"라는 것이다.

그러나 23일 주일에 나는 몇몇 산 증인들의 일치되는 간증을 듣고 한 방 얻어맞아 쓰러지고 말았다. 그들은 하나님께서 그들 안에서 역사하시어 한 순간에 독생자의 피로 믿음을 주시사, 어둠에서 빛으로 옮겨 주셨으며, 죄와 두려움에서 벗어나 '성결과 행복'으로 옮겨 주셨다고 간증하였다. 이제 나는 다만 "주여, 나의 믿음 없음을 도우소서."라고 부르짖을 수밖에 없었다.

나는 피터 뵐러에게 내가 다른 사람을 가르치는 일을 그만두어야 하지 않겠느냐고 물었다. 그랬더니 그는 "아닙니다."라고 대답하였다. 그래서 25일 화요일에 나는 벨튼에서 델라모트의 가족에게 믿음의 본질과 열매에 대하여 분명하게 말해 주었다. 브로튼과 내 동생이 자리를 같이하고 있었다. 브로튼은 내가 많은 일을 하였고 갖은 고생을 참은 내가 믿음이 없었다고 말을 하다니 도저히 납득이 가지 않는다고 하였다. 내 동생도 크게 노여워하며 말하기를, 내가 그렇게 말을 함으로써 얼마나 큰 해를 끼쳤는지 모른다고 하였다. 그러나 그것은 하나님을 참으로 기쁘시게 해 드렸으며 하나의 불꽃을 점화한 것이었다. 그리고 이 불꽃은 결코 꺼지지 않으리라고 믿는다.

5월 1일(월) 내 동생이 다시 병으로 누웠으므로 나는 다시 급히 런던으로 돌아갔다. 저녁에 제임스 휴튼의 집에서 그를 만났는데 생각보다는 좋은 상태였다. 그러나 소위 '새 신앙'에 대해서는 완강히 반대하였다.
이날 밤에 우리는 집회를 시작하였고 후에 이 집회는 페터레인에서 모였다.

5월 3일(수) 내 동생은 피터 뷜러와 깊고 구체적인 대화를 나누었다. 이 일은 하나님을 기쁘시게 해 드렸고 동생의 눈이 열렸다. 그래서 오직 "은혜로 구원받는다."는 참되고 살아 있는 믿음의 본질이 무엇인지를 분명히 알게 되었다.

5월 4일(목) 피터 뷜러는 캘롤라이나로 항해하기 위하여 런던을 떠났다.

5월 7일(주일) 나는 오전에 성 로렌 교회에서 설교하였고 그 다음에는 성 캐더린 크리이 교회에서 설교하였다. 나는 큰 힘을 얻어 양쪽 교회에서 강력한 발언을 하였고 그 결과 두 교회에서 더 이상 설교할 수 없게 되었다는 소식을 들어도 별로 놀라지 않았다.

5월 9일(화) 나는 성 헬렌스 대성당에서 대단히 많은 회중에게 설교를 하였다. 내 마음은 벅차올라 마귀에게 눌려 있던 그곳의 모든 사람들에게 하나님의 사랑을 힘차게 선포하였다. 후에 "목사님, 더 이상 여기에서 설교하지 마세요."라는 말을 들었을 때 조금도 놀라지 않았다.

5월 10일(수) 알말스톤 교회의 스톤하우스 목사가 "예수 안에 있는 그대로의 진리"를 믿게 되었다. 이날부터 13일 토요일까지 나는 슬펐고 마음이 무거웠으며 읽을 수도 없을 뿐 아니라 묵상할 수도, 노래를 부를 수도, 기도를 할 수도 없었다. 아무것도 할 수 없었다. 그러나 나는 피터 뵐러의 편지를 받고 약간 시원함을 얻었다.

5월 14일(주일) 나는 올더스게이트 성 앤 교회에서 아침에 설교하였고 오후에는 시보이 채플에서 그리스도의 피로 얻은 믿음으로의 자유로운 구원에 대하여 설교하였다. 다른 몇 군데에서와 마찬가지로 성 앤 교회에서도 더 이상 설교를 하지 말라는 통보를 곧장 받았다.

5월 19일(금) 내 동생의 늑막염이 두 번째로 도졌다. 우리 몇 명은 토요일 밤을 기도로 보냈다. 다음 날이 성령강림절이었으므로 헤이린 박사의 참 기독교적인 설교를 들었다. 곧 이어 거행된 성찬식에서 (보좌 목사가 신병으로 앓고 있어서) 그를 보좌하였다. 나는 놀라운 소식을 들었는데 내 동생이 영혼의 참 쉼을 얻게 되었으며 그 즉시 육체적인 건강도 회복되었다는 것이다. 나는 3시에 와핑의 성 요한 교회에서 설교하였고 폴즈 와프에 있는 성 베넷 교회에서 저녁에 설교하였다. 다른 교회에서와 마찬가지로 이 교회들에서도 설교를 금지 당하였다.

월요일에서 수요일까지 계속되는 슬픔과 무거움이 내 마음을 누르고 있었다. 나는 5월 24일 수요일에 일어난 일에 대하여 그것을 보다 잘 이해할 수 있게 하는 전제 조건들을 말한 뒤에 가능한 한 상세하게 설명하는 것이 좋으리라 생각한다.

1. 나는 "하나님의 모든 계명을 철두철미하게 순종함으로써만" 구원을 얻을 수 있다고 엄격하게 교육받았고 조심스러운 지도를 받아왔기 때문에 내가 열 살이 될 때까지는 세례 때 받은 "성령의 씻으심"에 역행하는 죄를 짓지 않았다고 믿는다. 그리고 그 가르침들이 외적인 의무와 죄들을 중요시하는 한 나는 기쁘게 그 가르침을 받아들였고 때때

로 그것들을 생각하였다. 그러나 반면 사람들이 내게 말한 내적인 순종이나 거룩함은 이해할 수 없었고 기억할 수도 없었다. 그래서 나는 율법의 참뜻에 대하여 무지하였고 그리스도의 복음에 대해서도 무지하였다.

2. 그 다음 6~7년간은 학교에서 보냈는데 거기서는 내게 외적인 속박을 하지 않았으나 나는 전보다 더욱 태만해졌고 외적인 의무까지도 그러하였다. 세상 사람들의 눈에 걸릴 만한 것은 아니었으나 내가 알기로는 거의 계속적으로 외적인 죄도 짓고 있었다. 그렇지만 나는 계속해서 성경을 읽었고 아침저녁으로 기도도 드렸다. 그리고 그때 내가 구원받을 수 있다고 믿은 조건들이란 다른 사람들처럼 그렇게 나쁜 사람이 아니라는 것과 종교에 대해서 계속 친숙하다는 점, 그리고 성경을 읽고 교회에 잘 출석하며 기도를 드린다는 점이었다.

3. 대학에 진학한 후 5년 동안 나는 계속 개인적으로나 공중 앞에서나 성경을 읽었고 다른 몇몇 종교서적, 특히 신약성서에 관한 책들을 읽었다. 그러나 이 모든 일을 하면서도 내적인 성경에 대한 생각은 전혀 하지 못하였으며 그저 습관적으로 사람들이 죄라고 하는 일들을 계속 저질렀다. 일 년에 세 번씩 받는 것이 의무인 성찬식 전후에는 그런 일을 중지하였고 그렇지 않으면 마음에 갈등을 겪기도 하였다. 많은 성자들이 가르쳐 준 대로 회개라고 부르는 일시적인 일에 의존하지 않는다면 내가 가진 적은 빛에도 거슬리게 계속 죄를 저지르는 내가 이제 무엇으로 구원 받기를 바라야 하는지 말할 수 없는 상태였다.

4. 22세쯤 되었을 때 아버지는 내가 성직에 몸을 담기를 권하셨다. 그와 거의 같은 때에 하나님의 섭리로 나는 토마스 아켐피스의 「그리스도를 본받아」를 읽었다. 그 책에서 나는 참 종교는 심령 속에 자리 잡으며 하나님의 법은 우리의 말과 행동, 그리고 모든 생각 위로 확대되어 간다는 것을 알게 되었다. 딘 스탠호프의 번역서로 그의 글을 읽을 수 있었지만 나는 아켐피스를 마땅치 않게 여겼다. 그가 너무 엄격했기 때문이다. 그러면서도 그의 글을 읽으면서 자주 위안을 받았다. 즉 나

는 이제까지 만나지 못했던 좋은 종교적인 친구를 만난 것 같았다. 나는 모든 대화를 바꾸게 되었고 열심히 새 생활을 하게 되었다. 나는 하루에 한두 시간을 종교적인 쉼을 위한 시간으로 떼어 썼다. 그리고 매주일 성찬에 참여하였다. 나는 말이나 행동으로 죄를 짓지 않으려고 경계하고 조심하였다. 나는 내적인 거룩함을 목표로 삼고 이를 위하여 기도하기 시작하였다. 그래서 이제 나는 "내가 좋은 기독교인"이라는 사실에 대해 의심하지 않았다.

5. 다른 대학으로 옮기면서 나는 내가 전에 가장 중요하다고 확신했던 것까지 포함하여, 내 모든 지식들을 사소한 것까지도 모두 털어 버리려는 결심을 실천하였다. 나는 시간의 귀중함을 점점 더 알기 시작하였다. 더욱 더 학습에 집중하려고 하였다. 나는 실제적인 죄를 막으려고 더욱 조심스럽게 경계하였고 다른 사람들에게 내가 나 자신의 생의 모델을 삼은 바 그 종교의 설계에 따라 종교적인 사람이 되려고 하였다. 그러나 윌리엄 로의 「그리스도인의 완전」과 「경건하고 거룩한 생활로의 엄숙한 부름」을 읽은 뒤로는 하나님의 법이 얼마나 높은지 그 높이와 순결함과 깊이를 더욱 더 확신하게 되었다. 물론 이 두 책의 여러 부분에 동의할 수 없었지만 말이다. 그 빛이 나의 영혼에 그렇게도 힘차게 쏟아졌기 때문에 모든 것이 새로운 견해를 나타내기 시작하였다. 나는 하나님께 도움을 구하였으며 결코 전과 같이 하나님께 순종하는 데 시간을 끌지 않기로 결심하였다. 그리고 내적으로는 최선을 다하여 하나님의 법 전체를 지키려고 한 계속적인 노력으로 나는 주님을 영접하였다. 그래서 내가 그때 이미 구원받았다고 생각하였다.

6. 1730년에 나는 감옥을 방문하기 시작하였고 거리의 가난한 사람들과 병든 사람들을 돕기 시작하였다. 그들에게 내가 가진 적은 물질을 나누거나 함께 있어 주는 일 등 내가 할 수 있는 좋은 것으로 돕기 시작하였다. 이러면서 나는 모든 삶에 필요하다고 일컫는 많은 것들을 줄여 살게 되었다. 그렇게 함으로써 '나' 란 곧 우스운 것이 되고 내 이름

이 '나쁜 것'으로 버려진 것을 기뻐하였다. 다음 해 봄에 나는 수요일과 금요일을 금식일로 지키기 시작하였는데 고대 교회에서 지킨 것처럼 오후 3시까지 아무 음식도 맛보지 않는 것으로 지켰다. 그리고 그때 나는 그 이상 더 어떻게 해 나갈 것인지는 몰랐다. 나는 아무 죄도 짓지 않으려고 온갖 노력을 다하였다. 율법에 맞다고 생각하는 것은 자기부정이든 뭐든 다 하였고, 은혜 받는 일이라면 공적이든 사적이든 가릴 것 없이 모두 그 기회를 조심스럽게 사용하였다. 그 때문에 나는 때때로 고통을 당하기도 하였다. 그리고 이 모든 일이 내적인 성결로 나아가는 것이 아니라면 이는 내가 원하는 바가 아니고 또 아무 유익도 없는 일이라고 생각하였다. 따라서 전적으로 내가 목적한 것은 하나님의 형상이었다. 그러나 몇 해 동안 이러한 길을 계속 걸어온 나는 내 자신만 거의 죽게 되었을 뿐, 이 모든 것이 내게 어떤 위안이나 하나님께 영접되었다는 확신을 찾을 수 없었다. 그렇다고 나는 조금도 놀라지 않았으며 내가 이 모든 기간 동안 모래 위에 집을 짓고 있었다고 생각지도 않았다. 그리고 하나님께서 놓아주신 기초 외에는 "예수 그리스도라 할지라도" 놓을 수 없다는 것을 고려하지도 않았다.

7. 얼마 후에 명상을 하는 어느 사람이 내가 전에 믿어오던 것보다 훨씬 더 외적인 공적들은 아무것도 아님을 확신시켜 주었고, 몇 번의 대화를 통해 내게 어떻게 내적인 거룩함을 추구하여 하나님과 영으로 하나가 될 수 있는지를 가르쳐 주었다. 그러나 그의 가르침이라 할지라도 (비록 그때 나는 그 말들을 하나님의 말씀으로 받았지만) 나는 이제 그것을 다음과 같이 본다.

(1) 그가 외적인 공적에 의지하는 것을 너무나 무모하게 반대하였기 때문에 그는 내가 그러한 일을 할 용기를 잃게 하였다.

(2) 그는 지적인 기도와 (마치 기도 중에 부족한 것을 채우거나 하려는 듯) 실천은 영혼을 정화시키고 하나님과 하나 되게 하는 가장 효과적인 방법이라고 추천하였다. 이것은 사실상 병든 자를 방문하고 헐벗은 사람들을 입히는 것과 같은 나의 선행을 말하는 것이다. 하나님과

하나 됨을 추구하는 것은 내가 전에 다른 이름으로 추구하던 것과 같은 나 자신의 의의 추구였다.

8. 나 자신의 공로와 나 자신의 의를 의지하는 길에서 (신비주의 저자들이 열심히 가르쳤기 때문에) 나는 영국을 떠날 때까지 거기서 어떤 도움이나 위안도 찾지 못하면서 무겁게 끌려갔다. 그러나 배 위에서 나는 다시 외적인 일을 활발하게 하였으며 그것은 하나님을 기쁘시게 해 드려 하나님께서는 그의 자유로우신 자비를 내게 베푸시사 내게 '가장 좋은 길'을 보여 준 26명의 모라비안 형제들을 동반자들로 주셨다. 그러나 나는 처음에는 그들을 이해하지 못하였다. 나는 너무 많이 배웠고 너무 약았다. 그래서 그들이 하는 일들이 어리석어 보였다. 그래서 나는 아무도 그런 것으로는 구원 받을 수 없는 의를 믿고 따라가며 그것을 다른 사람들에게 계속 설교하였다.

9. 사바나에서 보낸 전 기간을 나는 그와 같이 허공을 치듯 헛되이 보냈다. "믿는 자에게는 누구에게나 구원을 주신다는 일과 주 안에서 살아 움직이는 믿음에 의해 얻는 그리스도의 의에 대하여 무지하였기 때문에 나는 나 자신의 의를 세우려고 하였고 이를 위하여 모든 나날들을 불꽃 튀는 노고 속에서 보냈다."

나는 이제 적당히 "율법 아래"에 있게 되었고 하나님의 "율법"은 "신령한 것"인 줄 알았다. 그리고 내면적인 사람 뒤에 서서 그것을 즐거워하였다. 그러나 나는 "육신에 속하여 죄 아래 팔렸다." 날마다 나는 "내가 행하는 것을 내가 알지 못하노니 곧 내가 원하는 것은 행하지 아니하고 도리어 미워하는 것을 행함이라(롬 7:15)." 참으로 "원함은 내게 있으나 선을 행하는 것은 없노라. 또는 행할 능은 내가 원하는 바 선은 행하지 아니하고 도리어 원하지 아니하는 바 악을 행하는도다. 만일 내가 원하지 아니하는 그것을 하면 이를 행하는 자는 내가 아니요 내 속에 거하는 죄니라. 그러므로 내가 한 법을 깨달았노니 곧 선을 행하기 원하는 나에게 악이 함께 있는 것이로다. 내 속사람으로는 하나님의 법을 즐거워하되 내 지체 속에서 한 다른 법이 내 마음의 법과 싸워 내 지체 속에 있는 죄의 법으로 나를 사로잡는 것을 보는도다(롬 7:18~23)." 라고 탄식할 수밖에 없었다.

10. 이러한 비열하고 천한 죄의 포박 상태에서 나는 참으로 계속하여 싸웠으니 이를 정복하지 못하였다. 전에는 내가 고의적으로 죄를 범하였으나 이제는 원하지 않으면서도 아직도 범하고 있다. 나는 넘어졌다가는 일어났고 그런 뒤에 다시 넘어졌다. 때로 나는 지쳐 넘어졌고 때로는 무거운 상태에 있었고 때로는 극복하기도 하였는데 이럴 때에는 매우 기뻤다. 먼저의 상태에서 나는 율법의 폭력을 미리 맛보기도 하였다. 마찬가지로 이러한 중에 복음의 위안을 받기도 하였다. 10년 동안이나 계속된 이러한 자연과 은총 사이의 고투 중에서 나는 기도하려고 돌아선 특이할 만한 경우를 여러 차례 맞았다. 특히 내가 문제 속에서 괴로움을 당할 때 그러하였고, 그 결과 많은 위로를 받기도 하였다. 사실 그것은 신앙생활의 짤막한 한 예견에 불과한 것이었기는 하지만, 나는 여전히 "율법" 아래에 있었고 "은총" 아래에 있지 못하였다. 그리스도인이라고 불리는 많은 사람들이 이 상태에서 살다가 죽으면서 만족하는 이는 내가 다만 노력하였을 뿐이고 죄에서부터 놓임을 받지 못했을 뿐만 아니라 내 심령 속에 성령의 증거를 갖지 못하였고 가질 수도 없었기 때문이었다. 또 하나는 "믿음으로 그것을 찾은 것이 아니고 율법의 행위로 이루어질 것을 알고 찾았기" 때문이었다.

11. 1738년 1월 영국으로 돌아오는 동안 나는 죽음의 절박한 위험 아래에 있어서 매우 불안하였다. 그 불안의 원인은 곧 불신앙이었다. 그래서 참되고 살아 있는 믿음을 얻는다는 것은 바로 나를 위하여 "꼭 필요한 것"임을 확실히 믿게 되었다. 그러나 나는 아직도 믿음의 대상을 바로 찾지 못하였다. 나의 믿음이란 다만 하나님을 믿는 것을 의미하였고 그리스도를 믿는다든지 그를 통하여라는 것은 아니었다. 다만 그것을 충분히 갖지 못하고 있다고만 생각하였을 뿐이었다. 그래서 내가 런던으로 돌아오자마자 하나님께서 나를 위하여 준비하여 주신 인물인 피터 뵐러가 "죄를 이기며 용서하는 기쁨과 거기서 오는 지속적인 평

화" 등의 뗄 수 없는 두 열매를 맺는 참 믿음(오직 그것 하나뿐인)을 확인하였을 때 나는 깜짝 놀랐으며 그것을 새로운 하나의 복음으로 바라보게 되었다. 이것이 사실이라면 내가 믿음 갖지 못하고 있었다는 것은 분명한 일이었다. 그러나 나는 이것을 믿으려고 하지 않았다. 그래서 나는 온 힘을 다하여 토론하되 믿음이란 이런 것들이 아니라는 것과 특히 용서받는다는 그런 느낌과는 상관없다는 것을 증명하려고 수고하였다. 왜 그렇게 하였느냐면 나는 이런 데 관계된 성경을 그러한 방법으로 해석하는 법을 오랫동안 배웠기 때문이다.

12. 내가 다시 피터 뵐러를 만났을 때 그는 내가 원하는 대로 "성서와 경험"이라고 제목을 붙일 수 있는 문제로 토의하기로 하였다. 나는 먼저 성서에 대하여 물었다. 그러나 내가 모두 비교하면서 분명한 말씀으로 좀 어려운 말씀들을 증명하려고 노력하였을 때 내 생각과는 전혀 반대였으며 "그러한 경험이란 성서 말씀의 문자적인 해석과는 결코 합일할 수 없다. 그렇기 때문에 나는 그 경험에 대한 어떤 증거를 찾을 때까지는 그 경험이 참말이라는 것을 받아들일 수 없다."는 나의 마지막 주장으로 몰아 세워지고 말았다. 이에 대해 뵐러는 그러한 살아 있는 증거를 보여 줄 수 있으며 내가 원한다면 내일이라도 보여 주겠다고 하였다. 그리고 그 말대로 다음 날 그는 세 사람과 함께 왔다. 그들이 모두 간증하기를, 그들 개인의 경험은 참이며 또 그리스도 안에 있는 참 믿음이란 모든 과거의 죄에 대하여 용서받았다는 느낌과 현재의 모든 죄에서부터의 자유와 불가분의 관계가 있다고 하였다. 그들은 이구동성으로 그들의 믿음은 선물, 즉 하나님이 값없이 주시는 선물임을 덧붙여달라고 하였고 하나님께서는 열심히 또 꾸준히 이것을 찾는 이들에게 꼭 주실 것이라고 하였다. 그때 나는 전적으로 믿게 되었으며 하나님의 은혜로 그 믿음을 끝까지 찾기로 결심하였다. 즉 부분적이든 전적이든 구원의 소망을 나의 선행이나 의에 두는 일을 전적으로 부인하는 일과 모든 은혜 받는 일을 계속하는 동시에 의롭게 하시며 구원을 주시는 믿음을 얻고 나를 위하여 흘리신 그리스도의

피를 전적으로 믿고 의지하는 일, 그리고 예수만이 나를 의롭게 해 주시며 성화하게 하시고 구원해 주시는 유일한 구주이심을 믿을 수 있게 해 달라고 계속 기도를 드림으로써 참 믿음을 찾기로 하였다.

13. 나는 그것을 찾기 위하여 (이상한 무관심과 지루함과 냉담함, 그리고 자주 죄에 빠지기는 하였지만) 5월 24일 수요일까지 계속 노력하였다. 오늘 아침 5시쯤이라고 생각이 드는 때에 나는 성경을 펴고 "이로써 그 보배롭고 지극히 큰 약속을 우리에게 주사 이 약속으로 말미암아 너희가 정욕 때문에 세상에서 썩어질 것을 피하여 신성한 성품에 참여하는 자가 되게 하려 하셨느니라(벧후 1:4)." 하는 구절을 읽었다. 오후에는 성 바울 교회에서 설교 요청을 받았다. 그날 예배의 찬미는 시편 130편의 말씀이었다. "여호와여 내가 깊은 곳에서 주께 부르짖었나이다. 주여 내 소리를 들으시며 나의 부르짖는 소리에 귀를 기울이소서. 여호와여 주께서 죄악을 지켜보실진대 주여 누가 서리이까. 그러나 사유하심이 주께 있음은 주를 경외하게 하심이니이다(1~4). 이스라엘아 여호와를 바랄지어다. 여호와께서는 인자하심과 풍성한 속량이 있음이라. 그가 이스라엘을 그의 모든 죄악에서 속량하시리로다(7~8)."

14. 저녁에 나는 별로 내키지 않는 걸음으로 올더스게이트 거리에 있는 한 집회에 참석하였는데 거기에서 한 사람이 루터의 로마서 서문을 읽고 있었다. 8시 45분경에 그가 그리스도 안에 있는 믿음을 통하여 하나님께서 마음에 변화를 일으키시는 일을 설명하고 있을 때 나는 내 마음이 이상하게 뜨거워짐을 느꼈다. 나는 내가 그리스도를 신뢰하고 있다고 느꼈으며 구원을 위해, 다만 그리스도만 믿고 있음과 주께서 내 죄를, 아니 내 죄까지도 다 거두어 가시고 나를 죄와 사망의 법에서 건져 주셨음을 믿는 확신을 얻었다.

15. 나는 전력을 다하여 유별나게 나를 모욕의 대상으로 삼고 핍박한 사람들을 위하여 기도하기 시작하였다. 그리고 곧 나는 거기 있던 모든 사람들 앞에서 방금 내가 처음으로 마음속에 느낀 바를 공개적으로 간증하였다. 그러나 곧이어 원수는 내 마음에 속삭이기를 "이것이 믿

음일 수가 없다. 믿음에는 기쁨이 있어야 하는데 어디 그 기쁨이 있느냐?"라고 하였다. 그때 나는 평화와 죄를 이긴 승리감은 우리 구원의 대장을 믿는 믿음의 근본적인 요소이지만 거듭남의 초기에 보통 나타나는 기쁨, 특히 깊이 슬퍼한 사람들에게 주어지는 기쁨은 하나님이 스스로의 뜻에 따라 어떤 때에는 주시기도 하고 어떤 때에는 보류하시기도 한다는 것을 곧 깨닫게 되었다.

16. 집에 돌아온 후 나는 많은 시험을 받아 싸웠으나 나는 울부짖었으며 모든 시험은 물러갔다. 그러나 그것들은 몇 번이고 되돌아왔다. 나는 자주 내 눈을 위로 들었으며 주께서는 "그의 거룩하신 곳에서부터 도움을 주시었다." 그리고 여기서 나는 이번 일과 전에 주로 미루어졌던 상태 사이의 차이를 발견하게 되었다. 나는 애썼다. 그렇다. 율법 아래에서와 같이 은혜 아래에서도 싸웠다. 그러나 나는 때때로 정복당하였으나 이제 나는 언제나 정복자다.

5월 25일(목) 17. 내가 잠에서 깨었을 때 "주 예수여!"라는 말씀이 내 마음과 입에 꽉 차 있었다. 그리고 나는 내 모든 힘이 내 눈을 끊임없이 그를 바라게 하고 있음을 알게 되었다. 오후에 다시 성 바울 교회에 가서 드린 찬미에서 "나의 노래는 언제나 주님의 사랑스러운 친절에서 오며, 그러므로 나는 내 입으로 당신의 진리를 한 세대에서 다른 세대로 전하리이다."라는 좋은 말씀을 맛보았다. 그러나 원수는 "만일 네가 믿는다면 왜 좀 더 분명한 변화가 없느냐?" 하며 두려움을 넣어주었다. 나는 대답하기를 (아니 내가 아니지만) "나는 모른다. 그러나 나는 내가 하나님과 화평하다는 것을 안다. 내일 일을 걱정하지 말라고 하셨다."라고 하였다.

18. "그러나 아무래도 좀 두렵지 않느냐? 그리고 그것은 네가 믿지 않고 있다는 증거가 아닌가?"라는 시험이 계속되었다. 나는 내 주님에게 나를 위하여 대답해 주십사 하고 간구하고 성경을 펴서 바울이 말한 "밖으로는 싸움과 안으로는 두려움"이 있다는 말씀을 읽었다. 그러고서 "자! 내 안에 두려움이 있다고 하여도 나는 나아가야만 한다." 하고 나 스스로 매듭을 짓고

그러한 두려움을 내 발로 짓밟아 버렸다.

5월 26일(금) 내 심령은 평화로웠으나 아직도 좀 무거웠는데 이는 겹쳐지는 시험 때문이었다. 나는 모라비아 교도인 텔키그에게 무엇을 해야 할지 물었다. 그는 "당신은 그러한 시험이 올 때 전에 하던 것처럼 맞서 싸워서는 안 됩니다. 그런 것이 나타나면 곧 그것들에서 피하여 예수의 상처 속에 몸을 숨기십시오."라고 하였다. 나는 같은 교훈을 오후의 찬미에서도 배웠다. "내 영혼이 참으로 나의 하나님을 기다림이여 그에게로부터 내 구원이 오는도다. 그는 참으로 나의 구원이시요, 나의 능력이시며 나의 방패이시로다. 그러므로 나는 크게 넘어지지 않을 것이로다. 오 너희 백성들아 언제나 그를 의지하며 그 앞에 너의 마음을 내어놓으라. 이는 하나님은 너희의 소망이심이라."

5월 27일(토) 내가 기쁨이 적은 이유 중 하나는 바로 기도드리는 시간이 부족하기 때문이라고 믿고, 아침에 교회에 갈 때까지는 아무 일도 하지 않고 내 마음을 주 앞에 쏟아놓는 일만 하기로 결심하였다. 그리고 요즘 내 영혼이 크게 자랐으므로, 아직도 많은 유혹이 나를 엄습한다고 하여도 나는 그것이 정복자일 뿐 아니라 더욱 더 큰 힘을 얻고 있으며 이로 나의 구주 하나님을 더욱 믿고 의지하며 기뻐하게 되었다.

5월 28일(주일) 나는 평화롭게 일어났다. 그러나 기쁘지는 않았다. 저녁때까지 조용한 상태로 있다가 "너는 열광주의자요, 유혹자요, 새로운 교리의 사냥개가 아니냐?" 하는 거친 공격을 많은 무리에게서 받았다. 하나님의 복으로 나는 화내는 것을 참을 수 있었으며 고요히 있다가 짤막한 대답을 하였다. 그들은 물러가고 말았으나 생의 과오 중에서 죽음을 향해 가는 사람들을 위해 갖게 되는 그러한 친근한 마음은 갖지 못하였다.
이날 아침에 나는 부름스버리에 있는 성 조지 교회에서 "이것이 세상을 이기는 승리다."라는 제목으로 설교하였고 오후에는 롱 에클에 있는 채플에서 "하나님께서 경건치 않은 자들을 의롭게 하시는 일"이라는 제목으로 설교하였는데, 내가 알기로는 어느 예배당에서나 마지막 설교임이 분명하다. "나의 원대로 마옵시고 아버지의 원대로 하옵소서."

5월 29일(월) 나는 월프와 함께 덤머를 향해 떠났다. 월프는 피터 뵐러가 영국 선교에서 거둔 첫 열매다. 나는 월프가 지닌 하나님의 은혜로 큰 힘을 얻은 적이 많았는데 그의 것은 나의 것보다 훨씬 차원이 높기 때문에 나는 가끔 우리가 서로 같은 신앙을 가졌는지 의아한 생각이 들기도 하였다. 그러나 그 일에 대하여 더 이상 따지지 않고 다음과 같이 매듭을 지었다. 즉 "비록 그의 믿음은 강하고 나의 것은 약하다고 하여도 하나님께서는 나에게도 어느 정도의 믿음을 주셨음을 나는 그 열매로써 알고 있다. 즉 나는 지속적인 평안을 누리고 있고 불안한 생각이 조금도 들지 않는다. 나는 죄에서 자유롭고 거룩하지 못한 욕심을 조금도 갖고 있지 않다."는 것이다.

6월 3일(토) 나는 나의 오래된 한 원수에게 격심한 공격을 받아서 거의 입을 열 힘도 없고 구원을 위해 바라볼 수조차 없었다. 그러나 내가 할 수 있는 대로 가냘프게나마 기도드리자 그 시험은 사라지고 말았다.

6월 4일(주일) 오늘은 실로 축제의 날이었다. 기상 시간부터 오후 1시까지 나는 기도하고 성경을 읽고 찬미하고 죄인들을 회개시키러 심방하였다. 오늘 성경을 열었던 일은 잘 기억하지 못하지만 위대하고 값진 언약 몇몇은 잘 기억하고 있다. 또한 나는 참으로 복음이란 처음부터 끝까지 모두 위대한 언약임을 전보다 더 잘 알게 되었다.

6월 6일(화) 나는 더 큰 위로와 평안과 기쁨을 누렸다. 그러나 바로 그날 저녁에 옥스퍼드에서 나를 큰 혼란으로 던져버리게 하는 편지를 받은 후 내가 두려워하고 있다고 가상하기 시작하였다. 그 편지에는 다음과 같은 주장이 기록되어 있었다. "아주 적은 믿음이라도 가지고 있다면 아무런 의심도 두려움도 생길 수 없다. 그래서 누구든지 언제든지 어떤 의심이나 두려움을 느낀다면 그는 믿음이 약한 것이 아니라 믿음이 전혀 없는 것이다. 그리고 아무든지 생명의 성령의 법이 그를 죄와 사랑의 법에서 전적으로 자유롭게 해 주실 때까지는 어떤 믿음도 가질 수 없다." 하나님께서 내게 지시하시어 나는 성경을 펴고 고린도전서 3장 1절 등에 바울이 "그리스도 안에서 밥을 감당할 수 없는 어린 아이", "육에 속한 자들", "너희는 하나님의 지으신 집이요 또 하나님의 성전"이라고 말씀하신 구절을 읽었다. 솔직하게 말해서 이러한 사람들의 믿음은 연약한 것이었지만 분명히 그들도 어느 정도의 믿음은 가지고 있었다.

얼마 동안 성경을 읽고 기도하고 난 뒤에 나는 많은 위로를 받았다. 그런데도 나는 내 가슴에 어떤 아픔이 있음을 느꼈다. 그래서 나는 내 상처가 완전히 치료되지 않았음을 알았다. 오! 하나님이시여! 당신이 나를 건지시옵소서. 그리고 "의심에 찬 논쟁"으로 "믿음에 약한" 모든 사람들을 구원하소서.

1738년 6월 7일 ~ 8월 14일

제3장 | 헤른후트 방문

6월 7일(수) 하나님께서 허락하시면 잠시 동안 독일로 물러나 쉬기로 결심하였다.

6월 8일(목) 나는 어머니께 작별 인사를 드리려고 새리스버리로 갔다. 다음 날 살룸을 떠났고 토요일에 살톤 할코트에 왔다. 그곳에서 주일 11시에 그리스도 안에 있는 믿음을 설교하고서 옥스퍼드로 갔으며 월요일에는 런던으로 갔다. 거기서 나는 잉함이 방금 떠났음을 알게 되었다. 우리는 다음 날인 13일 화요일에 배를 탔으며 그날 밤 그레이브센드로 내려갔다. 수요일 오후 4시경에 영국은 우리의 시야에서 사라졌다. 목요일 아침 8시에 마에세에 도착하였고 한 시간 반 후에 노트르담에 상륙하였다.

우리 일행은 8명이었는데 영국인 5명과 독일인 3명이었다. 7시경에 우리는 영국에서는 듣도 보도 못한 취급에 다소 놀랐다. 몇몇 여관들은 우리를 맞기를 거절하였다. 그래서 우리는 곤란을 겪다가 돈을 받고 고기 조금과 우유, 그리고 다 헐어빠진 침대 두세 개를 쓰도록 허락해 준 한 여관을 찾았다. 그들은 우리에게 자기들의 교회를 좀 보라고 강권하였다. 그들은 우리가 그 안에 들어가서 모자를 벗는 것을 언짢아하며 그렇게 하지 말라고 하였다. 우리는 8시경에 기우담트를 떠나 6시간 좀 지난 후에 셀스타이에 도착하였다.

바론왈터빌의 집에서 아주 편안함을 느꼈다. 우리는 몇몇 독일인 형제와 자매를 그와 함께 만나 알게 되었으며 7, 8명의 영국인 지기들을 만났는데, 그 사람들은 얼마 전에 이곳에 정착한 사람들이었다. 그들은 바로 시가지 밖에서 서너 채의 조그마한 집에서 묵고 있는데 하나가 건설될 때까지 그들은 거기에 모두 있어야만 하였다. 17일 토요일은 그들의 중재의 날이었다. 아침에 몇몇 영국인 형제들이 주의 만찬을 베풀어 주기 원하였고 그날 나머지 시간은 모두 형제, 자매들과 함께 하나님께서 온 천하에 시작하신 놀라운 역사에 대해 들으면서 보내었다.

아침 6시에 암스테르담 행의 배에 탔으며 오후 5시경에 그곳에 이르렀다. 여기서 우리는 메노나이트 교회의 덱나텔 목사님께 참으로 그리스도인의 친절이 넘치는 대접을 받았다. 그는 우리가 무엇을 좀 원한다고 말하기 전에 모든 일을 (고통스러울 정도로) 잘해 주었으며 다음 목요일까지 그렇게 계속 해 주었다.

6월 19일(월) 나는 한 집회에 참석하는데 그 모임은 한 시간 반가량 걸렸다. 약 60명가량이 출석하였다. 찬송은 로우 더치였다(덱나텔이 헤른후트 찬송가의 일부를 로우 더치로 번역하였다). 그러나 번역된 것도 이해할 수 있을 것이다. 상세히 된 것이 하이 더치로 되어 있다.

6월 22일(목) 우리는 저녁 8시에 배를 타고 아침 4시에 상륙하여 유우타프스로 걸어가 거기서 일행 중 2명을 남겨 두고 우리 일행에 다른 소년 하나를 더하였다.

6월 25일(주일) 한 시간쯤 찬미하고 기도드린 후에 우리는 거의 정오까지 걸었으며 그때까지 아무런 간식도 들지 못하였다. 저녁에 라인버그에 도착하기를 바랐으나 한 조그마한 집에서 늘 하는 대로 바이올린을 켜며 춤을 추던 루터교파 사람들이 주일 순서를 마치면서 같이 있기를 간청하기에 두 시간 가량을 거기에 있었다.

6월 26일(월) 우리는 라인버그에서 아침 식사를 들었다. 여기서 내 눈으로 이제까지 본 중에서 가장 더러운 도시였던 코렌으로 갔다.

6월 28일(수) 우리는 대성당에 가 보았는데 그것은 단순한 돌무더기 위의 더미에 불과했으며, 그 건물에 속한 것들의 벌거벗음만 드러낼 뿐 아무런 조화의 미도 찾을 수 없는 잘못된 건물일 뿐이었다. 나는 내가 가 본 어떤 로마 교회에서나 합동 예배라고 할 만한 집행을 보지 못했다. 그런데 여기서는 한 사람은 성소나 혹은 제단에서 기도하고 다른 이는 또 다른 데서 다른 사람을 상관하지 않고 기도하는 것을 보고 좀 놀랐다.

4시에 우리는 배를 탔으며, 그때 나는 개혁자들이라고 불리는 우리를 향한 법황주의자들의 점잖음을 보았다. 우리 일행은 앉자마자(그 후 매일 아침마다 그러했듯이) 모자들을 벗고 제각기 우리의 여행이 순조롭기를 기도드렸다. 이 일은 저 선원(속담에도 라인 강 선원은 악하다고 하는데) 때문에라도 해야만 했다. 그러나 나는 선원 중 한 사람도 하나님의 이름을 헛되이 부르거나 종교에 관한 말을 할 때 비웃는 사람을 보지 못하였다. 그래서 나는 거룩한 것을 가지고 놀리는 말을 하는 영광을 누리는 일은 영국의 특별한 일이라고 생각했다.

　7월 2일 일요일 저녁에 우리는 멘츠에 왔고 3일 월요일 10시 반에 프랑크포트에 왔다. 한 시간쯤 성문에서 기다리다가 우리는 연락할 사람을 하나 주선해서 뷜러 씨(피터 뷜러의 부친)에게 보냈더니 그가 곧 와서 우리를 도성 안에 들어갈 수 있게 주선했으며 가장 친절한 자세로 대접해 주셨다. 4일 화요일 아침 출발하여 오후 한 시쯤에 마리엔본에 이르렀다. 그러나 나는 아주 몸이 편치 않아 친첸도르프 백작과 조금 이야기를 나눈 다음 나머지 시간에는 누웠다.

　마리엔본의 식구들은 90명가량이었는데 여러 나라에서 모여 온 사람들이었다. 그들은 지금 현재 백작이 빌린 큰 집에서 살고 있는데 그곳은 더 많은 사람도 받을 수 있었다. 그러나 그들은 영국 리수로 3마일가량 떨어진, 열매 많은 언덕 위에 한 집을 짓고 있었다.

　7월 6일(목) 백작은 나를 솔메스 백작에게로 데리고 갔으며 나는 거기서 기쁜 마음으로 독일인의 검소함을 관찰할 수가 있었다.

　나는 그곳 형제단의 한 사람과 같이 마리엔본에서 영국 리수로 1마일쯤 떨어진 곳에 있는 에켈스 하우센에서 묵었으며 그곳에서 평범한 나날을 보냈었다. 독일어를 대화할 만큼 연습하지 못하였으므로, 주로 라틴어나 영어를 할 줄 아는 사람들과 이야기를 나누었다. 그리고 여기서 나는 내가 찾아왔던 바로 그 믿음의 능력의 산 증인들을 만났으니 그들은 "그들의 가슴 속에 넘쳐흐르는 하나님의 사랑"으로 외적인 죄와 한 가지로 내적인 죄에서부터도 구원받은 사람들이었으며, "성령"의 내주하시는 증거로 두려움과 의심에서부터도 구원받은 사람들이었다.

12일 수요일은 손님들을 위한 회합이 있었는데 거기서 프랭크폴트에서 온 한 사람이 질문하기를 "사람이 의롭다 하심을 받았는데 그것을 모를 수 있습니까?"라고 했으며 백작은 이에 대해 크게 성서적으로 대답했다.

우리는 화요일 일찍 제니를 떠나 저녁에 봐이센펠츠에 이르렀고 수요일 아침에 멜세벨그에 이르렀다. 할레를 보고 싶어서(독일 리수로 2마일 되는 곳) 조반 후에 떠나 오후 2시에 그곳에 도착했다. 그러나 우리가 거기 당도했을 때 우리는 성에 들어가는 것을 허락받지 못하였다. 프로시아 왕의 키 큰 부하들이 성문을 지키고 있었는데 앞뒤로 이 문에서 저 문으로 근 두 시간 동안을 오가게 했다. 그래서 나는 어거스트 헤르만프랑케 교수에게 쪽지를 보낼 것을 생각해 냈다. 실로 이때 그의 이름이란 값진 연고와 같은 것이었다.

그는 시내에 없었다. 그러나 우리는 마침내 고아원에 들어갈 수 있게 허락받았으며 이는 "믿는 사람에게 모든 것이 가능하다는" 놀라운 증거였다. 거기서는 그때 막 그 기관의 유지를 위해 그곳에서 책을 찍어 팔고 있는 인쇄소에서 거둔 지속적인 수입과 모든 종류의 약을 갖춘 약방에서 거둔 계속적인 수입 외에, 연례적으로 하는 대대적인 수입 활동이 이루어지고 있었다. 건물은 전면 건물의 두 날개가 150야드쯤 되게 뒤로 쭉 연결되어 있었다.

아이들을 위한 침실들과 식당과 예배실과 모든 부대시설물들이 어떻게 그렇게 편리하게 꾸며지고 하나같이 깨끗한지 이 같은 것을 나는 처음 보았다. 우리가 듣건대 659명의 아이들이 그곳에서 전적으로 양육 받고 있으며 3,000명이(내가 잘못이 아닐진대) 교육을 받았다고 한다. 이와 같은 큰일을 하나님께서 여기서 이룩하셨다.

8월 1일(화) 오후 3시에 나는 헤른후트에 왔는데 이것은 드레스텐에서 영국 리수로 30마일가량 된다. 이곳은 보헤미아와의 경계를 이룬 상부 루사티아에 위치하고 있으며, 100가구 정도가 살고 있으며, 치반이 땅 위의 양쪽에는 상록수 숲이 우거지고 정원과 콩밭이 각각 다른 편에 있고, 조금 떨어진 곳에 언덕이 있는 그런 곳에 집들이 세워져 있었다. 그 마을에는 큰 길이 하나 있는데 이는 치따우에서 로바우로 가는 큰 길이었다. 이 거리의 중간 쯤에 고아원이 그 전면을 드러내고 있었다. 낮은 부분에는 약방이 있고 높은 곳에 예배당이 있는데 6,700명을 수용할 수 있는 크기였다. 고아원의 두 날개 끝에서 조금 떨어진 곳에 다른 한 줄의 집들이 세워져 있다. 따라서 이것이 도시의 나머지를 (거리 이외에) 두 갈래로 나누고 있다. 그리고 크나큰 정원이 뒤에 있는데 시는 볼품을 위해서가 아니라 주민들 쓰기에 알맞게 잘 마련되어 있었다.

손님들을 위해 약속된 집에서 편리한 숙소를 지정받았다. 그리고 나는 그 동안 들은 일들이 전하는 사람들의 과장인지 또는 더하지도 덜하지도 않은 순수한 사실인지를 관찰할 수 있는 충분한 기회를 갖게 되었다.

나는 조지아에서 자주 대화했던 헬스돌프 씨를 만나서 기뻤다. 그리고 그가 지닌 힘은 모두 우리가 이곳에 머무르는 일을 유용하게 하고 동의하게 만드는 데 쓰였다. 8시경에 우리는 공중예배에 참석하였는데 이 예배시간에 저들은 풍금 이외의 다른 악기들을 자주 사용하였다. 그들은 보통 때와 같이 찬송하기 시작했다. 그리고 강론과 둘째 찬송이 끝나면 그 뒤에 기도가 있고 몇 절의 셋째 찬송을 부른 후 예배는 끝난다.

8월 2일(수) 오후 4시에는 결혼한 사람들의 사랑의 만찬이 있었는데 이들은 마음은 즐겁고 단순함으로, 그리고 음성으로는 찬양과 감사를 드리면서 음식을 들었다.

8월 3일(목) (매일 11시에 그렇게 한 것같이) 나는 성서연구회에 참석하였는데 거기엔 물리(후에 그리스도를 따르기 위하여 모든 것을 버릴 때까지 치과우에 위대한 학교 교장으로 있던)와 몇몇 다른 사람이 거기 있었는데 평상시와 같이 다함께 성서 원서의 한 부분을 읽었다. 5시에는 초심자들을 위한 모임이 있는데 그때 의인에 관한 몇 가지 문제들이 해결되었다. 이날 밤 여기에 크리스천 데이비드가 왔다. 금요일과 토요일에, 그리고 매일 그 한 주간 동안 형제들 중에 가장 큰 체험을 가진 분들과 하나님께서 그들의 영혼에 만들어주신 위대하신 일과 믿음으로 깨끗함을 받은 일 등을 이야기하였다. 그리고 마틴 도버와 그 교회의 다른 선생들, 장로들과 함께 그곳에서 사용하고 있는 규율에 대하여 대담하였다.

8월 6일(주일) 우리는 헤른후트에서 영국 리수로 1마일쯤 되는 곳에 위치한 루터교도들의 마을인 벨솔드스돌프에 있는 교회를 찾아갔다. 두 개의 큰 촛대가 제단 위에 켜져 세워져 있었고 그 뒤에 최후의 만찬이 그려져 있었다. 설교단은 그 위에 놓여 있고 그 위의 십자가에 놋쇠로 된 그리스도 상이 있었다.

헤른후트에서 저녁예배가 끝난 뒤에 모든 미혼 남자들은(그들의 관습대로) 시가지를 두루 돌며 악기로 찬양을 하고, 좀 떨어진 곳에 있는 언덕으로 올라가 둥글게 둘러서서 다 함께 기도드렸다. 그리고 그들은 대광장에 돌아와 11시 조금 지난 후에 다 각각 자기들을 하나님께 맡기었다.

8월 8일(화) 한 어린이가 매장되었다. 묘소는(그들이 하나님의 땅이라고 부르는) 시가지에서 몇 백 야드 떨어진 곳으로, 젖은 숲 옆쪽 아래에 있었다. 거기에는 분명히 기혼 남자와 미혼 남자, 기혼 여인과 미혼 여인, 남아와 여아 그리고 과부에 대한 분명한 한계가 있었다. 교회에서부터 시신을 운구하는데 아동들이 먼저 걷고 다음에 고아의 아버지(그들은 고아원의 책임 관리자를 그렇게 부른다), 그리고 벨솔드스돌프의 목사, 그 다음에 네 아이들이 시신을 운반하고 그들 위에 마틴 도버와 그 아이의 아버지가 따랐다. 그들은 모두 거닐면서 노래하였다. 남자 아이들이 묻히는 장소에 이르렀을 때 남자들이 그 양편에 서고 소년들이 셋째 쪽에 섰다. 거기서 그들은 다시 찬미하고 목사가 짤막한 기도를 드린 후 (내 생각에는 읽는 것 같았음), "하나님의 은혜로 우신 자비와 보호하심에 너를 맡기노라" 는 축도로 끝맺었다.

그 아이의 아버지가(순박하게 생긴 양복상인) 묘를 보고 있을 때에 내가 "어떠하십니까?"라고 물었더니 그는 "주를 이보다 더 찬양한 일이 없습니다. 나는 나의 소원에 따라 그의 몸이 거룩한 땅에 맡겨진 것을 보았습니다. 그리고 그가 부활하는 때 그와 나는 모두 다 주와 함께 길이 있을 것을 압니다."라고 대답하였다.

이 주간의 몇 밤을 하나 혹은 그 밖의 개인들의 모임과 함께 지냈다. 수요일과 목요일에 이 교회의 최고자인 미카엘 린너와 이야기할 기회를 가졌으며 대부분의 시간은 하나님의 도우심 하에 이 기관을 처음 세운 크리스천 데이비드와 보냈다.

내가 여기 머무는 며칠 동안에 네 차례나 그의 설교를 들을 기회가 있었다. 매번 그는 내가 전에 말한 바, 내가 원한 바로 그런 제목으로 설교하였다. 세 번이나 그는 믿음이 약한 사람들의 상태를 묘사했으며, 의인되었으나 아직도 새롭고 깨끗한 심령을 갖지 못한 사람과 그리스도의 피로 용서하심을 받았으나 아직도 성령이 항상 함께 계심을 받지 못한 일을 말씀해 주셨다.

8월 12일(토) 이날은 중재의 날이었으므로 많은 초심자들이 출석하였는데 그들 중 어떤 이들은 20내지 30마일 밖에서 왔다. 나는 기꺼운 마음으로 이곳에서 내 일생을 보내고 싶었다. 그러나 주님은 나를 그의 다른 포도원에서 일하라고 부르신다. 그래서 14일 월요일에 나는 이 행복한 고장을 떠나도록 강요당했으며 마틴 도버와 그 형제단의 몇몇 다른 사람들이 근 한 시간 동안이나 우리와 함께 걸어 주었다.

1738년 9월 7일 ~ 1739년 10월 31일

제4장 | 연합신도회

9월 17일(주일) 나는 다시 구원의 기쁜 소식을 우리나라에서 선포하기 시작하여 미노리이스의 큰 무리에게 세 번 설교하고 그 후에 성경을 가르쳤다. 월요일에는 이제 32명으로 이루어진 우리의 작은 집회 회원들을 만나는 기쁨을 누렸다.

다음 날 나는 뉴게이트에 있는 언도받은 죄인들을 찾아가 자유로운 구원의 길을 전하였다. 저녁에 나는 베에야드에서 모인 집회에 참석하여 죄의 회개와 용서에 대해 설교하였다. 다음 날 저녁에 나는 올더스게이트 거리의 집회에서 사랑 안에 있는 진리에 대하여 말하였다.

23일 토요일에 나는 뉴게이트와 도시의 집회에서 모두 아주 강한 말씀을 전할 수가 있었다. 다음 날 성 안나 교회에서 그리고 성 요한 교회와 크러큰월에서 두 번 설교하였는데 아마도 그들은 더 이상 나를 데려가지 못하리라고 생각한다.

9월 30일(토) "이 길"을 완강히 반대해 오던 한 사람이 소식을 보내 주고 곧 자기와 만나 이야기하기를 원해 왔다. 그의 얼굴 모습이나 자세로 보아 아주 실망한 빛이 역력하였다. 그는 오랫동안 죄의 속박 아래 있었는데 특히 술 마시는 어려움에 빠져 있었다고 하였다. 나는 우리 서로 함께 기도하자고 제안했다. 조금 후에 그는 일어났는데 그의 얼굴에는 더 이상 슬픈 기색이 없었다.

10월 1일(주일) 나는 동부의 성 조지 교회에서 오전과 오후에 설교하였다. 9일 월요일에 나는 옥스퍼드를 향해 떠났다. 걸어가면서 나는 뉴잉글랜드에 있는 놀 프톤의 도시에서 그 도시의 개종에 대하여 근래에 쓰인 참 놀라운 이야기를 읽었다.

10월 15일(주일) 나는 캐슬에서 두 번 설교하였고 후에 세 집회에서 강론하였다. 수요일 저녁에 런던으로 다시 돌아왔고 금요일 저녁에 웨스트민스트에서 집회를 (주로 군인들) 열었고 일요일 29일에는 이스링톤과 런던월에서 설교하였다.

저녁에 나는 어떤 사람들이 말한 대로 "내 안에 있는 하나님 나라"와 내 자신의 모습에 의심이 나서 **괴로웠으므로** 나는 하나님께 부르짖었으며 그의 말씀에서부터 이 대답을 얻었다. '그 자신도 역시 하나님의 왕국을 기다리셨다. 그러나 나는 고요히 그리고 물러나 기다려야 할 일이 아닌가?' 라는 생각들이 즉각적으로 내 마음에 와 닿았다. 나는 성경을 다시 열고 이런 말씀들을 읽었다. "네가 보거니와 믿음이 그의 행함과 함께 일하고 행함으로 믿음이 온전케 되었느니라."

11월 3일(금) 나는 성 만쏘린 교회에서 설교하였고 5일 주일아침에는 비숍스케이트의 성 보돌프 교회에서, 오후엔 이스링톤에서, 저녁에는 스코틀랜드에 있는 성 클레멘트 교회에서 내가 이제까지 보지 못한 회중에게 설교하였다. 이것이 내가 이곳에서 선포한 첫 설교였던 것같이 아마도 마지막 설교가 될 것이다.

내 동생과 나는 유죄선고 받은 자들의 간절한 요청으로 그들에게 마지막 일을 해 주려고 갔다. 그 일이야말로 믿음이 죄와 죽음을 이기는 예로 처음 보는 가장 영광스러운 예였다.

내 동생은 그 기회를 술장사들과 죄인들의 큰 무리들에게 평화의 복음을 선포하는 좋은 기회로 삼았다.

11월 10일(금) 나는 그곳을 출발하였다. 11일 토요일에는 옥스퍼드에서 몇몇 사람들과 함께 보냈다. 나는 그들의 신중함으로 마침내 시편으로 찬미하는 일을 그만 둔 것을 보고 슬픔을 느꼈다. 나는 그것이 여기서 그치지 않을 것 같아 두렵다.

11월 12일(주일) 나는 캐슬에서 두 번 설교하였다. 다음 주간에 나는 영국 국교회의 교리, 그 중에도 믿음으로 의롭게 된다는 바 큰 논쟁점이 되었던 부분에 관해 깊이 파고들었으며, 설교집에서 내가 찾은 점들을 다 뽑아서 다른 사람들이 사용할 수 있게 하기 위해 이를 인쇄하였다.

11월 19일(주일) 나는 캐슬에서 오후에 한 번만 설교하였다. 월요일 밤에 나는 꿈속에서 크나큰 괴로움을 당하였고 11시쯤 말할 수 없는 큰 놀라움으로 잠에서 깨어났으며 다시 잠을 이루지 못하였다. 그때쯤에(내가 아침에 안 일이지만) 내 제자가 되려는 계획이 되었으나 그렇게 되지는 않았던 사람이 손에 권총을 들고 문지기의 숙소에 들어왔다(거기에는 몇 사람이 앉아 있었다). 그는 장난삼아 한 사람에게 갖다 댔다가 다시 다른 사람에게 댔다. 그는 두세 번 자살하려고 하였으나 쏘아지지 않았다. 그가 그 총을 옆에 놓았을 때 한 사람이 그것을 주어 들고 화약을 빼서 던져 버렸다. 그랬더니 그 사람이 화가 잔뜩 나서 새 화약을 구해 들고 다시 와서 앉아 그의 열쇠를 부싯돌로 삼아 쳤으며, 12시쯤 모자와 가발을 벗고 신사처럼 죽겠다고 말하더니 자신의 머리를 스스로 쏘아 관통시켰다는 것이다.

11월 23일(주일) 캐슬에서 설교하고 돌아오다가 내가 고통 중에 있을 때 함께한 옛 친구를 다시 만났는데 그는 찰스 델라모트였으며 그는 월요일까지 나와 함께 머물렀다.

12월 3일(주일) 나는 오랫동안 중지되었던 보칼도(시 형무소)에서 기도서 읽는 일을 시작하였다. 오후에 나는 나의 조지아 선교 결과를 출판하라고 간청해 온 편지를 하나 받았는데, 다른 한 편지는 그것이 나에게 더 큰 괴로움을 가져다 줄 뿐이니 출판하지 말라고 말리는 것이었다. 나는 하나님께 아뢰고 그의 말씀에 두 대답을 얻었는데 하나는 에스겔 33장 2절이요, 또 하나는 "그러므로 너는 예수 그리스도의 선한 군사로서 고난을 참으라."는 말씀이었다.

12월 5일(화) 성 토마스 교회에서 한 젊은 여인이 미쳐서 허튼 소리를 하며 낄낄거리고 웃으며 스스로 계속 괴롭히고 있었다. 나는 그 여인에게 말해 주고 싶은 마음이 간절했다. 내가 말하기 시작하자마자 그 여자는 조용해졌다. 내가 "나사렛 예수가 그대를 구원하시기 원하시면 또 하실 능력이 있으시다."라고 말하는 동안 그의 볼에는 계속해서 눈물이 흐르고 있었다.

12월 11일(월) 횟필드가 조지아에서 돌아왔다는 소식을 듣고 급히 런던으로 돌아왔다. 12일 화요일에 하나님께서는 우리가 서로 다시 한 번 즐겁게 이야기할 수 있는 기회를 주셨다.

1739년 1월 1일(월) 홀, 킨친, 잉함, 횟필드, 허친스 그리고 내 동생 찰스는 페터레인에서 다른 60여 명의 우리 형제들과 함께 사랑의 애찬에 참예하였다. 새벽 3시경 우리가 즉석 기도를 계속 하고 있을 때 하나님의 능력이 우리 위에 강하게 임하셨으며 넘치는 기쁨으로 많은 사람들이 울음을 터뜨렸으며 땅에 엎드렸다. 그의 현존하시는 위엄의 경이에서 깨어나자마자 곧 우리는 한 목소리로 "우리는 하나님을 찬양하나이다. 우리는 당신이 주가 되심을 아나이다."라고 고백했다.

1월 21일(주일) 저녁에 내가 모노리스에서 성경강해를 하고 있는 동안 우리는 크게 놀랐다. 잘 단장한 젊은 중년 부인이 갑자기 죽음의 신음소리 같은 소리를 질렀다. 그 여인은 얼마 동안 영혼의 심한 고통을 나타내는 모든 증상을 드러내며 그렇게 하기를 계속했다. 그 여인이 좀 깨어났을 때 나는 그에게 다음 날 나를 찾아오라고 하였다. 그때 그 여인은 내게 말하기를, 9년 전 강한 죄의식으로 마음에 두려움이 가득했으며 아무런 위로도 받지 못하고 밤과 낮으로 쉬지도 못하였다고 했다. 그 여인이 자신의 교구 목사에게 이 눌림에 대해 말하였더니 그 목사는 그의 남편에게 부인이 아주 심하게 미쳐버렸으니 곧장 의사에게 보내드리라고 충고하였다고 한다. 이에 따라 한 의사가 왔으며 그는 여인에게 수혈하는 일 등등을 하라고 명하였다. 그러나 이것들은 그 여인의 상한 영혼을 고칠 수가 없었다. 그래서 그 여인의 그런 증상은 마지막 저녁에 양쪽에 날선 검보다 예리한 주의 말씀이 그에게 가냘프나마 새로운 희망을 보여 주시고 주께서 그 고통의 원인을 맡아 주시고, 주께 죄를 범하였던 그의 영혼을 고쳐 주실 것을 발견할 때까지 계속되었다.

1월 28일(주일) 나는 오후 5시경에(그동안 너무 성가시게 졸라대기 때문에) 네댓 명의 친구들과 같이 보통 프랑스인 예언자로 불리는 사람의 집에 찾아갔다. 조금 후에 그 여인이 들어왔다. 여인은 24~25세 정도 되어 보였으며 납득이 갈 만한 말씨와 태도를 갖추고 있었다. 그가 우리에게 찾아온 용건을 물었다. 내가 대답하기를 "여기서 말하는 영이 하나님께 속한 것인지 시험하러 왔다."고 했다. 곧 그 여인이 의자에 기대니 성령의 강한 역사가 있는 것같이 보였다.

그 여인은 말을 많이 하였는데 대부분 성서의 말씀을 하면서 예언이 다 이루어진다는 일과, 그리스도가 곧 오시리라는 일과 복음이 온 땅에 전파되리라는 말들을 하였다. 그러나 이것으로는 석연치가 않았다. 그의 움직임은 히스테릭하기도 하고 그렇지 않으면 인공적인 것 같았다. 그 같은 말씀들은 성경을 잘 이해하고 구절을 잘 외우고 있는 사람이면 쉽게 할 수 있는 일들이었다. 그러나 만일 그것이 하나님의 일이 아니면 그것은 쓸데없는 것이 되고 말 것임을 알고 있기 때문에 그 일을 그대로 놓아두기로 했다.

2월 18일(주일) 나는 스피타필드에 있는 조지 휠리 경의 채플에서 오전과 오후에 설교해 줄 것을 요청받았다. 오전에 그렇게 하였으나 오후에 나는 나의 제목(내가 계획했던 대로)을 결론짓는 어려움을 겪지 않았으나 이는 가능하다면 언제나 하나님의 모든 계획을 선포하여야 한다는 것을 잘 기억하고 있기 때문이었다.

3월 2일(금) 우리 형제들이 모두 나에게 옥스퍼드에 가서 며칠 보내라고 권고하기에 이에 따라 3일 토요일에 갔다. 내가 이제까지 본 것으로 길이 기억될 가장 놀라운 주의 능력이 역사한 예는 다음 화요일에 일어났다. 바로 내가 이 새로운 길에 대하여 걷잡을 수 없을 만큼 격노하고 그것을 열렬히 반대했던 한 사람을 방문하였을 때 일어났다. 논쟁으로는 아무런 성과도 없고 그 여자를 더욱 더 불붙이는 일이 될 것임을 알았으므로 토론을 중단하고 함께 기도하자고 청했더니 그 여자가 이에 동의하고 무릎을 꿇었다. 몇 분 만에 그 여인은 몸으로 마음으로 모두 극한 고뇌 속에 빠지게 되었으나 조금 후에 가장 진실한 자세로 "이제 나는 내가 그리스도로 말미암아 용서받았음을 안다"고 울부짖었다.

3월 8일(목) 나는 그 여인과 그 여인의 이웃 몇 사람을 찾아갔는데 그들은 그 밤에 함께 모여 있었고 그 중에 한 신사가 그 여인과 꼭 같은 심령을 가지고 진리를 곡해하기 위하여 열을 올리는 것을 보았다. 그가 계속하는 것을 막기 위하여 둘 중에 좀 덜 나쁜 길을 택하여 나는 그 논쟁 중에 직접 뛰어들어 의인의 원인과 결과에 대하여 언급했다. 그런 논의가 한창일 때 좀 떨어진 곳에 앉아 있던 한 사람이 마치 칼로 찔리는 것 같음을 느꼈으며 내가 가고 있던 다음 집으로 채 옮겨지기도 전에 거리 복판에서 울음을 터뜨렸다. 그러나 우리가 우리의 간구를 하나님께 아뢰자마자 주는 그 거룩한 곳에서 그 여인에게 도움을 보내 주셨다.

3월 10일(토) 오후에 나는 덤마에 왔고 주일 오전에 많은 회중이 경청하였다. 다음 날 읽는 일(기도서)로 되돌아왔으며 화요일에는 옥스퍼드로 갔다. 거기서 나는 하나님 안에 많은 사람이 기뻐하고 기뻐하는 모습을 보았다. 15일 목요일, 아침 일찍이 떠나서 오후에 런던에 도착했다.

3월 28일(수) 나의 여행은 페터레인에 있는 우리 신도회가 제안한 것이다. 그러나 내 동생 찰스는 그것에 대해 별로 언급하려 하지 않고 하나님의 말씀에 호소하여 그는 그에게 주신 다음과 같은 말씀을 받았으며 그는 다시는 대답치 아니했다.
　"보라 인자야 내가 한번 때림으로 네 눈의 소욕을 네게서 없이 하였는데도 너는 슬퍼하지도 울지도 않았을 뿐 아니라 네 눈물을 흘리지도 아니하였도다." 그러나 우리의 다른 형제들은 논의를 계속할 뿐 어떤 결론에 도달할 것 같은 가능성이 보이지 않기 때문에 마침내 제비뽑기로 결정하자는 데 의견을 모았다. 그에 따라 나는 가야만 한다는 것으로 결정되었다. 뒤에 몇몇이 마땅히 이 문제에 관한 성경 말씀을 찾아보아야 한다고 하였으며 우리는 그렇게 하였다.

3월 31일(토) 저녁에 나는 브리스톨에 도착하여 휫필드를 거기서 만났다. 나는 나의 전 생애를 통하여 (아주 늦게까지도) 예의와 질서에 관계되는 모든 점에서 아주 고집스러웠으며 그 결과로 예배당 밖에서 일어나는 일이란 영혼의 구원이라 할지라도 거의 죄악시하였다. 그렇기 때문에 휫필드가 주일에 나를 야외에서 설교하는 이상스러운 일에 처음으로 내세웠을 때 나는 그것에 나를 어떻게 적응시켜야 할지 알 수 없었다.

4월 1일(주일) 저녁에 (휫필드는 떠났고) 나는 일주일에 두 차례씩 모여 익숙해진 니코라스 거리의 작은 집에서 우리 주님의 산상설교(잘 기억될 만한 야외 설교의 전례였던, 그러나 내 생각엔 주님 당시에도 벌써 교회는 없겠지만)를 강론하기 시작했다.

4월 2일(월) 오후 4시에 나는 좀 더 대담해져서 간선도로 상에서 구원의 기쁜 소식을 선포하였는데 시가지로 연결된 나지막한 언덕 위에 서서 근 3,000명의 군중에게 전도하였다. 내가 설교한 성경 말씀은 "주의 성령이 내게 임하셨으니 이는 가난한 자에게 복음을 전하게 하시려고 내게 기름을 부으시고 나를 보내사 포로된 자에게 자유를, 눈먼 자에게 다시 보게 함을 전파하여 눌린 자를 자유케 하고 주의 은혜의 해를 전파하려 하심이라" 이었다.

7시에 볼드윈 거리의 집회에서, 다음 날에는 뉴게이트의 채플에서 요한복음을, 그리고 거기서 국교회의 아침 예배문을 매일 읽었다.

4월 4일(수) 뱁티스트 밀(브리스톨에서 반마일쯤 떨어진 마을이랄까 교외랄까 하는 곳)에서 "나는 그들의 등진 것을 고치고 나는 그들을 자유로이 사랑하리라"는 성경 말씀을 가지고 근 1,500명의 무리들에게 하나님의 은혜를 전했다. 저녁에 세 부인들이 매주 함께 모이기로 의견을 모았는데, "자기 죄를 각각 다른 사람에게 고백하고, 서로를 위하여 기도하므로 피차 고침을 받으려"고 모인 런던 사람들과 같은 뜻의 모임을 갖기로 했다. 누가 감히 이것이 하나님께 기름 부음을 받은 은혜의 길임을 부인하겠는가? 그렇게 부인한다면 그 사람은 야고보의 서신을 지푸라기 서신이라고 단정하는 셈이다.

4월 5일(목) 저녁 다섯 시에 캐슬 거리의 작은 집회에서 로마서 강론을 시작했다. 다음 날 저녁에는 그로우체스터 레인의 작은 집회에서 요한1서를 강해하였다. 토요일 저녁엔 위버홀에서 역시 로마서를 강해하기 시작했으며, "모든 믿는 자를 구원하시는 하나님의 능력이신 복음"을 모든 사람에게 선포하였다.

4월 8일(주일) 아침 7시에 브리스톨에서 근 1,000명에게 설교하였으며 그후에 킹스우드의 한남 산 마루터에서 약 15,000명에게 설교하였다.
나는 복음적인 예언자들이 전한 "목마른 자들은 다 물에 나아오며 돈 없이도 와서 값없이 포도주와 젖을 사라."는 말씀으로 저들을 초청했다. 근 5천 명이 오후에 로스그린(킹스우드의 건너편)에 모였으며 그들 한복판에 내가 서서 주의 이름으로 "누구든지 목마르거든 그는 내게 나아와 마시어라."고 외쳤다.

4월 10일(화) 나는 바스로 가기로 요청받고 거기 가서 "그들의 배신을 고쳐주시는" 값없는 은사를 1,000명에게 전하였고 오전에는 (내가 믿기로) 2,000명 이상에게 전했다. 나는 오후에 뱁티스트 밀에서 거의 같은 수에게 설교하였다.

4월 14일(토) 나는 가난한 집에서 설교하였다. 300~400명이 집안에 모였고 그 배나 되는 인원이 밖에 모였는데 나는 "그들이 지불할 돈이 하나도 없을 때 그는 양쪽을 다 용서해 주셨다"는 위로의 말씀들을 설명해 주었다.

4월 15일(주일) 나는 5,000~6,000명에게 바리새인과 세리의 이야기를 설명했다. 한 집회에는 근 3,000명이 모였다. 나는 점심 후에 뉴게이트에서 많은 회중에게 설교하였다. 5시와 6시 사이에 우리는 로스그린으로 갔는데 브리스톨에서는 비가 많이 왔으나 우리 위에는 한 방울도 떨어지지 않았으며 그동안에 나는 근 5,000명에게 "우리의 지혜와 의가 되시며 성화의 구속자가 되시는 그리스도"를 선포하였다. 나는 이날을 볼드윈 거리의 집회에서 "주의 피가 우리의 모든 죄를 깨끗케 하심"을 보여 줌으로 마쳤다.

4월 17일(화) 오후 5시에 나는 백레인의 작은 집회에 있었다. 우리가 있던 방은 지주로 마루를 떠받친 방이었다. 내가 강론을 시작하였을 때 사람들이 너무 많아 그만 지주가 있는 부분에서 큰 소리가 나며 마루가 좀 무너졌다. 그러나 다행히도 마루는 더 이상 무너지지 않아 처음에 좀 놀랐던 사람들은 곧 조용히 주의를 기울이고 말씀에 들었다.
나는 볼드윈 거리로 가서 순서에 따라 사도행전 4장을 강론하였다. 그리고 우리는 하나님께 주의 말씀을 우리 안에 확증해 주십사 하고 기도드렸다. 그러자마자 옆에 섰던 한 사람이 (적잖이 놀랍게) 아주 격심하게도 마치 죽음의 고통을 당하는 것같이 울부짖었다. 그러나 우리는 새로운 노래, 곧 우리 하나님께 드리는 감사 찬송이 그 여인의 입에서 나오기까지 계속 기도하였다. 조금 후에 다른 두 사람들이 (그 고장에서 모든 사람 앞에 양심적으로 바르게 살려고 애쓰는 사람으로 잘 알려진) 심한 고통에 사로잡혔고 "그들의 심령의 불만 때문에 외치게" 강권 당하였다. 그러나 그 둘이 그들의 구세주이신 하나님을 찬송하기 시작할 때까지는 오래 걸리지 않았다. 마지막으로 지옥의 복판에서 하나님을 부른 사람은 브리스톨에서는 낯선 I-E라는 사람이었다. 그 좁은 자리에서 그는 하나님을 등졌던 그의 죄를 용서해 주셨음을 알고 사랑과 기쁨으로 차고 넘쳐 뛰게 되었다.

4월 18일(수) 저녁에 전의 L-S-(전에 퀘이커 교도였으나 바로 전날 세례를 받음)
와 R-M-, 그리고 몇몇 사람들이 신도회 회원으로 영접되었다. 그러나 R-M-
는 거의 보지도 말하지도 못할 형편이었다. "죽음의 슬픔이" 그 여인을 둘
러쌌고 "지옥의 고통이" 그 여인을 사로잡고 있었다. 우리는 하나님께 그
여인의 괴로움을 아뢰었다. 하나님께서는 그가 바로 "기도를 들으시는" 하
나님이심을 보여 주셨다. 그 여인은 "값없이 의로워졌음을 알게 되고 예수
그리스도를 통하여 하나님과 화평하게 되었음을" 느꼈다. 그 여자의 마음
에 "하나님의 사랑"이 흘러넘쳤다.

4월 21일(토) 위바의 홀에서 한 젊은이가 갑자기 온 몸에 격심한 진동을
받게 되고 몇 분 내로 그 마음에 슬픔이 더하여져서 땅에 엎드려졌다. 그러
나 우리는 하나님을 부르기를 그가 "성령 안에서 평화와 기쁨에 충만하여
일어설 때까지 계속하였다."

4월 23일(월) 여러 번 초청을 받았기에 브리스톨에서 5마일쯤 떨어진 펜
스포드에 갔다. 교구 목사에게 교회에서 설교할 수 있게 청원했으나 좀 기
다려도 대답이 없으므로 나는 야외에 함께 모여 있는 많은 사람들을 찾아가
"만일 누구든지 목마르거든 나에게 오라"고 하였다. 오후 4시에는 브리스
톨 근처의 편리한 곳에 3,000명 이상이 모였다. 그들에게 나는 "때가 가까
워 오고 있다. 그리고 지금이 바로 죽은 자가 하나님의 독생자의 음성을 들
어야 할 때이며 듣는 자는 누구든지 살리라"고 선포하였다.

나는 화요일 아침에 근 1,000명에게 설교하였으며 오후 4시에는 2마일 언
덕이라 불리는 킹스우드의 중간 지점에서 가난한 광부들에게 설교하였다.
저녁에 볼드윈 거리에서 한 젊은 남자가 심한 고뇌를 몸과 마음에 함께 겪
었는데 그가 믿은바 그분을 알게 됨으로 얻는 평안으로 가득 찬 영혼을 곧
갖게 되었다.

4월 26일(목) 내가 "믿는 사람은 영생을 얻으리라"는 말씀으로 뉴게이트에서 설교하고 있을 동안 나는 나도 모르게 또 사전에 그렇게 계획한 바도 없었는데 하나님께서는 "모든 사람이 구원받기를" 원하신다는 것을 강하고 분명하게 선포하였다. 이어서 기도드리기를 "만일 이것이 하나님의 진리가 아니라면 눈먼 자도 그 길에서 벗어나 고통당하도록 하지 않았을 것이며 만일에 진리라면 하나님께서는 그의 말씀에 증거를 보여 주실 것이다"라고 했다. 즉시 한 사람이 또 한 사람이 땅에 엎드러지고 마치 번개에 맞은 사람처럼 아무데로나 쓰러졌다. 그 중에 한 사람이 크게 소리 질렀다. 우리는 저 여자를 위하여 하나님을 간절히 사모하였는데 하나님께서는 그 여자의 무거움을 기쁨으로 변하게 하셨다. 잠깐 동안 같은 고뇌에 있게 되었으므로 그 여자를 위하여 하나님을 찾았더니 하나님께서 그 여자의 영혼에 평화를 내려주셨다. 저녁에 나는 다시 성령의 강권으로 "그리스도께서는 그 자신을 모든 사람을 위한 속죄물로 주셨다."고 선포했다. 그리고 그의 인을 쳐주십사 하고 기도드리려 하는데 주께서는 벌써 응답해 주셨다. 여인은 성령의 검으로 아주 심한 상처를 입어서 아무도 그 여자는 오래 못 살 것이라고 생각하였다. 그러나 즉시 주께서 친절하심을 보여 주셨고 그 여자는 주님이 주시는 의를 크게 찬미하였다.

4월 27일(금) 하나님의 말씀으로 그 심령이 깔린 사람들의 울음이 전 뉴게이트에 울려 퍼졌으며 그들 중 두 사람은 잠깐 동안 기쁨에 충만하게 되었고 그들을 본 일이 있던 사람들은 다 크게 놀랐다.

4월 29일(주일) 나는 4,000명의 군중에게 하나님의 값이 매겨지지 않은 무한한 은혜를 선포하였다. 그 시간에 오랫동안 범죄를 행했으나 곧 자비를 찾았던 사람, 그러나 용서를 얻지 못해 실망했던 자들이 더 이상 죄짓지 않는 힘을 얻었다. 그때 나는 아주 위험한 깊은 병에 걸린 한 목사의 청으로 브리스톨에서 1마일 떨어진 크리프톤에 갔다가 그 근처 작은 들에 갔는데 거기에 약 3,000명이 모여 있었다. 점심 후에 나는 다시 크리프톤으로 돌아갔다. 교회는 기도하고 설교할 때에도 교회 정원 묘소에서 거행하는 하관식 때와 같이 꽉 찼다. 크리프톤에서 우리는 로스그린으로 갔는데 계산에 따르면 7,000명 가까이 되었다고 한다. 거기에서 그로우체스터 레인의 집에 갔다. 그 후에 볼드윈 거리에서 우리의 첫 번째 사랑의 만찬이 있었다.

4월 30일(월) 우리는 하나님의 능력이 임할 때 그것을 받은 사람들이 우는 일에 대하여 공격받은 사람이 많다는 것을 알고 있었다. 그 공격자들 중에는 한 의사가 있었는데 그는 거기에는 아마도 부정이나 사기가 있을 것이라 하였다. 오늘은 그 의사가 오랫동안 익히 알고 있었던 한 여자가 첫 번째로 "크게 울고 눈물을 흘린" 사람이었다. 그는 그의 눈과 귀를 의심치 않을 수 없었다. 그는 가까이 가서 그 여자의 모든 증상을 관찰했다. 큰 땀방울이 그녀의 얼굴에 주르르 흐르고 그녀의 온 몸의 뼈가 흔들림을 보았다. 그런데 그것은 어떤 사기도 아니고 자연의 무질서 상태도 아니었다. 그러나 잠시 후 그녀의 몸과 마음이 깨끗이 고쳐진 후에 그 의사는 하나님의 손길을 깨달아 알게 되었다.

5월 1일(화) 많은 사람들이 다시 충격을 받았다. 볼드윈 거리에서는 "구원의 능력이신 주님"을 소리높이 부르는 다른 몇 사람의 울부짖음으로 내 목소리는 거의 들리지 않았다. 옆에 섰던 한 퀘이커 교도는 그런 사람들의 일을 모른 채 시치미 떼려다 적지 않은 불쾌감을 느꼈다. 그는 입술을 꽉 깨물고 이마를 찌푸리더니 벼락을 맞은 사람처럼 넘어져 버렸다. 그의 고뇌는 보기에도 무서울 정도였다. 우리는 하나님께 그의 한 일에 대해 어리석은 일을 하도록 내버려두지 마옵소서 하고 기도드렸다. 그는 조금 후에 머리를 들더니 "이젠 내가 당신들이 주의 예언자들임을 안다."고 크게 울부짖었다.

5월 2일(수) 뉴게이트에서 또 다른 슬픔에 잠겼던 사람이 위로를 받았다. 나는 거기서 옆의 집으로 와달라고 해서 갔다. 이는 나에게 "하나님이 모든 사람을 구원하기를 원하신다고 가르침으로 사람을 속인다,"는 나를 반대하는 내용의 편지를 보여 주기 위함이었다. 오랫동안 반대해 오던 사람이 거기 있었는데 그때 한 젊은 여인이 들어왔다. 우리가 감사 기도를 드리고 막 일어났을 때 다른 한 사람이 네댓 발자국 비틀거리더니 쓰러졌다. 우리는 그녀와 같이 기도했다. 그리고 그녀가 죄를 강하게 느끼고, 구원을 위하여 진지하게 번민토록 내버려 두었다. 전날 밤 볼드윈에 있는 한 방적공 J-H-n 에 대하여 말하지 않았다. 그는 (내가 알기로는) 규칙적인 생활과 대화를 하며 공중 기도회와 성찬에 계속 참예하였다. 또한 교회를 위하여 열심이 있었고 어떠한 교파든 간에 비국교도들에 대해서는 반대하던 사람이었다. 그는 사람들이 우리 집에서 이상한 발작에 빠진다는 소문을 듣고, 이를 보고 스스로 판단하기 위해서 왔다. 그러나 그는 전보다 별로 만족치 못하고 그대로 나가 이 사람 저 사람 그의 친지들을 오전 1시까지 찾아다니면서 그 일은 악마의 속임수라고 확신시키기 위해서 갖은 노력을 다 기울였다. 우리가 집에 가는 길에 한 사람을 거리에서 만났는데 그가 말하기를 J-H-n이 허튼 소리를 하며 미쳐 넘어졌다고 했다. 아마도 그는 점심을 들려고 앉아 있었던 것 같았는데 그가 빌려 온 '믿음에 의한 구원' 이란 설교를 먼저 다 읽고 싶었던 것 같다. 그가 마지막 페이지를 읽을 때 얼굴색이 변하더니 그만 의자에서 떨어져 무섭게 소리 지르기 시작하고 땅에 자기 몸을 내던지곤 했던 것 같다. 이웃 사람들에게 이 소식이 전해지자 사람들은 그 집으로 떼 지어 갔다. 1~2시 사이에 내가 거기에 이르러 보니 그가 마루 위에 있었고 방 안에는 사람들이 가득하였다. 그의 부인이 이 사람들을 다 내보내려 하니까 그는 크게 소리쳤다. "아니요, 그들도 다 오게 하시오. 세상 모든 사람들로 하나님의 옳은 심판을 보게 하시오." 두세 사람이 그들이 할 수 있는 모든 힘을 다해서 그를 붙들고 있었다. 그는 즉시 나를 쳐다보더니 그의 손을 펼치면서 부르짖기를 "아, 이 사람이 바로 내가 말한 사람들을 속이는 사람이오. 그러나 하나님이 나를 사로잡으셨소. 나는 그것이 모두 속임수라고 말하였소. 그러나 그것은 속임수가 아니오." 그리고 그는 신음하였다. "오, 너 악마야! 너 저주받은 악마야! 너 악마의 군대야! 너는 머물 수 없다. 그리스도께서 너를 쫓아버릴 것이다. 나는 주의 역사가 시작된 것을 안다. 만일 네가 원한다면 나를 산산이 찢어 보아라. 그러나 너는 나를 상치 못하리라."
그는 자신을 다시 땅 위에 부딪기 시작했다. 그의 가슴은 동시에 벌떡 뛰기
시작했는데 마치 죽음 같은 고통을 느끼는 듯했으며 크나큰 땀방울이 그의
얼굴에서 뚝뚝 떨어졌다. 우리는 모두 기도하며 호소하였다. 그의 고통은
그쳤으며 그는 몸과 영이 다 자유로워졌다.

5월 7일(월) 나는 펜스포드의 교회에서 설교하기 위해 떠날 준비를 하고
있다가 아래와 같은 소식을 받았다. "선생님, 우리 목사님께서는 귀하가 제
정신이 아니시라는 소식을 들으셨기 때문에 당신은 우리 목사님 관할 하의
어떤 교회에서도 설교하실 수 없습니다."라고 했다. 그렇지만 나는 갔으며
펜스포드에서 1마일 떨어진 프레스트 다운으로 가서 우리의 "지혜이시요,
의이시요, 성화의 구속이 되시는 그리스도"를 설교하였다.

5월 9일(수) 우리는 홀스페아의 성 야곱 교회 정원 가까이에 있는 한 필지
의 땅을 소유하게 되었다. 그리고 거기에 니코라스와 볼드윈 거리의 신도회
회원들 그리고 그들의 친지들이 함께 성서강해 시간 같은 때에 앉기에 넉넉
할 만한 방을 하나 지으려는 계획을 세웠다. 그리하여 12일 토요일에 첫 번
째 돌이 감사와 영광의 찬미소리 속에 놓이게 되었다.
나는 당초에는 아무런 이해도 생각하지 않았고 경비 문제나 일의 방향에
대해서나 어느 쪽이든 개인적으로 관여할 계획이 없었다. 11명의 관리위원
들을 지명하였기에 물론 그들이 이런 짐들을 지리라고 생각하였다. 그러나
곧 나는 나의 과오를 발견하였다. 먼저 경비에 관해서였다. 내가 곧 노동자
들의 지불금을 책임지지 않는다면 모든 공사가 중단되어야 하기 때문에 나
는 내 처지를 생각할 겨를도 없이 150파운드 이상의 채무 계약을 맺었다. 그
리고 이것을 갚아야 하는데 어떻게 할 것인가? 두 곳 집회의 의연금은 이 액
수의 4분의 1도 못되었다. 그리고 이 일의 방향에 대하여 나는 런던에 있는
친구들에게 편지를 받았다. 특히 횟필드는 그곳에서 온 한 사람에게 서신을
보내 주며 도와주었다. 그는 만일 내가 즉시 모든 관리위원을 해임하고 모든

것을 나의 이름으로 하지 않는다면 그와 그곳에 있는 사람들은 그 건물에 대하여 아무 일도 하지 않을 뿐 아니라 아무것도 바치지 않겠다고 하였다. 그들은 많은 이유를 들고 있었으나 하나면 족하였다. 즉 "그런 관리위원들은 나를 통제하기 위하여 그것을 그들의 권한에 두려고 하며, 그러다가 내가 만일 그들이 좋아하는 대로 설교치 않는다면 내가 지은 집에서 나를 내어 쫓으리라"는 것이었다. 나는 그들의 충고를 받아들여 모든 관리위원을 다 같이 불러 모아 놓고 모든 계약을 취소하고(아무도 반대치 않았다) 모든 관리경영권을 내가 맡았다. 사실 나에게 돈도 없고 그것을 얻을 만한 인간적인 가능성도 전망도 없었다. 그러나 "땅과 그 속에 가득 찬 것이 주의 것임"을 알고 있으므로 아주 의심 없이 주의 이름으로 출발하였다. 내가 늘 하는 공적인 일들은 다음과 같다. 매일 아침 나는 뉴게이트에서 기도서를 읽고 설교했다. 매일 저녁, 나는 한 곳이나 그 이상의 집회에서 성경의 한 부분을 강해했다. 월요일 오후에는 브리스톨 근처 야외에서 설교하였고 화요일엔 바스와 그 마을 언덕에서 격주로 하였고 수요일에는 뱁티스트 밀에서, 한 주 건너 목요일마다 펜스포드 근처에서, 한 주 건너 금요일마다 킹스우드의 다른 곳에서, 토요일 오후와 주일 아침엔 보우링 그린에서(시내 복판에 있음), 주일 11시에는 한남 산 근처에서, 2시에는 크리프톤에서, 그리고 5시에는 로스그린에서 설교했다. 이제까지 나의 나날과 같이 나의 능력도 여전하였다.

5월 20일(주일) 크리프톤 교회에서 많은 부자들을 보고 나의 마음은 무척 아팠다. 그들 중 몇이라도 "하늘의 왕국"에 들어가기를 진정으로 원하였다. 나의 마음은 그런 생각으로 가득 찼으나 그들에게 닥쳐올 화를 피하라는 경고의 말을 어디서부터 시작해야 할지를 몰랐다. 성경에서 "나는 의인을 부르러 온 것이 아니라 죄인을 불러 회개시키러 왔다"는 말씀을 찾고 그것을 설교에 적용하면서 내 영혼은 크게 부풀었다. 그 결과로 나는 "나의 설 곳을 다오. 내가 이 땅을 흔들겠다."라고 소리칠 수 있다는 생각이 들었다(다른 의미로는 허공을 친 아르키메데스보다 더 크게). 하나님께서 비와 함께 보내시는 번개 빛은 1,500명이 로스그린에서 묵는 것을 방해하지 않았다. 우리가 읽은 성경 말씀은 "뇌성을 만드신 이는 영광스러운 하나님이시다. 주의 음성은 발하실 때 심히 큰 능력이 되시며, 주의 음성은 영광스러운 음성이시다." 저녁때였다. 주께서 그 영혼이 폭풍과 태풍으로 가득 찼던 세 사람에게 말씀해 주시었으며 즉시 크나큰 고요가 깃들었다.

오늘 21일 월요일에 우리 주님께서는 스스로 대답하셨다. 내가 "잠잠하라. 그리고 내가 하나님 됨을 알라"는 말씀들을 강조하는 동안에 주께서는 그의 말을 드러내시었다. 닫힌 방 안에서가 아니고 사사로운 방에서도 아니고 넓은 하늘 아래 2,000명 이상의 증인들 앞에서 하셨다. 한 사람이 또 한 사람이 그리고 또 다른 사람이 땅에 쓰러졌다. 그의 능력 앞에 어찌할 바를 몰라 떨면서 다른 이들은 울부짖었다. 아주 크고 고통스러운 소리로 "구원받기 위해 무엇을 해야 합니까?"라고 울부짖었다. 그리고 한 시간이 못 되어서 그때까지 내가 전혀 알지 못하였던 일곱 사람들이 기뻐하고 노래하며 전력을 다하여 그들을 구원하신 하나님께 찬송을 드렸다.

저녁에는 나는 니콜라스 거리에서 내가 막 말하기 시작할 때에 가슴에 찔림을 받고 용서와 평안을 구해 심하게 신음하는 사람의 소리로 방해를 받았다. 그러나 나는 하나님께서 "아무도 멸망받기를 원치 않으시며 모든 사람이 회개하러 나오기를 원하신다"는 중요한 진리의 증거로 하나님께서 이미 이룩하신 일을 계속 선포하였다. 다른 한 사람은 바로 우리에게 반대되는 교리를 강하게 주장하던 자의 가까이에서 엎드러졌다. 그가 그 광경에 놀라고 있는 동안 그의 곁에 있던 작은 소년이 똑같이 되었다. 그때 또 그 뒤에서 한 젊은이가 일어서더니 그를 쏘아보다가 마치 죽은 사람처럼 쓰러졌다. 그러나 곧장 신음하기 시작하였고 땅에 자신을 부딪기 시작했다. 곧 여섯 남자가 가서 붙들려 했지만 어려웠다. 그의 이름은 토마스 맥스필드였다. J-H-이외에 나는 그렇게 심하게 악에게 찢긴 자를 본 일이 없었다. 그러는 동안 많은 사람들이 "만민의 구주"에게 오서서 그들을 도와주십사 하고 울음으로 호소하기 시작했으며 그 커다란 소리들로 집 안에 참으로 어느 넓이까지는 (모든 거리가) 큰 소동이라도 난 것 같은 분위기가 되어 버렸다. 그러나 우리는 기도를 계속하였으며 10분이 더 지나기 전에 대부분이 그들의 영혼을 위한 참 쉼을 찾게 되었다. 내가 저녁을 먹고 있을 때 한 사람이 나를 불러냈는데 그의 말을 빌면 어느 한 여자가 그가 전에 알지 못했던 그런 확신을 가졌음을 느꼈는데 그런 것을 노출시키지 않으려고 급히 집회장에서 뛰쳐나갔다고 한다. 그러나 하나님의 손길은 계속 그녀를 따르서 집에 가서는 상태가 더욱 악화되었다고 한다. 우리가 거기에 이르렀을 때 그녀는 심한 고뇌 속에 있었다. 우리는 하나님께 호소했으며 그녀의 영혼은 쉼을 얻었다. 12시쯤에 나는 내가 거기 간 후 단 한 번의 고통을 느꼈으며 그 후 평안과 기쁨으로 가득 채워졌다. 오늘 29명이 모두 그들의 무거웠던 마음이 기쁨으로 변하는 체험을 하였다고 한다.

5월 22일(화) 나는 바스에서 근 1,000명에게 설교하였다. 그들 중에는 화려하고 좋은 것을 가진 이들이 몇몇 있었다. 그래서 특별히 그들에게 나는 "잠자는 자들아, 깨어라. 그리고 죽은 자들로부터 일어나라. 그러면 그리스도께서 빛을 주시리라"고 호소하였다.

5월 26일(토) 어떤 사람이 깊은 실망을 안고 우리를 찾아왔다가 한 시간쯤 기도한 후에 평안한 마음으로 돌아갔다. 나는 사람의 맑고 유순함과는 맞지 않는 열심을 가진 이들이 많은 것을 보았으므로 다음 날엔 로스그린에서 다음과 같은 말씀으로 설교하였다(지금까지 가장 많은 회중, 아마도 1만 명 이상의 회중에게). "너희는 너희가 어떤 종류의 영혼인지를 모른다. 인자는 사람의 생명을 멸하러 온 것이 아니고 그들을 구하러 왔노라." 저녁에 우리 집회에서 11명이 죄를 깊이 느꼈고 얼마 후에 곧 위로를 받았다.

5월 29일(화) 나는 마지못해 이 지역에서 불신앙적이라고 확인된 한 유명한 이교도와 대담하게 되었다. 그는 조금 놀란 듯 하였으며 하나님을 참으로 예배하는 길을 보여 달라고 하였다.

6월 4일(월) 여러 사람이 나에게 충고하기를 몇몇 사람이 군중 속에 섞여 있는데 그들이 무서운 일을 저지르겠다고 위협하고 있으니 오후에 옥외에서 설교하지 말라고 하였다. 그런데 이 소식이 퍼져 나가서 더 좋은 사람들을 거기 오게 하였다. 내가 믿기로는 평상시 인원보다 한 1,000명은 더 많았던 것 같았다. 내가 택한 것이 아니고 하나님께서 섭리 중 읽게 해 주신 말씀은 "너는 두려워하지 말지니 이는 내가 너와 함께 함이요, 놀라지 말지니 이는 내가 너의 하나님이기 때문이다."라는 것이었다. 하나님의 능력이 그의 말씀과 함께 임하시었으므로 아무도 조롱하지 않았고 개입하지도 않았으며 입을 열지도 아니하였다.

6월 5일(화) 바스에는 그곳에서 유명한 어떤 사람이 나에게 무슨 일을 저지를 것이라는 소문이 퍼져 있었다. 그래서 많은 사람들이 어떤 사태가 벌어질지 모르니 설교하지 말라고 만류하였다. 이 소문 때문에 훨씬 많은 청중이 모이게 되었다. 그런데 그들 중에는 많은 부자들과 큰 인물들도 있었다. 나는 그들에게 분명히 말하기를 성서는 높거나 낮거나 부하거나 가난하거나 이 사람이나 저 사람이나 모든 사람이 죄 아래 있다고 결론지었다고 말했다. 그랬더니 그들 중 많은 사람들은 좀 놀란 듯 하였고 심각한 표정으로 재빨리 빠져나가고 있었다. 바로 그때에 그들의 대표자쯤 되는 한 사람이 내 곁에 다가와서 묻기를 무슨 권한으로 이런 일들을 하느냐고 하였다. 나는 "캔터베리 대주교가 그의 손을 내게 얹고 말하기를 '복음을 전하는 권한을 받으라' 고 했을 때 받은 예수 그리스도의 권세로 한다."고 대답하였다. 그는 "이는 의회의 법령에 위배되오. 그리고 이것은 비국교도의 비밀 집회요."라고 말하였다. 그래서 나는 "선생님. 그 법령에 언급된 비국교도 집회란(전문에 밝힌 바와 같이) 선동적인 모임을 말합니다. 그러나 여기에는 그러한 선동의 그늘이 전혀 없습니다." 그랬더니 그는 답하기를 "내 말은 그게 사실이라는 것이오. 당신의 설교는 그들의 이해를 벗어나 그들을 놀라게 하고 있소." "선생님, 그럼 이제까지 내 설교를 들은 일이 있습니까?' "아니오." "그럼 듣지도 않은 설교를 어떻게 판단합니까? 선생님은 항간의 소문으로 아시는 것이겠죠? 항간의 소문이란 충분치 못합니다. 나도 선생님에게 질문하게 해 주시오. 당신 이름이 내쉬지요?" "그렇습니다." "선생님, 그러나 나는 당신을 항간의 소문만으로 함부로 판단한다는 것은 온전치 못하다고 생각합니다." 이렇게 되니 그는 좀 주저하다가 잠시 후에 다시 기운을 차리고 말하기를 "나는 무엇 때문에 이 사람들이 여기 왔는지를 알고 싶습니다." 이에 대해 한 사람이 대답하기를 "목사님, 그를 내게 맡기시오. 이 늙은 여자가 그에게 대답하겠습니다. 여보세요, 내쉬 씨! 당신 몸조심이나 하시오. 우리는 우리 영혼을 돌보겠소. 그리고 우리 영혼의 양식을 위해 우리는 여기에 왔소이다." 그는 한 마디도 응수치 못하고 걸어가 버렸다. 내가 돌아왔을 때 거리에는 사람들이 많이 오가고 있었으며 (그 일에 대해) 많이 말하고 있었다. 그런데 그들 중에 누가 묻기를 "그게 누구입니까?"라고 할 때 나는 대답하기를 "내가 바로 그 사람입니다."라고 하면 그들은 곧장 조용해졌다. 몇몇 부인들이 나를 따라 머챈트의 집에 들어왔는데, 하녀가 내게 말하기를 몇 분이 나와 이야기하기 원한다고 하였다. 나는 거기 가서 말하기를 "숙녀 여러분! 아마도 하녀가 잘못 말했을 것입니다. 당신들은 다만 나를 한번 가까이 보고 싶을 뿐이리라 믿습니다." 그리고 나는 덧붙이기를 "나는 부유하고 크신 분들이 나와 이야기하거나 또 내 말 듣기를 원하리라 기대하지 않습니다. 왜냐면 나는 분명한 진리를, 즉 당신들이 별로 듣지 못하며 더 나아가 별로 듣기를 원치도 않는 것을 말하기 때문입니다." 몇 마디 말이 우리 사이에 더 오간 뒤에 나는 돌아왔다.

6월 7일(목) 나는 프레스트 타운에서 설교하였다. 설교 후 기도 중간쯤에 두 사람이(나중에 안 일이지만 이 일을 위해 매수당한) 민요를 부르기 시작하였다. 그래도 별 효과는 없었다. 몇 마디 부드러운 말을 한 뒤에 (성난 사람들이 보였으므로) 우리는 모두 시편을 노래하기 시작하였으며 그 때문에 그들은 조용해졌다. 그때 우리는 모든 심령을 기울여 그들을 위해 기도하였더니 그들은 모두 당황한 빛을 나타내기 시작하였다.

6월 11일(월) 나는 런던에서 간청의 편지를 받았는데(전에도 몇 번 그런 편지를 받은 적이 있지만) 될 수 있는 대로 빨리 그곳으로 오라는 것이었다. 페터 레인에 있는 형제들이 내가 그들과 함께 있으면서 충고해 주기를 바라는 마음으로 크게 술렁이고 있기 때문이라고 하였다. 그래서 그날 오후 설교한 후에 나는 그들이 믿고 있는 하나님의 은혜의 장중에 위탁하였다. 분명히 하나님께서는 이 지역에서 아직도 하실 일이 있으시다. 나는 그러한 사랑을 영국에서 찾아보지 못하였다. 이 사람들에게 주신 것 같이 어린이 같고 가르치기 쉬운 그런 성품들을 다른 데서 본 일이 없었다.

그러나 그동안 그들 사이에서 행한 나의 목회를 반성하여 보았다. 그러나 모든 것을 다 주님 앞에 내어놓고 나에 대한 반대에 대하여 고요히 생각해 보았으나 역시 나에게 솔직하게 충고해 준 친구들에게 내가 대답해 준 것이 옳았다는 생각이 든다. 일을 분명하게 하기 위하여 그런 편지에서 몇 가지만 뽑아 적어두자.

"당신은 나의 행동의 어떤 부분이 내가 오랫동안 지켜 온 명성과 조화되지 않는다고 하셨습니다. 확실히 그렇습니다. 그래서 나는 그 명성을 기회 있을 때마다 없애왔습니다. 뱃속에서도 사바나에서도 프레테리카에서도 되풀이하여 '나는 크리스천이 아니다. 다행히 그렇게 될 수 있다면 나는 다만 따라갈 뿐이다.'라고 말해 왔습니다."

"나의 행동 원칙이 무엇이냐고 물으신다면, 나는 크리스천이 되기를 원하며, 그것을 위해 유익하다고 생각되는 것은 무엇이든지 행하며 이 목적에 맞는 곳이라면 어디든지 가야 한다는 의무감을 가지고 있습니다. 이 원칙 위에 서서 나는 아메리카로 출발하였으며, 이에 따라 모라비아 교회를 방문하였고 또 같은 원칙에 서서 (하나님의 도우심이 있으시다면) 아비시니아(에티오피아)든 중국에든 갈 준비를 하고 있습니다. 또 하나님이 기뻐하신다고 믿어지는 곳이라면 그게 어디든지 요청이 있을 때에는 가려 합니다."

"나에게 성경 이외에는 행동과 신앙을 규제하는 법칙이 따로 있다고 할 수 없습니다. 그래서 성경에서 생각한다면 내가 하고 있는 일을 나쁘지 않다고 생각합니다. 성경에서 하나님은 나의 능력 범위 안에서 무지한 자를 가르치고, 악한 자를 회개시키고, 선한 자를 더욱 강하게 하라고 명령하고 계십니다. 만일 타인의 교구에서는 그런 일을 해서는 안 된다고 말씀하신다면, 사실은 조금도 하지 말라고 하시는 말씀인데, 지금 나는 나의 교구를 가지고 있지 않으며 앞으로도 그럴 것이겠지요. 그렇다면 누구의 말을 들어야겠습니까? 하나님의 말씀일까요? 사람의 말일까요?"

"나는 온 세계를 나의 교구로 생각하고 있습니다. 즉 구원의 복음을 즐겨 들으려고 하는 사람들에게 전도한다는 것은 바른 일이며, 또 나의 고귀한 책임이기 때문에 어떤 곳이든 찾아가야 하리라고 생각합니다. 이것을 위해 하나님께서 나를 부르셨고 이로 인해 나는 복을 받고 있다고 믿습니다. 나는 하나님께서 주신 이 사업을 성취하라고 큰 격려를 받고 있습니다. 나는 하나님의 종입니다. 그러기에 기회 있을 때마다 모든 사람에게 착한 일을 하라는 분명한 명령을 순종치 않을 수 없습니다. 그리고 이 말씀대로 이 한 가지 일만을 힘쓰며 선한 일을 하기 위해 달려 나가게 하시려고 다른 모든 일을 하지 못하게 하십니다."

6월 13일(수) 오전에 런던으로 돌아왔다. 이스링톤에서 성찬에 참예한 후 독일에서 돌아와 뵙지 못했던 어머니를 만나게 되었다. 나는 여기서 있었던 한 묘한 상황을 말해야겠다. 나는 작년 6월, 회심하기 며칠 전까지의 내 영혼에 스쳐간 것을 짧게 적은 기록문을 어머님께 읽어드린 일이 있었다. 어머님은 크게 동감하시면서 그런 사색의 과정을 걷게 하신 하나님께 감사드린다고 말씀하셨다. 그런데 내가 독일에 있는 동안 내가 알지 못하는 사이에 그 문서 한 통이 우리 친척 중 한 사람에게 전달되었다. 그리고 그 사람은 그것을 내 어머님께 보내어 드렸다. 그래서 내가 지금 어머님을 뵈었을 때 어머님은 "내가 쓴 문서 때문에 내가 신앙적으로 큰 과오를 저지르고 있다"고 믿으면서 나에 대해 이상한 두려움을 갖고 계심을 알게 되었다. 나는 그게 어떤 문서인지 생각할 수 없으나 문답하는 중에 그것이 바로 1년 전에 어머님께 읽어드렸던 문서임을 알게 되었다. 6시에 나는 페터레인에 있는 부인들을 경고하였는데 (근자에 그들이 어떻게 흔들렸는지 들었기에) 모든 영을 믿지 말고 그들이 "하나님의 영인지 아닌지 영들을 시험하라"는 말도 하였다. 우리 형제들은 8시에 모였으며 하나님을 기쁘시게 해드리는 일이어서 이 일로 형제들 사이에 있던 노여움과 많은 오해들을 풀었다.

6월 14일(목) 나는 횟필드와 함께 블랙히스로 갔는데 거기에는 1,200~1,400명의 군중이 모여 있었다. 횟필드는 대신 나더러 설교하라고 하여 나를 좀 놀라게 하였으나 나는 (좀 움츠러지기는 하였으나) 그 말대로 맡아서 "하나님이 우리를 위한 지혜와, 이와 성화로 그리고 구속주로 삼으신 분 예수 그리스도"라는 내가 가장 좋아하는 제목으로 설교하였다.

나는 그곳에 참가하였던 부자들에 대한 동정심으로 마음이 크게 움직여져 그들에게 특별히 설명을 해 주었다. 그들 중 몇 명은 경청하는 것 같았으나 다른 사람들은 몹시 거친 설교자가 싫은지 마차를 타고 달려가 버렸다.

6월 15일(금) 나는 퀘이커 교도라 불린 한 사람과 이야기를 많이 하였으나 그는 내 말을 받아들이지 못하였다. 저녁에 나는 와핑의 집에 갔는데 몸은 지쳤고 영은 약해졌다. 나는 로마서 3장 19절로 설교하려 했으나 어떻게 내 입을 열어야할지 몰라 말할 수가 없었다. 그래서 오랫동안 찬송만 부르고 있었다. 내 마음은 성경의 다른 곳을 차 있었는데 히브리서의 어느 곳인지는 알 수가 없었다. 나는 하나님께 지시해 주시기를 간구하고 히브리서를 열고 10장 19절에 있는 "그러므로 형제들아 우리가 예수의 피를 힘입어 성소에 들어갈 담력을 얻었나니"라는 말씀을 찾았다. 내가 모든 죄인들을 열심히 청하여 "이 새롭고 생기 있는 길"을 통하여 "가장 거룩한 곳으로 들어가라."고 전하는 동안 이 말씀을 들은 많은 사람들이 하나님을 부르며 울부짖고 있었고 다른 이들은 아주 무서워하며 떨고 있었다. 몇몇 사람들은 몸의 모든 부분들이 거꾸로 움직이고 비틀거리는 현상을 나타내어 네댓 사람은 신경질적이고 때로는 간질 환자같이 움직이는 것을 보았으나 잘 살펴보면 다 꼭 그렇지는 않았다. 나는 곧 기도하였으며 하나님께서는 그러한 약한 사람들을 공격받는 괴로움 속에 있게 하시지 않으셨다. 그러나 한 여인은 3, 4야드쯤 나오더니 넘어졌고 다른 여러 사람과 같이 심한 고뇌를 겪었다. 26명이나 되는 사람들이 이런 일을 겪었으며 이들 대부분은 이들을 위해 드린 기도 중에 순식간에 평화와 기쁨을 얻었다. 다음 날 그들은 나를 찾아오기로 약속하였다. 그러나 18명만이 찾아왔다. 나는 그들과 가까이 대화하면서 그들 중 몇 사람들은 그들의 집이 의롭다하심을 받도록 하기 위해 갔음을 발견하였고 나머지 사람들도 그것을 참고 기다리고 있음을 알게 되었다.

6월 16일(토) 우리는 하나님 앞에서 우리를 겸손하게 하고 우리의 많은 죄 때문에 주의 성령이 막 우리에게서 떠나신 것을 자백하기 위하여 페터레인에 모였다. 그 시간에 우리는 하나님께서 처음과 같이 우리와 함께 하심을 알게 되었다. 어떤 이는 땅에 엎드러졌고 다른 이들은 순종의 뜻으로 갑자기 큰 소리를 내어 찬미와 감사를 드렸다.

6월 17일(주일) 나는 일곱 시에 머파모아필드에서 6,000~7,000명에게 설교하였다. 다섯 시에 나는 케닝톤 콤몬에서 "나를 보라. 그리고 땅 끝까지 있는 너희 모든 사람들아. 구원을 받으라."는 말씀들로 1만 5천 명 정도의 군중에게 설교하였다.

6월 18일(월) 나는 아침에 런던을 떠나 다음 날 저녁에 브리스톨에 도착하여 많은 회중 앞에서 설교하였다. 하우엘 해리스가 한두 시간 후에 나를 찾아왔다. 그는 나에 대해 나쁜 말을 하는 많은 사람들에게서 나를 만나지도 말고 듣지도 말라는 이야기를 많이 받아 왔다고 하였다. "그러나" 그는 말하기를 "목사님의 설교를 듣자마자 목사님이 어떤 영의 소유자인지 알게 되었습니다. 그리고 목사님이 설교를 다 마치기 전에 나는 기쁨과 사랑에 넘치게 되었으며 뛰며 집으로 갔습니다."고 하였다.

내가 겨우 8일간 떠나 있는 동안 사탄이 얻은 이익은 믿을 수 없을 정도로 컸다. 논쟁이 작은 집회에 스며들었으며 많은 사람들의 사랑은 이미 식어 버렸다. 다음 날 나는 그들의 현 상태를 (뉴게이트와 뱁티스트 밀 양쪽에서) 다음의 말씀들로 그 모습을 보여 주었다. "시몬아. 시몬아. 보라. 사탄이 너를 갖기를 원하였다. 그래서 그가 밀을 일듯이 체에 칠 것이다." 그리고 저녁에 모였을 때 논쟁을 다시 시작하는 대신에 우리는 모두 기도를 드렸다. 우리 주님은 우리와 함께 계셨다. 우리의 분열은 치유되었으며 서로간의 오해는 사라지고 말았고 우리의 심령은 순조롭게 함께 뭉쳤으며 처음과 같이 하나가 되었다.

6월 24일(주일) 내가 로스그린으로 말을 타고 가고 있을 때에 노면이 편편하고 매끄러운 곳에서 갑자기 내 말이 머리를 치켜들어 몇 번이고 몇 번이고 굴렀다. 나는 한 편자에 상처를 입었을 뿐 별다른 상처를 입지 않았다. 그 상처로 인해서도 별 고통을 느끼지 아니하고 6,000~7,000명의 군중에게 "먹든지 마시든지 무엇을 하든지 너는 모든 것을 하나님의 선교를 위하여 하라"는 생의 중요한 방향을 제시하는 설교를 하였다. 저녁에 13세가량 된 소녀와 4~5명의 다른 사람들 중에 몇 명은 하나님의 능력을 전에 체험한 사람들이었는데 이들이 자기들의 죄를 깊이 깨닫게 되었다.

6월 25일(월) 아침 10시경에 J-e-C-r이 일하려고 앉았을 때 그녀의 마음은 갑자기 아주 심한 무서움에 사로잡히게 되었다. 그래서 그녀는 심히 떨었고 어쩔 줄을 몰랐다. 오후 내내 그녀는 그렇게 하기를 계속하였으나 저녁집회에서 하나님께서는 그녀의 무서운 마음을 기쁜 마음으로 변화시켜 주셨고 5~6명의 다른 사람들도 이날에 그 심령이 쪼개지는 체험을 하였는데, 주님을 찾자 주님의 손길이 곧 저들을 온전케 하셨다. 한 여인도 여러 달 동안 그녀를 위한 한 마디의 위로도 받지 못한 채 슬퍼만 하다가 이번에 다른 사람과 같이 온전하여졌다.

6월 29일(금) 내가 늘 설교해 오던 킹스우드 근처의 처소들은 다음과 같다. 2주에 한번 콘남 상부 숲을 남쪽에 둔 마을, 주일 아침엔 한남 산, 2주에 한번 킹스우드 숲에 있는 학교에서, 주일 오후엔 로스그린에서, 그리고 2주에 한번은 숲 북쪽에 있는 피시폰드에서 설교하였다.

7월 3일(화) 나는 바스에서 어제까지도 볼 수 없었던 그런 진지한 청중에게 설교하였다.

7월 6일(금) 오후에 나는 막 런던에서 온 횟필드와 함께 뱁티스트 밀에 갔으며 거기서 그는 "누구든지 믿는 사람은 다 받을 수 있는 성령"에 대해 설교했는데 짤막한, 그러나 심각한 어조로 성령 없이 설교하는 이들에 관한 견책이 있었다.

7월 7일(토) 나는 그와 함께 하나님의 내적 역사에 때때로 수반된 외적인 징후에 관하여 이야기할 수 있는 기회가 있었다. 나는 그의 반대 의견이 주로 사실에 대한 거친 오해에서 온 것임을 알았다. 그러나 다음 날 그 자신이 좀 더 잘 알게 되는 기회가 생겼는데 이는 그가 모든 죄인을 그리스도를 믿도록 청하자마자 곧 네 사람이 그의 가까이 엎드려졌다. 그 중의 하나는 아무것도 모르고 또 움직이지도 못하고 누워 있었다. 둘째 사람은 심하게 떨었다. 셋째 사람은 몸 전체에 걸쳐 몸부림을 치고 있었는데 신음소리 외에는 아무 소리도 없었다. 넷째 사람도 똑같이 몸부림을 쳤으나 크게 소리치고 눈물을 흘리면서 하나님을 불렀다. 이때부터 우리는 하나님께서 기뻐하시는 방법대로 하나님 자신이 자기 일을 하시도록 모든 것을 맡겨 드릴 수 있으리라고 나는 확신한다.

금요일 오후에 비가 많이 오는데 횟필드와 함께 브리스톨을 떠났다. 그러나 곧 구름이 흩어져 버려 맑고 고요한 저녁을 맞았다.

우리는 저녁에 그로우체스터에서 경청하는 회중을 가졌다. 아침에 횟필드는 전방으로 갔으며 나는 거기 모인 약 5,000명의 청중에게 설교하였다. 오후 5시에 비가 몹시 왔음에도 불구하고 그대로 머물고 있던 이 3,000명의 회중에게 마른 해골이 부활하는 것을 본 에스겔의 영광스러운 환상을 강론하였다. 17일 월요일에 2,000~3,000명의 회중에게 설교한 후에 브리스톨로 돌아와 약 3,000명에게 설교하였다.

7월 17일(화) 나는 바스에서 5마일 떨어진 브래드포드에 말을 타고 갔는데 이는 그곳에서부터 여러 차례 초청을 받아 왔기 때문이었다. 나는 목사를 기다리다가 만나 그의 교회에서 설교할 수 있게 허락해 달라고 요청하였다. 그는 주간에 교회에서 설교한다는 것은 이상하다고 하면서 다음 주일에 오면 즐거운 마음으로 돕겠다고 말하였다. 그래서 나는 그 읍내의 한 신사를 찾아갔는데 그는 내가 전에 바스에서 설교하였을 때 성실한 표정으로 말씀을 듣다가 감화를 받은 사람으로, 강한 증거가 있었고 내게 주의 이름으로 행운을 빌기도 하였다. 그러나 그것은 지나간 일이었다. 나는 그가 지금 냉랭해진 것을 알게 되었다. 그는 몇 가지 일로 변명을 하더니 마침내 솔직하게 나에게 말하기를 "어떤 대학에서 전하기를 내가 옥스퍼드에서 머리가 좀 잘못된 사람으로 취급되어 왔다더라"는 것이다. 그러나 그 사람같이 생각하지 않은 몇몇 다른 사람들이 편리한 곳인 (베어필드 또는 버리필드라고 불린) 언덕 위를 정해 주었는데 그 언덕 아래로 시가지가 있었다. 거기서 나는 "지혜와 의인과 성화 그리고 구속"을 위하여 1,000명에게 그리스도를 전하였다. 그 후 나는 바스로 돌아왔고 전보다 훨씬 더 큰 군중에게 "구원받기 위하여 무엇을 하여야 할까?"라는 제목으로 설교하였다. 나는 이 세상의 신이 아직도 그렇게 건재한가 하는 것을 생각하며 의아해 했다. 내가 설교 장소에서 돌아왔을 때 가련한 R-d 머챈트는 내게 말하기를 자기는 더 이상 자기의 땅을 설교 장소로 제공하지 않겠다고 하였다. 그 이유를 물으니 그는 거기 오는 사람들이 자기 나무를 해치며 그의 토지 밖으로 물건을 훔쳐 나간다고 하였다. 그리고 덧붙이기를 "목사님이 그곳을 사용하게 한 일로 나는 벌써 내 이웃들에게 불쾌한 대접을 받기에 충분한 일을 한 셈입니다!"라고 하였다.

7월 21일(토) 나는 두 번째 우리 주님의 산상설교를 강론하기 시작했다.

22일 주일 아침에 내가 "마음이 가난한 자는 복이 있나니"라는 말씀을 약 3,000명에게 강론하고 있을 때 우리는 우리가 어떤 영의 소유자인지를 많은 사람들에게 보일 수 있는 좋은 기회를 갖게 되었다. 즉 한참 설교하고 있을 때에 수병징발 대원들이 와서 청중의 하나를 잡았으나 나머지 모든 사람들이 조용히 서 있었으며 한 사람도 그들에게 반항하기 위해 입을 열거나 손을 올리지도 아니하였다.

8월 17일(금) 우리의 여러 집회는 우리가 약속했던 대로 오후 1시에 모였으며 또한 우리 신도회의 회원들은 연중의 매 금요일을 금식일 혹은 절제일로 지킴으로써 우리가 소속한 교회에 순종하기로 합의하였다. 우리는 기회를 가진 사람은 할 수 있는 대로 많은 시간을 기도드리기 위해 함께 모이기로 하는 데도 합의하였다.

8월 27일(월) 나는 한 열심당과 토론하고 그에게 내가 영국 국교회의 원수가 아님을 확신시키느라고 두 시간이나 내 십자가를 졌다. 그는 내가 국교회의 교리 이외에 다른 것을 가르치지 않았음을 인정은 하였으나 그러나 교회 울타리 밖에서 가르친 일은 용서할 수 없다고 하였다. 참으로 지금 브리스톨에 유포되는 소문은 내가 교황주의자이었거나 예수회 교도였다는 것이다. 어떤 이는 내가 로마에서 태어났고 자랐다고 덧붙였으며 많은 사람들은 순진하게도 이것을 믿었다.

8월 28일(화) 저녁에 나는 런던에서 막 당도한 동생을 만났다. 참으로 "주께서는 벌써 우리를 위해 위대한 일을 이루시었다."

8월 29일(수) 나는 동생과 함께 말을 타고 웰스로 가서 "구원받기 위해 나는 무엇을 하여야 하는가?"라는 제목으로 설교하였다. 저녁에 나는 새 방에서 중생 후 오늘에 걸쳐 여러 번 말한바 뿌리와 나무와 열매로써 믿음과 거룩함과 선행을 요약하였는데 이는 하나님께서 하나로 연합하게 하신 것을 사람이 잘못하여 이를 산산조각 내지 않도록 하기 위해서였다.

8월 31일(금) 나는 브리스톨을 떠나 주일 아침 8시경 런던에 도착했다.

9월 3일(월) 나는 어머님과 많은 대화를 나누었는데 어머님은 내게 말씀하시기를 얼마 전만 하더라도 지금 말하고 있는 죄의 용서하심을 받은 일을 말해 주는 일이나 하나님의 영이 우리 영혼에 어떤 증거를 맺어 주신다는 일을 거의 들은 일이 없으며 이것이 모든 믿는 자들에게 주어진 공통적인 특혜라고는 거의 상상도 못해 왔다고 말씀하셨다. 그리고 이어 말씀하시기를 "그러므로 나는 그런 것을 위해 결코 스스로 묻지도 못하였다. 그러나 2, 3주 전에 내 아들 홀이 성찬 잔을 내게 주면서 다음과 같은 말씀 즉 '당신을 위해 주신 우리 주 예수 그리스도의 피' 라고 전해 주었을 때 내 심령을 꿰뚫고 강하게 치는 바가 있었으며 나는 하나님께서 그리스도를 인하여 나의 모든 죄를 용서해 주셨음을 알았다."고 하셨다.

나는 어머님께 외조부(아네슬리 박사)께서 그와 같은 믿음을 갖지 않으셨는지, 그리고 그 어른이 그런 것을 다른 이들에게 설교하시는 것을 들으신 일이 없으셨느냐고 질문하였다. 어머니께서는 외조부가 스스로 그런 믿음을 가지셨으며 돌아가시기 조금 전에 선포하였으며 그러기에 그는 45여 연간을 그가 "사랑하시는 하나님께 용납되었다."는 사실에 대해 전혀 의심치 않았으며 따라서 아무런 의심도 공포도 없었다고 하셨다. 그럼에도 불구하고 그는 그것을 설교하신 일은 없었으며 그로 미루어 보아 외조부께서도 그것을 약속된 몇몇 사람들에게 주시는 특별한 축복으로 보셨지 그것을 모든 하나님의 백성들 전부에게 약속된 것으로 보시지는 않으셨던 것 같다.

B의 집에서 열린 6시 집회나 8시에 디우겟힐에서 열린 집회는 모두 다 그 집에 더 들어갈 수 없을 만큼 많은 사람들이 모였다. 그때 죄인임을 확인하게 된 여러 사람들이 다음 날 아침 나를 찾아왔다. 한 사람이 찾아와서 오랫동안 슬퍼하며 자기를 위해 기도해 주기를 간청하였다. 우리가 기도하려고 하는데 원수가 그녀를 눈물 흘리게 하였고 죽는 것 같은 고통에 소리치

기 시작하였다. 그러나 원수의 시간은 짧았으며 한 15분 후에 그녀는 "모든 이해를 뛰어 넘는 평안"으로 충만하게 되었다.

9월 6일(목) 나는 스스로 자기가 죄인 됨을 느끼기 시작한 한 여인에게 보냄을 받았다. 그런데 뜻하지 않았던 정숙한 부인이 그 방에 들어왔으며 모든 사람이 다 모였다. 허나 내가 말할 기회는 적었다. 거기 있는 일들 중에 넷째 사람은 영양이 별로 좋지 않은 소녀였는데 그가 입을 열어 하나님이 자기 영혼을 위해 하신 일이 무엇인지를 말하기 시작하였다. 다른 사람들은 이 말에 놀라 서로 바라보고 있었다. 그러나 입을 열지는 않았다. 그때 나는 그들에게 그 여자가 말한 것같이 "내 사랑하는 주는 나의 주이시며 나는 그의 것이요, 그 사실은 내가 나의 살아 있음을 믿는 것과 같이 확실합니다. 주의 성령이 나의 영혼 안에 내가 하나님의 자녀라는 증거를 주시기 때문입니다."라고 말할 수 있을 때까지 하나님께 부르짖기를 그치지 말라고 권고하였다.

9월 9일(주일) 나는 모아필드에서 약 1만 명에게 "구원받기 위하여 무엇을 꼭 하여야 하는가?"라는 제목으로 설교했다. 나의 어머니께서 우리 일행 다섯과 함께 케닝톤으로 가셨으며 거기에는 아마도 거의 5만 명이 모였다. 나는 거기서도 우리 모든 소망의 근거가 되는 "주 예수를 믿으라. 그리하면 네가 구원을 얻으리라."는 말씀을 힘 있게 외쳤다. 케닝톤에서 나는 램베스에 있는 신도회를 찾아갔다. 그 집에는 사람들로 가득 찼고 그 나머지 사람들은 정원에 서 있었다. 그들이 보여 준 깊은 주의력은 나에게 희망을 주었다. 그들은 영원히 잊을 수 없는 청중일 것이다. 거기에서 페터레인에 있는 우리 신도회로 가서 서로 사랑하라고 권고하였다. 사랑의 결핍이 일반적인 불평이었다. 우리는 그것을 숨김없이 주 앞에 내어 놓았다. 우리는 주께서 곧 평화의 응답을 주셨음을 알게 되었다. 좋지 않은 추측들은 자취를 감추어 버렸다. 불길이 처음과 같이 타오르기 시작하였고 우리의 심령은 다 연합되어 하나가 되었다.

9월 10일(월) 나는 프레이스토우로 오라는 간절한 초청을 받아들였다. 저녁 5시에 그리고 8시에 강론하였다.

9월 12일(수) 저녁에 페터레인에서 믿음의 생활에 대하여 자세히 말하였더니 그때까지 스스로 강한 믿음의 소유자로 알고 있던 사람들이 자기들이 겨우 새로 태어난 아기에 불과하다는 것을 알게 되었다. 8시에 나는 우리 형제들에게 교회와의 관계와 교회의 모든 법령을 잘 익혀 지켜 나가고, 단 "신앙과 정직하게 살면서 조용하고 평화로운 생활만"을 목적하는 삶을 살라고 권고하였다.

9월 13일(목) 진지한 어느 사제가 우리가 어떤 점에서 영국 국교회와 다른지를 알기 원한다고 하였다. 이에 대해 나는 "내가 아는 한 아무런 점도 없다. 우리가 설교하는 교리는 영국 국교회의 교리이며 참으로 교회의 근본적인 교리, 즉 기도서와 헌장과 설교문 위에 놓인 교리다."라고 대답하였다.
  그는 다시 묻기를 "당신은 어떤 점에서 다른 영국 국교회의 사제들과 다르냐?"고 하였다. 이에 대해 나는 "내가 아는 한 아무런 점도 없다. 우리가 설교하는 교리는 영국 국교회의 교리이며 참으로 교회의 근본적인 교리, 즉 기도서와 헌장과 설교문 위에 놓인 교리다."라고 대답하였다.
  그는 다시 묻기를 "당신은 어떤 점에서 다른 영국 국교회의 사제들과 다르냐?"고 하였다. 나는 대답하기를 "교회의 교리에 바로 놓은 사제들과는 아무런 점에서도 다른 점이 없으나 그러나 국교회에서 떠난 비국교도 사제의 무리(그들은 교회를 가지고 있지 않으나)들과는 다르다."고 하였다.

9월 24일(월) 나는 페레이스토우에서 한 번 더 설교한 뒤에 그곳 사람들과 작별하였다. 귀로에 어떤 사람이 반대 방향에서 우리에게로 질주해 오다가 그만 말과 사람이 함께 엎어지고 말았다. 그러나 모두 하나도 다치지 아니하였다. 사람과 짐승을 다 구하신 주님께 영광이 있을지어다.

9월 25일(화) 오늘 결혼한 한 형제와 함께 식사를 나눈 후에 몸은 피곤하고 약해졌어도 평상시와 같이 성 제임스 교회에 갔다. 그러나 하나님께서는 자신의 일을 위하시사 내게 힘을 주시고, 6시에 I-I의 집에서와 같이 1,100~1,200명이 모였던 윈 체스터 야드에서도 함께 해 주셨다.

9월 27일(목) 오후에 뎁포에 있는 집회에 갔으며 거기서 6시에는 터너의 큰 홀로 왔는데 그 집은 약 2,000명을 수용하였다. 안팎에서의 압력은 대단하였지만 강론은 시작되었다. 그런데 그 마루 밑에 큰 지하 저장실에 있었는데 그것을 받치고 있던 큰 들보가 무너졌다. 곧장 마루가 가라앉았으며 순간적으로 큰 소리가 났다. 사람들은 곧 술렁거렸다. 그러나 2, 3일 전에 한 사람이 그 지하 저장고를 큰 담배통 곽으로 채워 놓았다. 그래서 마루는 한 두 자쯤 떨어진 후 그 위에 멈추었으며 나는 아무 지장 없이 강론을 계속하였다.

10월 1일(월) 나는 옥스퍼드에 말 타고 가서 아직도 자기들끼리 함께 모이기를 포기하지 않은 몇몇 사람을 만났다.

10월 3일(수) 나는 시간을 좀 내어 그곳의 그늘진 상태들을 살펴보았다. 캐슬과 시 형무소에 있던 가련한 죄수들은 그들의 영혼을 위해 아무런 돌봄도 받지 못하였다. 아무도 가르치지 않았고 충고하지도 않았다. 아무도 작업장을 방문하지 않았는데 그곳은 바로 우리가 늘 생생한 동정의 대상을 만나는 곳이었다. 약 20명의 가난한 집 학생들이 한때 여러 해 동안 배우던 우리의 작은 학교는 다 쓰러질 형편이었다. 따라서 거기에는 한때 서로 하나로 연결되었고 하나님의 장중에서 서로 격려하던 사람들이 있었으나 지금 아무도 이를 지원하거나 출석하는 이들도 없으며 시가지에 있는 대부분의 사람들은 서로 갈라지고 사방으로 흩어져 버렸다. "주여! 지금은 주님의 때입니다. 주여! 당신의 손을 펴실 때입니다."
11시에 우리 적은 무리들은 '남겨진 그루터기'를 위해 하나님께 탄원하려고 모였다. 주께서 곧장 좋은 일을 우리에게 주셨다. 오랫동안 심한 증오에 싸였고 복수심과 다툼과 시기심으로 가득 찼던 한 여인이 한때 그렇게도 사랑했던 친구를 그동안 심히 미워하고 있었는데, 갑자기 일어나 미워하던 친구의 목을 얼싸안고 눈물을 많이 흘림으로 하나님께서 그녀의 영혼에 일으키신 변화를 나타내 보여 주었다. 그 같은 영의 움직임이 다른 사람 속에서도 일어남을 우리는 발견하였다. 저녁에 나는 그로우체스터에 당도하였다.

10월 7일(주일) 2,000~3,000명의 청중 중에서 몇 사람은 "너희는 또 다시 두려움에 이르게 하는 얽매임의 영을 받은 것이 아니고 너희는 양자의 영을 받았으니라"는 말씀의 설명을 듣고 잠에서 깨어났다. 11시경에 그로우체스터에서 7마일 떨어진 런던에서 설교하였다. 1,000명 이상이 교회 뜰에 모였으므로 교회는 꽉 찼다. 오후에 나는 "구원받기 위해 내가 무엇을 하여야 하는가?"라는 말씀들을 더 설명하였다.

5~6시 사이에 시가지가 가까운 푸른 초원인 스탄 레이에서 그곳에 참석했던 (약 3,000명) 모든 사람들에게 그리스도를 받아들이라고 권면하였다. 나는 결코 전에 경험하지 못했던 그런 큰 능력을 입고 계속 말할 수 있었다. 그래서 두 시간이나 계속해서 말할 수 있었다. 햇빛은 사라지고 밤의 어두움은 짙어졌으나 사람의 수효는 결코 줄어들지 않았다. 오히려 듣는 이들의 진지함은 더해갔다. 나는 이날의 일과를 에브리에서 모인, 적으나 진지한 무리에게 주의 산상설교의 일부분을 강해함으로써 끝을 맺었다.

10월 8일(월) 아침 8시에 나는 그로우체스터에서 9~10마일 떨어진 해프톤 콤몬에 이르렀다. 거기에는 정확히 5,000~6,000명의 사람들이 모여 있었다. 나는 사람들과 같이 더 오래도록 머무르고 싶었으나 시간에 쪼들리게 되었다. 설교 후에 나는 급히 떠나서 저녁에 브리스톨로 돌아왔다.

10월 9일(화) 내 동생과 나는 말을 타고 브래드포드에 갔다. 거기서 내 동생의 지난 번 설교가 잘못 전해졌음을 알게 되었다. 마치 그가 하나님께서

버리신다는 것을 주장한 듯이 들려서 많은 사람들이 화가 나 있었다. 그는 그 대목에 대하여 "하나님께서는 모든 사람이 구원받기를 원하신다."고 분명하고 강한 어조로 다시 설명하였다. 저녁에 돌아오는 길에 위바의 홀에서 모이도록 허락받지 못하였으므로 템플 백스의 큰 방에서 모였으며 거기서는 산상설교와 요한 서신이 끝났으므로 야고보서 공부를 시작하였다.

10월 11일(목) 우리는 한 이름난 주정뱅이며 욕설을 일삼는 사람이 찾아옴으로 위로를 받았다. 이제 그는 씻음을 받았으며 옛 것은 다 사라지고 말았다. 저녁에 우리 주님께서는 "그의 날개 아래 품어 고치심"으로 많은 약한 사람들을 구하셨고 그때까지 별 조심 없이 또 태평하게 살던 사람들이 주의 입에서 나오는 양쪽에 날이 선 검과 같은 말씀을 깨닫게 되었다.

10월 12일(금) 우리는 후에 하나님 안에서 기뻐하게 된 많은 사람들이 흔히 일시적으로 빠지게 되기도 하는 어두움이 어떤 것인지를 잘 살펴 볼 수 있는 생생한 기회가 생겼다. 이런 경우 주님은 그런 사람들에게 얼굴을 오래도록 숨기시지 않으셨다. 그래서 수요일에 많은 사람들이 "어려울 때에 함께 해 주시면 도움이 되시는" 주님을 만나게 되었다. 또한 나는 "놋쇠 문을 부수시고 철장으로 치사 가르시는" 하나님의 능력이 오늘 아침보다 더 현저하게 많은 사람들에게 증명된 일을 일찍이 본 일이 없다.
한편 나는 말할 수 없는 고통을 겪던 한 두 사람에 대해 마음을 쓰지 않을 수 없었는데 그들은 참으로 미친 것 같기도 하고 그와 동시에 아픈 것 같이 보이기도 하였다. 그러나 나는 이런 일들이 무엇을 뜻하는 것일까를 깊이 생각하다가 하나님의 말씀에 대답을 얻었는데 그것은 "지극히 높은 곳에서는 하나님께 영광이요 땅에서는 기뻐하심을 입은 사람들 중에 평화로다." 였다.
우리는 1시에 우리 신도회의 여러 회원들과 함께 새로운 모임을 열었는데 그들은 건강이 허락하는 한 하나님의 도우심을 입어 교회의 매주 정기 금식 제도를 지켜 나가되 교회의 의식과 규례를 반대하는 모든 사람들에게는 이 중요한 부분을 지킴으로써 교회의 규칙에 대한 자신들의 관심을 보여 주려는 것이다.

4시에 나는 피시폰드 근처에서 (그것 때문에 오랫동안 염려하며 괴로워하던 사람의 요청으로) 성령을 거슬러 모독하는 일이라는 제목으로 설교하였다. 이는 성경에 분명하게 나타난 대로 어떤 이가 그리스도께서 이루신 이적들은 악마의 힘에 의하여 이루어졌다고 공공연하게 또 악의에 찬 주장을 한 일에 대항하는 설교였다.

10월 13일(토) 나는 영적으로 깊은 고민에 빠져 그 전날 교구 사제를 찾아 충고를 구했던 사람과 만났다. 그런데 사제는 그녀에게 머리가 이상해졌으니 의사에게 가서 치료를 받아야만 한다고 하였다. 저녁에 우리는 하나님께 "마음이 상한 이"들을 고칠 수 있는 약을 주십사 하고 부르짖었다. 그랬더니 이런 것으로 죽음의 그늘을 헤매던 다섯 사람들이 자기들이 이제 "죽음을 거쳐 생명"에 이르렀음을 깨닫게 되었다.

14일 주일 아침에 된서리가 내렸으나 그러나 그것이 한남 산에 1,500명이 모이는 것을 방해하는 못하였다.

10월 15일(월) 받은 지 오래된 간절한 청원 때문에 나는 웰스로 향했다. 오후 4시경에 데바우덴(첸스타운 건너 2,3마일 되는 높은 언덕) 기슭의 초원에서 300~400명의 순진한 사람들에게 설교하였다. 설교 후에 한 늙은 그리스도의 제자가 우리를 그의 집으로 영접하였는데 거기에 많은 사람들이 따라왔다. 나는 그들에게 한 구세주가 필요하다는 사실을 보여 주었다. 아침에 나는 구원의 길을 더 충분히 설명하고 우애 깊은 주인과 작별하고 2시 전에 애버개브니에 이르렀다.

나는 스스로 이곳에서 설교하는 일에 강한 혐오증을 느꼈다. 그러나 나는 W(그 사람의 마당에서 휫필드가 설교한 바 있다)를 찾아가 그 마당을 사용할 수 있게 해달라고 청하였다. 그는 만일 사제가 교회사용을 거절한다면 그렇게 하자고 하였다. 그가(사제) 거절하자(왜냐면 내가 곧장 그에게 글을 썼으므로) W

는 나를 자기 집으로 청하였다. 일몰 후여서 된서리가 왔는데도 약 1,000명 가량이 기다리고 서 있었다. 사도행전 28장 22절을 읽고 영국 국교회가 지니고 있던 순수한 옛날 종교를 설명하면서 그것이 지금 "메도디즘"이라는 새로운 이름으로 불리고 있는데 어디서나 이를 좋게 말하는 사람은 없다고 말하였다.

10월 17일(수) 서리가 전보다 더욱 심하게 내렸다. 그러나 500~600명이 내가 믿음만을 통해 얻은 구원의 성격, 그리고 그것을 통해 이 구원이 오는 바 산 믿음에 대해 설명하고 있는 동안 그대로 서 있었다. 정오경에 나는 어스크에 왔으며 거기서 적은 무리의 가난한 사람들에게 설교하였다. 흰머리의 한 남자가 울며 심히 떨었으며 다른 사람 하나가 거기 있었다. 나는 이런 울음을 데바우덴에서 두세 사람이 거의 착란을 일으킨 것 같이 슬피 울며 "주의 피로 구원받기까지는 위로 받기를 거절하는 때부터 들어왔다."

오후에 폰티폴에 왔으나 나는 편리한 장소를 도저히 얻을 수 없었으므로 거리에 그대로 서서 500~600명의 경청하는 사람들에게 "구원받기 위하여 주 예수를 믿으라."고 소리높이 외쳤다. 저녁에 나는 예수를 통하여 나오는 자들을 모두 다 구원하시려는 하나님의 뜻을 잘 설명하였더니 많은 사람들이 눈물을 흘렸다.

월요일에 우리가 데바우텐에 있었을 때 6마일이나 떨어진 곳에서 살던 가난한 여자가 무거운 마음을 가지고 왔다. 그녀는 죄를 깊이 느꼈으며 그것 때문에 지쳤으나 거기서 어떻게 피하여야 할지를 몰랐다. 그녀는 거기서부터 애버개브니로 화요일에 왔으며 수요일에는 애버개브니에서 어스크로 왔다. 오후에 다시 거기에서 그녀는 폰티폴에 왔으며 거기에서 12시에서 아침 1시 사이에 그녀의 영혼에 날카로운 갈등이 있은 후에 우리 주께서 승리하시었으며 하나님의 사랑이 그녀의 마음에 넘쳐흘렀다. 이로써 그녀는 모든 죄 사함을 받았음을 분명하게 깨닫게 되었다. 그 여자는 칼디프에프로 기뻐하며 돌아갔고 나는 거기에 오후에 왔다. 오후 5시경에 (사제가 주간에 교회에서 설교하는 것을 좋아하지 않기 때문에) 나는 샤이어 홀에서 설교하였다. 방해하기 위하여 여러 가지로 애쓴 사람들이 몇몇 거기에 있었으나 우리 주님은 그들을 벌하지 않으셨다. 7시에 나는 더 많은 청중에게 심령이 가난한 자와 애통하는 자에 약속된 축복을 상세히 설명하였다.

10월 19일(금) 나는 아침에 뉴포트에서 설교하였는데 청중은 내가 이제까지 웰스에서 만난 중에 제일 둔감하고 좋지 않은 자세를 보인 자들이었다. 한 늙은이는 설교하는 동안 대부분의 시간을 끊임없이 욕하고 소리치는 데 보냈고 결론을 지을 무렵에는 큰 돌을 들고 여러 번 던지려 하였다. 그러나 그렇게까지는 하지 못하였다. 그 정도로 야외설교에 대항하는 데 선수들이었고 주먹패거리들이었다.

4시에 나는 다시 칼디프의 샤이어홀에서 설교하였는데 거기에는 비교적 점잖은 사람들이 출석하였다. "하나님의 나라는 먹는 것과 마시는 데 있지 않고 성령 안에서 얻는 기쁨과 화평과 의에 있느니"라는 말씀을 설명하는 동안 보기 드문 좋은 분위기가 계속되었다. 6시에 읍 주민들 대부분이 (내 듣기로) 다 왔으며 그들에게 나는 나머지 여섯 가지 축복을 설명하였다. 그런데 내 마음이 부풀었으며 어떻게 끝내야 할지 몰라서 3시간 동안이나 계속하였다.

10월 20일(토) 나는 브리스톨로 돌아왔다. 나는 내가 그동안 웰스에서 본 곳과 같이 그렇게 60~70마일이 함께 그렇게 맑게 갠 부분을 본 일이 없었다. 그리고 주민의 대부분이 복음으로 참되게 익어 있었다. 이것은 (만일 그 표현이 좀 이상하다면) 그들이 복음을 배우려고 열심히 원하고 있으며, 반면에 크리크나 체로키 인디언과 같이 복음에 대하여 전혀 아는 바가 없다는 것을 뜻하는 말이다. 그들이 그리스도의 이름을 모르고 있다고 하는 말은 아니다. 그들 중의 많은 사람들은 주기도문이나 신앙고백을 외울 수 있을 것이며 그뿐 아니라 교리문답도 다 외우는 이들이 다소간에 있을 것이다. 그러나 그들을 그들이 기계적으로 배운 그 길 밖으로 데려 나온다면 그들은 내가 만나 이야기한 (열 명 중 아홉 명은) 복음으로 구원 얻는다는 일이나 그것으로 구원에 이르는 믿음에 대하여는 치카리나 토모치치보다는 더 아는 바가 없다. 그러니 이제 이 가련한 사람들이 그 무지 때문에 멸망 받게 내버려 두느니보다는 하우엘 해리스의 권면이나 또는 한 순회 설교자를 통해서라도 구원받게 해야 하지 않겠는가!

10월 23일(화) 브래드포드로 말 타고 가는 길에 신생에 관해 쓴 로의 책을 다 읽었다. 철학적이고 이론적이고 위험스럽고 공허하며 가치가 없는 것이었다. 11시에 나는 베어필드에서 약 3천명에게 죄의 사슬과 양자됨의 성격에 대하여 설교하였다.

저녁에 돌아오는 길에 나는 킹스우드에 있는 한 젊은 여인을 돌보아 달라는 간청을 받았기에 (이 일에 대해 적나라하게 말하고 각자가 자유롭게 판단하도록 놓아둔다) 나는 거기에 갔다. 그녀는 열아홉이나 스무 살쯤 되었고 쓰지도 읽지도 못하는 것 같았다. 나는 서너 사람들에게 부축을 받고 있는 그녀를 보았는데 무서운 광경이었다. 고통, 무서움, 실망 그리고 글로 형언하기 어려운 점들이 그녀의 창백한 얼굴에 나타났다. 웅크리고 찌푸려진 그의 몸이 지옥의 사냥개가 그녀의 마음을 얼마나 심하게 훑고 괴롭히는지를 보여 주었다. 간간 섞여 나오는 비명은 참으로 견디기 어려웠다. 그러나 그녀의 돌같이 굳은 눈은 울 수도 없었다. 그녀는 말할 수 없을 만큼 되자마자 소리치기를 "나는 저주 받았고 영원히 잊어버린 자다! 엿새 전이라면 당신이 나를 도울 수 있었으나 이제는 지나갔다. 나는 이제 악마의 소유물이다. 나는 스스로 그에게 나를 맡겼다. 그는 나의 것이다. 나는 그를 섬겨야만 한다. 그와 함께 나는 지옥으로 가야한다. 나는 그의 것이 될 것이다. 나는 그를 섬기련다. 나는 그와 함께 지옥으로 가겠다. 나는 구원받을 수가 없다. 나는 구원받지 않겠다. 나는 저주 받을 것이요 또 받아야만 한다."라고 하였다. 그리고서 그녀는 악마에게 기도하기 시작했고, 우리는 우리대로 기도하기를 "주의 능력의 손이여 깨워주소서. 깨워주소서!"라고 하였다.

그녀는 곧장 잠들었다. 그러나 우리가 떠나자마자 다시 표현할 수 없는 열띤 소리를 터뜨렸다. "돌 같은 마음아 부서져라. 나는 너희에게 경고하는 이다. 깨져라. 깨져라. 가련한 가슴아! 너 깨어지지 않으려느냐. 그렇다면 너 돌 같은 마음에 무엇이 이루어질 수 있겠느냐? 이제 깨져라. 작고 가련한 돌 같은 마음아! 비록 나는 저주를 받아도 너는 저주받을 필요가 없다." 그녀는 천정 한구석을 쏘아보면서 말하기를 "저기 있다. 아 저기에 그가 있다! 오 라. 좋은 악마야 오라! 나를 데려가 다오. 너는 내 뇌수를 꺼내버린다고 하였 지. 와서 어서 그렇게 하여라. 나는 너의 것이다. 그리고 나는 너의 것이 되 겠다. 이제 곧 와라. 나를 데려가 다오." 우리는 하나님께 다시 호소함으로 그녀의 말을 중단시켰더니 그녀는 전과 같이 다시 잠들었다. 그런데 또 다 른 젊은 여인이 비틀거리며 그녀가 한 것과 같이 떠들기 시작하였다. 그때 내 동생이 들어왔으며 시간은 9시경이었다. 우리가 11시가 넘도록 계속 기 도하였더니 갑자기 하나님께서 저 고통당하던 여인의 영혼에 평안을 말씀 하셨다. 이어서 그 다음 여인에게 하셨다. 그리하여 둘이 다같이 "적과 원수 갚는 자를 고요하게 만드신" 주를 찬양하는 데 그들의 목소리를 합하게 되 었다.

10월 24일(수) 나는 뱁티스트 밀에서 바울의 다음과 같은 말씀들, 즉 "율 법 아래 있는"(아직도 "육적이요 죄 아래 팔려" 있으나 구원받기를 열망하고 있는) 사람에 대해 말함에 있어 "나는 내 안에 선한 것이 거하고 있지 않음을 안 다."는 말씀으로 설교하였다. 후에 한 가난한 여인이 내게 말하기를 "나는 내 남편이 더 이상 나를 당황하게 하지 않기를 바란답니다. 그가 온 몸을 떨 고 또 눈물이 그의 볼 위에 비 오듯 흐르는 것이 내 마음에 걸리기 때문이에 요."라고 하였다. 나는 저녁에 우리 작은 신도회에서 경고하기를 "경솔하지 않도록 조심하며, 선행에 게으르지 말고 작은 일을 경시하지 말아야 한다. 이런 것들 때문에 많은 사람들이 다시 죄의 사슬에 매이게 되었기 때문이 다."라고 하였다.

10월 27일(토) 나는 전에 그렇게 심하게 앓던 사람이 있는 킹스우드로 다 시 보냄을 받았다. 출발한 직후에 심한 비가 왔기 때문에 나는 삽시간에 흠

빽 젖고 말았다. 바로 그때 그녀가 (3마일 저편에서) 소리치기를 "저기 웨슬리가 전력을 다해 달려오는구나."라고 하였다. 내가 다 왔을 때 나는 아주 추웠고 죽을 지경이어서 기도드리기 보다는 오히려 잠자기에 알맞았다. 그녀는 무서운 웃음을 터뜨리면서 말하기를 "능력 없다. 능력 없어. 믿음 없다. 믿음 없어! 그녀는 나의 것이다. 내가 그녀를 갖고 있다. 나는 결코 그녀를 보내지 않겠다."고 하였다.

우리는 하나님께 우리 믿음을 더하여 주십사 하고 간절히 기도드렸다. 그러는 동안 그녀의 고통은 점점 더해졌으며 그로 인해 사람들은 그녀의 고통이 심하여서 몸이 조각나 버릴 것을 생각할 정도였다. 이것은 자연의 무질서에서 온 것이 아님을 확신한 한 사람이 "나는 사탄이 이제 놓아주리라 생각한다. 나는 그가 여기서 멈추지 않고 다른 데로 갈까 염려된다."라고 말하면서 덧붙이기를 "내가 주 예수의 이름으로 명하노니 네가 다른 영혼을 괴롭힐 임무를 띠고 있는지 말하라."고 하였다. 곧 대답이 나왔는데 "나는 L-y와 S-h J-s를 갖고 있다."고 하였다.(그 두 사람은 좀 떨어진 곳에 아주 건강한 몸으로 살고 있었다)

우리는 다시 기도하기 시작하였고 그녀가 6시경에 즐거운 모습을 짓고 또 맑은 목소리로 "만복의 근원 주 하나님"이라고 찬송할 때까지 계속하였다.

10월 28일(주일) 나는 오후 1시에 브래드포드에서 다시 한 번 설교하였다. 비가 몹시 내렸으나 "내가 나는 오늘날 너희로 하여금 내가 모든 사람의 피에 대하여 무죄함을 기록토록 하겠다. 왜냐면 나는 너의 모든 사람들에게 하나님의 뜻을 선포하기를 주저하지 않았기 때문이다."라는 심각한 말씀을 가지고 설교하는 것을 약 만 명 이상 (내가 믿기로는) 되는 청중이 열심히 듣는 것을 방해하지 못하였다.

저녁에 돌아가는 길에 킹스우드의 J-S 부인 댁을 방문하였다. S-h J-s와 L-y C-r이 이상한 고통으로 쓰러지고 그 후 그 자리에서 S-h J-s가 넘어졌다. 그들의 부르짖음과 고통소리는 무서워서 견디기 어려웠다. 그 중 하나가 잘 표현 안 되는 말로 "너의 믿음이 어디 있느냐? 와서 기도하라. 내가 너와 함께 기도하마. 하늘에 계신 우리 아버지…"라고 하였다. 누구에게서 나왔든지 그 충고를 받아들이기로 하고 우리 영을 다 드려 하나님께 기도하였다. 그러는 동안 L-y C-r의 고통이 더하여져서 그녀는 거의 죽을 것 같은 고통 속에 있었다. 그러나 잠시 후에 하나님께서는 말씀하셨고 그녀는 하나님의 음성을 알아들어 그의 몸과 영은 모두 고침을 받았다.

우리는 1시 가까이까지 기도하였으며 그때 S-J의 목소리가 변하고 힘 있게 하나님을 부르기 시작하였다. 이렇게 그는 거의 온 밤 동안 계속하였다. 아침에 우리는 다시 기도를 하였으며 그녀는 계속 부르짖기를 "나는 탄다! 나는 탄다! 오 어찌하면 좋을까? 나는 내 안에 불을 지니고 있다. 나는 견딜 수가 없다. 주 예수여 도우소서!"라고 하였다.

아멘. 주 예수여! 주님의 때가 이르렀습니다.

1739년 11월 1일 ~ 1741년 9월 1일

제5장 ︱ 투쟁의 시기

11월 1일(목) 나는 브리스톨을 떠나 토요일에 런던으로 왔다.

11월 4일(주일) 우리 신도회는 아침 7시에 모였으나 8시까지 침묵의 시간이 계속되었다. 그때 한 사람이 예수를 바라보며 고요히 주의 손에 우리 모두를 누이라고 권고하였다. 저녁에 페터레인에서 우리 신도회의 여 회원들을 만났으며 거기서 몇몇 우리 형제들이 자기들 중에는 아무도 참 믿음을 가진 이가 없음을 힘주어 말하여 알려줬다.

11월 7일(수) 7시에 페터레인에서 우리 신도회는 모였다. 우리는 아무 말 없이 한 시간 동안 앉아 있다가 나머지 시간을 토론하는 데 썼다.

11월 9일(금) 나는 우리가 믿음 안에 있는지 아닌지를 어떻게 시험해 볼 것인지를 알려 주고, 후에 모든 회원들에게 특히 모든 믿는 자들에게 참된 정숙을 유지하는 것이 하나님의 일을 참을성 있게 기다리는 길임을 알라고 권고하였다.
이 한 주간을 모두 개인적인 대화를 통하여 "의지가 약한 자들을 격려"하고 우왕좌왕하는 이들을 제자리에 세우기 위해 힘썼다.

11월 12일(월) 나는 런던을 떠나 저녁에 와이콤베에서 바리새인과 세리의 이야기를 강론하였다.
다음 날 아침에 한 신사가 길에서 나를 따라오더니 잠시 후에 휫필드의 일기를 읽은 일이 있느냐고 물었다. 나는 그렇다고 대답하였다. 그는 말하기를 "목사님은 그것이 처음부터 끝까지 위선적인 열정주의로 가득 찼다고 생각지 않습니까? 저는 그렇게 생각합니다."라고 하였다. 나는 그에게 묻기를 "왜 그렇게 생각합니까? 당신은 하나님의 사랑을 당신의 마음속에 느껴 본 일이 있습니까? 만일 그런 경험이 없다면 어떻게 그 사랑이 이루어 놓는 일에 대하여 말할 수 있습니까?"라고 하였다. 오후 4시에 나는 옥스퍼드로 왔다.

11월 15일(목) 내 동생과 나는 티벨톤을 향해 출발하였다. 11시경에 나는 폴벌드에서 설교하였다. 토요일 저녁에 나는 브리스톨에서 기독자의 완성의 범위와 성격에 대하여 설명하였다.

11월 19일(월) 나는 믿는 이들에게 반대되는 두 끝을 조심스레 보라고 권고하였다. 즉 그 하나는 그들의 생각이 기쁘고 밝으면 그 일이 겨우 시작되었다 해도 벌써 끝난 것과 같다는 것이며, 다른 하나는 그들의 생각이 어둡고 무거운 중에 있으면 그 일은 시작되는 것이 아니라는 것이다. 왜냐하면 그들은 그것이 끝나지 않은 것만을 보기 때문이다.

11월 20일(화) 우리는 출발하여 21일 수요일 오후에 티벨톤에 왔다. 내 가련한 여동생은 아무 소망 없는 사람같이 슬퍼하고 있었다. 그런데도 우리는 며칠 전에 이곳에 왔던 내 동생의 집회에 참석하였던 한 사람이 그리스도에 대해 하나님께서 허락하시는 조용하고도 충실한 확신을 얻었다는 소식을 듣고 기뻐하였다.

11월 24일(토) 우리는 엑세터에서 온 초청을 받아들였다. 고난 중에 있는 내 여동생을 위로하기 위해 온 사람이 초청한 것이었다.
25일 주일에 (D가 설교해 달라고 하여 이미 아침저녁에 하기로 승낙하였다) 나는 성 메리 교회에서 설교하였다. W 박사가 설교 후에 내게 말하기를 "오후에는 설교하지 마세요. 목사님이 어떤 거짓교리를 설교해서가 아닙니다. 나는 목사님이 말한 것이 다 사실임에 동의합니다. 그리고 그것은 모두 영국 교회의 교리입니다. 그러나 그것은 호교적이지 않고 위험합니다. 사람들을 아마도 열광주의로 이끌거나 그렇지 않으면 절망으로 이끌 것입니다."라고 하였다.

11월 27일(화) 나는 D에게 (그의 요구에 따라) 킹스우드에서 일어난 일을 간략하게 적어 보냈다. "상황은 이미 변하였다. 킹스우드는 전과 같이 저주와 불경스러운 말이 울리는 그런 일이 없다. 거기에는 더 이상 술주정뱅이나 깨끗하지 못한 사람, 그리고 자연히 생기게 되는 게으름뱅이, 오락들을 볼 수가 없다. 더 이상 싸움이나 다툼도 없고 아우성치는 일이나 고통 하는 일, 그리고 저주하고 시기하는 일이 없다. 평화와 사랑만이 거기에 있다.

그들의 평화를 위하여 필요한 것을 자녀들에게도 알려 주기 위하여 킹스우드에 집(학교)을 세우자는 제안이 나왔으며 이에 따라 6월말에 기초가 이루어졌다. 선택된 지대는 숲 중간이며 런던과 바스 사이며 2마일 언덕이라 불리는 곳에서 과히 멀지 않은 곳이며 브리스톨에서 정확하게 3마일이다.

큰 방 하나는 학교로 꾸며 사역을 시작하였으며 양쪽 끝에 있는 작은 네 개의 방은 선생님의 주거공간으로 사용된다(만일 하나님이 허락하신다면 가난한 아이들을 함께 살도록 하고 싶다). 학생을 받을 만큼 준비하고 있다. 비록 십장들이 보수를 구하지는 않았지만 이 일이 큰 비용이 드는 것은 사실이다. 그러나 '어린 까마귀를 먹이시는 이로 그것을 살피시도록' 맡기자."

11월 28일(수) 우리는 티벨톤을 떠나 다음 날 브리스톨에 이르렀다.

12월 4일(화) 나는 기도드릴 때 울부짖는 일에 대해 심한 노여움을 느낀 몇몇 사람들에게서 공격을 받았다. 그들은 말하기를 "확실히 그 일은 속임수다. 그러기에 누구든지 원하기만 한다면 소리 지르는 것을 도울 수 있을 것이다."라고 하였다. J. B.는 이렇게 장담하던 사람들 중의 하나였다. 다음 날 아침 8시경에 자기 침실에서 혼자 개인 기도를 드리고 있었는데 아주 무섭고 두려운 것이 그를 뒤덮었으므로 그는 그의 방으로 뛰어 올라왔다. 그러나 그때 하나님께서는 그의 적을 꾸짖으셨으며, 이제 그는 자신의 의견이 현명한 것이었다고 말할 수 없게 되었다.

12월 6일(목) 나는 브리스톨을 떠나 (말메스버리와 버포르에서 설교한 후) 8일 토요일에 거기서 조지아로 떠났던 옥스퍼드의 나의 옛 방에 왔다. 여기서 지나간 모든 일들을 생각하며 또 내게 생긴 일들 이전에 내가 얼마만큼이나 좋아하던 일들이었는가를 회상하면서 다음 성경 말씀을 찾아 읽었다. "그런즉 우리가 무슨 말 하리요. 의를 쫓지 아니한 이방인들이 의를 얻었으니 곧 믿음에서 난 의요, 의의 법을 쫓아간 이스라엘은 법에 이르지 못하였으니 어찌 그러하뇨. 이는 저희가 믿음에 의지하고 않고 행위에 의지함이라 (롬 9:30-32)."

12월 11일(화) 나는 프라트 부인을 방문하였는데 그는 자신의 생의 과오 때문에 오랫동안 죽기를 구해 왔다. 그러다가 내 동생이 처음 설교하였을 때 그 설교를 통하여 그녀의 영혼이 목자에게로 돌아온 사람이었다.

내가 여기 잠시 머무는 동안에 나는 여러 가지로 런던으로 온 반갑지 않은 소식들을 들었는데 여기에 그 한 부분을 들어본다. "우리 자매들은 대부분 혼들렸습니다. J-y-c는 말하기를 그녀는 믿음을 가진 일이 결코 없었다고 하였습니다. 베타와 에스터 H는 설득을 받고 슬픈 눈물을 흘렸는데 전자는 독일로 간다고 합니다. 수요일 밤에 소수의 무리가 9시가 다 되어서 몰려왔는데 이름을 부른 뒤에 다 가버렸습니다. 여기 있는 우리 형제들은 스스로 지도할 만한 충분한 지혜도 없고 그대로 놓아 둘 만큼 신중함도 없음을 여실히 드러내 보여 주고 있습니다." 이 편지를 받은 지 며칠 후에 받은 다른 편지엔 이런 말들이 있었다.

1739년 12월 14일(금) "요즘 내가 듣건대 신도회가 분열될 것이랍니다. 즉 내가 믿기로 휴튼, 클라크 에드몬드 그리고 브레이는 몰터가 이끄는 방향을 따라갈 것이며 그들이 말하는 대로 교회를 이룰 것이고 내 추측으로 우리 신도회에 속한 형제들의 절반가량은 그들 편입니다. 당신이 우리 도시에 오시면 사태는 호전될 줄로 믿습니다."

12월 19일(주일) 이에 따라 나는 런던으로 왔다. 마음은 무거웠지만 여기서 나는 매일같이 우리 형제들이 서로 토론하고 따지는 두려운 일들을 보았다. 열에 하나 정도가 겨우 처음 사랑을 유지하고 있고 나머지는 혼란 속에서 서로 물고 뜯고 있었다.

12월 30일(주일) 내가 늘 유익을 얻던 한 사람이 나에게 왔다. 그러나 그녀의 대화 내용은 나보다 수준이 높았고 나의 실상과는 아주 거리가 먼 것이었다. 나의 영혼은 이 장엄한 신학으로 병이 난 상태이다. 자! 이제부터 어린 아이같이 생각하고 말하자! 나의 신앙이 분명하고, 꾸밈없고 단순하게 하자. 온순함과 절제함과 인내와 믿음과 사랑, 이런 것이 내가 받은 가장 좋은 은사가 되게 하자. 그리고 하나님의 책에서 배운 말씀이 내가 가르치는 가장 높은 말씀이 되게 하자!

1740년 1월 3일(목) 나는 런던을 떠나 다음 날 저녁에 옥스퍼드에 왔으며 그로부터 2일간 16년 또는 18년 전에 받았던 편지들을 훑어보았다. 참으로 신앙의 내면적인 흔적이 거의 없었다. 나는 다만 한 편지를 그 여러 편지들 중에서 찾았다(그때 나는 그것을 어떻게 '이해하여야 할지 알지 못하였던 것으로 기억한다). 그 편지에는 하나님께서 "그의 마음에 넘치도록 사랑을 부어 주셨다." 그리고 "모든 이해를 초월한 평화"를 주셨다고 하였다. 그러나 누가 그의 이 말을 믿을 수 있었는가? 이 슬픈 사실을 감출 것인가, 그렇지 않으면 다른 사람들의 유익을 위해 이를 널리 알릴 것인가. 그는 그의 사회에서 미친 사람이라고 하여 추방당하였고 그의 친구들에게 의절 당하였으며 모든 사람들의 경멸을 받고 버림을 받아 천하고 숨겨진 삶을 몇 달 동안 살다가 그의 영혼이 그렇게도 사랑하던 하나님께로 돌아갔다.

1월 7일(월) 나는 옥스퍼드를 떠났다. 9일 수요일에 나는 다시 한 번 "그 놀랍게 크고 귀중한 약속"을 브리스톨에서 전파하였다.

1월 14일(월) 나는 아침 6시에 새 방에서 성서를 차례로 강론하기 시작하였다. 이 방법을 따라하였더니 더 많은 사람들이 대학 기도회(성경공부 후에 곧 있는)에 참예하게 되었다. 오후에 나는 브리스톨에서 4마일 떨어진 곳에 있는 다우닝에서 "하나님이 우리에게 영원한 생명을 주셨으며 그 생명은 그 아드님 안에 있다."는 제목으로 설교하였다. 15일 화요일에는 브리스톨에서 5마일 떨어진 씨슨에서 "우리의 모든 죄를 씻으시는 그 보혈"이란 제목으로 설교하였다. 설교한 뒤에 나는 위험 상태에 빠진 한 젊은 병자를 방문하였는데 그는 한 이틀 후에 "주 예수여, 당신은 내가 당신을 사랑하는 줄 아십니다. 그리고 나는 당신을 모시고 있으며 당신을 영원히 놓치지 않겠나이다."라고 소리친 다음 곧 죽었다.

1월 21일(월) 나는 브리스톨에서 4마일 떨어진 하남에서 설교하였다. 저녁에 우리 회중에게서 구제 헌금을 거두었다. 이 헌금은 라우포드 문 밖에 사는 한 실업자(심한 동상에 걸림)를 위한 것이었는데 그는 그가 살던 교구에서 아무런 도움도 못 받아서 심한 곤경에 빠졌던 사람이었다. 나는 목요일에 다시 헌금하였고 세 번째 헌금을 주일에 하였으며 이로써 가장 필요하다고 생각이 드는 사람들 100명, 또 어떤 날은 하루에 150명에게 급식할 수가 있었다.

1월 26일(토) 나는 우리가 하나님께 간구하면 하나님께서 어둠속에 있는 이들에게 빛을 주시리라는 것을 강하게 믿게 되었다. 정오경에 우리는 그런 증거를 보았다. 한 여인이 퍽 약하고 무거운 짐을 지고 힘들어하였는데 그녀를 위해 기도드리자 곧 그녀의 영혼에 평안함이 깃들기 시작하였다. 오후에 우리는 두 번째 증거를 받았으니 이는 다른 슬픔에 잠겼던 사람이 곧 위로를 받게 된 일에서 얻었다.

1월 31일(목) 나는 킹스우드에서 병으로 위급한 사람을 찾아갔는데 예상하였던 대로 그는 회복될 수 없는 상태였다. 그러나 그녀는 주 안에서 강하였고 주 안에 녹아지고 그리스도와 함께 있기를 사모하였다.

나는 하나님을 기쁘시게 해 드리는 일이라면 얼마 동안 브리스톨에서 시간을 보내려 하였다. 그러나 나의 기대와는 반대로 어쩔 수 없는 방법으로 불러냄을 받았다. 몇 달 전에 종교에 별 관심이 없었던 한 젊은이가 브리스톨에 왔다. 그의 친구 한 사람이 그를 내게로 인도하였고 그는 내 말을 수긍하고 잘 받아들이고 얼마 동안 퍽 잘 행동하였다. 그런데 얼마 후에 진지한 모습은 사라지고 그는 런던으로 되돌아가 옛 친구들과 다시 어울리게 되었다. 이들 중 어떤 이의 교사로 그는 강도죄를 범하다 이로 인해 체포되었고 재판받아 유죄선고를 받았다. 그가 지금 나와 만나 이야기를 심히 원하고 있으며 그의 말(그의 친구에게 보낸 편지에 있는)을 몇 마디 든다면 아래와 같다. "나는 살아계신 하나님께 내가 여기서 멀리로 떠나기 전에 그가(웨슬리) 여기 와서 나를 보게 해 주십사 하고 탄원합니다."

2월 1일(금) 나는 출발하였다.

2월 6일(수) 나는 사형선고를 받은 가련한 젊은이를 찾아갔다. 하나님께서 진리로 그의 심령 속에 좋은 일을 시작하셨다. 그 다음 번 그곳에 갔을 때 뉴게이트 지역 관할 판사가 내게 와서 열을 올려 말하기를 내가 영국교회에서 비국교도로 전향한 점에 대해 유감의 뜻을 표한다고 하였다. 나는 그에게 일이 그렇게 보였는지 모르나 사실 나는 그것을 알지 못하였다고 말하였다.

2월 12일(화) 내일 죽게 될 그 젊은이가 내게 한 편지를 보내왔는데 그 중에 다음과 같은 글이 있었다.

"나는 공의와 진리이신 하나님 앞에 대답하여야 하므로 그 앞에 내일 나는 적나라한 모습으로 서야만 한다."
"나는 선의나 그 밖의 다른 적당한 직을 얻어 해외로 나갈 계획으로 브리스톨에 왔다. 내가 불행스럽게도 램제이를 만난 것은 그곳에서였다. 한두 차례 만난 뒤에 그는 내게 존 웨슬리를 받들고 있으며 나를 그에게 소개해 주겠다고 하였으며 그는 그렇게 하였다. 나는 그에게서 들은 교리들을 언제나 즐거운 마음으로 받아들였다. 그러나 불행하게도 나는 램제이와 합의 하에 킹스우드의 학교 건축을 위해 헌금한 돈에서 30파운드 이상을 훔쳐냈던 것이다!"

"나는 하나님께 거룩히 바쳐진 돈을 훔쳐내는 중에 범한 나의 불경죄에 대해 하나님의 공의로우심이 행사되셨음을 인정한다. 그러나 나는 믿는다. 하나님께서 그의 어린양의 피로 나의 이 죄와 그리고 모든 다른 죄들을 씻어주시고 용서해 주셨음을!"

나는 아침에 그의 형 집행이 6주간 집행유예 되었다는 소식을 듣고 기뻐해야 할지 슬퍼해야 할지 알지 못하였는데 그 후에 그는 유형 명령을 받게 되었다.

3월 3일(월) 원소아를 지나 리딩으로 말 타고 갔으며 그곳에 나는 평화와 사랑으로 충만한 두세 사람들을 남겨두었다. 나는 이제 런던에서 온 몇 사람이 이 영혼들도 지독하게 괴롭히고 있음을 알게 되었다.

그들의 영혼을 굳세게 한 다음 우리는 리딩을 떠나 5일 수요일에 브리스톨로 돌아왔다. 하나님께서 지난봄과는 현격하게 달리 이곳에서 지금 역사하시는가를 쉽게 알아볼 수 있었다. 하나님께서는 그 앞에 있는 모든 이들에게 홍수와 같은 은혜를 쏟아 부어 주셨다.

이제

"황송하게도 그는 그의 은혜를 쏟아주시며

조용히 내리는 이슬과도 같이

비밀스럽게도 소생시켜 주신다."

3월 12일(수) 나는 사형언도를 받고 브라이드웰에 있던 한 군인과 잠깐 동안 함께 보낼 수 있는 시간을 갖게 되었다. 이 일을 하루에 한 번씩 계속하였으며 이로 인해 같은 장소에 감금되어 있던 외로운 사람들에게 평화의 복음을 전할 기회도 얻게 되었다.

3월 18일(화) 저녁에 과정에 들어가 사도 바울에게 하나님께서 위로하시려 주신 바 "두려워하지 말고 말하라. 네 평안을 생각지 말라. 이는 내가 너와 함께 있고 또 아무도 너를 해치려 하지 못할지니 이는 이 성에도 내 백성이 많음이니라."는 말씀을 내가 막 설명한 후에 한 사람이 방 한가운데서 큰소리로 "선생님, 나는 당신이 다음 쿼터세션에 비국교도 선동죄로 기소되리라는 것을 예고해 주려 여기 왔소이다." 라고 말하였다.

3월 25일(화) 아침 성서강해는 5시에 시작되었다. 내가 바라는 대로 앞으로도 언제나 그렇게 될 것이다.

3월 29일(토) 내 생각으로는 그 군인의 사형이 집행된 것은 이때쯤이라고 여겨진다. 그러나 하나님의 은혜가 그의 가슴에 넘쳐날 때 나는 그에게 "나를 다시 만나리라고 기대하지 말라. 그대의 영혼 안에 선한 일을 시작하신 그분이 그대를 끝까지 지켜 주실 것을 나는 의심치 않는다. 그러나 사탄이 우리를 한동안 헤어지게 할 것이라." 라고 일러두었다. 공교롭게도 그 다음 날에 나는 사령관이 웨슬리나 그를 따르는 어떤 사람도 들어오지 못하도록 금하라는 엄한 명령을 내렸다는 소식을 들었는데 그 이유는 우리 모두가 무신론자이기 때문이란다. 그러나 그 사람이 무신론자처럼 죽었던가? 나는 나의 최후가 그 사람의 것과 같아졌으면 참 좋겠다.

4월 1일(화) 내가 사도행전 23장 전반부를 강해하고 있는 동안에 (얼마나 상황과 꼭 맞았는가? 비록 내가 의식적으로 택한 것은 아니었으나) 무리들은 소리를 지르기 시작하였다. 악마의 아들들 몇몇이 전날에도 며칠 밤 우리를 방해하려 무던히 애를 썼으나 오늘 밤에는 모든 악마의 두목들이 우리를 괴롭히려는 한 가지 일을 합의해 가지고 온 것 같다. 마당뿐 아니라 골목이나 거리의 상가에도 사람으로 꽉 찼으며 그들은 소리치고 저주하고 욕하며 심한 분노로 땅을 삼켜 버릴 듯한 흥분의 도가니를 이루고 있었다. 시장이 해산 명령을 내렸다. 그러나 그들은 그를 아주 거친 방법으로 대해 그를 모욕하였는데 내가 믿기로 그는 이제 눈을 밝히 떴을 것이다. 마침내 시장은 자기 직원 몇을 보내었으며 장본인들을 붙들어 유치장에 가두었고 나머지 사람들이 흩어질 때까지 지키고 있었다. 확실히 그는 우리에게 "선한 일을 위해 하나님이 보내주신 사자"였다.

4월 2일(수) 폭동자들은 그날 열린 계절 재판 재판정에 불려 나왔다. 그들은 나에 대해 여러 말을 해 가며 자기들을 변명하려 하였다. 그러나 시장은 그들의 많은 말을 한 마디로 잘라 막아 말하기를 "웨슬리 씨가 어떻든 그것은 당신들의 일이 아니오. 나는 평화를 유지할 것이며 이 도시에서 폭동이 없도록 하려 하오."라고 하였다.

오후에 뉴게이트로 찾아갔는데 어떤 이가 전해 주기를 그 사형언도를 받은 불쌍한 사람이 나와 만나 이야기하기를 열망하고 있다고 하였으나 이루어지지 못하였다. 그때 마침 비처라는 시 참사회원에게 "그리스도의 심판석에서 당신이 이 영혼들을 위하여 대답하시오."라고 적어 보냈다.

4월 3일(목) 나는 약하여 기절할 것 같은 상태로 방에 들어갔다. 성 금요일에 나는 올 세인트 교회에서 있었던 T의 복음에 따른 설교와 애정에 넘치는 진지함으로 많은 회중에게 거룩한 떡을 분급하는 일에서 큰 위로를 받았다.

4월 7일(월) 하우엘 해리스의 강권에 따라 다시 웰스를 향해 출발하였다.

4월 9일(수) 랜히델 교회에서 기도서를 읽은 후에 "나는 그들이 타락한 것을 고칠 것이며 나는 그들을 값없이 거저 사랑하겠노라."는 말씀으로 설교하였다. 오후에 하우엘 해리스가 많은 사람들이 나에 대하여 편향된 말들을 해서 편견을 갖게 하려 애썼으며, 특히 브리스톨에서 있었던 좋지 않은 말들을 주워 모아 말하고 또 그것들을 자기들 마음에 퍼트렸음을 알려 주었다.

4월 12일(토) 브리스톨에 와서 다음과 같은 우울한 소식을 들었다. 소요를 일으키려고 왔던 이들 중의 두목 하나가 스스로 목매었다는 것이다. 그는 아직 죽기 전에 내려지긴 하였으나 한 시간도 못 되어 죽고 말았단다. 그들 중의 또 다른 사람은 며칠 동안 계속되는 심한 고통을 당하였으며 우리에게 여러 번 기도를 요청해 왔단다. 셋째 사람은 스스로 나를 찾아와서 자백하기를 자신은 그날 밤 매수되었으며 고의적으로 술 취하였단다. 그러나 그가 문에 이르렀을 때 어떤 영문인지는 모르나 그는 입을 열 수도 없었고 움직일 수도 없었다고 하였다.

4월 14일(월) 내가 "예수의 피로 가장 거룩한 곳으로 들어가게" 되는 "자유"에 대해 설명하고 있을 때 한 사람이 고통스럽게 소리치기를 "그대는 외식하는 자요, 악마요, 교회의 원수로다."라고 하였다. 나는 아무도 그런 말로 상처를 입은 것을 발견치 못하였으며 오히려 그를 향하여 사랑을 베풀고 선으로 악을 대하는 일을 통해 힘을 더 얻게 되었다고 본다.

4월 15일(화) 나는 다음과 같은 글을 받았다. "목사님, 이 글은 어제 밤에 시끄럽게 굴던 사람이 존 베온이란 사람이었음을 알려드리려는 것입니다. 그는 이제 존 달시라는 이름으로 다니고 있습니다. 그는 로마 가톨릭교회 신부입니다. 여기 브리스톨에는 그를 아는 사람들이 퍽이나 많이 있습니다."

4월 19일(토) 나는 심프슨과 윌리엄 옥스리에게서 각각 편지를 받았는데 전해 온 내용은 페터레인에 있는 가련한 형제들이 또다시 크나큰 혼란에 빠졌으니 할 수 있거든 지체 없이 속히 런던으로 와 주기를 간청하는 것이었다.

4월 21일(월) 나는 출발하여 다음 날 저녁에 런던에 도착하였고 23일 수요일에 심프슨에게로 갔다. 그는 내게 그 모든 혼란은 바로 내 동생 때문에 생긴 것이라고 하였다. 내 동생은 의식에 대해 설교하기를 "그러므로 믿는 사람들은 의식에 복종치 않는다. 그리고 불신자들은 의식에 대해 아무것도 할 필요가 없다. 믿는 이들은 잠잠할 일이다. 그렇지 않다면 종신토록 불신자가 되고 말 것이다."라고 하였단다.

두 시간 동안이나 토론하였으나 별다른 결과를 얻지 못하고 무거운 심정으로 집에 돌아왔다. 몰터는 이날 병으로 고생하게 되었다. 나는 그의 위에 하나님의 손길이 임하셨다고 믿는다. 저녁에 우리 신도회가 모였으나 냉랭하고 약하고 핏기가 없었으며 죽은 모임이었다. 그들 중에서 형제애와 같은 것을 도무지 찾을 수 없었으며 오히려 거칠고 메마르고 무겁고 멍청한 영들만 볼 수 있을 뿐이었다. 그 두 시간 동안 그들은 서로를 바라다보고 있었으며 그들 중의 절반쯤은 나머지 사람들을 두려워하는 것으로 보였다.

5월 2일(금) 런던을 떠난 그 밤에 헝거폴드에서 쉬고 다음 날 저녁에 브리스톨로 왔다.

5월 9일(금) 나는 어떤 사람들이 이상한 방법으로 사탄에게 얻어맞는 것을 보고 놀랐다. 즉 그것이 본인에게는 고통스럽고 슬픈 일이었지만 결코 제어할 수 없이 웃어대는 그런 일로 사탄에게 맞는 것이다. 나는 그들의 하는 일을 10년이나 11년 전에는 알지도 못하였고 또 결코 믿을 수도 없었다. 그 무렵 나는 늘 동생과 함께 일요일의 일부를 목장을 거닐며 시편을 노래하며 보냈다. 그런데 하루는 우리가 막 시편을 노래하려 하는데 갑자기 그가 큰 소리로 웃기 시작하였다. 그는 소리를 지를 수 있는 대로 크게 질러가며 웃어댔다. 비록 우리는 갈기갈기 찢기는 듯하였지만 도저히 우리를 자제할 수가 없었으며 한 절도 더 노래하지 못하고 집으로 돌아갈 수밖에 없었다.

5월 17일(토) 나는 그리스도인들의 존재는 계속적인 전쟁 상태라는 것을 부인할 수 없는, 더욱 많은 증거들을 찾게 되었다. 그러기에 우리는 매순간 시험에 들지 않도록 깨어 기도하여야 할 필요가 있다. 외적인 시련들은 이제 다 물러갔고 우리 형제들은 그런 면으로는 평화로웠다. 그러나 내면적인 시련들은 더욱 많았다. 따라서 "만일에 한 회원이 괴로움을 당하면 모두 함께 그것으로 괴로움을 당하였다." 내가 전에 보지 못하였던 그런 이상스러운 동정을 보게 되었다.

5월 21일(수) 저녁에 그런 웃기는 영이 우리 사이에 또 역사하여 많은 사람들이 공격을 받았다. 그러나 모든 주의는 평소에 감정을 별로 숨기기 않은 사람으로 잘 알려진 가련한 L-a S에게로 쏠렸다. 이 사람처럼 악마에게 그렇게 격심하고 난폭하게 찢김을 당한 사람을 본 일이 없었다. 마침내 그 여인은 약하게나마 그리스도에게 도움을 간청하였다. 그랬더니 그 여인의 고통은 곧 사라졌다.

대부분의 형제와 자매들은 이 이상스러운 유혹에 걸리면 헤어 나올 수 없음을 믿게 되었는데 다만 E-.B-와 -Anne H-만이 누구든지 자기가 원하기만 하면 웃지 않을 수 있다고 하였다. 이 사실을 그들이 목요일에 말하였는데 23일 금요일에 하나님은 사탄을 괴롭히시사 사탄을 통해 그들을 가르치셨다. 두 사람이 다 다른 사람들과 같은 일에 사로잡히게 되어 그들이 원하거나 원치 않거나 상관없이 많은 사람들에게 구경거리가 되었으며 그런 후에 그들을 위한 기도가 있자 그들은 곧 그 순간으로 놓임을 받았다.

6월 2일(월) 나는 브리스톨을 떠나 말을 타고 아본과 맘스버리(나는 그곳에서 저녁에 설교하였다)를 거쳐 옥스퍼드로 갔다. 두세 사람은 아직도 그들의 확신을 버리지 않았으며 그들 중의 한 사람은 그 여인이 주의 만찬 상에서 받은 첫사랑으로 아직도 충만해 있었다.

6월 5일(목) 나는 런던으로 왔으며 그곳에 널리 퍼져 있는 일반적인 유혹을 보게 되었는데 이는 곧 믿음을 더하기 위하여 선행을 버리라는 것이었다. 6일 금요일부터 나는 이 독소에 대한 가장 큰 해독제인 야고보서 강해를 시작하였다.

6월 11일(수) 저녁에 나는 페터레인으로 가서 어떤 점에서 그들이 믿음에서 탈선하였는가를 우리의 가련하고 혼란스러워하고 부서진 집회 회원들에게 솔직하게 설명해 주었다. 그러나 내가 두려워하였던 대로 저들은 나의 말을 받아들이지 못하였다. 그렇다 해도 나는 이 사람들의 피에 대해 결백하다.

6월 18일(수) 동생은 브리스톨로 출발하였다. 6시에 나는 마리레본 들판에서 설교하였는데 청중의 대부분이 주의 깊게 듣고 있었다.

7월 2일(수) 나는 신도회에 갔으나 그들의 마음이 아주 멀어진 것을 알게 되었다. 15일 화요일에 우리는 다른 큰 모임을 가졌으나 모두 다 제 주장만 내세워 결국 허사로 그치고 말았다.

한 사람이 묻기를 우리가 앞으로도 웨슬리가 페터레인에서 하는 괴로운 설교를 계속하게 할 것이냐 말 것이냐고 하였다. 이에 대해 잠시 동안 논의한 후에 얻은 답은 "아니다, 이 장소는 독일 사람들을 위해 마련된 곳이다."라는 것이었다.

7월 18일(금) 우리 몇몇 사람들은 내 어머님과 함께 감사의 제물을 주께 봉헌하고 페터레인의 가련한 형제들과 관련된 일을 어떻게 진척시켜 나갈 것인가에 대해 의논하였는데 우리는 모두 사태가 위기에 직면하였음을 인정하게 되었다. 따라서 앞으로 무엇을 해야 할 것인가에 의견의 일치를 보게 되었다.

7월 20일(주일) 시워드의 요청으로 나는 다시 한 번 모아필드에서 "믿음의 역사"와 "소망의 인내"와 "사랑의 수고"라는 제목으로 설교하였다.

저녁에 나는 시워드와 함께 페터레인에서 있은 사랑의 만찬에 참예하였으며 만찬이 끝날 무렵까지 아무 말도 않고 있다가 한 문서를 낭독하였는데 내가 읽은 문서의 요지는 다음과 같았다.

"약 9개월 전부터 여러분들 중 몇몇이 그때까지 우리가 받은 것과는 반대되는 교리를 말하기 시작하였으며 당신들이 주장한 것은 다음과 같다.

1. 연약한 믿음이란 없다. 어떤 의심이나 두려움이 있다거나 또는 진정한 의미에서 새롭고 깨끗한 심령을 갖지 못하였다면 그런 사람에게는 의롭다 하심을 받을만한 믿음이 없는 것이다.

2. 누구든지 그가 의심과 두려움을 다 제해 버리고 또 새롭고 깨끗한 심령을 갖기 전에는 소위 교회에서 말하는 은혜 받는 길로서의 하나님의 의식을 사용하여 서는 안 된다.

3. 당신들은 때때로 성경을 연구한다거나 기도드린다거나, 성찬을 받는 일들을 이런 믿음을 갖기 전에 한다는 것은 행위로 구원을 얻으려는 일임과 그러기에 이런 일을 겪어 놓아두기까지는 아무도 믿음을 받을 수 없음을 단언하였다.

4. 나는 이런 주장들이 하나님의 말씀에 정반대된다고 믿는다. 나는 이에 관해서 여러 번 경고하였다. 그리고 율법과 증거로 돌아오기를 구하였다. 나는 당신들 과 함께 오랫동안 견디어 왔으며 당신들이 돌아서기를 기다렸다. 그러나 당신 들은 당신들의 잘못된 길을 더욱 더 굳게 하여 이젠 아무것도 남지 않았다. 나 는 다만 당신들을 하나님께 내맡길 수밖에 없다. 같은 심판을 받게 될 사람들 이여, 나를 따르라."

그렇게 말한 다음 아무 말도 더 않고 물러 나왔으며 18~19명의 신도 회원 도 같이 물러 나오고 말았다.

7월 23일(수) 우리 적은 무리들은 페터레인 대신 파운드리에서 모였다. 모두 같은 생각을 하고 같은 것을 말하는 형제들 25명을 하나님께서는 벌써 우리에게 주셨다. 7명 혹은 8명, 그리고 40명 또는 50명의 부인들이 무리를 이루어 우리와 운명을 같이 하겠다고 원하여 찾아왔다.

8월 1일(금) 나는 "하나님의 백성들을 위하여 존속될 쉼"에 대하여 설명 하였다. 3일 주일에 우리 교구 교회인 성 누가 교회에서는 내가 전에 보지 못하였던 광경이 벌어졌다. 수백 명이 성찬에 참예하였는데 누구든지 그들 의 얼굴 모습을 보면 그들이 참으로 십자가에 못 박혀 죽으신 주님을 찾는 사람들임을 알 수 있었다.

8월 4일(월) 저녁에 많은 사람들이 소동을 일으키려고 롱 레인에 모였으며 그 지역에서 하나님도 두려워하지 않을 뿐 아니라 사람도 돌보지 않기로 유명한 여자를 애써 내세워 떠들게 하기 시작하였다. 막 여자가 떠들며 입을 열자마자 나는 그 여자에게 정면으로 돌아서서 그 여자를 위해 주시는 주님의 사랑을 선포하였다. 그리고 우리는 하나님의 은혜의 말씀이 이루어지기를 간구하였다. 그 여자는 마음에 큰 충격을 입었고 얼굴은 부끄러움으로 뒤덮였다. 그 여자에게서 되돌아서서 나머지 무리들을 보았더니 그들은 마치 물과 같이 녹아 있었고, 아무 힘도 없는 사람들 같았다.

8월 11일(월) 구원을 찾고 있던 40, 50명 정도의 사람들이 신도회의 큰 방에 남아 함께 기도하고 감사하며 철야하기를 요청하였다. 나는 10시 전에 그들을 떠나 좀 쉬려고 누웠다. 그러나 단잠을 이룰 수가 없었는데 다른 이들도 그런 것이었다. 그들은 그 시간 이 집의 다른 편에서 단잠을 이루고 있을 사람들이었다. 새벽 2~3시 사이에 나는 일어났으며 아래층으로 내려와 달라는 부탁을 받았다. 곧이어 나는 여러 사람들이 칼에 맞는 것 같은 혼란한 소리를 듣게 되었다. 그 소리는 내가 방에 들어설 때 더욱 커졌으며 이어서 기도하기 시작하였다. 내가 특별히 살피게 된 사람은 큰 고통으로 신음하고 있던 바로 J-W였는데 그는 그때까지도 늘 "외식하는 자들이나 울부짖는다."고 말해 오던 사람이었으며 S-ma부인도 같은 말을 해 왔다. 그러나 그 여자도 지금은 큰 소리로 고통스럽게 울면서 하나님께 호소하고 있었다. 오래지 않아 하나님께서는 그 거룩하신 곳에서 이 부르짖음을 들어주셨다. 주께서 말씀하셨고 우리 모두의 영은 위로를 받게 되었다. 주께서 사탄을 우리 발아래 눕히셨으며 슬픔과 한숨은 멀리 사라져 버렸다.

8월 19일(화) 나는 뉴 형무소에 수감된 한 사람을 찾아가 그와 함께 기도하도록 요청을 받았는데 그 사람은 전에도 여러 번 내게 그런 요청을 해 왔던 사람이었으며 사형언도를 받고 집행일을 며칠 앞두고 있었다. 그래서 찾아갔더니 간수가 말하기를 그곳 교구의 윌슨 부목사가 나의 그 죄수 면회를 금하라고 명령하였다고 하였다.

8월 20일(수) 나는 뎁포드 근처에서 적지만 진지한 회중에게 죄의 용서를 설교하였다. 거의 끝날 무렵에 그들의 하는 일에 어울리는 복장을 한 한 무리가 밀려들어오더니 청중을 자극하고 그들의 주의를 딴 곳으로 돌리려 애썼다. 그러나 아무도 그들에게 응대하지 않았으며 그들은 곧 지치게 되었고 돌아가고 말았다.

8월 23일(토) 한 숙녀(C 부인)가 나와 함께 이야기하기를 청하더니 다음과 같은 이상스러운 이야기를 전하였다. 바로 지난 16일 토요일에 노트햄프톤에 사는 G 부인이 자기 죄를 깊이 느끼게 되었는데 그의 남편은 그것이 무척 싫어서 결국 그 부인을 정신병원에 강제 입원시켰다. 화요일에 그 여인은 다른 친구들과 함께 병원을 빠져 나왔으나 잠시 후에는 어디로 가야 할지 몰라서 C 부인 집 문 앞에 앉았다. C 부인은 그 여인에 대하여 별로 깊이 알지 못하여 정신병원으로 다시 가라고 충고하였으며 병원으로 데리고 갔다. 그래서 그 여인은 쇠고랑을 찼으며 늘 당하는 방법으로 취급되었다. 이런 것이 인간들의 정의다! 가난한 노상강도는 교수형에 처해지고 C와 같은 위인은 아주 정직한 사람으로 존경 받다니!

8월 28일(목) 나는 번민하는 여인에게 정신병원에 있는 G 부인을 찾아가서 만나라고 권고하였다. 그 일이 하나님을 크게 기쁘시게 해 드렸다. 그 결과로 그들의 마음은 연결되었고 하나님이 주시는 위로로 그들의 영혼이 새로워졌다.

논쟁은 이제 다 끝났고 모든 일이 조용하고 고요하게 되어 나는 9월 1일 월요일에 런던을 떠나 다음 날 저녁에 브리스톨에서 동생이 열병에서 회복되기 시작한 것을 보았다.

9월 4일(목) 특별한 한 사건이 있었다. 몇몇 사람들이 때때로 이곳의 저녁 설교 시간에 큰 소동을 일으키고 부녀자들에게 무례한 일을 저지르며 자기들에게 아무 말도 하지 않은 남자들을 때리곤 하였다. 옆에 있던 경찰관이 자기 부하들을 보내어 그러지 말고 조용하라고 명하였다. 이에 대해 그들 중의 한 사람이 그 경관에게 복수하겠다고 맹세하고는 곧장 판사에게로 가서 그 경관이 자기 호주머니 것을 훔쳐갔다고 고발하고 맹세까지 하였으며 그 사람만이 아니고 그의 친구 두 사람도 같은 맹세를 하였다. 그러나 다른 편에서는 18~20명의 증인들이 반대 증언을 하였기 때문에 배심원들은 일의 경과를 쉽게 알 수 있었으며 그러기에 밖으로 나가거나 이의를 제기하는 일 없이 피의자에게 무죄를 선언하였다.

9월 6일(토) 나는 킹스우드에 있는 악대원(밴드)들에게 나의 모든 권위를 다하고 경고하기를 성경에 기록된 것 이상으로 더 현명해지려 하지 말고 그리스도가 십자가에 죽으신 일만 알기를 소원하라고 하였다.

9월 8일(월) 우리는 아침 일찍 출발하여 다음 날 저녁에 런던에 도착하였다. 10일 수요일에 나는 심한 고통 중에 신음하다가 고질병으로 죽어간 사람을 방문하였다. 그러나 "모든 일에 감사를 드리고" "하나님의 영광을 바라며" 크게 "기뻐하였다." 그 여인의 집에서 우리는 천연두 감염으로 위험 상태에 있는 다른 이를 찾아갔으나 우리는 목숨을 건져 주십사 하거나 낫게 해주십사 하고 구하지 않았으며 다만 "하나님의 거룩한 뜻이 이루어지이다."라고 구하였다.

9월 11일(목) 나는 한 가난한 여인을 찾아갔는데 그 여인은 병들어 앓고 있는 두 아이들 틈에 자신도 병들어 누워 있었다. 그들을 위한 의사도 없었고 음식을 돌보는 이들도 없었다. 그런데도 그 여인은 그의 구세주이신 하나님을 힘 있게 찬양하였으며 가끔 말할 수 있게 되면 어서 죽어서 그리스도와 함께 있기를 바란다고 간증하였다.

9월 14일(주일) 저녁에 집에 돌아와 마차에서 내리자마자 나는 내 집 문 앞에 몰려 온 수많은 폭도들에게 그만 에워싸이고 말았다. 나는 기뻐하여 하나님께 감사하였으니 이는 내가 오랫동안 갖기를 바라고 찾던 그런 기회였기 때문이다. 곧 나는 옆에 있는 이에게 "의와 곧 임할 심판이여"라고 말하였다. 당초에는 나를 에워싼 사람들의 소리가 너무 커서 내 말을 들은 이가 별로 많지 않았다. 그러나 점점 더 고요해져서 마침내 청중은 고요해졌다. 그들을 떠날 때 많은 이들이 큰 사랑을 보였으며 축복하며 나와 헤어지게 되었다.

9월 16일(화) 우리에게 사자처럼 덤벼 온 많은 사람들이 잠시 후에는 어린 양들이 되었고 처음에는 반대하고 하나님을 모독하는 말을 하던 이들의 볼 위에 눈물이 줄줄 흘렀다.

9월 18일(목) 공중의 권세를 잡은 왕자가 뒤뚱거리는 그의 왕국을 지키려고 다른 계획을 세웠다. 많은 사람들이 파운드리 한 가운데로 들어와서 큰 소리로 우쭐대는 말을 하여 마침 사도행전 11장을 읽고 있던 내 목소리가 거의 들리지 않게 되었다. 그러나 말씀의 큰 망치가 이런 바위들을 쳐서 가루를 만드시사 곧 모든 사람이 조용해졌고 근원의 기쁜 소식을 경청하게 되었으며 내 믿기로 이 일은 헛된 일이 아니었다.

9월 22일(월) 잠시 쉬기를 바랐으나 런던에서는 거의 불가능하였으므로 나는 브렉스리에 있는 피어스의 집으로 갔다.

9월 28일(주일) 오후에 나는 케닝톤에서 많은 회중들에게 영혼 속에 살아 움직이시는 하나님을 설명하였다. 그런데 언덕에서 있던 한 사람이 처음에 좀 시끄럽게 하였는데 내가 알지 못한 어떤 신자가 그에게로 가서 아무 말 없이 다정하게 그의 손을 잡고 아래로 인도하였다. 그때부터 그는 그곳을 떠날 때까지 조용하였다.
내가 집으로 돌아왔을 때 헤아릴 수 없이 많은 무리들이 문 둘레에 모여서 나를 보자마자 그들의 목청을 열고 소리치고 있었다. 나는 친구들에게 집 안으로 들어가라고 한 다음 사람들 가운데로 걸어가면서 "은혜로우시며 자비로운 주님께 죄를 회개하라."고 선포하였다. 그들은 서로 쳐다보면서 있었다. 나는 그들에게 그들이 위대하신 하나님의 얼굴을 피하지 못할 것이니 그의 자비를 얻기 위해 다함께 울부짖자고 간청하였다. 이에 그들이 곧 동의하였으므로 나는 그들에게 하나님의 은혜를 잘 감당하라고 하고 아무런 방해 없이 집 안에 있는 적은 무리에게로 갔다.

9월 30일(화) 사도행전 12장을 강론하고 있을 때 한 젊은이가 몇몇 다른 이들과 함께 몰려 들어와서 저주하고 심히 우쭐대는 말을 하며 그 둘레에 있던 사람들을 훼방하였으므로 얼마 후에 사람들은 그를 밖으로 내보냈다. 나는 그것을 보고 있다가 우리 주님께서 그의 사슬을 풀어 주실 것이니 그를 안으로 들어오게 하라고 하였다. 설교가 끝나자마자 그는 들어와서 우리 모두 앞에서 자신이 밀수업자였음을 고백하였고 이어서 그가 해 오던 일, 즉 속이던 일에 대해 말하고 가지고 있던 큰 부대를 보여 주었다. 그러나 그는 이제 주님을 자신의 하나님으로 모시기로 결심하였기 때문에 이런 일을 더 하지 않겠다고 말하였다.

10월 20일(월) 나는 두루리 레인의 쇼트스 가든에서 죄인들과 세리들 가운데 서서 "구원에 이르는 하나님의 능력"이신 "그리스도의 복음"을 선포하기 시작하였다.

10월 23일(목) 나는 놀라운 섭리에 대한 소식을 들었다. 한 가련하고 나쁜 사람이 지난 주간에 이곳에서 저주하고 하나님을 모독하고 하나님의 말씀을 방해하려고 온갖 힘을 다하였으며 후에는 많은 사람 앞에서 다음 주일에 다시 오겠노라고 자랑하였다. 그런데도 그의 입을 막을 사람은 아무도 없었다. 그러나 금요일에 하나님은 그의 손을 잡고 그 사람을 치셨으며 주일에 그의 장례를 치렀다.

26일 주일에 내가 "하나님이 죽은 자를 살리실 수 있다는 것이 왜 당신들에게 믿을 수 없는 것이냐?"고 하며 크나큰 질문인 부활에 대하여 강조하였다. 그러는 동안에 여러 머리를 가진 짐승이 다시 으르렁거리기 시작하였다. 나는 다시 포로 된 자들의 구원을 선포하였는데 그들이 주의 깊게 들은 것으로 보아 그들에게 전한 말씀이 헛되지 않음을 알 수 있다.

11월 3일(월) 우리 신도회 회원들이 여러 가난한 사람들을 위해 여러 가지 옷들을 필요한 대로 나누어 주었는데 그 옷들은 여러 사람들이 이런 구제를 목적하여 절약해서 쓰고 남긴 것을 가져온 것들이었다.

11월 9일(주일) 나는 모든 우리 형제들이 한 마음과 한 뜻으로 서로 연결된 것을 알고 위로를 받았다.

11월 10일(월) 나는 아침 일찍 출발하여 다음 날 저녁에 브리스톨에 도착하였다. 나는 내 동생이 (나는 그의 빈자리를 메우러 왔는데) 며칠 동안 웰스에 있었던 것을 알게 되었다. 다음 날 아침에 나는 그 적은 무리들의 상태를 특별히 살피었다.

11월 16일(주일) 우리의 교구 교회인 성 야곱 교회에서 성찬에 참예한 후 나는 몇몇 병자를 방문하였다. 그들 대부분은 얼룩점이 생기는 열로 앓고 있었다. 그들의 말에 따르면 사망률이 심히 높고 이로부터 회생되는 이는 별로 없다고 한다. 그러나 하나님은 말씀하시기를 "이제부터 그대는 돌아오리라."고 하셨다. 나는 내 방문을 받은 사람 중에 회생되지 않은 이는 한 사람도 없다고 믿는다.

11월 20일(목) 내 동생이 웰스에서 돌아왔다. 그래서 나는 21일 금요일에 브리스톨을 떠나 토요일 오후에 런던으로 돌아왔다.

11월 25일(화) 직업을 잃은 사람들을 취업시키기 위한 여러 가지 방법을 제안 받았는데 우리 형제 중 몇몇이 권고해 준 한 방법을 시험해 보기로 하였다. 우리의 목표는 가능한 적은 지출로 한꺼번에 그들을 궁핍한 나태함에서 구하려는 것이었다. 그러기 위해 우리는 극빈자 12명과 교사 한 사람을 우리 집회 장소에 모았다. 거기서 그들은 봄까지 4개월간 목화를 손질하고 실을 뽑는 일을 하였다. 결국 계획대로 되었다. 그들을 매우 적은 경비로 고용하였는데 그들의 노력으로 비용이 충당되었다.

11월 28일(금) 신사 한 분이 좋은 뜻으로 나에게 와서 영국 국교회를 떠나지 말라고 하였다. (그의 이야기로는 결국 똑같은 일이지만) 즉흥기도를 하지 말라고 하였다. 그러면서 그는 "나는 그것이 전혀 기도가 될 수 없음을 입증하겠다."고 하였다.

12월 1일(월) 많은 우리 형제와 자매들이 서로 화를 내고 있음을 알게 되었으므로 나는 몇몇 비난하는 자들을 지명하여 비난받는 사람들과 대면하여 말하라고 하였다. 그래서 이번 주간은 매일 그들이 왔다. 그 결과로 모두 화나게 하는 일들이 사라져 버렸다.

12월 12일(금) 킹스우드에 있는 우리의 적은 모임에 관계된 많은 언짢은 소식을 받았으므로 나는 런던을 떠났다. 빙판길로 곤란을 겪고 위험한 고비도 넘긴 후 토요일 저녁에 브리스톨에 있는 내 동생에게로 왔는데 그는 내가 듣기를 원치 않는 그런 언짢은 일들을 유감스럽게도 사실이라고 말해 주었다.

12월 16일(화) 오후에 나는 '인내력의 온전한 발휘'라는 제목으로 설교하였다. 다음 날 저녁에 케닉이 월샤로 갔던 여행에서 돌아왔다. 나는 평상시와 같이 그를 얼싸안고 환영하려 할 때 그가 보여준 냉담한 태도로 크게 놀랐다. 아마 처음 거기 온 사람이 있었다면 생각하기를 케닉이 나를 처음 보는 게로구나라고 하였을 정도였다. 그러나 나는 그때 아무 말도 않고 사람들 앞에서 그를 칭찬하였을 뿐이었다.

12월 19일(금) 나는 그에게 왜 그러는지 말하라고 하였다. 그는 나에 대해 들은 많은 이야기를 하였으나 아직도 무엇인가 숨긴 듯하여 나는 내일 아침 다시 만나자고 하였다.

12월 20일(토) 몇 사람이 모여 오랫동안 회의를 계속하였다. C가 마침내 솔직히 나에게 말하기를 그는 나에게 동의할 수가 없는데 그 이유는 내가 진리를 설교하지 않기 때문이며 특히 "선택"에 대해서 그렇다는 것이다. 그래서 잠시 논쟁을 벌였으나 별 성과를 얻지 못하였다.

저녁에 브리스톨에서 연 사랑의 만찬에는 킹스우드에서 깊은 눈길을 헤치고 온 70~80명의 형제와 자매들이 참예하였다. 우리는 모두 함께 걸어서 돌아갔는데 폭풍과 진눈깨비 속을 뚫고 갔으며 눈이 어찌나 많이 쌓였는지 무릎높이 이상 쌓인 곳이 여러 곳 되어 지금까지도 생생하게 기억한다. 그러나 우리 가슴은 뜨거웠으며 그러기에 우리는 하나님이 주신 위안을 생각하여 기뻐하고 찬양하며 돌아갔다.

1741년 1월 19일(월) 여러 가지 일로 미루어 보아 내가 런던에 있는 것이 절대적으로 필요한 일임을 알게 되었다. 그래서 나는 우리 신도회를 저녁에 모이기로 하고 모든 것을 잘 정리한 다음 화요일에 출발하여 수요일 밤에 파운드리에서 우리 형제들을 만났다.

1월 22일(목) 나는 내 동생이 하다가 중단한 요한1서 4장부터의 주석을 시작하였다. 그는 그 전날 아침에 설교하지 아니하였으며 더 이상 하려고 생각지 않았다. "블레셋 사람들이 그대 위에 있느니라, 삼손아!" 그러나 주께서 "너를 멀리 떠나시지 않으셨도다. 주께서 너에게 다시 힘을 주시사 너로 네 눈을 잃게 한 그들에게 원수를 갚도록" 해 주실 것이다.

2월 1일(주일) 횟필드가 나에게 보낸 서신이 그와 나의 허락도 없이 인쇄되어 상당히 많이 현관과 파운드리 안에서 사람들에게 분배되었다. 그 중의 한 장을 얻어 나는 그 일에 대해 사실대로 회중에게 설명하고 (설교 후에) 이어서 그들에게 말하기를 횟필드가 여기 계셨더라면 하였을 행동을 나도 여기서 하겠다고 하고 그것을 그들 앞에서 착착 찢어버렸다. 그것을 받았던 모든 사람들도 다함께 그렇게 찢어버렸다.

2월 4일(수) 성 누가 교회에서 예배를 마치고 돌아와 보니 우리 집에 사람이 너무 많이 모여 들어 거의 서로 짓밟을 지경이었다. 나는 설교할 계획이 아니었으나 그렇게 많은 회중을 빈손으로 가게 한다는 것은 옳지 않은 일이라 생각하여 열매 맺지 못한 무화과나무의 비유를 상세히 강론하였다.

여기서 떠나 나는 뎁포드로 갔는데 거기에는 상식도 예의도 전혀 없는 많은 가난하고 불쌍한 사람들이 함께 모여 있었다.

2월 10일(화) 참회의 화요일이었다. 내가 설교를 시작하기 전에 상스러운 사람들이 여인들과 함께 와서 아주 무례하게 행동하면서 방해하였다. 한 경관이 조용히 하라고 명하였더니 이에 대한 응답으로 그들은 그 경관을 때려 눕히고 말았다. 그 가까이 있던 사람들이 그들 중의 두 사람을 붙들었으며 곧 문들을 닫았으므로 더 이상 다툼은 없었다. 그 두 사람들은 잠시 후에 치안판사에게 끌려갔으나 앞으로 좋은 행동을 하겠다는 약속 하에 석방되었다.

2월 12일(목) 동생이 옥스퍼드에서 돌아와서 하나님을 대망하는 참 길에 대하여 설교하였으며 그것에 따라 어떤 사람들의 두려운 마음을 일시에 찢어버렸다. 찰스 웨슬리는 아직도, 아니 벌써 런던에 더 이상 오지 않기로 마음먹고 있다고 확신에 찬 말을 하던 (그렇게 바라면서) 어떤 사람의 헛된 소망을 일시에 씻어 버렸다.

2월 16일(월) 내가 롱 레인에서 설교하고 있을 때 그곳 주민 중의 반대파들이 함께 몰려 왔으며 큰 돌 하나가 (그들이 던진 많은 돌 중의 하나) 나의 어깨 위로 지나갔으나 아무도 다친 일이 없었다. 이는 그의 "왕국은 모든 사람들을 지키시기" 때문이었다.

모든 일이 내가 바라던 대로 정돈되었으므로 17일 화요일에 나는 런던을 떠났다. 오후에 나는 옥스퍼드에 도착하여 말을 그곳에 두고 도보로 스탠튼 하코트를 향해 출발하였다. 한 시간쯤 지난 후 밤의 어두움이 짙어지기 시작하였으며 심한 비가 내리기 시작하였다. 비에 젖고 피곤해지고 갈 길도 잘 알지 못하여 마음속으로 이렇게 말하게 되었다. (비록 하나님의 뜻이 단념되기를 원하는 나의 마음을 부끄럽게 여기면서도) "오! 하나님이시여. '하늘의 물동이'를 멈추게 해 주시든지, 적어도 빛을 주시든지, 정직한 안내자를 보내 주시든지 그렇지 않으면 어느 길이든 하나님께서 아시는 길로 어떤 도움을 주시옵소서." 라고 하였다. 곧 비가 개고 달이 보였으며 한 친절한 사람이 따라와서 나를 자기 말에 태우고 자기는 내 옆에서 걸었다. 이렇게 우리가 갬볼드의 집 대문에 이를 때까지 도와주었다.

2월 18일(수) 나는 버포르를 걸어서 갔으며 목요일에는 맘스버리로, 그 다음 날에는 브리스톨로 갔다.

2월 24일(화) 브리스톨에서 모인 많은 사람들 앞에서 나는 연합신도회원의 이름들을 불렀다. 이는 난잡하게 구는 사람들을 더 이상 남아 있지 못하게 하기로 결심하였기 때문이었다. 따라서 나는 1) 정당한 반대를 받은 사람, 2) 내가 믿을 만한 정직성이 알려지지 않았거나 또는 어떤 사람의 추천도 받지 못한 사람에 대해서 언급하였다. 충분한 천거를 받은 사람들에게는 다음 날 회원증을 주었다. 나머지 사람들과는 그들을 고발한 사람들과 직접 만났으며 무흠한 것이 나타난 사람들과 그들의 잘못을 자복하고 보다 나은 생활을 하기로 약속한 사람들은 회원으로 맞았다. 나머지 사람들은 그들 스스로 나가지 않는 한 또다시 심사에 회부되었다. 약 40명가량이 이런 방법으로 우리에게서 떠나게 되었으나 나는 다만 한 계절 동안만으로 족하리라 믿는다.

3월 15일(주일) 나는 킹스우드에서 두 번, 브리스톨에서 두 번, 다음과 같이 괴로운 심령에서 나온 말씀으로 설교하였다. "오! 내게 비둘기와 같이 날개가 있다면 훨훨 멀리 날아가 쉬고 싶다."

3월 21일(토) 저녁에 나는 에스겔 33장을 설명하였는데 한참 하고 있던 중 갑자기 나에게 큰 고통이 생겨, 나는 더 이상 말할 수 없게 되었다. 나는 치료법을 알고 있으므로 곧 무릎을 꿇고 앉았다. 잠시 후에 고통이 사라지고 죄인들을 향해 "왜 너희가 죽겠느냐. 오! 이스라엘 집이여!"라고 하시는 주의 음성을 외치게 되었다.

킹스우드와 브리스톨에서 모든 일이 내가 기대하였던 것보다 훨씬 더 잘 정돈되었으므로 25일 수요일에 출발하여 다음 날 런던으로 왔다.

3월 28일(토) 조지아에서 돌아온 후 휫필드가 불친절하게 대한다는 말을 너무 많이 들었기에 이 일을 어떻게 판단해야 좋을지 그에게 들어보기로 하고 그에게 갔는데 그가 솔직하게 말해 주어서 기뻤다. 그는 우리가 서로 다른 두 복음을 전하고 있으므로 나와 함께 일하고 싶지도 않고 우정의 오른손을 내밀어 제휴할 수도 없을 뿐 아니라 어디서든 공공연하게 나와 나의 동생에 대항하는 설교를 하겠다고 하였다. (나와 동행하였던) 홀이 며칠 전에 그를 방문하였을 때 비록 개인적으로는 의견이 다르지만 공적으로는 우리에게 반항하는 그런 일은 하지 않겠다고 약속한 일을 상기시켰다. 그러나 그는 그 약속은 자기가 약하였기 때문에 한 것이고 지금은 추호도 그런 마음이 없다고 하였다.

3월 30일(월) 나는 매일 일정한 시간에 고정적으로 각 회원과 대화하는 시간을 보냈다. 이를 통해 난잡한 사람들이나 조심 없고 다투기 좋아하는 사람들이 남아 있지 못하게 하려 하였다. 그래서 토요일만 제외하고 10시에서 2시까지 원하는 사람과는 누구든지 이야기하기 시작하였다.

4월 6일(월) 나는 피터 뵐러와 오랜 시간 동안 이야기를 나누었다. 나는 그들과 함께하기를 삼가는 나 자신이 의아하다. 그들 중의 어느 누구와 이야기하여도 나의 마음은 불타올랐다. 나는 그들과 함께 있기를 사모하나 그들에게서 떠나 있지 않으면 안 된다.

4월 7일(화) 나는 20년 이상을 공인된 무신론자로 살아온 한 사람과 식사를 같이 하였다. 그러나 몇 달 전부터 하나님 말씀을 가지고 조롱하다가 그만 그 말씀에 베였다. 그리고 그는 자신이 부정하였던 바로 그 하나님이 자기 영혼에 평화를 베푸실 때까지 밤낮 평안히 쉬지 못하였다.
저녁에 모든 회중을 모이라고 한 나는 연합신도회원의 명단을 읽었으며 그 품성이 의심스러워 그에 관해 심문을 해야 할 사람들에게는 표를 하였다. 그리고 목요일의 신도회 집회시간에 이 사람들의 이름을 불러 그 다음 날 기회 있는 대로 그들이 그리스도를 성실하게 찾고 있음을 입증하였다. 그 나머지에 대해서는 그 의심스러운 점이 없어질 때까지 계속 심사에 붙이기로 하였다.

5월 1일(금) 저녁에 나는 피터 뵐러가 "우리의 잘못을 피차 자백하기 위하여" 이에 동의한 열 사람을 위해 3년 전 이날 만들어서 계속 모여 온 적은 사랑의 만찬회에 참석하였다. 7명이 출석하였다. 1명은 병으로, 또 둘은 올 마음이 없어서 결석하였다.

5월 3일(주일) 나는 성경에 있는 말씀, 즉 누구든지 "그리스도 안에 있으면 새로운 피조물"이라는 말씀을 전해 주었다. 오후에는 마리레본 필드에서 큰 무리에게 "오 사람아 주께서 그대에게 무엇이 좋은지를 보이셨도다."라는 것을 설명하였다. 악마의 자식들이 그들 주인을 위해 그의 왕국이 망하지 않도록 하기 위해 용감하게 싸웠다. 그러나 내가 그것들을 자세히 살펴 저들이 저들의 수고에 대하여 어마어마한 결과를 얻었는지 시험하려 하였더니 그들은 마치 연기와 같이 사라지고 말았다.

5월 6일(수) 이날은 우리가 하나님 앞에서 우리 영혼을 겸비하게 하고 기도하기로 합의한 날이었다. 하나님께서 우리가 페터레인의 형제들과 다시 합하는 데 대해 어떤 뜻을 보여 주시지 않을까 하고 기다리기로 한 것이다. 이런 뜻으로 모든 남녀가 오후 1시에 다 모였다. 우리 주께서는 우리 기도를 버리시지도 않으셨고 우리 중에 아무 증거도 남기시지 않으시고 떠나지는 않으셨다. 그러나 모든 사람에게 분명해진 것은 전부터 이 일을 위해 열심이었던 사람들에게까지라도 아직 때가 이르지 않았다는 사실이었다.

5월 7일(목) 나는 많은 우리 형제자매들이 필요한 식물이 없고, 입을 옷도 없고 신에게 과오가 있는 것도 아닌데 직업도 없고 병으로 거의 죽게 된 것을 생각하였다. 그래서 나는 내게 있는 것으로 내가 할 수 있는 일을 하였다. 굶주린 이들을 먹였고 헐벗은 이를 입혔으며 가난한 자들을 고용하였고 병든 자를 방문하였다. 그러나 한 사람의 힘만으로는 이런 모든 일을 하는 것은 부족하기 때문에 같은 뜻을 가진 모든 사람들과 함께 일하자고 하였다. 1) 가난한 사람들에게 나눠 주기 위하여 없어도 견딜 만한 옷은 다 가지고 올 것, 2) 가난한 사람이나 또는 병든 사람들을 위하여 한 주간에 한 페니씩 또는 그들이 드릴 수 있는 정도의 헌금을 드릴 것 등을 요청하였다.

그들에게 말한 나의 계획은 현재로는 직업이 없는 여자들에게 편물 짜는 일을 주기 바란다는 것이었다. 이 여자들에게 먼저 그들이 일한 만큼의 보통 임금을 주고 그러고도 모자라면 그들의 필요에 따라 더 주기로 한다.

열두 사람이 이런 일을 돌보기 위해 선임되었으며 이들은 병든 이들을 찾아보고 그들이 필요로 하는 것을 조사하였다.

이들 각자는 맡은 지역 내의 모든 병든 이들을 격일로 방문하고 화요일 밤에 모여 그들이 해 온 일을 보고하고 다음에 하여야 할 일들을 협의하였다.

금주에 추수하시는 주께서 그의 추수의 낫을 우리 가운데 놓기 시작하셨다. 화요일에 우리 자매 하우존이 죽었다. 그녀는 그 영혼이 그렇게도 사랑하던 하나님께 대한 충만하고 확실한 소망 중에 갔다.

5월 8일(금) 건강이 좀 좋지 않음을 알게 되었다. 그러나 저녁 설교를 억지로 하였다. 토요일에는 몸이 아주 약해져 몇 시간 동안 머리를 들 수도 없을 정도였다.

5월 10일(주일) 하루 종일 누워 있지 않으면 안 되었다. 그러나 저녁 때 죄인들에게 회개를 권하고 있을 동안은 몸의 약함도 어디론지 사라지고 말았다. 설교 후에 있는 사랑의 만찬 시간에는 등과 머리가 아플 뿐 아니라 열이 계속 되었으며 막 기도를 시작하려고 할 때에는 말도 할 수 없을 정도로 심한 기침을 하기 시작하였다. 그와 동시에 마음에는 강하게 "이런 징조는 믿는 이들에게 주어질 것이니라."는 말씀을 받았다. 그래서 나는 "나의 믿음을 더하소서", "당신의 은혜의 말씀을 건고케 하소서"라고 하며 소리 높여 예수님을 불렀다. 그랬더니 그렇게 말씀드리고 있는 동안에 고통은 사라져 버렸다. 이렇게 건강은 회복되었으며 몇 주간 동안 아무런 약함도 고통도 느끼지 않았다. "오! 주여! 당신 앞에 나는 감사를 드리나이다."

5월 18일(월) 동생의 간청으로 런던을 떠나 다음 날 저녁에 그를 브리스톨에서 만났다. 나는 마침 설교를 끝낸 그 방에 들어서면서 좀 놀랐다. 어떤 이들은 소리 내어 울고 있었으며 어떤 이들은 손뼉을 치고 있었으며 어떤 이들은 영광찬송을 드리고 있었는데 전 회중이 동참하고 있었다.

5월 20일(수) 오전 시간을 거의 다 우리 신도회의 새 회원들과 이야기하는 데 소비하였다. 오후에는 병자를 방문하였는데 아무도 무서워하지를 않았고 하나님께 투덜대지도 않았다.

5월 23일(토) 우리 모임의 청지기들의 모임에서 (매주 헌금을 받고 지출하는) 헌금이 좀 모자라니 지출을 줄여야 함을 알게 되었다. 따라서 현재의 재정으로는 겨우 이 곳의 두 교장과 한 부인과 킹스우드의 한 교장과 한 부인을 유지할 수 있기 때문에 브리스톨에 있는 두 교장을 해임하기로 합의를 보았다.

6월 8일(월) 나는 엔필드 체이스를 떠나 레이체스터 샤이어로 향하였다. 저녁때에 우리는 노스햄프톤에, 그리고 다음 날 오후에 레이케스터에서 5, 6마일 더 나간 곳에 마크필드에 사는 엘리스의 집에 도착하였다.

이틀 동안에 한 번 꼭 해 보아야겠다고 자주 생각하였던 일을 실험해 보았다. 즉 내 마음이 내키지 않는 한 아무에게도 하나님께 관계된 말은 하지 않은 일이었다. 그래서 어떤 일이 일어났던가? 1) 먼저 나는 80마일을 가는 동안 아무와도 이야기하지 않았으며, 마차에 함께 탄 사람과도 출발 시에 잠깐 몇 마디를 주고받았을 뿐이었다. 2) 들고 갈 십자가도 없었고 지고 가야 할 십자가도 없었기 때문에 한두 시간 후에는 깊이 잠들 수가 있었다. 3) 어디를 가나 사람들이 나를 교양 있고 온후한 신사로 정중히 대해 주었다. 오! 이 모든 일들이 육적 생활에 얼마나 즐거운 일인가! 개종을 위해 바다와 육지를 건너기까지 하면서 고심해야 할 필요가 있을까?

6월 10일(수) 오후에 우리는 마크필드 건너편 10마일 지점에 있는 J-C-n의 집에 왔는데 그는 솔직하고 마음이 열린 사람이요, 하나님의 뜻을 알고 또 행하기를 간절히 원하는 사람이었다. 나는 그의 말을 듣고 좀 놀랐다. 그는 "몇 달 동안 우리 둘레에는 큰 각성운동이 있었으나 S-가 온 후로는 4분의 3은 종전과 같이 다시 잠들고 말았습니다."라고 하였다. 나는 그에게 사람들을 교회에서 빼내는 일들에 대해 조심할 것을 말해 주고 기도를 멀리 하는 일에 대해 충고하였다. 그랬더니 그는 거기에는 남아 있는 영국교회란 없으며 가족 기도회에는 성경봉독도 없으며 어떤 다른 시간의 개인기도도 없는데 믿는 사람들이 개인적으로 그런 일을 할 필요가 없다는 것이다. 내가 묻기를 그렇다면 우리 주님께서 "너의 골방에 들어가 기도하라" 하신 말씀은 무엇을 뜻하느냐고 하였다. 그는 말하기를 "오! 그것은 너의 마음의 골방으로 들어가라는 뜻입니다."라고 하였다.

5시와 6시 사이에 우리는 옥부르크에 왔는데 거기에는 그때 S-가 있었다. 나는 그리브스에게 여기에서 무슨 교리를 가르쳤느냐고 물었다. 그는 "모든 것을 종합하면 네가 믿기를 원한다면 조용하라는 것입니다. 그리고 좋은 일을 한다고 거짓말하지 마라(그것은 네가 믿을 때까지는 할 수 없다), 그리고 기도나 교회에 그리고 성찬식에 나가는 것 같은 당신들이 부르는 은혜의 방법에서 떠나라는 것입니다."라고 하였다.

8시경에 그리브스가 그의 교회를 사용토록 해 주기에 나는 참된 복음적 고요가 무엇인지를 설명하였고 또 11일 목요일 아침에는 많은 회중에게 "은혜로 믿음에 의해 너희는 구원 받았다."는 것을 설명하였다.

오후에 우리는 노팅함으로 갔는데 거기서 호우의 영접을 받았다. 8시에 우리 신도회는 평상시와 같이 시작되었다. 그러나 나는 기가 막히는 현상을 보았다. 1) 그 방은 절반도 차지 않았다. 얼마 전까지만 해도 늘 방 안과 밖에 사람들이 가득 차 있었다. 2) 그 방에 들어오는 사람 중에 한 사람도 먼저 기도하는 이는 없었고 곧장 앉아서 이웃과 잡담을 하거나 또 누가 와 있는가 보려고 두리번거렸다. 3) 그리고 내가 기도를 시작하려 할 때 큰 놀라운 일이 생겼다. 아무도 무릎 꿇지 않았으며 서 있던 사람들도 그들이 할 수 있는 가장 편안하고 거만한 자세를 취하였다. 잠시 후에 나는 찬송가책이 책상 위에 있는가 하고 찾았는데(그것은 내 알기로는 호우가 런던에서 가져온 것인데) 그 찬송가책과 또한 성경까지도 아주 어디론지 없어지고 말았다. 대신 모라비안의 찬송가책들과 백 장의 설교집이 놓여 있었다.

저녁에 우리는 마크필드로 왔는데 그 곳 교회는 가득히 모여 있었다.

6월 13일(토) 아침에 나는 "일을 아니할지라도 경건치 아니한 자를 의롭다 하시는 이를 믿는 자에게는 그의 믿음을 의로 여기시나니(롬 4:5)"라는 말씀들을 가지고 설교하였다. 그런 후에 우리는 멜번을 향해 갔는데 가보니 사람들이 너무 많아서 집 안에 다 수용할 수가 없었다. 그래서 나는 큰 나무 아래 서서 이스라엘에게 회개하고 죄 사함을 받게 해 주시려 아들을 보내시고 그를 구세주로 높여 주신 하나님을 선포하였다. 거기서 나는 헤밍톤으로 갔는데 그곳의 집회 장소도 사람들을 수용하기에 너무 좁아서 내가 "우리가 구원받기 위해 반드시 해야 할 일"이 "무엇인가"에 대해서 말해 주고 있는 동안 사람들은 문간에 섰고 창가에 서기도 하였다.

우리 일행 중의 한 사람은 내가 그렇게 말하고 있는 동안 좀 감정이 상한 듯하였는데 그것은 그 자리에 온 고을에 저주를 잘하고 헛맹세하며 늘 술 취해 있는 부도덕하기로 이름난 한 사람이(지금 흰머리를 날리는 80대 노인이 되었으나) 와서 앉아 있었기 때문이었다. 그런데 놀랍게도 그가 나에게로 나오더니 내 손을 꽉 붙잡고 말하기를 "목사님이 좋은 사람인지 혹은 나쁜 사람인지는 알 수 없으나 그러나 목사님이 전한 말씀만은 좋은 줄을 압니다. 나는 그런 좋은 말씀을 일생 동안 들어보지 못하였습니다. 오! 하나님께서 이 가련한 영혼에게도 그 구원의 집을 허락해 주실 것인지요!" 하고는 눈물을 쏟기 시작하였으며 더 이상 말을 잇지 못하였다.

6월 14일(주일) 노팅함으로 말을 달려 8시에 시장에서 많은 군중에게 설교하였다. 군중 속에 경솔하게 구는 이들이 두세 사람 보였으나 곧장 조심시켰더니 그들은 책망을 잘 받아들였다. 그런데 조금 후에 내 등 뒤에 있던 한 사람이 큰 소리로 반박하고 모독하는 말을 하였으나 내가 그의 쪽으로 향해 돌아섰더니 그는 기둥 뒤로 숨었다가 마침내 도망치고 말았다.

오후에 마크필드로 돌아왔다. 교회는 (입추의 여지없이 꽉 차 있었으므로) 몹시 더웠고 저녁 예배를 드리기에 퍽 어려웠다. 후에야 밖에 서서 들어오지 못하였던 사람들이 많다는 말을 들었기에 그들이 있던 곳으로 가서 "나는 그들의 반역을 치료할 것이며 즐거이 그들을 사랑하겠노라"는 주님의 위대하신 약속에 대하여 설명하였다. 저녁에 교회에서 "많이 용서받았기에 많이 사랑한" 여인에 대하여 자세히 말하였다.

6월 15일(월) 나는 런던을 향해 출발하였으며 저 유명한 마틴 루터의 「갈라디아서 주석」을 도중에 읽었다.

6월 17일(수) 나는 말을 타고 천천히 옥스퍼드로 향하였는데 와이콤베드에 이르기 전에 벌써 내 말은 지쳤다. 그래서 거기서 다른 말을 빌려 탔는데 그 말도 내가 테스트스워즈에 이르기 전에 지치고 말았다. 나는 거기서 세 번째 말을 빌려 타고 저녁에야 옥스퍼드에 도착하였다.

6월 18일(목) 나는 신학사 학위를 위한 예비문제들에 관하여 묻고 또 대학생 전체 앞에서 행할 나의 설교제목에 관하여 갬볼드와 의논하였으나 그는 잠시도 이에 대해 생각하는 것 같지 않았다. 그리고 그는 말하기를 "이곳 사람들은 목사님에 대하여 벌써 깊은 편견을 가지고 있으므로 목사님이 무엇을 말하든지 귀담아 듣지 않을 것입니다."라고 하였다. 과연 그럴는지 알 수 없다. 그러나 나는 모든 심령을 기울일 것이다. 그들이 듣든지 또는 삼가든지 그것은 별 문제가 아니다.

나는 이곳 가난한 사람들 중에 큰 변화가 있는 것을 알게 되었다. 매주 25~30명의 성찬식 참예자들 중에 겨우 두 사람만이 남아 있었다. 교회에서 있는 매일 기도회에 출석하는 사람은 하나도 없었다. 한때 굳게 뭉쳤던 사람들이 이젠 갈기갈기 찢어져 사방으로 흩어져 버렸다.

7월 2일(목) 갬볼드를 다시 만났더니 그는 정직하게 내게 말하기를 나와 동료가 된다는 것은 부끄러운 일이어서 신도회에 더 이상 가지 못하게 되었음을 양해하라고 하였다. 이는 적어도 솔직한 일임은 틀림없다.

7월 9일(목) 볼드레인 도서관에서 칼빈이 미카엘 셀베터스에 대하여 쓴 글들을 우연히 보게 되었는데 그의 여러 편집 중에 때때로 그는 셀베터스가 "나는 성부는 하나님이시요, 성자도 하나님이시요, 성신께서도 하나님이심을 믿는다."고 선포한 것을 삽입해 놓았다. 그러나 칼빈은 그를 전에 없던 괴물로, 즉 아리안이요, 불경스러운 자라고 묘사하였을 뿐 아니라 더 나아가 "개요, 악마요, 돼지"라고 하며 그가 그의 반대자들에게 붙이는 그런 이름들을 꽃잎 뿌리듯 거리낌 없이 뿌렸다. 그러고도 그는 그가 셀베터스를 죽음으로 이끈 장본인임을 전적으로 부인하였다. 그는 말하기를 "아니다. 나는 다만 우리 치안재판관에게 이단을 검으로 제지할 권한이 있으나 단지 이단을 체포하고 심문하라고 권고하였을 뿐이라고 하였다. 그러나 그가 유죄판결을 받은 후에 나는 그의 형 집행에 관해서는 한 마디도 하지 않았다"
고 하였다.

7월 10일(금) 런던으로 말을 타고 가서 쇼트스 가든에서 "나사렛 예수 그
리스도의 이름"이란 제목으로 설교하였다. 12 주일에 내가 찰스 스퀘어에
서 "바르게 행하고 자비하기를 사랑하고 겸손하게 우리 하나님과 함께 걷
는다."는 것이 무엇인가에 대하여 설명하고 있을 때 큰 소동이 일기 시작하
였다. 여러 명의 건달패들이 황소 한 마리를 끌고 와서 우리 회중 속으로 들
여보내려고 무던히도 애를 쓰고 있었다. 그러나 그들의 수고는 헛되었다.
왜냐하면 그 황소는 빙글빙글 돌고 이리 왔다 저리 갔다만 할 뿐이었으며
마침내는 그들 사이를 뚫고 도망치고 말았다. 뒤에 남은 우리는 고요하게
하나님께 감사하고 하나님을 찬양하였다.

7월 13일(월) 나는 옥스퍼드로 돌아왔다가 수요일에 말을 타고 브리스톨
로 갔다. 동생은 벌써 웰스로 가고 없었으므로 꼭 때를 맞춰 온 셈이며 참으
로 다른 면으로도 잘 왔다고 느꼈다. 왜냐하면 열렬한 영적인 움직임이 많
은 사람들에게 번져가고 있었기 때문이었다. 그들의 생각에는 하나님의 뜻
으로 가득하였는데 그 하나님의 뜻이란 기록된 말씀이 아니라 그들의 심령
에 인상지어진 것을 말하는 것이었다. 만일에 이런 인상들을 기록된 말씀
대신 행동의 규칙으로 받아들인다면 내가 알기로 이보다 더 나쁘고 불합리
한 일은 없을 것이며 그뿐 아니라 우리는 구제 받을 길이 없는 곳으로 굴러
떨어지고 말 것이다. 월요일에 (동생이 웰스에서 돌아왔기에) 나는 옥스퍼드로
말을 타고 돌아왔다.

7월 25일(토) 나의 차례가 되었으므로 (3년에 한 번 돌아오는 일) 나는 대학
교 앞 성 마리아 교회에서 설교하였다. 수확은 참으로 많았다. 옥스퍼드에
서 이렇게 많은 회중이 (어떤 동기에서든지) 모인 것을 별로 본 일이 없다. 내
가 택한 본문은 "내가 나를 권하여 그리스도인이 되게 하려 하는도다."라고

한 가련한 아그립바의 고백이었다. 나는 "나의 빵을 물 위에 던졌다." 그리고 "여러 날 후에 이것을 다시 찾기로" 하였다.

오후에 다시 출발하여 (시간이 없었으므로) 26일 주일에는 파운드리에서 설교하였다.

7월 31일(금) 우리 자매 중 한 사람(제인 머시)이 병들었다는 소식을 듣고 그를 만나러 갔다. 그 여자는 페터레인의 첫 여자 회원 중의 한 사람이었으며 은혜의 길에 대한 변론이 시작되었을 때 그 여자는 그 사이에 서서 성자들에게 주어진 성찬을 열렬하게 변호하여 싸웠다. 곧이어 미혼 남성과 여성 사이에 대답하는 일을 금하는 명령이 내려졌을 때 그 여자는 다시 "남자를 위한 계명의 교리를 가르치는 자"들을 정면으로 맞서 저항하였다. 그 시대에 살고 있는 가장 현명하다는 어떤 궤변론자라 할지라도 그 여자가 가진 믿음을 스스로 부인하게 하거나 좀 덜 솔직한 말을 하게 하거나 선한 일을 권하고 또 조심스럽게 실천하는 일에 열심을 내지 못하게 그를 설득할 수 있는 사람은 없다. 또한 그 여자는 밤 8시나 9시까지 사랑의 노동을 하게 되었을 때 그 일을 마친 후 계속 앉아서 12시나 새벽 1시까지 쉬지 않고 계속 일하였는데 이는 그녀 자신을 위한 무엇을 원해서가 아니라 다른 사람이 필요한 것을 마련해 주려는 일념에서였다. 이런 일은 그에게는 여러 번 있었던 일이었다.

한두 모임의 인도자가 된 후부터 그는 더욱 더 양 무리의 모범이 되었다. 모든 면에서 자기를 부인하고 행동을 떳떳하게 하고 단순하게 생각하고 하나님 앞에 성실하며 믿음에 굳게 서며 공중집회나 사사집회의 성찬식에 항상 참석하는 면에서 그러하였다. 그가 모든 사람들이 하는 것보다 더 큰 수고를 감당하였으므로 하나님께서는 그를 이 고통스러운 세계에서 저 세계로 불러가셨다.

8월 7일(금) 자매의 시신은 쇼츠 가든으로 운구되었다. 거기서 나는 "기록하라, 주 안에서 죽은 자는 복되도다."라는 말씀으로 설교하였다. 성 자일

레스 교회 정원에서 마지막 순서를 집례하였는데 전에 보지 못하였던 큰 무리가 모였다.

8월 12일(수) 하나님께서 불로 깨끗케 하신 사람을 방문하였다. 하나님께서는 그의 아내의 기도에 응답하시사 그가 그의 아내를 막 때리려 하였을 때(그는 자주 그렇게 하였다) 순간적으로 그를 치시사 올렸던 그의 손이 그만 내려뜨려졌으며 갓 나온 어린애같이 힘이 없어져 그만 땅에 엎드러지고 말았다.

8월 14일(금) 그로스베노아 스퀘어 근처에 사는 한 사람을 찾아 갔다가 나는 '천주학쟁이'의 증가에 반대를 외치는 충분한 이유들이 있음을 알게 되었다. 이는 매주 3일씩 스와라우 스트리트에서 설교하는 한 신사에 의하여 계속 개종자가 생기고 있었기 때문이었다. 그런데 저 모아필드에서 "천주학쟁이! 천주학쟁이!"라고 계속 소리치고 있는 그 선수들은 이곳에 왜 오지 않는가! 언제나 허공을 치는 자들같이 그렇게 싸우지 말고 정말 싸워보지 않는가? 솔직히 말해서 그들에게는 싸울 의사는 전혀 없으며 다만 적군이 없는 곳에서 용기만 보이고 싶을 뿐인 것이다. 그리고 그들은 파운드리에서는 아무런 대결을 볼 위험 없이 천주학쟁이들을 경멸할 수 있음을 잘 알고 있기 때문이다.

8월 25일(화) 나는 첼시에서 신생의 필요와 성격에 대하여 설명하였다. 한 사람이(나중에 들으니 그는 비국교도 교사였다) 내 설명이 끝난 뒤에 와서 "Quid est tilin nomen?"이라고 질문하여 내가 대답 안하였더니 승리나 한 듯이 그의 동료들에게 돌아와서 말하기를 "아! 내가 말하였지 않았나. 그는 라틴어를 알지 못한다고!"라고 하였다.

8월 26일(수) 어떤 한 여자가 2, 3일 전에 들고 왔다는 놀라운 이야기를 전해 듣게 되었다. 이야기인즉 한 신사가 그의 친구들을 향하여 말하기를 "찰스 스퀘어에서 어떤 사람이 그러는데 웨슬리 씨가 제네바 술을 암매하였다는 죄로 벌금 20파운드를 지불하였으며 자기 집에 지금 천주교 신부 두 사람을 숨겨 두고 있다는 말을 들었다."고 하는 것이었다. 그랬더니 다른 사람이 말하기를, 자기는 한 비국교도 목사가 "분명히 웨슬리 씨는 빈민들 사이에 한 당파를 만들기 위해 스페인에서 거액의 자금을 받았으며 스페인군이 상륙하면 곧 2만 명을 이끌고 이와 합세할 계획을 다 세웠다더라고 말하는 것을 들었다."고 하였다.

8월 31일(월) 나는 대중 기도서에 있는 순서에 따라 설교하기 시작하였다.

9월 1일(화) 나는 휫필드가 하나님께서 자기 영을 위해 하신 일을 기록한 글을 읽었다. 내가 아는 바로는 대부분 진실이다.

1741년 9월 3일 ~ 1743년 10월 27일

제6장 │ 고아원 설립

9월 6일(주일) 사람들이 얻는 자유를 방종의 기회로 삼으려는 것이 보이기 시작하였으므로 나는 사도 바울이 "모든 것이 가하나 모든 것이 유익한 것이 아니라."고 한 말을 생각하며 자유에 대한 의미를 생각하였다.

9월 21일(월) 나는 이곳을 떠나 다음 날 저녁에 브리스톨에서 동생을 만났다. 동생은 웰스의 폴몬 캐슬에서 온 존스와 함께 있었는데 그는 예수 안에 있는 진리를 확신하고 있었다.

10월 1일(목) 우리는 웰스를 향해 출발하였으나 오전에 세베른 너머에서 길을 잃었으며 우리가 뉴포드에 도착하기 전에 벌써 해는 저물었다. 그곳에서 칼디프까지 우리를 안내할 사람을 구하려 하였으나 그런 사람이 없었다. 한 젊은이가 급히 따라왔는데 그는 칼디프에서 2마일쯤 거리에 있는 래니쌴이란 작은 마을로 가는 길이라고 하여 우리는 그쪽으로 가기로 결정하였다. 7시에 출발하였는데 비가 꽤 많이 왔고 달도 별도 보이지 않았으며 그 때문에 길은 물론 옆에 있는 동행인도 볼 수 없었으며 심지어는 자기가 탄 말의 머리도 볼 수가 없었다. 그러나 하나님은 약속을 어기지 않으시사 우리에게 그의 사자를 보내주셨으며 10시 조금 후에 래니쌴에 있는 윌리엄스의 집에 당도하게 되었다.

10월 2일(금) 우리는 말을 타고 폴몬 캐슬로 갔다. 존스의 딸이 천연두를 앓고 있음을 알게 되었다. 그는 기쁨으로 그 딸을 떠나보냈으며 나머지 모든 일은 그가 진실히 믿은 하나님의 손에 맡기었다. 저녁에 나는 섭이아홀의 칼디프에서 설교하였는데 그곳은 넓고 편리한 장소였다. 그날 그곳 읍내에서는 축제가 있었으므로 무절제한 생활에 대하여 몇 마디 할 필요가 있다는 생각이 들어서 이야기 도중에 나는 "너희 주정뱅이들아! 너희는 이 생명에 속한 사람들이 아니다. 너희는 죽음 안에 거하며 죽음과 지옥을 택하였다."고 말하였다. 그랬더니 한 사람이 심히 울면서 "내가 바로 그런 사람 중의 하나입니다. 나는 지금 그곳으로 향해 갑니다."라고 하였다. 나는 하나님께서 그 순간, 그 사람과 또 다른 사람들의 마음속에 '훨씬 더 좋은 길'을 보여 주시기 시작하셨다고 믿는다.

10월 3일(토) 정오가 거의 되었을 때 우리는 폰티풀에 왔다. 한 성직자가 첫 거리에서 나를 세웠으며 곧 몇 사람이 나를 알아보고 맞아주었는데 그들과 함께 있던 극렬한 반대자들도 그들의 사랑이 식게 하지는 못한 것 같았다. '어떤 심령을 가진 자인지를 알 수 없는' 사람들이 나와 내 동생에게서 그들이 떨어져 나가게 하기 위해 무던히도 애를 쓴 것이 사실이다. 그러나 우리는 반대자들과 논쟁하는 대신 기도하기 시작하였으며 우리 모두의 마음은 처음과 같이 다시 묶여 하나가 되었다.

오후에 우리는 애벌가베니로 왔다. 좋지 않은 마음을 가진 사람들이 이곳에도 있었으나 제임스 부인(이젠 휫필드 부인이 된)이 우리를 전과 같이 반가이 맞이해 주었다. 그러나 저녁 집회에서 그의 가족 이외에는 두세 사람조차 얻을 수가 없었다.

10월 22일(목) 브리스톨에서 나는, 며칠 동안 아파 누워 있던 에드워드를 찾아갔다. 그는 깊은 실망에 잠겨 있었다. 그가 기도생활을 멀리하자 모든 파도와 폭풍이 그의 머리 위로 몰려든 것이다. 우리는 하나님 앞에 울부짖었다. 그랬더니 그의 영이 소생되었다. 작은 빛이 그 사람 위에 비쳤으며 우리가 "능력과 의가 되시며 모든 것이 되시는 예수여!"라고 찬송하고 있을 때 그의 영혼은 하나님께로 돌아갔다.

10월 23일(금) 그 밖에도 여러 사람들이 같은 디스템퍼 병으로 고생하는 것을 보았다. 분명히 우리 주님께서는 이 병을 통하여 더 많은 일을 하실 것이다. 나는 이 병이 왔다갈 때에는 어느 집이고 축복받지 않은 것을 본 일이 없다. 저녁에 나는 킹스우드로 갔는데 앤스티드가 역시 고열 속에서 그의 모든 약함과 고통이 함께 선을 이루었다고 간증하고 있음을 보았다.

10월 24일(토) 나는 킹스우드와 브리스톨 두 곳에서 많은 병자를 방문하였는데 그 일은 기꺼운 일이었다. 왜냐하면 아무도 "소망 없는 사람같이 슬퍼하지 않기" 때문이었다.

10월 25일(주일) 올 세인트 교회의 성찬식에 참예한 후 말을 타고 킹스우드로 향하였는데 라우렌스 힐에 이르기 전에 내 말이 넘어졌으며 다시 일어나려고 애쓰다가 그만 내 위로 쓰러졌다. 그때 이웃에 있는 집에서 한두 부인이 뛰어나와 나를 도와 안으로 들어갔다. 나는 하나님의 지혜로우심에 영광을 돌렸다. 이 집에는 잘 달려가려던 사람들이 셋이나 있었는데 사탄이 그들을 방해하였다. 그러나 그들은 다시 출발하기로 결심하였고 그때부터는 한 사람도 되돌아보는 일 없이 잘 달려갔다.

이런 일로 상당히 늦어졌는데도 나는 두 시에 킹스우드에 도착하였다. 하나님께서 나에게 그곳과 후에 브리스톨에서 증거하게 하신 말씀들은(나는 그렇게 표현할 수밖에 없다. 왜냐하면 나는 감히 그것을 내 지혜로 하였다고 할 수가 없기 때문이다) 마치 망치를 휘두르는 일이거나 불꽃이 튀는 것과 같은 것이었다. 그리고 그와 같은 축복을 우리는 우리의 신도회에서도 받았으며 더욱 풍성하였던 것은 그 다음에 있었던 사랑의 만찬에서였다. 회중 이쪽 끝에서 저쪽 끝까지 우는 소리가 들렸는데 이는 슬픔의 울음이 아니라 넘치는 기쁨과 사랑의 울음이었다.

11월 22일(화) 아직 교회에 출석할 수 없었으므로 집에서 성찬에 참예하였다. 좀 더 방에서 안정하라는 권고를 받았으나 그럴 필요가 없다고 생각되었기에 월요일에는 새 방으로 가서 하나님의 은혜에 감사와 찬양을 돌렸다. 근 한 시간 동안 말씀을 풀이하였으나 조금도 피곤하지 않았다.

이번 주에는 매일 한 번씩 설교하였으나 이로 인해 어떤 지장도 받지 않았다. 29일 주일에는 좀 더 해도 괜찮겠다고 생각되어 킹스우드와 브리스톨에서 설교하였으며 그 후에 신도회 회원들과 한 시간 가량, 사랑의 만찬회에서 두 시간을 보냈다.

12월 7일(월) "주 여호와를 의지하라. 주 안에 영원한 힘이 있느니라."에 대해 설교하였다. 그리고 왜 우리가 우리의 구원의 대장이신 분을 신뢰하여야만 하는지 그 이유를 설명할 때 그 방 한가운데에서 "그렇다면 얼마 전에 네 목을 매달 때의 네 대장은 누구였느냐? 네가 잘려 내려질 때 너를 보았다는 사람을 나는 알고 있다."라고 외치는 자가 있었다. 이런 이야기가 퍽 널리 알려져 있어서 브리스톨에서는 그렇게 믿고 있는 이들이 많은 것 같았다. 그래서 나는 그 사람이 앞으로 나오도록 길 좀 내달라고 부탁하였다. 그러나 길이 열린 것을 보자 그는 뒤돌아보지도 않고 재빨리 뛰어 달아나고 말았다.

12월 12일(토) 저녁 때 어떤 사람이 상담하러 왔다. 그는 부끄러움 때문에 마음이 퍽 혼란해서 얼마 동안은 아무 말도 하지 못하였다. 마침내 그는 "나는 월요일에 그 새 방에서 소란을 피웠던 사람인데, 그 이후 밤낮으로 양심의 가책을 받아 자복하지 않고는 마음이 편안하지 못합니다. 용서해 주십시오. 이것이 제 일생을 성실하게 하는 계기가 될 것으로 생각합니다."라고 하였다.

1742년 1월 25일(월) 런던 롱 레인에서 "죄를 범하는 사람은 악마의 자식이다."라는 말을 설명하는데 악마의 종들이 큰 소리로 소란을 피우면서 방해하기 시작하였다(그러나 전에 내가 당부하였던 대로 아무도 자리를 뜨거나 말대꾸를 하는 이가 없었다). 그런데도 그들은 더 많은 사람들을 이리 치고 저리 치며 때리고 집을 일부분 파괴하였다. 마침내 그들은 큰 돌들을 지붕에 던져 기와 조각과 함께 회중 위에 떨어지게 하였다. 그래서 생명의 위험까지도 느끼게 되었다. 그때 나는 "이제 그만 중지하십시오. 하나님의 종이라고 생각하는 장관에게서 하나님의 국왕의 법을 어기는 자는 즉시 보고하라는 명령을 받았습니다. 그러므로 당신들이 이렇게 계속한다면 장관에게 사람을 보내어 보고할 수밖에 없습니다. 그렇지 않으면 나도 같은 죄로 문책 받습니다."라고 말하였다. 내가 말을 끝내자 그들은 한층 더 크게 떠들어댔다.

그래서 나는 "어느 분이든 서너 분이 저 가운데 가장 심하게 날뛰는 사람을 붙잡아 경찰에 넘기시오. 법대로 처리할 것입니다."라고 말하였다. 가장 심하게 떠들고 욕하던 하나는 붙들어 집안으로 데려왔다. 대여섯 사람이 함께 그를 데리고 코플랜드 판사에게로 가라고 하였다. 그들은 코플랜드 판사에게 솔직하게 사실을 설명하였다. 이에 판사는 즉시 그에게 명하기를 다음에 길드포드에서 열리는 재판에 필히 출두하라고 하였다.

그 사람이 집안으로 잡혀 들어왔을 때 그의 동료들이 일제히 소리치며 "리처드 스미스, 리처드 스미스!"라고 하였는데 후에 알고 보니 그는 그들 중에 가장 용감한 사람이었다. 그러나 리처드 스미스는 대답하지 않았다. 그는 벌써 저들보다 높으신 한 분께 사로잡혀 있었다. 하나님께서 그의 마음속 깊은 곳을 치셨던 것이다. 그와 동시에 다시 되풀이해서 말할 수 없는 그런 욕설을 퍼붓고 손에 잡히는 것은 무엇이든 마구 던져대던 여자도 하나님께서 사로잡으셨다. 그 여인이 리처드 스미스를 격려해 말하기를 "하나님께서 그대의 영혼 위에 베푸신 은총을 잊어버리고 또 다시 하나님을 등지고 나가지 말라."고 하였다. 이 사건 후로 롱 레인에서는 결코 방해를 받지 않았다. 그들이 온순해지고 행동을 조심하겠다고 약속하기에 우리의 고소도 취하하였다.

1월 26일(화) 첼시에서 사랑으로 역사하는 믿음에 대해 설명하였다. 내가 그 방에 들어갈 때는 좀 피곤하여 약한 상태였으나 "짐승 같은 사람들"이 광기를 더하면 더할수록 나의 영육도 아울러 더 강건해졌다. 비록 그 방에 사람이 꽉 차 있었다 해도 내 말을 한 구절이라도 못 들은 사람은 없었던 것으로 믿는다. 실지로 그들은 나를 볼 수도 없었으며 2, 3야드 앞도 볼 수가 없었다. 이는 그들이 집안에 폭죽인가 그 비슷한 것을 집어던져 짙은 연기가 온 방에 가득하였기 때문이었다. 그러나 이런 불 속에서도 그들은 하나님을 찬양하였으며 이런 연기쯤은 조금도 겁내지 아니하였다.

2월 25일(월) 여러 사람들이 모여서 부채(負債)를 반환하는 적당한 방법에 대하여 협의하였다. 그리하여 마침내 다음과 같은 결정을 보았다. ① 능력 있는 회원들은 모두 한 주에 1페니씩 헌금을 바칠 것. ② 전 회원을 12명 정도로 이루어진 속회로 나눌 것, ③ 그 속회의 한 회원이 다른 11명의 회원에게서 헌금을 거두어 이를 매주 회계에게 납부하기로 한다.

3월 19일(금) 몇몇 열렬한 사람들의 요청으로 펜스포드에 다시 한 번 말을 타고 갔다. 설교할 곳으로 준비해 준 곳은 시가지 근처의 푸른 초장이었다. 설교를 시작하자마자 난폭한 사람들이 맹렬하게 달려들었는데 (후에 들으니) 그들은 이 일을 위해 고용되었다. 황소 한 마리를 억지로 끌고 와서 사람들 틈으로 몰아넣고 집회를 방해하려 하였다. 그런데 짐승이 사람들보다 현명하여 좀처럼 우리 곁으로 접근해 오지 않았으며, 우리가 조용히 하나님을 찬미하고 하나님께 기도드린 한 시간 가까이 동안 우리 주위를 이리저리로 돌며 쫓겨 다니고 있었다. 가련한 우리가 기가 막힌 모양이었다. 마침내 그들은 사람과 개에게 퍽 오랫동안 쫓기느라 지쳐버린 황소를 붙잡아 질질 끌어서 청중 속으로 밀쳐 넣었다.

지쳐 버린 소를 내가 올라서 있던 책상으로 여러 번 밀었다. 나는 소의 피를 내 옷에 묻히지 않으려고 두세 번 황소의 머리를 손으로 막아 옆으로 돌렸다. 좀 조용해지면 이야기를 계속하려고 생각하였다. 그러나 마침내 책상이 쓰러졌기 때문에 친구들이 손으로 이것을 붙잡고 나를 그들의 어깨 위에 올려놓고 곧바로 다른 곳으로 옮겨 놓았다. 난폭자들이 분풀이로 책상을 부수고 있는 동안 우리는 좀 떨어진 곳으로 가서 아무런 시끄러움이나 다른 방해 없이 이야기를 마쳤다.

3월 21일(주일) 저녁에 마쉬필드로 말 타고 가서 화요일 오후에 런던으로 돌아왔다.

3월 25일(목) 몇몇 열심 있고 사려 깊은 사람들을 지명하여 함께 회의를 하면서 내가 목회자로서 돌봐주기를 바라는 사람들이 누구인지 알기 어렵다는 것뿐 아니라 그게 얼마나 어려운 일인지에 대해 말하였다. 여러 가지로 이야기를 나눈 결과 한 사람을 잘 알기 위해서는 브리스톨에서 한 것과 같이 그들을 속회로 나누고 그 속회에는 내가 가장 신임할 수 있는 속장(시찰자)을 두는 일보다 나은 일이 없다는 데 의견의 일치를 보았다. 이것이 런던에서의 감리교 속회의 기원이다. 이것은 해를 거듭할수록 더욱 쓸모 있게 되었고 글로 표현할 수 없는 큰 공헌을 하는 것을 보며 아무리 하나님께 감사를 드려도 다 드릴 수가 없다고 생각하였다.

4월 9일(금) 런던에서 첫 자정 예배를 개최하였다. 대체로 이 장엄한 예배는 만월에 가까운 (전후 하여) 금요일 저녁에 드리는데 이는 먼 곳에서 오는 사람들이 오고가는 길에 빛이 없어 곤란을 겪는 일이 없게 하기 위해서이다. 예배는 8시 반에 시작되며 자정 조금 후까지 계속된다. 이 집회 기간에 실제로 특별한 복을 받는 것을 보았다. 말로 표현하기 어려운 깊은 경건미를 회중에게서 찾을 수 있으며 밤의 고요 속에서 성가를 부를 때의 그 심정은 무어라 말할 수 없다. 그리고 찬송은 대개 다음과 같은 말씀으로 끝난다.

"저 엄숙한 음성을 들으라.
한밤중에 울리는 저 장엄한 외침을!
기다리는 심령들이여, 기뻐하고 기뻐하라.
신랑이 가까우심을 알라."

4월 25일(주일) 저녁 5시에 나는 스텝니 근처에 있는 래프크리페 광장에서 "나는 의인을 부르러 온 것이 아니요, 죄인을 불러 회개시키려 왔노라."고 하신 말씀으로 설교하였다.

5월 12일(수) 오늘 나는 휫필드와 함께 캔터베리의 대감독을 방문하였고 금요일에는 런던의 감독을 찾아 만났다. 국왕 앞에 출두하라는 명을 받았다 해도 우리는 결코 이를 부끄럽게 여기지 않을 것이다.

5월 17일(월) 오늘 아침에 브리스톨로 출발하려 하였으나 생각지 않았던 일로 가지 못하였다. 오후에 레스터서에서 편지를 받았는데, 지체 없이 급히 와서 이제 저 영원한 세계로 떠나려는 사람을 위하여 최후의 우정을 보여 주기를 간청하는 내용이었다. 그 때문에 20일(목)에 출발하였다. 다음 날 오후에 뉴포트 파그넬에 잠시 머문 후에 다시 말을 타고 갔다. 얼마 후에 어떤 진지한 사람을 만났으며 그와 곧 대화를 하게 되었다.

그는 자신의 의견을 여러 모로 말하여 주었으나 나는 별로 반대하지 않았다. 그러나 그렇다고 찬성하지도 않았으므로 그는 자신이 말한 하나님의 예정론을 내가 믿고 있는지 아닌지 알고 싶어 하였다. 그래서 나는 몇 번이나 "실제적인 것들에 관해서만 이야기합시다. 그렇지 않으면 우리 서로 화내게 될지도 모릅니다."라고 말하였다.

그렇게 2마일 가량 지나온 후에 나는 나도 모르는 사이에 점점 논쟁에 말려들게 되었으며 그는 점점 더 격하여져서 나를 마음속까지 썩은 사람이라고도 하고 틀림없이 존 웨슬리의 제자일 것이라고 말하기도 하였다. 그래서 나는 "아니요, 내가 바로 존 웨슬리입니다."라고 말해 주었다. 그랬더니 이 말을 듣고서는 곧장 도망치고 싶어 하는 것 같았다. 그러나 내가 더 좋은 말을 타고 있었기 때문에 그의 곁으로 바짝 다가가며 여러 가지 이야기를 해 주었다. 그렇게 하면서 우리는 노스햄프톤 거리에 도착하였다.

5월 27일(목) 6시경에 뉴캐슬에 도착하여 잠시 쉰 후에 거리로 들어섰다. 놀란 것은 (작은 아이들의 입에서도) 저주와 욕설이 나오고 주정뱅이도 많아진 일이었다. '이렇게 잠시 동안에 쉽게도 악화되었구나.'라고 생각하였다. 분명히 이곳은 "의인을 부르러 온 것이 아니요 죄인을 불러 회개시키러 왔노라."고 하신 예수를 위해 때가 무르익은 것임이 틀림없다.

5월 30일(주일) 7시에 이 도시의 가장 빈곤하고 가장 천한 동리인 샌드게이트로 내려갔다. 존 테일러와 함께 그 거리의 끝에 서서 시편 100편을 노래하기 시작하였다. 처음에는 3, 4명의 사람들이 무슨 일인가 하고 나오더니 삽시간에 400~500명으로 불어났다. 설교를 끝낼 즈음에는 1,200~1,500명 정도에까지 이르렀다. 그들에게 "그가 상함은 우리의 죄악을 인함이라. 그가 징계를 받음으로 우리가 평화를 누리고 그가 채찍에 맞음으로 우리가 나음을 입었도다."라고 장엄한 말씀에 대하여 말하였다.

내가 설교를 마쳤을 때 사람들이 아주 놀라운 눈길로 나를 보고 있기에 나는 "만일 여러분께서 내가 누구인지 알기 원하신다면 내 이름은 존 웨슬리입니다. 저녁 5시에 하나님의 도우심으로 다시 한 번 설교하려 합니다."라고 말하였다.

5시경에 내가 설교하려고 생각하였던 언덕에는 언덕 위에서 아래 골짜기까지 사람으로 가득 차 있었다. 이렇게 많은 군중은 무어필드나 케닝톤에서도 일찍이 보지 못하였던 일이다. 목소리를 크게 높였지만 2분의 1정도는 듣지 못하였으리라고 생각하였다. 나는 언덕 위의 사람이나 아래 사람이 모두 한 눈에 볼 수 있는 곳에 자리를 잡고 섰다. 내가 그들 앞에서 외친 말씀은 "나는 그들의 반역을 고치며 즐거이 그들을 사랑하리라."는 말씀이었다. 설교가 끝났을 때 이 친근한 무리는 넘치는 사랑과 호의로 내게 밀려들어 밟힐 지경에 이르렀다. 겨우겨우 그 군중을 헤치고 내가 왔던 길과는 다른 길로 돌아왔다. 그런데 벌써 여관에는 몇몇 사람이 와 있었으며 그들은 나에게 여기에 장기적으로 머물러 주거나 그렇지 않으면 며칠 동안만이라도, 아니 그것도 안 되면 다만 하루라도 더 머물러 주기를 간청하였다. 그렇지만 나는 찬성할 수가 없었다. 화요일 저녁까지는 꼭 브리스톨에 가기로 굳게 약속이 되어 있었기 때문이었다.

6월 5일(토) 나는 말을 타고 엡워스에 온 일이 없었으므로 시가지 중간에 있는 여관에 들렀을 때까지는 아직도 이곳에 나와 교제를 원할 사람이 있을지 없을지 알 수가 없었다. 그런데 우리 아버님의 고용인이었던 사람이 다른 두세 가난한 여인들과 같이 나를 찾아왔다. 나는 그 여인에게 "엡워스에서 구원 받기를 열렬하게 구하는 사람이 있는지 아십니까?"라고 물었다. 이때 그 여인은 "하나님의 은혜로 제가 그 사람입니다. 믿음으로 구원 받았음을 확신합니다."라고 대답하였다. "그렇다면 하나님의 평안을 지니고 계십니까? 하나님이 바로 당신의 죄를 용서해 주셨음을 믿습니까?" 그 여인은 대답하기를 "하나님께 감사합니다. 나는 그것을 잘 압니다. 이곳의 많은 사람들이 같은 말을 할 수 있습니다."라고 하였다.

6월 6일(주일) 아침 예배가 시작되기 전에 톰레이 보좌 목사에게 가서 설교나 기도, 어떤 일이든 돕겠다고 제안하였다. 그러나 그는 내 제안에 별 관심이 없는 것 같았다. 내가 설교한다는 소문이 돌아서 저녁 예배 시간에 교회는 꽉 찼다. 그러나 "성령을 끄지 말라"는 톰레이 목사의 설교는 많은 청중들의 기대에 어긋났다. 톰레이 목사는 "성령을 끄는 가장 위험한 길은 지나치게 열광하는 일"이라고 말하고 열광의 위험성에 대하여 미사여구를 구사하며 자못 웅변적으로 설교하였다. 설교가 끝난 후에 존 테일러가 교회 묘지에 서서 광고하기를 "웨슬리 목사님은 교회에서는 설교하는 허락을 받지 못하였기 때문에 오늘 저녁 6시에 여기에서 설교하실 계획입니다."라고 하였다.

그래서 6시에 갔더니 엡워스에서는 이제까지 그렇게 많이 모인 일이 없었다는 생각이 들 만큼 많은 회중이 몰려왔다. 나는 교회의 동편에 있는 아버님의 묘석 위에 서서 "하나님의 나라는 먹는 것과 마시는 데 있지 않으며 의와 화평과 성령에 의한 기쁨에 있느니라."는 말씀을 전하였다.

6월 9일(수) 이웃 읍에 참으로 평온하고 공명하고 이해력이 있는 한 판사를 만나러 말을 타고 갔다. 그 판사 앞에 (내가 들은 이야기로는) 새 이단자들의 하는 일을 노여워하고 있던 사람들이 이단자들을 한 마차 가득히 싣고 간 모양이었다. 판사가 이 사람들에게 질문하기를 "저 사람들은 대체 어떤 악한 일을 저지른 사람들인가?"라고 질문하였더니 그들은 그만 대답을 못하고 침묵하였다 한다. 마침내 한 사람이 "그들은 다른 사람들보다도 한층 선한 사람인 체하였으며, 아침부터 저녁까지 기도드립니다."라고 대답하였다. S는 "그 밖에 다른 일은 하지 않았느냐?"고 반문하였다. 이번에는 한 노인이 "예, 다음과 같습니다. 저 사람들은 우리 집사람을 회개시켰습니다. 저들의 무리 속에 들어갈 때까지는 몹시 잔소리를 많이 하는 사람이었는데 이즈음에는 양과 같이 얌전해졌습니다."라고 대답하였다. 판사는 이에 답하기를 "저 사람들을 돌려보내어 읍내에 있는 모든 떠버리를 회개시키도록 하였으면 좋을 것이다."라고 하였다 한다.

6월 13일(주일) 7시에 헥시에서 "구원받기 위하여 무엇을 할 것인가"에 대하여 설교하였다. 그리고 나서 아버님께서 교구목사로 (엡워스에서와 같이) 여러 해 동안 계셨던 루트로 갔다. 화이트램이 교회사용을 허락해 주셨으므로 오전에는 "구하라 주실 것이요"에 대하여 설교하였고 오후에는 율법의 의와 믿음의 의가 가진 차이점에 대하여 설교하였다.

교회는 먼 데서 온 많은 사람들을 다 수용할 수가 없었는데 그래도 전혀 무익하지는 않았다.

6시에 엡워스 교회 묘지에서 마지막 집회를 열고 (다음 날 아침에 출발하기 때문에) 사방에서 모인 청중을 향하여 산상보훈의 처음 부분에 대하여 설교하였다. 3시간 동안이나 계속해서 설교하였는데도 그들과 헤어질 수가 없었다. 결과가 당장 보이지 않는다고 해서 사랑의 수고가 무익한 것이라고는 생각지 않았다. 아버님은 40년 가까이 노고하셨지만 그의 노력의 열매는 거의 보시지 못하고 돌아가셨다. 나도 조금은 일하였으나 결과는 하나도 나타나지 않았다. 그러나 지금에 이르러 비로소 그 열매가 맺힌 것이다. 이 읍내에서 이전에 아버님이나 내가 수고하였는데도, 지금까지 열매를 맺지 않은 사람은 거의 없다고 보아도 좋다. 그때에는 종자가 뿌려졌을 뿐이었으며 오랜 시일이 흘러간 후 오늘에 회개와 죄의 용서를 가져오게 한 것이었다.

7월 18일 주일 밤에 브리스톨을 출발하여 화요일 런던에 도착하였다. 그리고 모친께서 위독하심을 알게 되었다. 그러나 모친께서는 의심이나 두려운 마음을 갖지 않으셨으며 다른 소원도 없으셨고 다만 (하나님께서 부르실 때) "세상을 떠나 그리스도와 함께 있기를 소망하고" 계셨다.

7월 23일(금) 오후 3시경 모친께 갔는데 운명하실 시간이 가까워짐을 알고 있었다. 나는 병상 곁에 앉았다. 모친께서는 최후의 고뇌와 싸우고 계셨다. 말씀은 못하셨지만 의식은 분명하신 것 같았다. 우리가 모친의 영혼을 하나님께 맡기는 동안 모친의 얼굴은 고요하고 밝았으며 눈으로는 저 위를 쏘아보고 계셨다. 3~4시 사이에 운명은 서서히 끊어져 갔으며 아무런 몸부림이나 한숨도 짓지 않고 영혼은 자유의 하늘로 올라가셨다. 우리는 병상 곁에 둘러서서 모친이 말씀을 못하시게 되기 직전에 "자녀들아, 내가 풀어 놓임을 받거든 곧 하나님을 찬양하는 시편을 불러다오."라고 하신 마지막 요청을 이루어 드렸다.

8월 1일(주일) 오후 5시경에 헤아릴 수 없이 많은 회중과 함께 모친의 시신을 부친과 함께 쉬시도록 흙 속에 묻었다. 뒤에 내가 봉독한 성경 말씀은 "또 내가 크고 흰 보좌와 그 위에 앉으신 자를 보니 땅과 하늘이 그 앞에서 피하여 간 데 없더라. 또 내가 보니 죽은 자들이 무론 대소하고 그 보좌 앞에 섰는데 책들이 펴 있고 또 다른 책이 펴졌으니 곧 생명책이라. 죽은 자들이 자기 행위를 따라 책들에 기록된 대로 심판을 받으니"라는 말씀이었다. 그것은 이제까지 내가 본 중에 가장 엄숙한 의식이었으며 이후에도 별로 없을 것 같았다. 무덤 머리 편에 돌을 세우고 다음과 같은 글을 새겼다.

여기
수산나 웨슬리 부인 잠드시다.
(사무엘 아네슬리 박사의 막내 따님)

- ○　○ -
확실하고 굳건하게 부활을 믿으며
하늘 위의 거할 집 바라보던
한 그리스도인 여기 누웠네
저 십자가를 면류관과 바꿔 쓰시고

진실로 한 고뇌의 따님으로서
끝없는 고난과 비극에 익숙하였네
한숨과 공포의 긴 밤을 슬퍼하면서
70년의 긴 밤은 율법 아래 지냈네.

그때 성찬의 자리에서
하늘 아버지는 그의 외아드님을 알려 주셨고
그는 그의 죄 사유됨을 느끼었으며
그의 천국이 예비되었음을 깨달았었네.

저 하늘 교제에 참여할 차비 마치고
"일어나라, 내 사랑하는 자여." 라는 음성 듣고
"나는 갑니다." 마지막 대답으로
주님처럼 한 어린 양으로서
여기 잠들었네.

나는 여기서 그가 (그의 아버지, 조부, 남편 그리고 세 형제가 그러하였던 것같이) 어떤 의미로는 정의의 설교자였음을 간과할 수가 없다. 퍽 오래 전에 어머님이 아버님께 보낸 편지에서 알게 된 일이었는데 이제 그중에서 조금 인용해 본다.

1711년 2월 6일
웨슬리 목사님께

"…나는 한 여자이며 대가족의 주부입니다. 그러므로 그 가족들의 영혼에 대한 중요한 책임은 당신에게 있는 것이지만 당신이 출타하신 동안은 당신이 나에게 남겨 준 모든 영혼을 돌보되, 하늘과 땅 위의 대가족들을 주님이 나를 신임하시고 맡겨 주신 바 달란트로 생각하며 잘 돌보지 않고서는 마음이 놓이지 않습니다."

"마침내 나는 마음속에 이런 생각을 갖게 되었습니다. 나는 남자도 아니고 목사도 아니지만, 만일 내 마음이 진실로 하나님께 봉헌되었고 하나님의 영광을 위하여 참 열심히 감동되어 있다면 나는 지금 내가 하고 있는 일보다 무엇인가 좀 더나은 일을 할 수 있을 것이라고요. 적어도 사람들을 위하여 좀 더 열심히 기도할수 있을 것이라고 생각하였습니다. 또한 내가 만나서 대화하는 사람들에게 좀 더따뜻한 애정을 가지고 말할 수 있을 것이라고 생각하였습니다. 그래서 제일 먼저자녀들에게 이 일을 실천하려고 결심하였습니다. 월요일에는 몰리(Molly)와, 화요일에는 헤티(Hetty)와, 수요일에는 낸시(Nancy)와, 목요일에는 재키(Jacky)와,금요일에는 패티(Patty)와, 토요일에는 찰스(Charles)와, 그리고 에밀리와 서키(Emily and Suky)와는 주일에 이야기하기로 하였습니다."

"나 있는 곳에 찾아온 몇몇 이웃 사람들과 애정을 가지고 자유로이 이야기를 나누었습니다. 나는 우리가 가진 가장 훌륭한 설교들을 택하여 그것에 대하여 이야기하였습니다. 그리고 성공 여부에 대하여는 별로 마음을 쓰지 않고 전보다 많은시간을 이 일에 쓰게 되었습니다. 그때부터 나는 오겠다는 사람들을 거절치 않고받아들였으며 따라서 우리 무리의 수효는 점점 늘어났습니다."

"지난 주일에는 200명 이상이 모인 것 같습니다. 상당히 많은 사람들이 들어설 자리가 없어 그대로 돌아갔답니다."

"나는 다른 사람들이 당신의 부인이 많은 사람들을 교회로 인도한다든지, 많은사람들에게 읽어준다든지 가르쳐 주어 주의 날을 더럽히지 않게 애를 쓰고 있다고 해서 당신을 비판하는 그 이유를 알 수가 없습니다. 나로서는 그런 류의 비난을 별다른 일로 생각지 않습니다. 나는 벌써 오래 전부터 세상과는 이젠 더 이상왈가왈부하지 않으려 합니다."

"한 가지 불쾌하게 느껴지는 일은 그분들이 가정 기도회에 출석하였다는 일입니다. 많은 사람들이 몰린 때였기 때문에 말씀드리는 것은 아닙니다. 위대하시고 거룩하신 하나님 앞에서 말씀할 수 있다는 일은 전 세계 앞에서 말씀해도 부끄러울것이 없음을 말해 주는 것입니다. 그러나 내가 여성이기에 물러서야 하므로 말씀드리는 것입니다. 그런데 이런 사람들을 위해 내가 기도를 인도한다는 것이 적당한일이냐는 것은 의문입니다. 지난 주일에 가족 기도회 전에 그분들을 집에 돌아가게 하려 하였으나 너무 열심히 함께 있기를 원하기에 그대로 있게 하였던 것입니다."

웨스트민스터, 성 마가렛교회 마당에서 우리 어머님과 같이 많은 집안일을 맡은 분들을 위하여 내가 오래 전에 받았던 다른 편지 한 장을 여기에 더 적는다.

1732년 7월 24일
사랑하는 내 아들에게

네 요구에 따라 내가 가족을 교육한 원칙을 종합해 보았는데 생각나는 대로 기록한 것이니 (혹 필요하다면) 어떤 순서로든지 좀 더 정리해 주면 좋겠구나.

아이들은 누구나 태어났을 때부터 옷을 입히는 일, 옷을 벗기는 일이나 기저귀를 갈아주는 일 등을 비롯하여 모든 일을 규칙적으로 생활하게 하였다. 처음 석 달 동안은 주로 잠자게 하고 그 다음 깨어 있을 동안은 그네에 누이고 잠들 때까지 천천히 흔들었다. 이렇게 해서 규칙적인 잠을 자게 하려 하였는데 처음에는 오전에 3시간, 오후에 3시간, 그 다음에는 오전에 2시간, 오후에 2시간으로 점점 줄였으며 마침내 낮잠을 자고 싶어 하지 않게 되게 하였다.

1년이 될 때쯤에 (또는 조금 전에) 매를 두려워하는 일과 조용히 울어야 하는 일들을 가르쳤다. 그래서 아이들이 받아야 할 여러 가지 벌을 면할 수 있게 하고, 그 듣기 싫은 아이들의 우는 소리가 집안에서 별로 들리지 않았다. 그 때문인지 집 앞에서는 마치 아이들이 없는 것같이 조용하게 나날을 보낼 수가 있었다.

좀 커지면 하루에 세 번의 식사로 한정하였고, 식사 때에는 작은 식탁과 의자를 어른의 식탁에서 잘 보이는 곳에 놓고 원하는 만큼 먹고 마실 수 있었으나 거기 놓인 것 외에는 다른 것을 먹고 싶다고 말할 수 없게 하였다. 무엇인가 꼭 더 필요한 것이 있어 다른 방도가 없을 때는 시중을 들고 있던 여자에게 조용하게 말하게 하였다. 그러면 그 여자가 나에게로 와서 전해 주었다. 나이프와 포크를 쥘 수 있을 만큼 크면 어른들의 식탁에서 먹게 되었으나 음식을 선택할 수가 없으며 가족들을 위하여 만든 것을 먹어야만 하였다.

아침은 언제나 연한 음식이었으며 때로는 저녁에도 그것을 주었다. 그렇지만 그 때는 무엇이든 한 가지만 먹어야 하였다. 식사와 식사 시간 사이에 음식을 준 일은 그들이 병으로 누웠을 때뿐이었는데 좀처럼 아픈 일은 없었다. 집에서 일하는 사람들이 식사하는 동안에 부엌에 가서 무엇이든 얻으면 안 되며 만일에 그렇게 한 일이 알려지면 매를 맞게 되었고 준 사람도 꾸중을 들었다.

6시에 가족 기도회가 끝나면 저녁 식사를 하였고 7시에 식모가 그들을 씻겨 주었다. 작은 아이부터 옷을 벗기고 8시까지 모두 재운다. 식모는 아이가 눈을 뜨고 있어도 돌아갔으며 집에서는 아이들이 잠들 때까지 앉아 있어 준다는 일은 허락되지 않았다.

그들은 무엇이든 주는 것을 받아먹는 데 습관이 되어 있었기에 병이 나도 먹기 어려운 약을 어려움 없이 먹일 수 있었다. 곧 토해 버리더라도 우선 마시거나 먹을 것은 틀림없이 마시고 먹었던 것이다. 이것을 이야기하는 이유는 사람이란 어떤 싫은 것이라도 배우면 먹게 된다는 것을 보여 주기 위한 것이다.

아이들의 성품을 만드는 첫째의 일은 아이들의 의지를 정복하여 다른 사람이 말하는 것을 듣고 그런 성질을 갖게 하는 것이다. 이해력을 키워나간다는 것은 시간이 걸리는 일이어서 아이들의 능력에 따라 서서히 진행시켜 나가야만 하지만 의지적인 복종이란 일찍 시작되어야만 하며 빠르면 빠를수록 좋다. 만일 이것을 고칠 시기를 잃는다면 완고하고 강팍해지기 쉬워서 후에는 좀처럼 정복되지 않으며 아이들에게도 쓰리고 어른에게도 쓰라린 그런 엄한 태도를 취하지 않으면 고칠 수 없게 된다. 후에 고치지 않으면 안 될 습관을 아이들에게 갖게 해 주는 어버이들을 세상에서는 때로 친절하고 관대한 사람이라고 말하는 일이 있으나 나는 이보다 더 잔혹한 어버이는 없다고 말한다. 아니 더 나아가 어떤 이는 거의 자기가 가르쳐 놓고서 후에는 그것을 한다고 해서 매질을 하는 그런 어리석은 어버이들도 있다. 언제든지 아이들에게 훈계할 때에는 그것에 순종하게 해야 한다. 그리고 이 일은 방임주의 아래서 제 마음대로 자라나지 않고서야 별로 어려운 일은 아니다. 그래서 아이들의 의지를 전적으로 감화시켜 어버이에 대하여 두려운 마음으로 존경하게 키운다면 여러 가지 어리석고 경솔한 일들을 하지 않고도 지낼 수가 있다. 어리기 때문에 저지른 그런 잘못에 대하여는 친절하게 타이르는 정도로 멈춰야만 한다. 그러나 고의적으로 저지른 잘못에 대하여서는 그 저지른 일의 성질이나 경우에 따라 다소라도 벌을 주어야지 그대로 용서해서는 안 된다.

나는 일찍이 아이들의 의지를 정복해야 함을 주장하였다. 그것은 유일하고 강력한 합리적 종교 교육의 기초이어서 이것 없이는 훈계고 모범이고 별로 성과가 없다. 그러나 이것이 온전히 이루어진다면 아이들은 양친의 경건과 이성으로 잘 인도되어 마침내 자신의 이해력도 발달되어서 종교의 원리가 마음에 그 뿌리를 내리게 된다.

이 점에 대하여 좀 더 말해 주고 싶다. 제 마음대로 한다는 것은 모든 죄와 비극의 근원이며, 무엇이든 하고 싶은 대로 하게 방임해 둔다면 커서 반드시 파멸과 무종교에 이르고 이것을 누른다면 장래의 행복과 경건이 높아진다. 특히 종교란 하나님의 뜻을 행하며 자기 뜻을 마음대로 내세우지 않는 것이기 때문에 모든 행복을 빼앗아가는 것이 바로 자기 마음대로 하려는 것임을 생각할 때 자기 마음대로 하려는 것을 방임하는 것은 결코 작은 일이 아니며 이것을 금지한다는 것은 결코 무익한 일이 아니다. 하늘나라와 지옥의 갈림길이 여기에 있다. 그렇기에 의지를 훈련하기에 고심하는 양친은 하나님과 함께 사람의 영을 구원으로 이끄는 일을 하는 것이며 제 마음대로 하게 방임해 두는 양친은 종교를 믿지 않게 하며 구원받지 못하게 하며 그들의 아이들의 영육을 영구히 장사지내 버리는 악마의 일을 하는 이들이다.

우리 집 아이들은 말을 할 만큼 자라나면 주기도문을 배우게 되며 아침 일어났을 때와 저녁 잠자리에 들 때 기도드린다. 점점 양친을 위한 기도와 짧은 노래의 기도, 짧은 공회 문답, 그리고 성경 말씀들을 아이들의 기억력에 따라서 가르쳐줬다. 그리고 말하는 일이나 걷는 일이 아직 그렇게 자유롭지 못한 시절부터 벌써 성일을 다른 날과 구별하는 일을 배웠다. 그리고 가정 기도회 시간에 조용히 앉아 있게 가르친다.

이어서 무슨 일이든 울면서 달라고 하지 않게 가르침을 받는다. 원하는 것이 있을 때에는 점잖게 원하게 가르친다. 아무리 신분이 낮은 고용인에게라도 무엇이든 원할 때는 "이것 좀 해 주십시오."라고 말해야 하며 식모라도 이런 말을 듣기 전에 일을 해 주면 꾸중을 받는다. 하나님의 이름을 헛되이 부른다든지, 저주한다든지, 조롱한다든지, 추잡한 말을 한다든지, 난폭하거나 온순치 못한 언사가 아이들의 입에서 나오는 일은 없었다. 또 아이들 간에 형님, 누님이라는 말 대신에 이름만을 불러대는 그런 일을 허락하지 않았다.

누구든 만 5세까지는 읽기를 배우지 않는다. 케찌(Kezzy)만은 타인의 권고에 따라 다른 형제들보다 수개월 일찍 배우게 되었지만 제일 오랫동안 배워야 하였기 때문에 결국 무익한 일이었다. 가르치는 방법은 다음과 같았다. 가르치기 시작한 전날에 집안을 정돈하고 모두 일을 분담한다. 그리고 배우는 시간인 9~12시와 2~5시에는 그 방에 아무도 들어와서는 안 된다는 당부를 한다. 학습 시간이기 때문이다. 알파벳을 배우는 데도 단 하루를 준다. 대문자든 소문자든 그만한 시간이면 충분하였는데 다만 몰리와 낸시만이 하루 반이 걸렸다. 나는 그 때 이 두 아이가 좀 둔하다고 생각하였으나 후에 다른 많은 아이들도 독서에 많은 시간이 걸리는 것을 보고 생각을 고쳤다.

애초에 따로 나누어 하였으면 좋았을 것이라고 생각하였는데, 아이들 중에 대단히 빨리 외우는 아이가 있었기 때문이었다. 예컨대 처음으로 가르친 사무엘은 알파벳을 불과 몇 시간 내에 외웠다. 2월 10일에 5세가 되었는데 그 다음 날부터 글을 배우기 시작하였다. 먼저 창세기 1장을 공부하였는데, 1절의 철자를 배우고 그런 다음 몇 번이고 읽어서 잘 읽게 된 후에는 다음으로 나가는 그런 방법을 따랐다. 그리하여 얼마 후에는 2절, 3절, 이렇게 10절을 1과로 배웠다. 부활절이 그 해에는 좀 늦었으므로 성령강림절까지는 1장 전부를 읽게 되었다. 그는 계속 공부하였으며 월등히 좋은 기억력을 가졌으므로 같은 말을 두 번 가르칠 필요가 없었던 것으로 기억한다.

또한 더욱 놀라웠던 일은 일과 중에 나온 문자가 후에 성서에나 혹은 다른 책에 나오면 그는 그것을 틀림없이 기억하고 있었다. 이런 방법으로 퍽 어려운 책까지도 읽기 시작하였다.

같은 방법을 다른 아이들에게도 적용하였다. 공부하는 여섯 시간 동안에는 소리내어 말을 주고받거나 놀거나 하는 일을 허락하지 않았다. 모두 열심히 노력할 뿐이었다. 보통의 재능과 건강만 있고 열심을 낸다면 3개월 동안에 배우는 양은 거의 믿을 수 없을 정도로 많았다. 그리하여 캐시를 제외한 다른 아이들은 3개월 동안에 다른 여러 부인들이 일생을 들여 읽기를 배운 것보다 훨씬 나은 독서력을 갖게 되었다.

특별한 이유 없이 자기 자리에서 일어선다든지 방 밖으로 나간다든지 하는 일은 허락하지 않았으며 허가 없이 정원이나 꽃밭이나 거리에 뛰어 나가는 것은 아주 나쁜 일로 여겼다.

여러 해 동안 이 모든 일들이 잘 되어 갔다. 이 이상 더 잘 될 수가 없겠다고 할 만큼 질서가 세워졌고 경건한 정신이 차고 넘쳤으며 양친의 말을 잘 지켰으나 화재가 난 후 불행히도 가족들이 서로 나뉘어 살게 되었다. 그렇게 되니까 전에는 금지되었던 일꾼들과도 자유로이 이야기하게 되고 좋은 친구와 함께 나쁜 친구와도 사귀게 되고 놀게 되었다. 그래서 잠깐 동안에 성일을 중히 여기지 않는 일을 배우고 아직까지 알지 못하였던 속된 노래도 부르고 할 수 없는 말들을 거리낌 없이 하게 되었다. 집에 있을 때 그렇게도 잘하던 점잖은 몸가짐은 사라졌고 좋지 않은 말을 쓰고 좋지 않은 태도를 배우게 되었으므로 고치는 데 퍽 힘이 들었다.

집이 다시 세워져 아이들이 다시 돌아왔을 때 재차 엄중한 개혁을 일으켜 그때부터 아침저녁 공부 시간의 시작과 끝에는 시편을 노래하는 습관을 갖게 하였다. 5시가 되면 다 끝나게 되는데 나이 많은 아이가 말을 알아듣는 제일 어린 아이에게, 다음 아이가 말을 알아듣는 제일 어린 아이에게, 이러한 순서로 그날의 시편과 신약 성경의 한 장을 읽어 들려주었다. 아침에도 시편과 구약의 한 장을 들려주고 난 다음에 조용한 개인 기도를 드린다. 그 후에 아침 식사를 한다든지 집안 사람을 찾기도 한다. 이런 습관이 아직도 우리 집안에 남아 있다는 것은 참으로 감사한 일이다.

이제는 거의 다 잊었거나 좀 분명치는 않지만 그 무렵에 '가훈' 이 있었다. 유익한 일이었기에 여기에 좀 적어 두겠다.

1. 벌 받는 것이 무서워서 때때로 거짓을 말하며 마침내는 버릇이 됨을 알았다. 그래서 이것을 막기 위하여 법칙을 정하여 누구든지 벌 받을 만한 나쁜 일을 저지른 자가 스스로 자백하고 이제부터 하지 않겠다고 약속한다면 매 맞는 일을 감해 주기로 하였다. 이 규칙은 핑계 대는 일이 없게 잘 막아 주었다.

2. 거짓, 도둑질, 교회에서 놀거나, 주일에 노는 일, 불순종 그리고 다투는 일 등

모든 좋지 않은 일들을 반드시 벌하지 않으면 안 되었다.

3. 같은 일로 두 번 꾸중을 듣거나, 매 맞는 일이 없게 당부하고 한 번 고쳤으면 두 번 다시 이 일로 잔소리를 듣지 않게 하라고 주의시켰다.

4. 훌륭한 일을 하였을 때에는 단 한 가지라 해도 특히 그 아이의 평소의 경향과 반대되는 일을 하였을 때에는 잘 칭찬해 주고 그 한 일에 따라서 때때로 상을 주기도 하였다.

5. 순종하려는 뜻으로 하거나 다른 사람을 기쁘게 하기 위하여 한 일이 어떤 때는 실패로 끝나기도 하지만 그 훌륭한 점과 호의를 기쁨으로 받아드리며 아이들이 이제부터 어떻게 하면 좋을 것인가를 잘 알려 주었다.

6. 어린이 하나하나의 물건을 잘 보관해 주고 그 대신 다른 사람의 것은 결코 손대지 않게 조심시켰으며 가령 그것이 일 전짜리 물건이든 옷핀이든 그 물건의 소유자의 승낙 없이는 손대서는 안 된다고 하였다. 이를 아이들의 마음에 잘 심어주지 않는다면 세상에 흔히 있는 것 같은 공정성을 잃은 부끄러운 행동을 하게 되기 쉽다.

7. 약속은 반드시 이행하게 하였으며 한 번 주겠다고 약속하였으면 모든 권리는 받을 사람에게로 다 옮겨졌기 때문에 그것을 되돌려 받는다는 것은 안 될 일이다. 받은 사람의 마음대로 하게 할 수밖에 없다. 단 조건이 있을 때 그 조건을 이행치 않았다면 일은 달라진다.

8. 딸아이들은 잘 읽을 수 있게 될 때까지는 다른 일을 시키지 않았다. 그러나 일단 시작한 후에는 공부에 바친 것과 같은 열심을 이쪽에도 기울이지 않으면 안되게 하였다. 이 규칙에도 주의하여야 할 점이 있었다. 아이들이 아직 책도 읽을 수 없을 정도인데 뜨개질을 배운다든지 하는 일이 결국은 그들 중에 커서 어른이 된 후에 사람들이 알아들을 수 있게 소리 내어 분명히 읽을 수 있는 이들이 적은 이유인 것이다.

12월 1일(수) (뉴캐슬에서) 신도회를 위하여 집을 세울 후보지로 몇 곳이 제공되었으나 이렇다하게 마음에 드는 곳이 한 곳도 없었다. 아직 찾지 못하는데도 무슨 섭리가 있는 것 같다. 그러기에 나는 원하든 원치 않든지 뉴캐슬을 떠날 수가 없었다.

12월 4일(토) 나는 탄필드 레이에 사는 J·B의 극한 열광 상태에 관한 소식을 듣고 놀랐고 또 슬퍼하였다. 그는 며칠 전에 하나님의 사랑을 실감한 사람이었으나 거리를 말을 타고 달리면서 앞에 가는 사람에게 달려들며 큰 소리로 외치기를 "하나님이 자기를 왕으로 삼겠고 모든 원수를 그의 발아래 밟히도록 하시겠다고 하였다."고 한다. 나는 그를 곧 집으로 돌아가서 자기 일을 하게 하였으며 하나님께 자기 마음을 가라앉게 해 주시고 악마가 두 번 다시 그를 이용치 못하게 지켜주시기를 밤낮으로 울부짖어 기도하라고 충고하였다.

오늘 한 신사가 찾아와 토지를 팔겠다고 하였다. 목요일에 30파운드를 지불하면 토지를 양도해 주겠다는 계약을 월요일에 체결하였다.

12월 7일(화) 아침에 나는 몹시 불편하여 윌리엄스를 그 방(집회소)으로 보내지 않으면 안 되었다. 그는 후에 우리가 사려는 땅으로 통하는 길의 소유주인 스티븐슨이라는 그곳 상인에게로 찾아갔다. 나는 그 길로 사들이려고 생각하고 있었다. 스티븐슨은 그에게 말하기를 "나는 별로 돈을 원하지는 않습니다. 그러나 웨슬리 씨가 그 땅을 원하신다면 그 땅에 이어 있는 제 정원의 일부분도 양도하겠습니다. 폭 16야드, 길이 30야드의 토지를 40파운드에 드리겠습니다."라고 하였다는 것이다.

12월 8일(수) 스티븐슨과 나는 증서에 사인을 하였고 나는 그 토지를 소유하게 되었다. 그러나 리델과 한 약속도 어길 수가 없어서 그 토지도 함께 사들였다. 전체의 길이가 40야드가 되었다. 한가운데에 집을 세우고 집 앞쪽에는 마당을 위해 공지를 남기고 집 뒤에는 작은 화원을 만들기로 하였다.

12월 13일(월) 그 토지 근처의 숙소로 옮겼으나 짙은 서리로 일을 할 수가 없었다. 실로 심한 추위였다. 방 안에서는 계속 불을 피웠고 책상을 연통 가까이에 놓았지만 15분만 지나면 손이 얼어서 글을 더 쓸 수가 없었다.

12월 20일(월) 집회소 건물에 첫 돌을 놓았다. 많은 사람들이 사방에서 모여 왔으나 하나님을 찬양하고 우리의 하려는 일에 복을 주시기를 간구하고 있는 동안 아무도 방해하거나 조롱하는 이가 없었다. 저녁 설교를 하는 동안 서너 차례나 기도하고 감사하기 위해 설교를 멈추지 않으면 안 되었다.

12월 23(목) 지금 생각하는 집은 700파운드 이하로는 지을 수가 없다고 계산한 사람이 있었으며 많은 사람들은 말하기를 그런 집은 결코 지을 수 없을 것이라고 하였다. 다른 이들은 내 생전에 그 집 지붕이 덮이는 것을 보지 못할 것이라고 하였다. 그러나 내 생각은 그렇지 않았다. 이것은 하나님을 위하여 시작된 일이기 때문에 완성하기 위해 필요한 것은 반드시 주시리라고 믿는다.

1743년 1월 1일(토) 저녁 때 엡워스에 도착하였다. 2일(주일) 5시에 나는 "성령으로 난 자는 다 이와 같으니"에 대해 설교하였다. 8시경에 아버님 묘소에서 히브리서 8장 11절에 대해 설교하였다. 근처의 읍에서 온 많은 사람들이 그날이 성찬의 성일이니 성찬을 받음이 좋지 않겠느냐고 물어왔다. 나는 그들에게 "거기에 별 이의는 없습니다. 그러나 먼저 롬레이 목사에게 허락을 받는 것이 예의바른 일입니다."라고 말하였다. 그들 중 한 사람이 대표로 가서 롬레이 목사에게 말하였더니 그는 "모쪼록 가서서 웨슬리 씨에게 나는 그런 성찬을 베풀 수가 없으며 이유는 그가 이에 합당치 않기 때문입니다."라고 말해 달라고 하였다 한다.

우리의 하나님은 참으로 지혜로우시도다! 아버지 집이 있고, 내가 태어나 자랐고, 또 가장 엄격한 가르침에 따라 살면서 바리새인이라고까지 불리며 살아온 바로 이곳보다 내가 성찬을 거절당하는 최초의 장소로서 더 적당한 곳이 하늘 아래 어디에 있단 말인가. 또 내가 종종 생명의 떡을 나누던 이 거룩한 상에서 성찬을 거부당하였다. 특히 그 거절한 자나 그의 부친이 생전에 내 아버님의 돌보심을 전적으로 힘입었는데 바로 그 사람에게 거절을 당하였다는 일은 높은 의미에서 역시 섭섭한 일이다.

3월 22일(화) 나는 뉴캐슬의 동남방 7마일에 위치한 사우스 비닥이라는 광부의 마을에 갔다. 나는 반원형으로 둘린 언덕의 아래쪽에 서서 말하였는데 앞의 한편 언덕에는 수백 명이 서 있었고 그 아래 평지에도 더 많은 사람들이 듣고 있었다. 나는 예언자의 말을 인용하여 "마른 뼈여, 주의 말씀을 들으라."라고 외쳤다. 그들은 모두 참으로 진지하게 듣고 있었으며 이것을 보며 나는 속으로 여기서도 매주 전도할 수 있으면 좋겠다고 생각하였다.

3월 23일(수) 거리에서 심히 저주하고 불경스러운 말을 하는 사람을 만났으므로 멈출 수밖에 없었다. 그는 잠시 후에 조용해지며 말하기를 "포도주를 대접해 드리겠습니다. 그리고 닭싸움 시키는 일만 반대하시지 않으신다면 당신 이야기를 들으러 가겠습니다."라고 하였다.

4월 1일(금, 수난일) 뉴캐슬의 북쪽 10마일쯤에 있는 프라세이라는 작은 마을에 가고 싶은 마음이 간절하였다. 그곳은 광촌에서도 제일 야만적이고 또 무지하고 악행이 많기로 이름난 곳이었다. 주일에는 마을에 사는 모든 사람들이 함께 모여 남녀와 아이들이 함께 어울려 춤을 추며 다투기도 하고 저주하고 불경스러운 말을 하며 공놀이 돈치기 등 닥치는 대로 하며 논다고 한다. 이 불쌍한 사람들에 대한 이야기를 들었을 때부터 마음이 기울어지고 있었다. 다른 사람들이 그들을 이제는 어떤 방법으로도 더 좋아질 수 없는 사람들이라고 체념하는 것을 볼 때 마음에는 더욱 더 동정하는 마음이 간절해졌다. 7~8시 사이에 안내자인 존 힐리와 함께 출발하였다. 북풍이 어찌나 강하게 부는지 그 위에 진눈깨비까지 날려 그것이 얼굴에 떨어지면 얼어붙었다. 프라세이에 도착하였을 때는 거의 서 있을 수도 없을 정도였다. 조금 쉬어 기운을 차리게 되자 곧 광장으로 가서 "우리 허물을 인하여 상하시고 우리 불의를 인하여 찢기신" 그리스도를 전하였다. 가련한 죄인들은 즉시 모여들어 내가 말한 것을 열심히 집중하여 듣고 있었다. 바람과 눈이 심하였으나 이를 상관치 않고 오후에 다시 한 번 전한 후에 그리스도를 왕으로 맞아 드리며 "회개하고 복음을 믿으라."고 호소하였다.

부활절 월요일과 화요일에 나는 그곳에서 다시 설교하였는데 회중은 점점 더 증가하였다. 이들의 대부분은 그들 평생에 한 번도 어떤 종류의 종교든 가져본 일이 없었기 때문에 오히려 예수 그리스도 안에서 값없이 얻는 구원을 얻기 위해 어쩔 수 없는 죄인으로 하나님께 부르짖을 준비가 잘 되어 있었다.

5월 7일(토) 코우브릿지에서 설교해 달라는 요청을 받았기에 11시경에 마을로 갔다. 많은 사람들이 모여서 모두 어디서나 반대를 받고 있는 길에 대하여 몹시 듣고 싶어 하는 것 같았다. 그런데 이는 이루어지지 않았다. 베리알의 아들들이 모여 한 두 사람의 종용을 받으면서 소리치고 욕하고 불경스런 말을 하고 쉴 새 없이 돌을 던졌다. 그래서 그들을 위해 잠시 기도드린 후에 나는 회중을 해산시키는 것이 좋겠다고 판단하였다.

5월 29일(주일) 나는 세븐 다이얼스에 가까운 웨스트 스트리트의 교회에서 집회하기 시작하였다. 그곳은 (이상한 섭리의 끈으로) 우리가 수년간 임대 허가를 받은 곳이다.

7월 10일(주일) 8시에는 차우덴 펠에서 "이스라엘의 집아, 너희가 어찌 죽으려 하느냐"는 제목으로 설교하였다. 내가 처음 뉴캐슬에 왔을 때부터 매일 오후에 샌드힐에서 이리 저리로 기웃거리고 있던 가련한 사람들을 보고 견딜 수 없었다. 그래서 할 수만 있으면 무엇이든 그들을 위해 일해야겠다고 결심하고 올 세인트에서 예배를 마치자 곧 교회에서 샌드힐로 가서 시편을 부르기 시작하였다. 얼마 후에 사람들이 몰려들어 수천 명에 달하였다. 그러나 이 세상의 왕도 그의 나라가 쓰러지는 것을 두려워하여 전력을 다해 싸웠다. 뉴캐슬의 군중들은 열광하였을 때라도 그들의 인간성을 잃지는 아니하였다. 나는 무엇을 던지는 것을 보지도 못하였고 나 자신도 아무런 해를 받지 않았다. 그러나 그들은 계속해서 서로 몸을 이리 저리로 흔들며 시끄러운 소리를 내므로 내 음성이 거의 들리지 않게 되어버렸다. 그래서 우리는 한 시간 가량이나 찬송을 부르고 기도드리다가 마침내 집으로 자리를 옮기는 것이 좋다고 생각하게 되었다.

8월 22일(월) 몇몇이 모여 기도드린 후 4시경에 출발하여 천천히 스노힐로 향하였다. 그런데 그곳에서 안장이 말의 목 위로 흘러 내려 나는 그만 말 머리 위쪽으로 떨어졌고 말은 스미스필드로 달아나 버렸다. 소년들이 말을 붙잡아 나에게 데려다 주었는데 그들은 오는 도중 계속해서 욕설을 주고받고 하였다. 그래서 나는 분명히 그 점을 지적해 주었더니 그들도 조심하겠다고 약속하였다. 출발하려 하는데 한 사람이 안장 끈이 풀어졌다고 하였다. 두세 사람이 도와주겠다면서 일하였는데 이들 모두 말할 때마다 욕설을 섞어 말하기에 나는 그들을 한 사람씩 보면서 사랑으로 설득하였다. 그랬더니 모두 이를 선의로 받아들이고 기뻐하였다. 나는 그들에게 두세 권의 책을 주었더니 그들은 꼭 주의 깊게 읽겠다고 하였다.

케닝톤에 이르기 전에 말이 편자를 잃었음을 알았다. 이것 때문에 대장장이와 그를 돕는 일꾼들과 약 30분간 대담할 수 있는 기회를 갖게 되었다. 그리스도께서 우리를 위하여 죽으신 그 영혼들을 사랑하는 마음으로 대한다면 아무리 짧은 시간이라 하더라도 그것을 살릴 수 있다는 것을 배웠다.

8월 26일(수) 나는 그웬냅을 향해 출발하였다.

8월 30일(화) 저녁에 우리는 성 아이브스에 도착하였다. 7시에 나는 "아무것도 치를 것이 없음을 자각하는 죄 많고 소망 없는 죄인들을 초청하고 값없이 주시는 용서를 받으라."고 권고하였다.

8월 31일(수) 나는 120명 정도의 신도회 회원 한 사람 한 사람과 대담하였다. 100명 가까이는 하나님과 참된 화평을 누리고 있었다. 이를 위하여 핍박을 받는 자의 받는 복은 이와 같은 것이다. 11시에 교회에 가려고 하는데 도중에 시장 거리에서 많은 사람들이 모여서 만세를 부르고 환영하였다. 또 우리 집 창 아래에 와서 동요 같은 즉흥 노래를 다음과 같이 부르는 이도 있었다. (이 거리의 어떤 부인이 지었다는 것을 후에 알았다)

"찰스 웨슬리가
그의 힘으로
교회를 넘어뜨릴 수 있을까
시험해 보려고
이 마을에 왔도다."

저녁에 "하늘 아버지의 약속"을 설명하였다. 설교 후에 난폭하게 굴려는 이들이 많았으나 존 넬슨이 뛰어들어 무엇인가 소리치고 있는 이에게 말을 건넸다. 그랬더니 그는 아무 대답도 못하고 슬금슬금 사라지고 말았다.

9월 3일(토) 성 아이베스의 동편 9마일 되는 곳에 쓰리코-너드다운이라는 곳으로 말을 타고 갔다. 거기에는 우리를 기다리고 있던 200~300명의 주석 광 광부들이 있었다. 그들은 참으로 기쁘고 즐거운 마음으로 우리를 영접해 주었다. 그중 대부분은 2마일 동쪽의 그웬냅까지 우리를 뒤따라왔다. 거기에는 사람의 수가 400~500명으로 증가하였다. 그 근처에 사는 한 사람이 자기 집에서 쉴 것을 청하였다. 아침에는 푸른 초원으로 안내받았으며 해 저물 무렵 감격스러운 마음을 안고 돌아왔다.

6시에 세난에서 설교하였다. 내일 아침 5시에 소규모의 집회(주로 백발 교인들의)를 갖겠다고 약속을 하였다. 그러나 주일이 되고 보니 대부분이 3~4시 사이에 모여 왔으므로 4~5시까지 찬송하였으며 설교하였다.

그 후에 우리는 갈 수 있는 데까지 멀리 내려가서 랜드스엔드의 바위까지 갔다. 놀라운 경치였다. 그러나 하나님께서 심판하시려 서실 때는 이것들도

다 녹아지고 말 것이다.

8~9시에 나는 성 저스트의 시가지 근처 넓은 초원에서 설교하였는데 (내가 보기로는) 이 지역에서 가장 큰 회중이 모였다. 곧 이어 몰버 교회 북쪽에서 그와 같은 큰 회중을 만나 다시 설교를 하였다. 제노아에서 5시에 설교하고 급히 성 아이베스로 돌아와 기쁜 마음으로 하나님을 찬양하며 마쳤다.

9월 12일(월) 나는 1시에 트레주단 다운에서 그리고 저녁에는 성 아이베스에서 설교하였다. 하나님의 두려우심이 우리 위에 임하시어 말씀을 전하기 퍽 어려웠으나 대부분의 회중들은 모두 기도드리고 있었다.

나는 오래전부터 실리 섬에 단 하루라도 찾아가서 우리의 구주이신 하나님의 사랑을 증거해 주고 싶은 간절한 희망을 갖고 있었으며 몇 사람에게는 이런 마음을 말한 일도 있었다. 오늘밤 세 사람의 친구가 찾아와서 그곳에서 제일 좋은 시장 소유의 보트를 빌릴 수만 있다면 거기까지 데려다 주겠다고 하였다. 그래서 곧 시장에게 연락하였더니 그는 곧 빌려 주었다. 그 세 사람과 안내자는 성 아이베스를 출발하였다. 이런 어선으로 대양을 45마일이나 항해한다는 것이 좀 이상하였다. 파도가 일기 시작하고 배가 뒤흔들리기 시작하였을 때 이를 통절하게 느꼈다. 그러나 동행인들을 불러 함께 힘있게 찬송을 부르며 용기를 내었다.

"천길 깊은 바다 건널 때
약속을 믿고 주께 빕니다.
파도를 저편으로 몰아내시고
믿는 자를 구원하소서
하나님이 우리와 함께 하시니
무서운 폭풍도 우리 상치 못하네."

1시 반경에 사람이 살고 있는 주요 섬인 매리에 상륙하였다. 우리는 곧 이섬에서의 선물인 신문 등을 갖추고 섬 행정 책임자를 방문하였다. 나는 먼저 그에게 「간절한 호소」라는 책을 받으라고 권하였다. 그곳 목사가 교회에서 이야기하는 것을 좋아하지 않았기 때문에 6시에 거리에서 설교하였는데 시가지의 대부분의 사람들과 많은 군인들과 선원들 그리고 노동자들이 나왔으며 나는 그들에게 "오, 이스라엘의 집아. 너 어찌 죽으려느냐?" 에 대하여 말하였다. 실로 복된 시간이어서 나는 어떻게 결론을 맺을지 알 수 없게 되었다. 설교 후에 나는 그들에게 작은 책들과 찬송가책을 나누어 주었는데 서로 받아 갖기를 원하여 그들은 책들과 심지어는 나까지도 나누어 가질 정도로 덤벼들었다.

아침 5시에 나는 다시 설교하였다. 그리고 9~10시까지 많은 사람들과 개인적으로 이야기를 하였으며 또 다시 200~300권의 찬송가책과 다른 소책자들을 나누어 주고 이 쓸쓸한 불모의 땅을 뒤에 두고 성 아이베스를 향해 출발하였다. 바람은 강하게 정면으로 우리 얼굴에 불어왔다. 안내자는 말하기를 만일 우리가 상륙할 수 있다면 실로 행운이라고 하였다. 그러나 그는 바람과 바다도 순종하는 하나님을 알지 못하였다. 3시 조금 후에 벌써 우리는 랜드스엔드에 이르렀고 9시경에는 성 아이베스에 도착하였다.

9월 20일(화) 이곳에서 설교를 마치고 우리는 6시 조금 전에 그웬냅에 이르렀다. 그리고 벌써 평지에는 사람들이 가득 차 있음을 발견하였다. 아마도 1만 명 정도는 모였던 것 같다. 나는 어두워져 서로 얼굴을 볼 수 없게 될 때까지는 결론을 내릴 수가 없었다. 어느 쪽을 보아도 조심스럽게 듣고 있었다. 아무도 입을 열거나 움직이거나 하는 이가 없었으며 곁눈질을 하는 사람도 없는 것 같았다.

그중에 한 사람 P는 한때 큰 반대자였다. 설교가 시작되기 전에 그는 자기 친구에게 속삭이기를 "캡틴, 내 곁에 서고 움직이지 마라."라고 하였다. 그런데 얼마 후에 그는 눈물을 쏟기 시작하였으며 곧 주저앉으려 하였다. 그래서 그의 친구들이 부축하여 쓰러지지 않게 해 주었다.

9월 21일(수) 나는 3~4시 사이에, 늦어서는 안 되겠다고 생각하며 몰려와서 집 둘레를 에워싼 수많은 주석광 광부들이 노래하며 하나님을 찬미하는 소리에 그만 눈을 뜨게 되었다. 5시에 나는 다시 한 번 더 설교하였다.

우리는 그날 라운체스톤으로 말 타고 갔다. 22일 목요일에 우리가 스틱클 패스라는 마을을 말 타고 통과하고 있는데 한 사람이 거리에서 불러 세우더니 뜻밖에도 "당신의 성함이 존 웨슬리가 아닙니까?"라고 물었다. 두세 사람이 곧 모여들더니 아무래도 좀 머물지 않으면 안 되겠다고 하였다. 그래서 얼마동안 대화하는 사이에 우리의 마음은 서로 친밀감을 느끼게 되었고 그들이 퀘이커 교도임을 알게 되었다. 그러나 하나님의 사랑이 그들의 마음에 넘침을 보았으므로 퀘이커 교도라는 사실이 마음에 조금도 걸리지를 않았다.

오후에 프란시스 워드의 집에서 편지를 쓰고 있는데 군중이 몰려들어 집을 에워싸고 함성을 질렀다. 나는 하나님께 그들을 다 돌아가게 해 주십사하고 기도드렸다. 그랬더니 그대로 되어 한 사람 두 사람 가 버리더니 마침내 반시간 내에 전부 돌아갔다. 그래서 형제들에게 "지금이야 말로 우리가 돌아갈 시간이다."라고 말하였더니 형제들은 극구 만류하며 머물러 달라고 하여 앞으로 올 일을 예상하면서도 형제들을 실망시키지 않으려고 그대로 머물렀다. 예상하였던 대로 5시 전에 집 둘레는 먼저 군중보다 더 많은 사람들로 둘러싸이게 되었다. 그들은 일제히 소리치기를 "그 목사를 내어 놓아라. 기어코 그를 만나야겠다."고 계속하였다.

그래서 나는 한 사람에게 나가서 저들의 두목을 집안으로 데리고 오라고 부탁하였다. 두세 마디 주고받는 중에 사자는 양으로 순화되었다. 나는 그 사람에게 다시 나가서 가장 거세게 구는 사람 한두 명을 더 데려오라고 부탁하였다. 그는 두 사람을 데려왔는데 어찌나 거센지 천지를 삼킬 듯이 날뛰었다. 그런데 그들도 먼저 사람과 같이 조용해졌다. 그래서 나는 내가 군중 속으로 걸어갈 수 있게 길을 내달라고 하였다.

군중 속으로 가자 나는 곧 의자를 가져 오게 하여 그 위에 서서 "여러분은 대체 나보고 어떻게 하라는 것입니까?"라고 물었다. 어떤 이가 말하기를 "판사에게 갔으면 좋겠다."고 하였다. 나는 "기꺼이 하겠다."고 대답한 후 하나님이 나에게 주신 말씀을 몇 말씀 전하였는데 옆에서 "이분은 정직한 신사가 아니시냐. 우리는 피를 흘리는 한이 있어도 그 분을 지켜드려야만 하겠다."고 하는 말이 들려 왔다. 나는 "판사에게 오늘 밤 가자는 것이냐 내일이냐!"고 물었다. 많은 사람들이 "오늘 밤 오늘 밤에"라고 외쳤다. 그 말을 따라 걷기 시작하였다. 한 200~300명은 나의 뒤로 따라왔고 다른 이들은 모두 돌아갔다.

1마일도 가지 못하여 밤이 되었고 큰 비가 막 퍼부었다. 그런데도 우리는 웬즈베리에서 2마일이나 떨어진 벤드레이 홀에 이르렀다. 두세 사람이 먼저 뛰어가 렌에게 웨슬리를 데리고 왔다고 말하였다. 렌은 "웨슬리 씨를 어떻게 하라는 것입니까? 어서 데리고 돌아들 가십시오."라고 하였다. 그렇게 하고 있는 동안에 모두들 와서 문을 두들겼다. 하인이 나와서 렌은 벌써 침소에 드셨다고 하였다. 그의 자제가 나와서 어찌된 일이냐고 물었다. 한 사람이 대답하기를 "실은 저 사람들이 하루 종일 찬송을 부르며 아침에는 다섯 시에 사람들을 깨우며 떠들어대고 해서 그대로 있을 수 없습니다. 어떻게 하였으면 좋겠습니까?"라고 하였다. 이에 렌은 "집으로 돌아가시오. 그리고 조용하시오."라 하였다.

이에 할 말을 잊고 멍청히 서 있었는데 그때 한사람이 말하기를 왈살에 있는 펄스하우스 판사의 집으로 가자고 하였다. 모두 이에 찬성하여 급히 갔으며 7시경에 그의 집에 가자고 하였다. 모두 이에 찬성하여 급히 갔으며 7시경에 그의 집에 이르렀으나 P도 역시 침소에 들었다고 대답할 뿐이었다. 또 다시 막다른 골목에 부닥친 저들은 자기들의 집으로 돌아가는 것이 가장 현명한 길임을 알게 되었다. 50명가량이 나를 호송하겠다고 나섰다. 그런데 100야드 정도 갔을 때 왈살의 군중들이 파도처럼 밀려와서 그들을 압도하고 말았다. 달라스톤의 군중들도 힘을 다해 응전하였으나 그들은 벌써 피곤하였고 수적으로도 열세여서 삽시간에 많은 사람이 맞아 쓰러졌고 나머지는 도망쳐버려 나 홀로 그들 손에 잡혀 남게 되었다.

성난 파도 소리 같은 떠드는 소리 때문에 말을 하려야 말할 수도 없었다. 그리고 저들은 나를 거리 어귀까지 잡아끌고 갔다. 거기 집 한 채가 있고 문이 열려 있기에 뛰어들려 하였더니 뒤에서 머리채를 잡아당기어 군중 속에 다시 세우는 바람에 들어가지 못하였다. 거기 이쪽에서 저쪽 끝까지 끌고 갈 때까지 한 번도 서지 않았다. 나는 내 말을 들을 수 있는 사람들에게 계속 말하였으며 아무런 고통도 피곤도 느끼지 않았다. 거리 서쪽 끝에 문이 반쯤 열린 집이 있기에 그 집으로 피해 들어가려 하였더니 상점에 있던 신사가 말하기를 저 군중들이 이 상점을 부수어버릴 것이니 들어올 수 없다고 하였다. 그래도 나는 물 옆에 서서 "잠깐 내 말 좀 들어주지 않겠습니까?" 라고 하였다. 그랬더니 많은 사람들이 소리치기를 "그의 머리통을 깨라. 단번에 죽여라."고 하였다. 그러나 다른 이들은 말하기를 "아니다. 먼저 그의 말을 좀 들어보자."라고 하였다. 그래서 나는 "대체 내가 무슨 잘못을 저질렀습니까? 여러분 중 누구에게든 내가 말로나 행위로 해친 일이 있습니까?" 라고 물었다. 15분 정도 말한 후에 내 목소리가 그치고 말았다. 그랬더니 그들의 떠드는 소리가 다시 노도소리 같이 요란해졌으며 그들 중 많은 사람들이 "저리로 데리고 가라. 저리로 데리고 가!"라고 외쳤다. 그러는 동안에 나는 다시 힘을 되찾고 말할 수 있게 되어 큰 소리로 기도드렸다. 그런데 이제까지 군중 맨 앞에 서서 선동하던 한 사람이 돌아서서 "선생님! 내 생명을 당신 위해 바치겠습니다. 나를 따라 오십시오. 머리카락 하나도 상치 못할 것입니다."라고 말하였다. 두세 사람이 그의 말을 따라 내 곁에 가까이 서서 나를 지키기 시작하였다. 그와 동시에 상점에 있던 신사도 "부끄러운 일이다. 부끄러운 일이야! 어서 그분을 돌려보내라."고 외쳤다.

좀 떨어진 곳에 있던 순진하게 보이는 정육점 주인이 "이런 일을 저지른다는 것은 참 부끄러운 일이다."라고 하면서 그들 중 가장 날뛰던 자들 네댓 명을 밀어내어 놓기 시작하였다. 그때 다른 사람들도 이에 찬성한다는 듯이 길을 비켜 주었으며 내 곁에 와 있던 서너 사람들이 어려움 없이 나를 데리고 나왔다. 그런데 다리 위에 이르자 군중들이 또 떠들어대기 시작하였으므로 수문 쪽으로 돌아서 목장을 통과하여 피해서 10시경에 하나님께서는 나를 안전하게 웬스베리까지 돌려보내 주셨다. 조끼가 좀 상하였고 손의 피부가 좀 상하였을 뿐 다른 아무 상처도 없이 끝났다.

이제까지 이와 같이 생생한 섭리의 손길을 본 일이 없었다. 이제 이 많은 증거를 갖게 되었으므로 이를 통해 하나님의 손길은 언제나 모든 사람과 모든 사건 위에 계시며 하나님 보시기에 좋게 다스리시고 계심을 느끼게 되었다.

저 군중 맨 앞에 섰던 달라스톤의 가련한 여자는 아무도 나에게 손대지 못하게 하느라고 욕하고 떠들었는데 뒤에서 온 사람이 앞으로 가려고 하면 뛰어가서 둘이든 셋이든 때렸다. 그렇지만 마침내 (3명의 남자가 누르고 힘을 다해 때리고 있었으므로) 한 사람이 큰 목소리로 부르지 않았다면 혹시 수분 내에 살인이 났을지도 모를 일이었다. 한 사람이 "그만둬라. 톰아, 그만해." 라고 말하였다. 그래서 그들은 손을 떼었으며 그 여자는 겨우 일어나 기다시피 집으로 돌아갔다.

나는 시종 태연자약하며 서재에 있을 때와 다름없었다. 별로 어떤 것을 생각치도 않았다. 다만 한 번 그들이 나를 하천에 던져버리면 호주머니 속의 서류들은 버리게 될 것이라는 것이 마음에 떠올랐다. 그러나 나는 그때 얇은 겉옷과 가벼운 구두를 신고 있었으므로 헤엄쳐서 건너갈 수 있으리라는 것을 의심치 않았다.

다음과 같은 경우들은 확실히 놀라운 일들일 것이라 생각하였다.

1. 우리가 시가지를 향해 미끄러지기 쉬운 언덕길을 내려가고 있을 때 모두 나를 넘어뜨리려고 애썼다. 한 번도 넘어지지 않았으며 완전히 그들에게서 놓임을 받을 때까지 미끄러지지도 않았다.

2. 여러 사람들이 나를 넘어뜨리려고 내 칼라나 혹은 옷을 붙잡으려 하였으나 아무도 꽉 잡을 수가 없었다. 다만 한 사람이 조끼 자락을 잡았으나 곧 그 자락은 그 사람 손에 찢겨 들어갔으며 돈이 들어 있는 호주머니는 반쯤 찢어져 있었다.

3. 바로 내 뒤에 있던 건강한 남자가 잣나무 몽둥이로 나를 여러 번 쳤다. 그것이 내 뒷머리에 맞았다면 일은 그것으로 끝났을 것이다. 그러나 내가 좌우로 몸을 피하지도 못하였는데 이상스럽게도 언제나 옆으로 스치고 지나갔다.

4. 거세게 달려들며 주먹으로 치려들던 이가 갑자기 힘이 빠져 "머리카락

이 부드럽기도 해라!' 하며 내 머리를 만질 뿐이었다.

5. 나는 마치 내가 알고나 있었던 것같이 (군중들은 그렇게 생각한 듯하다) 시장의 집 문 앞에서 잠깐 멈췄다. 시장이 서 있는 것이 보였다. 군중들의 형세가 여기에서 한 번 꺾였다.

6. 처음으로 마음이 변한 사람은 바로 그 거리의 영웅으로 언제나 어떤 종류의 소요에서나 대장처럼 굴던 사람이었으며 그는 난장판 같은 데서 상을 걸고 놀음을 하던 사람이었다.

7. 처음부터 끝까지 아무도 나를 욕하며 부르지 않고 언제나 '설교가, 목사, 교구장' 등으로 불렀다.

8. 내가 들은 대로는 단 한 사람도 있는 일, 없는 일을 말하면서 나를 죄인으로 몰아세우려는 이는 없었다. 그들은 당황하고 있었으므로, 고발하려는 나쁜 구실들을 생각해 낼 겨를이 없었던 것이다. 그리하여 마침내는 그들이 나를 어떻게 취급하여야 할지를 알지 못하게 되어 아무도 무슨 방안을 말하는 이는 없었고 다만 "없애버려라. 당장 죽여라!' 고만 할 뿐이었다.

하나님은 그의 뜻을 이루시려고 얼마나 부드러운 손길로 우리를 단련시키시는지! 2년 전에는 벽돌 조각이 나의 양어깨를 스치며 날아갔다. 1년 후에는 돌이 나의 두 눈 사이에 맞았다. 지난달에 한번, 오늘 밤에 두 번 맞았다. 오늘 밤에는 거리에 들어서기 전에 한 번, 그리고 거리를 나온 후에 한 번 맞았으나 두 번 다 별스럽지 않았다. 한 번은 힘껏 내 가슴을 겨누었으며 또 한 번은 입에서 피가 흐를 정도로 때렸으나 두 번 다 지푸라기로 닿는 것 같은 느낌뿐이었다.

신도회의 다른 회원들은 생명의 안정을 위해 모두 피해 달아났는데도 윌리엄 싯치, 에드워드 슬레이터, 존 그리피스, 그리고 조안 파크스 등이 나와 함께 살든지 죽든지 함께하기로 결심하였던 일을 잊어서는 안 되겠다. 그러나 거리 이 끝에서 저쪽 끝까지 나를 부축해 준 윌리엄 싯치 이외에는 한 사람도 맞지 않았다. 그는 견디다 못해 쓰러졌고 맞았으나 곧 다시 일어나서 내게로 돌아왔다. 후에 군중이 그렇게 몰려들었을 때 어떻게 되리라 생각하였었느냐고 물었더니 그는 '우리 위해 죽으신 분을 위하여 죽을 뿐이다.' 라고 생각하고 두려워하지도 떨지도 아니하였으며, 다만 하나님이 영혼을 부르실 때까지 기다리고 있었다고 말하였다.

J. 파크스에게 다른 데로 끌려갔을 때 무섭지 않았느냐고 물어보았다. 그 부인은 "아니요, 지금이나 다름없습니다. 나는 나 자신의 일이나 목사님의 일이나 전적으로 하나님께 맡기고 있었습니다. 처음부터 하나님께서 구해 주시리라 확신하고 있었습니다. 어떻게 된 일인지는 알 수 없었으나 모든 일을 하나님께 맡기고 있으니까 벌써 승리를 얻은 것 같았어요."라고 대답하였다. 나는 다시 그에게 "나를 위해 싸웠다는 소문이 사실이냐?"고 물었더니 그는 "아닙니다. 하나님이 그의 자녀를 위해 싸워 주실 것을 알고 있었습니다."라고 대답하였다. "나쁜 사람들은 결국에 가서는 벌을 받게 될 것이 아니겠습니까?"

프란시스 워드의 집에 돌아왔을 때 우리의 형제들이 하나님께 기도드리고 있었음을 발견하였다. 내가 전혀 알지 못하였던 사람들까지도 와서 함께 기뻐하였다. 그리고 다음 날 아침 노팅함으로 가는 도중에 거리를 지날 때 과연 정말인가 하고 의아해 할 정도로 친절한 대우를 받았다. 그런데 이 일을 끝맺기 전에 (이 일이 있은 지 며칠 안 되어서) 왈살에서 일어난 일은 아마도 영국에서 전에 들어보지 못하였던 진귀한 일이었음을 소개한다.

스타포드 샤이어 보안부장, 보안관, 치안판사, 특히 팀톤(왈살 근처)의 경찰관께:

"스타포드의 상기 마을의 치안 판사인 우리는 메도디스트 설교자라고 일컫는 몇 사람의 불온한 인물들이 폐하의 백성인 사람들을 상처내고, 주권을 가지신 왕의 평안을 문란케 하려고 소요를 일으키고 돌아다닌다는 보고를 받았음.
귀 관할 구역 내에 그 메도디스트 설교자들이 있는지 극력 수사하여 그들의 불법 행위를 심문하게 우리에게 그 주모자들을 송치해 주기 바람."

1743년 10월 일

J. 레인, W. 퍼스하우스

(이 판사들은 우리가 끌려갔던 그 집 사람들로 몇 번이고 우리를 만날 수 있었으나 이를 거절하였던 자들이다.)

10월 22일(토) 노팅함에서 말 타고 엡워스로 갔다가 월요일에는 그림스비로 향하였다. 페리에 도착하였는데 뱃사공이 말하기를 아무래도 트렌트 강을 건너기 어려울 것이며 폭풍이 멎기 전에 출발한다는 것은 목숨을 거저 버리는 것과 같다고 하여 우리 길은 아주 막혀 버렸다. 한 시간 동안 기다려 보았으나 이대로 있다가 그림스비의 회중들을 실망시켜서는 안 되겠다고 생각되어, 다시 한 번 저편으로 건너갈 수 없겠는가 하고 물어보았다. 그랬더니 그들은 무엇이라 말할 수 없으나 우리가 모험해 보고 싶은 마음이 있다면 자기들도 해 보겠다고 하였다. 그래서 6명의 남자와 2명의 부인 그리고 말 세필 등이 승선하고 출발하였다.

많은 사람들이 강 언덕에서 서서 보고 있었는데 한가운데쯤 왔을 때 돌연 뱃머리가 물 아래로 숙여져 사람과 말 모두 굴러 떨어질 것 같았다. 우리는 모두 이제 가라앉아 죽는다고 느꼈다. 그러나 한편, 저 편 강 언덕까지는 헤엄쳐 갈 수 있겠다고 확신하고 있었다. 뱃사공도 상심한 듯하다 곧 마음을 다시 세우고 열심히 저어갔다. 곧이어 말들이 밖으로 뛰어 내렸으므로 배는 가벼워져 모두 안전하게 건너편 언덕에 이르렀다.

다른 사람들은 내가 왜 일어서지 않았는가 하고 이상스럽게 여겼다. 나는 시종 뱃바닥에 옆으로 누운 채였다. 나 자신도 이상스럽게 생각하고 있었다. 잘 살펴보았더니 뱃사공이 가끔 쓰는 큰 쇠 지렛대가 내 구두끈에 걸려 있어서 설 수가 없었다. 그러기에 만일 보트가 가라앉았다면 헤엄치기는 고사하고 배와 운명을 함께 할 수밖에 없는 형편이었다.

같은 날 거의 같은 시간에 동생도 뉴 패세이지에서 세 번 강을 건너고 있었으며 바람에 불려가다가 거의 바위에 부딪칠 뻔하였다는데 같은 하나님께서 모든 인간적인 희망이 사라졌을 때에 그들도 우리와 똑같이 건져주신 것이었다.

1743년 10월 28일 ~ 1746년 11월 12일

제7장 │ 위협과 박해

1743년 10월 28일(금) 우리는 "순 이스라엘 사람"인 윌리엄 홈스와 함께 말을 타고 엡워스에서 사이크하우스로 갔다. 여기에서 10시에 설교하고 급히 리드스로 갔으며, 거기서 아침 일찍이 출발하여 어둡기 전에 웬스레이데일에 도착하기를 바랐으나 그렇게 되지 않았다. 그래서 저녁 무렵 어두워지기 시작할 때에는 5~6마일 가량 남은 것 같아서 이제는 안내자를 하나 얻는 것이 최선의 길이라고 생각하였다. 한 시간도 채 못 되어 주위는 완전히 어두워졌으며 길을 잃고 있음을 알게 되었다. 우리는 강가에 있는 목장 안에 있었으며 (나에게 보이기는) 거의 사면에 다 물이 둘러 있는 것 같았다. 우리 안내자에게 "지금 어디 있는지 아느냐?"고 물었더니 그는 솔직히 "모르겠는데요."라고 대답하였다. 그래서 우리는 말 타고 갈 수 있는 데까지 계속 갔으며 8시경에 한 작은 집에 이르렀다. 거기서 비로소 웬스레이로 가는 작은 길에 인도되었다.

10월 31일(월) 아침 일찍이 출발하여 저녁때 뉴캐슬에 도착하였다.

11월 2일(수) 다음과 같은 광고가 나붙었다.

에스터 씨를 후원하기 위하여
에든버러 희극사 주최로
11월 4일 금요일
희극 「자각한 애인들」
익살 광대극 「속임수에서 속임수로」 (메도디스트의 진상) 공연.

금요일에 수많은 관객들이 이것을 보기 위하여 무트 홀에 밀려왔다. 1,500명 이상이었으며 무대 위의 자리에도 200~300명은 앉아 있었다. 연극이 시작된 지 얼마 안 되어 지주가 부러져 사람들은 갑자기 뒤집혀져 5척 정도 앞으로 밀려나가 서로 엎어지고 겹치고 하였다. 그런데도 한 사람도 상처를 입지 않았다. 다른 구경꾼들이 조용해졌으므로 배우들은 계속해 갔다.

제2장면 중반까지 공연되었을 때 1실링 좌석이 소리를 내며 몇 인치 가량 내려앉았다. 모두 놀라서 떠들고 많은 사람이 출입구 쪽으로 뛰어가 버리고 다시 돌아오지 않았다. 그런데도 소동이 끝나자 또 연극을 계속하였다. 제3장면이 시작되자 곧 이번에는 전 좌석이 6인치 가량 내려앉았다. 이번에는 배우들까지도 급히 무대 뒤로 물러갔지만 또 얼마 있다가 연극은 시작되었다. 3장면이 끝날 무렵에 돌연 6펜스의 좌석 전체가 지면에까지 내려앉고 말았다. 온 극장 전체의 사람들이 일어서고 떠들썩하였으며 많은 사상자가 났으리라 생각되었으나 조사해보니 (하나님의 은혜라 할까) 한 사람도 죽지 않았으며 중상을 입지도 않았다. 200~300명이 그래도 남아 있었으며 그때 메도디스트를 연출한 에스더가 나타났다. 그리고 그는 기어코 희극을 상연할 결심이라고 말하였다. 그런데 그가 말하고 있는 동안에 무대가 또 다시 6인치 가량 내려앉았기 때문에 그도 놀라서 숨어버리고 사람들은 혼비백산하여 도망가고 뒤를 돌아보는 이도 없었다.

그런데 이 배우들이 다음 주에 이 익살극을 기어이 상연하였다니 그 사실을 더 놀랍게 여겨야할지, 아니면 그것을 관람하기 위하여 다시 수백 명이 모였었다는 사실을 더 놀랍게 여겨야 할지!

1744년 6월 20일(수) 나는 동생을 런던에서 만났다.

6월 25일(월) 이 날부터 5일간은 스스로의 영혼 구원과 다른 사람의 영혼 구원을 원하는 (각지에서 모여온) 우리의 형제들과 협의회를 열었다.

다음 주에 우리는 복음을 따라 걷지 않는 모든 사람들을 우리 신도회에서 제명하는 일을 하였다. 이로 인해 회원 수는 1,900명보다 적게 되었다. 그러나 숫자는 별로 논할 필요가 없다. 다만 그들의 믿음과 사랑을 하나님께서 강하게 해 주시기를 빌 뿐이다.

8월 24일(금) 성 바돌로메의 날이다. 성 마리아 교회에서 설교하였다. 아마도 이것이 최후였을 것이다. 그래도 좋다. 이 사람들의 피와는 벌써 관계가 없다. 나는 나의 소신을 유감없이 피력하였다.

대학의 소사가 와서 부총장께서 나의 설교노트를 좀 보기 원한다고하기에 하나님의 그 현명하신 섭리를 찬미하면서 지체 없이 노트를 보냈다. 가령 내가 (자원해서) 설교의 원고를 그 분들에게 보낸들 훌륭하신 분들이 이것을 읽어줄 리가 없었을 것이다. 그런데 부총장이 원해서 이것이 그의 손에 들어간다면 대학 내의 유명한 분들이 이것을 재삼 읽어 줄 것이다.

1745년 1월 5일(토) 오랜 친지 갬볼드를 만나보려고 동생과 나는 젬스 휴스톤을 방문하였다.

나는 가끔 이상스럽게 생각하였다. (때로 다른 이에게도 말한 일이 있지만) 일만 가지 걱정을 갖고 있으면서도 그것이 머리 위에 있는 일만 가닥의 머리카락만큼도 느껴지지 않는 사실이 바로 그 일이다. 그래서 이것이 나 자신의 힘으로 되는 것이라고 잠시 생각한 듯하였다. 그 때문인지 13일(주일)에는 힘이 빠져 버려 이렇게 많은 일을 견뎌낼 수 없을 것 같이 느껴졌다. 계속해서 사건이 일어나서 점점 나의 영을 사로잡았으며 마침내는 어떻게 해서든지 도망가지 않는다면 목숨이 위험해질 것 같이 느껴졌다. 그래서 지체 없이 다음날 14일(월)에 말을 타고 브리스톨로 떠났다.

브리스톨의 집에 이르자마자 마음에 여러 날 동안 병이 되었던 무거운 것이 아주 가볍게 되었다. 일요일에는 웰스와 그 밖의 지방에서 모여온 여러 형제들이 우리와 함께 감사의 예배를 드리는 데 동참하였다.

2월 18일(월) 리처드 모스와 함께 뉴캐슬로 향하였다.

3월 3일(주일) 필그림 거리를 걷고 있는데 누군가가 부르기에 멈추었다. 그가 따라오더니 듣기 거북한 모독적인 말과 욕을 퍼부었다. 이 때문에 여러 사람들이 무슨 일인가 하고 뛰쳐나왔다. 그는 두세 차례 나를 떠밀더니 가버렸다.

잘 듣고 보니 이 사람이 우리 집 식구들이 이 거리를 지날 때마다 욕설을 퍼붓든가 돌을 던지든가 한다는 것이다. 그래서 이 기회를 잃어서는 안 되겠다고 생각하고 4일(월) 다음과 같이 편지를 보냈다.

로버트 양
오늘부터 금요일 사이에 한번 찾아와서 잘못하였음을 사과하시오. 그렇지 않으면 참 안된 일이지만 어제 당신이 거리에서 나에게 한 그 난폭한 일을 경찰에 보고하겠습니다.

참된 친구, 존 웨슬리

두세 시간 후에 로버트 양이 찾아와서 다시 그렇게 하지 않겠다고 약속하였다.

4월 6일(토) 우리가 세운 집터의 주인인 스티븐슨이 찾아와서 2년 이상 끌고 오던 증서 정리를 마쳐주었다. 그래서 나는 한 가지 근심을 더 덜게 되었다. 이제부터 더욱 모든 일을 하나님께 고하고 이루어 주시기를 간구하여야겠다.

6월 19일(수) 트레스미어 교회는 내가 로마서 4장 7절을 본문으로 설교하고 있는 동안 안과 밖이 입추의 여지가 없게 되었다. 저녁에 톰슨과 셰퍼드가 성 에쓰에 함께 말 타고 갔으며 다음 날에는 레드루스에 갔다.
맥스월드에게 생긴 사건에 관한 보고를 받았기에 크로완 교회 거리로 갔다. 그런데 그리로 가는 도중에 들은 소식에 따르면 그는 지난밤에 벌써 다른 곳으로 옮겨졌다는 것이다. 그를 맡아 지키고 있던 경관이, 500명 가령의 메도디스트교 신자들이 완력으로 그를 찾아가려고 몰려오고 있다는 급보를 받고, 서둘러서 그를 마을 밖에 있는 헨리 톰킨스의 집으로 옮기고 말았다는 것이다.
별다른 해를 입지 않았음을 알게 되었다. 나는 헨리 톰킨스에게 위임장을 보여 달라고 요청하였다. 위임장은 보아레스 박사, 그의 아버지, 그리고 유스틱이 경찰관에게 지시한 것으로 "합법적인 직업을 갖지 못하고 충분한 수입을 갖지 못한 모든 건강한 남자들을 체포해서 21일(금)까지 마라자이온으로 호송하여 그들이 폐하의 육군으로 종군하기에 적당한지 못한지 심사를 받도록 할 것"이라고 쓰여 있었다.

합법적인 직업과 충분한 수입이 있는 것으로 알려진 7, 8명의 이름도 적혀 있었는데 거기에는 존 세인트 아우빈 경의 청지기가 쓴 증서가 첨부되어 있었다. 그러나 그런 것은 문제가 아니었다. 그들은 "메도디스트 교도라고 불리기 때문에 군인 되어야만 한다."고 되어 있었고, 그 밑에 또 "그 이름도 알려져 있지 않고 교구의 평화를 어지럽히는 자"라는 말이 첨가되어 있었다.

이 한 마디로 잘 나타나고 있었다. 즉 이 "메도디스트의 설교자로 잘 알려져 있는 소위 주정뱅이, 부도덕자 그리고 난폭자들을 향하여 '너희들은 모두 지옥의 길에 오른 자'들이라고 설교하는 사람보다 더 교구의 평화를 어지럽히는 자가 또 있을 것인가"라는 것이다. 그 집에서 나와 보니 40~50명의 무법한 패거리들이 기다리고 있었다. 그러나 내가 권위 있는 자세로 나섰더니 그들은 기가 꺾이었고 아주 멀리 우리가 갈 때까지 멍청히 보고만 있다가 얼마 후에 떠들기 시작하였고 돌을 던지기 시작하여 톰프손의 일꾼이 돌에 맞았다.

6월 21일(금) 우리는 (흔히 쮸시장이라고 불리는) 마라자이온에 갔다. 판사가 거기 없었으므로 성 미카엘 산으로 올라갔다. 정상의 집은 퍽 넓고 기분 좋은 집이었다. 성 아우빈 경은 이 집을 짓느라고 큰 고심을 하였으며 거액의 비용을 썼다. 그러나 집이 준공되었을 때 그는 그만 죽고 말았다.

2시경에 톰프손과 나는 판사와 위원들이 있는 방으로 갔다. 얼마 후에 보레이스 박사가 일어나서 무슨 일이냐고 묻기에 나는 "볼 일이 있습니다."라고 대답하고 우리는 최근 크로완에서 체포된 사람의 일에 대하여 듣고 싶어서 왔다고 하였다. 그들은 "크로완의 사건은 아직 돌아오지 않았습니다. 돌아오면 알려드리지요."라고 하였다. 그래서 별실로 가서 9시가 지나도록 기다렸다. 내가 예측하였던 대로 그들은 맥스월드의 사건을 제일 뒤로 미루었던 것으로 생각된다. 9시경에 그는 불려나갔다. 나는 함께 거기로 가고 싶었으나 톰프슨이 좀 더 기다렸음을 알게 되었다. 이를 듣고 곧 위원실로 뛰어들었으나 때는 벌써 늦었다. 그 존경할 만한 신사 분들의 모습은 이미 찾아볼 수가 없게 되었다.

그들은 맥스필드에게 즉시 배를 타고 펜잔스로 가라고 명하였다. 그들은 그보다 앞서 항구에 기항중인 군함의 함장에게 넘기려 하였다. 그러나 함장은 "이 사람이 군함의 승무원들에게 설교한다든지 기도한다든지 하는 일에 대해 내가 봉급을 지불하라는 말씀입니까? 나에게는 이런 사람들 데리고 갈 권리가 없습니다."라고 대답하였단다.

6월 22일(토) 아침 2시경에 성 아이벤스에 도착하였다. 5시에 "너의 원수를 사랑하라"고 설교하였고 저녁에는 그웬냅에서 "그리스도 예수 안에서 경건한 삶을 살려는 사람은 핍박을 받을 것이다."라고 설교하였다.

오늘 맥스필드가 펜잔스에 도착하자 그들은 그를 지하실에 감금하였고 시장이 어떻게 해서든지 좀 도우려 하였으나 보레이스 박사가 거기까지 찾아와서 법정에서 전시법령을 낭독하고 그를 장교 직무 대리자에게 넘겼다고 하는 소식을 들었다.

6월 29일(토) 성 저스트에서 다시 설교하고 30일(주일)에는 몰바와 젠나에서 설교하였다. 저녁 6시경 존 난스의 입구 근처의 거리에 있는 성 아이벤스에서 설교하였다. 신분이 높은 이들, 낮은 이들, 부자와 가난한 자 등 각층의 사람들이 많이 모여왔으나 한 사람도 수군거리거나 손발을 움직이거나 하는 일들이 없었다. 나는 "세리와 죄인들이 말씀을 듣고자 모여왔다."는 말씀에서 복음을 풀이해 전하였다. 7시 좀 전에 시장이 보낸 에드워드가 와서 한 사람에게 폭도 취체령을 읽도록 명하였다. 그래서 나는 곧 이야기를 중단하였다. 그러나 많은 청중들은 퍽 아쉬운 듯한 얼굴이었으며 돌아가지를 못하고 있었다. 40~50명 정도의 사람들이 우리 신도회에 참석하고 싶다고 하여 우리는 그들과 함께 콘월에서는 전에 가져보지 못하였던 그런 즐거운 마음으로 한 시간 가량을 보내었다.

7월 2일(화) 나는 저녁에 성 저스트에서 설교하였다. 살펴보니 전에는 전혀 오지 않았던 그런 신사들이 적지 않게 와 있었으며 저 뒤편 떨어진 곳에 서 있던 다수의 광부들과 그 밖에 왜 거기 와 있는지도 알지 못하면서 서 있는 무리들이 퍽 많이 모여 있었다. 우리가 찬송을 마치자마자 한 여자가 떠들어대기 시작하였다. 그 여자는 욕설을 하고 침을 뱉고 발을 구르고 손을 흔드는 등 몸을 마구 굴렸다. 나는 가만히 있었으며 다른 사람들도 상대하지 않았다. 후에 알고 보니 그 여자는 로마 가톨릭 교인으로 자라났는데 어떻게 된 일인지 우리가 가톨릭 교인들이라고 잘못 전해 듣고 그 자리에 기쁜 마음으로 왔다가 그렇지 않음을 알게 되자 노여워서 그렇게 한 모양이었다.

설교가 막 끝날 무렵에 근처에 사는 신사인 유스틱이 찾아왔다. 사람들이 좌우로 길을 내주었더니 그는 나에게로 와서 "나는 보레이스 박사가 보낸 집행 명령서를 가지고 있니 나와 함께 가야겠습니다."라고 하였다. 그리고 둘러보더니 "그대는 셰퍼드가 아닙니까? 명령서에는 그대 이름도 있으니 함께 가십시다."라고 하였다. 우리는 거리 끝에 있는 주막까지 갔다. 그는 이제 곧 박사에게 가도 좋겠느냐고 하기에 그 사람 형편이 허락하면 곧 가자고 하였다. 그랬더니 "숙소까지 바래다 드리지요. 내일 아침 함께 오시면 안내해 드리겠습니다."라고 하였다. 그리고 그날 밤은 우리 숙소로 돌려보내 주었다.

7월 3일(수) 9시까지 기다렸다. 그런데도 유스틱은 오지 않았다. 그래서 셰퍼드에게 그가 살고 있는 집으로 찾아가 보라고 부탁하였다. 그는 가다가 길에서 그를 만났으므로 우리의 숙소로 오는 줄 알고 되돌아왔다. 그런데도 얼마가 지나도 오지 않아 알아보았더니 그는 다른 집으로 갔다는 것이다. 그래서 이번에는 내가 찾아가서 "유스틱 씨 계십니까?"라고 다시 묻기에 "그 일 때문에 온 것입니다."라고 대답하였다. "그런데 준비가 다 되셨습니까?" 하며 물었다. "예"라고 하였다. 그랬더니 그는 "실은 제가 아직 준비가 덜 되었습니다. 얼마 후 한 15분 이내로 윌리엄 첸홀의 집에서 만나겠습니다."

45분이나 지나서야 그는 찾아왔다. 말을 타고 보레이스 박사의 집으로 향하였다. 그런데 어쩐지 서둘지 않았으며 3, 4마일밖에 안 되는 곳을 한 시간이나 걸려서야 도착하였다. 정원에 이르러 소사에게 "박사님, 계십니까?"라고 물었다. "아니요. 교회에 가셨어요." 그는 이 말을 듣자 "이로써 나의 사명은 끝났습니다. 더 드릴 말씀이 없습니다."라고 하였다.

정오경에 셰퍼드와 나는 성 아이베스에 도착하였다. 몇 시간 쉰 다음 그 웬냅으로 말을 달렸다. 가보니 집안에는 회중의 4분의 1밖에 못 들일 정도여서 나는 문턱에 섰다. 성경을 읽고 있는데 한 사람이 마치 방금 무덤을 헤치고 나오기나 한 듯 광폭하게 뛰어들더니 회중 한복판으로 들어가 서서 사람들을 차례로 붙들었다. 그러나 아무도 그에게 손을 대지 않았다. 다음으로 또 한 명의 소위 신사가 들어서더니 먼저 사람보다도 더 미친 듯이 날뛰며 자기 부하들에게 몇 사람, 특히 셰퍼드를 체포하라고 명하였다. 그렇지만 회중의 대부분은 전과 변함없이 고요히 서 있었으며 찬송가를 부르기 시작하였다.

이것을 보고 B는 더 참지 못하고 화를 벌컥 내면서 "저 사람을 체포하라. 저 사람을 체포해. 폐하를 위해 봉사하게 저 설교자를 체포하라."고 소리쳤다. 그렇지만 한 사람도 손을 대지 않자 그는 말을 탄 채 앞으로 나오면서 자기 부하를 데리고 자기 명령에 복종하지 않는다고 그들을 욕하였다. 그러나 한 사람도 움직이려고도 하지 않자 그는 말에서 뛰어내려 자기 스스로 하겠다면서 내 성직자용 겉옷을 잡았다. 그러고는 "폐하를 위해 당신을 붙잡소."라고 소리쳤다.

그의 부하는 말을 끌고, 그는 나의 손을 잡은 채 4분의 3마일가량을 걸어갔다. 그는 길을 걸으면서 계속 "당신의 신도들은 모두 나쁜 사람들입니다."라고 하였다. 그가 잠시 숨을 돌리고 있을 때 내가 "대체 어쩌자는 것입니까. 무리하게 당신이 이런 방법으로 나를 붙들어 당신의 말대로 폐하를 위하여 이러실 만한 이유가 없습니다."라고 말하였다. 그랬더니 그는 "내가 체포하다니요. 무례하게 데리고 가다니요! 아닙니다. 그게 아닙니다. 결코 그렇지 않습니다. 나는 우리 집으로 가시자고 하였고 선생께서 그러자고 하셨습니다. 그러니까 말씀대로 가 주신다면 환영하겠습니다만 싫으시다면 어디든지 마음대로 가셔도 좋습니다."라고 대답하였다. 그래서 나는 "이런 성난 군중을 헤치고 가는 것이 안전할까요."라고 물었다. "그러시다면 동행해 드리겠습니다."라고 대답하였다. 그는 자기 말을 불러오고 다른 말 한 필을 불러 먼저 있던 곳으로 나를 데려다 주었다.

7월 4일(목) 나는 푸래모우스로 말을 타고 갔다. 오후 3시경 오랫동안 병으로 고생하던 부인을 위문하였다. 그 집에 내가 들어가자마자 집 주위는 무수한 사람으로 에워싸였다. 도시를 포위하고 함락시키는 경우라도 이렇게 시끄럽지는 않을 것이라고 생각될 만큼 시끄러워졌다. 먼저 B부인과 그의 따님이 그들을 조용하게 하려고 힘썼다. 그러나 그것은 어림없는 일이었다. 마치 성난 소용돌이치는 바다를 조용케 하려는 것과 같았다. 거기서 그들은 K, E와 나를 놓아둔 채 가버렸다. 군중은 소리를 막 지르며 "카노람을 데려와라. 카노람은 어디로 갔느냐?"('메도디스트'란 말 대신 보통 쓰인 뜻 없는 소리)고 외쳤다.

답이 없으니까 그들은 문을 열고 들어왔다. 널빤지로 된 칸막이밖에 없었다. 위험하다는 생각이 들어 거기 걸려 있던 거울을 떼어 놓았다. 그들은 여러 가지로 심한 말을 해 가면서 자기들의 일을 시작하였다. 키티는 놀라 어쩔 줄을 몰라 하며 "목사님, 어떻게 해야지요?"라고 하였다. 나는 "기도하지 않으면 안 됩니다."라고 하였다. 사실상 그때에는 어떻게 보든지 우리의 생명은 한 시간도 보장되어 있지 않은 것 같았다. 그는 "그러나 목사님, 좀 숨으시는 것이 좋으시지 않겠습니까? 미닫이 속은 어떻습니까?"라고 물어왔다. 나는 "아니요, 여기가 제일 좋은 곳이요."라고 답하였다. 밖에 섰던 무리들 중에는 최근 상륙한 뱃사람들도 몇몇 있었다. 그들은 다른 사람들이 주저하는 것을 못마땅하게 여겨 다 밀어제쳐 놓고 앞으로 나와 안쪽 문에 어깨를 대고 "그만 해!"라고 소리쳤다. 경첩은 다 떨어졌고 문짝은 방안에 쓰러지고 말았다. 그래서 나는 곧 앞으로 나가서 "여기 있습니다. 내게 볼 일이 있는 분이 누구십니까? 내가 누구에게 나쁜 일을 하였단 말입니까? 당신에게? 당신에게? 또는 당신에게?"라고 하였다. 나는 모자를 벗으면 내 얼굴이 더 잘 보이리라 생각하여 모자를 벗고 거리 한복판까지 나갔다. 거기서 목소리를 높여 "여기에 계신 여러분! 그리고 마을 사람들이여! 나의 말을 듣기 원한다는 말입니까!"라고 외쳤다. 그랬더니 그들은 "그렇소, 그렇소, 말하시오. 아무도 막지 마시오."라고 제각기 말하였다. 그러나 올라설 자리도 없고 땅도 얕았으므로 적은 수의 사람들만이 들을 수 있었다. 그렇지만 별 방해를 받지 않고 말을 할 수가 있어 그 말을 들을 수 있는 범위 안에 있는 이들은 조용히 들어 주었다. 두목 한두 사람이 마음을 고치고 뒤를 돌아보며 아무도 그에게 손대서는 안 된다고 하였다.

토마스라는 목사가 달려와서 "길손에게 이런 행패를 부리는 일은 부끄러운 일이 아닙니까!"라고 말하였고 뒤이어 두세 신사와 시 참사회원들이 이에 찬성하여 매던 부인의 집까지 함께 가면서 계속 이야기를 하였다. 그 신사들은 말을 보내줄 것이니 얼마동안 기다리는 것이 좋겠다고 하였다. 그러나 군중 속으로 다시 한 번 가는 것은 불안스러웠기 때문에 말을 펜린으로 먼저 보내고 나는 배를 보내주면 좋겠다고 의견을 바꾸었다. 우리가 있던 집 바로 뒷문에 파도가 출렁거리고 있었다.

이번 같이 분명하게 하나님의 손을 본 일은 왈살에서조차도 없었던 일이다. 거기서는 나를 위해 목숨을 바칠 사람이 많았다. 그러나 여기에는 한 사람도 없었고 다만 여자 아이를 알고 있었을 뿐인데 그 아이도 부인의 집 앞에 이르자 황급히 사라져 가고 말았다. 왈살에서는 좀 맞았고 옷도 조금 찢기었으며 진흙투성이가 되었다. 그러나 이곳에서는 나를 치기 위해 수백 명이 손을 들었겠지만 한 사람도 남김없이 모두 중간에 힘을 잃고 말았다. 그래서 손 하나 대보지도 못하고 처음부터 끝날 때까지 돌 하나 맞지도 않았으며 옷에는 진흙 한 점도 묻지 않았다. 누가 감히 하나님께서 우리 기도를 들어주고 하늘과 땅의 모든 권세를 갖고 계심을 의심할 수 있으랴!

5시 반경에 배에 올랐다. 내가 피하였다는 것을 알게 된 군중이 마을 끝에서 기다리고 있다가 나를 실제로 보더니 와글와글 떠들 뿐이었다. 그러나 그 중에는 지독한 사람도 있어서 그는 계속 따라와서 내가 상륙하게 되면 그곳에서 붙잡으려고 기다리고 있었다. 내가 배에서 내려 험한 길을 올라갔더니 그 위에 먼저 달려갔던 사람이 서 있었다. 나는 그의 얼굴을 마주보면서 "안녕하십니까?"라고 인사를 건넸다. 그는 내가 말에 오를 때까지 아무 말도 하지 않고 손발도 움직이지 않았다. 그러더니 그는 "지옥으로 떨어져 가라."고 말하고서 왔던 곳으로 되돌아갔다.

그날 밤 내가 설교하기로 되어 있던 (웨드론 교구 외) 돌카안이 보이는 곳까지 갔을 때 저편에서 많은 사람들이 숨이 넘어갈 듯 헐떡이며 뛰어와서 이제 더 가지 말라고 간청하였다. "왜 그러느냐"고 물었더니 그들은 답하기를 "교회의 간사와 경찰관 그리고 교구의 간부들이 당신이 오기를 저 언덕에서 기다리고 있습니다. 그리고 그들은 당신이 호송되어 올 때까지 기다리겠다고 헤레스톤의 판사의 위임장을 가지고 있습니다."라고 하였다. 나는 곧 언덕 위로 뛰어 올라가 4, 5명의 잘 차려 입은 말 탄 사람들을 보고 거기까지 가서 "신사 분들, 무엇인가 제게 말씀하실 것이 있으십니까? 내가 존 웨슬리입니다."라고 말하였다.

그랬더니 그 중의 한 사람이 나의 대담함에 크게 노한 표정을 지었다. 그때 마침 레드루스의 콜린스 목사님이 와 주셨으니 다행이지 그렇지 않았으면 큰 봉변을 당하였을는지 모른다. 그가 옥스퍼드에서 나를 만나 알고 있었다고 말하였기에 먼저 사람은 아무 말도 안하고 말았다. 그러나 다른 일로 대화를 하게 되었는데 그는 설교가 모슨 좋은 결과를 가져왔느냐고 물었다. 나는 사실대로 말하였다. 그는 여러 말을 한 다음에 "모인 사람들이 지금은 잠시 좋아 보이지만 점점 전번과 같이 나빠질 것이고 아니면 더 나빠질 것임이 틀림없다." 하고 달려갔다.

말을 타고 있던 다른 한 사람이 "좀 이야기하고 싶은 일이 있으니 함께 저 문 있는 곳까지 타고 갑시다."라고 말해왔다. 그래서 함께 가니까 그는 말하기를 "일이 이렇게 된 까닭을 이야기해 드리지요. 이 지방의 모든 신자들은 당신이 오랫동안 프랑스와 스페인에 가 있다가 이번에 이곳으로 음모자에 의하여 보내졌으며 이곳에 모이는 회중은 모두 그 음모자에게 가담할 것이라고 생각하고 있습니다." 라고 하였다. 그러나 분명히 이 지방의 모든 신사들은 그들의 양심을 누르면서 그렇게까지 생각할 리가 없다.

거기서 수마일 떨어진 곳에 있는 친구의 집으로 말 타고 가서 단잠을 잤다. 나는 그곳에서도 나의 설교를 듣기 퍽 원하지만 감히 나오지를 못하는 사람들이 많다는 이야기를 전해 들었다. 그 이유는 뷔 경이 전 교인들이 교회에서 나올 때 엄숙하게 "만일 저 사람들의 설교에 귀를 기울이는 자가 있다면 나의 크리스마스 잔치에 초청하지 않겠다."고 선언하였기 때문이라는 것이다.

7월 6일(토) 세퍼드와 함께 그웬냅으로 말 타고 갔다. 그랬더니 여기서도 사람들이 놀라고 두려워하고 있었다. 광부들이 일부러 술을 마시고 날뛰기 위해 올 것이라는 말을 전해 들었다. 나는 사람들 보고 걱정할 것 없다고 안정시키려 하였으나 공포 때문에 많은 사람들이 도망가고 말았다. 남은 사람들에게 "너의 원수를 사랑하라" 는 설교를 하였다. 그리고 먼저의 선전은 전부 거짓이었으며 하나님의 말씀을 듣지 못하게 하려는 악마의 위계였다.

7월 7일(주일) 5시에는 조용한 회중들을 향하여, 8시에는 스티시안에서 설교하였다. 저녁 6~7시 사이에 돌카안에 왔다. 군중이 또 몰려들 것이라고 하기에 나는 곧 설교하기 시작하였다. 15분도 채 설교하지 않는데 그들이 나타나기 시작하였다. 트라운스가 제일 먼저 달려와서 나에게 말을 건네려 하였으나 그의 동행인들에게 많은 방해를 받았다. 나는 높은 벽 위에 서 있었으므로 그들을 바로 볼 수 있었으며 그러기에 저들은 점점 부드러워지고 조용해졌다. 그런데 어떤 자가 이것을 보고 뒤로 돌아와서 나를 밀어 떨어뜨렸다. 그렇지만 내가 가벼이 뛰어내렸으므로 아무 상처도 입지 않았다. 그 바로 옆에 제일 열띤 사람이 있기에 그의 손을 붙잡고 그러한 일을 그만

두라고 말하였다. 쉬이 승낙치 않았으나 사실상 그도 그의 친구들도 점점 얌전해졌으며 점잖게 헤어지게 되었다.

7월 8일(월) 5시에 고요하지만 열심이었던 회중들에게 "깨어 기도하라"는 제목으로 설교하였다. 그리고 우리는 말 타고 (때가 변하여) 콘월에서 가장 조용하고 훌륭한 곳이 된 성 아이베스로 갔다.

7월 9일(화) 성 저스트에서 설교를 시작하였을 때 E가 찾아와서 내 손을 잡고 말하기를 자기와 꼭 함께 가 주어야겠다고 하였다. 나는 소란을 피하기 위하여 따라갔다. 그는 내가 먼저 주간에 앞으로 1개월간은 성 저스트에 오지 않겠다고 약속하지 않았느냐고 하였다. 나는 그런 약속을 한 기억이 절대로 없다고 잘라 말하였다. 반시간쯤 지난 뒤에 나를 숙소로 돌려보내 주었다.

7월 10일(수) 저녁에 (모르바의 트레보난에서) "목마른 자들은 다 물가에 나아오라"는 설교를 하였다. 그랬더니 15분도 되기 전에 경찰관이 와서 법률을 읽어주었다. 그가 다 읽은 뒤에 나는 "요구대로 하겠습니다." 하고서 설교를 계속하였다. 설교가 끝난 뒤에는 신도 회원들만 남을 예정이었으나 열심히 듣는 이들이 있었다. 그대로 떠날 수가 없어서 그리스도가 우리를 사랑해 주신 것과 같이 그들의 원수도 사랑하라고 권고하였다. 그들은 감동받았으며 소리 내어 울고 눈물 흘리는 이들이 여기저기에 있었다.

9월 9일(월) 런던을 떠나 다음 날 아침 노삼톤의 도드릿지 박사를 방문하였다. 마침 그가 지도하는 청년 신사들에게 성경을 강의할 시간이었다. 그는 나더러 그를 대신해서 강해하라고 하였다. 이 모두 헛되게 뿌려진 씨는 아니었던 것 같다. 저녁 때 마크필드에 있는 교회가 차고 넘쳤다.

9월 18일(수) 5시경 적당한 시간에 뉴캐슬에 도착하였다. 그리고 그곳 주민 대부분이 그 전날 아침 2시경에 음모자가 에든버러에 들어왔다는 보고가 있었으므로 공포에 떨고 있음을 발견하였다. 저녁 때 많은 청중을 향해 요나서 3장을 설명하였는데 특히 "하나님이 혹시 뜻을 돌이키시고 그 진노를 그치사 우리로 멸망치 않게 하시리라. 그렇지 않을 줄을 누가 알겠느냐."는 말씀을 강조해 말하였다.

9월 19일(목) 시장(리뜨레이)은 시가지의 모든 호주들을 불러 모아 놓고 용감한 사람들은 공동의 적에게서 이 도시를 방어하기 위하여 생명과 재산을 바칠 것을 서약하고 날인하였으면 좋겠다고 강요하였다. 공포와 암흑만이 온 사면을 에워싸고 있었다. 그러나 하나님의 얼굴의 빛을 본 사람에게는 그런 것이 없었다.

9월 20일(금) 시장은 시민들에게 무장하는 것을 잊지 말 것과 제1의 경고를 명심할 것과 시내에 들어와 있는 소수의 순찰병 외에 순서를 짜서 경비에 임할 것을 포고하였다. 마침내 필그림 거리의 문을 닫으라는 명령이 내려졌다. 여러 분이 우리의 집이 성문 밖에 있었으므로 퍽 근심해 주었다. 아니다. 주 예수께 모든 것을 맡긴 자들에게는 주가 불의 성벽이 되어 주시리라. 나는 이런 날에 우리 모든 형제들이 기도와 금식으로 하나가 되기를 원하였다. 한 시경에 우리는 서로 모여서 하나님 앞에 우리의 전영을 기울였더니, 하나님께서 평화의 답을 주시리라는 것을 믿게 되었다.

9월 21일(토) 같은 날 코프스 장군의 패전소식이 전해졌다. 그래서 수비를 갑절로 증가하고 팬돈과 새리포드의 문을 폐하라는 명령이 내려졌다. 오후에 나는 다음과 같은 편지를 썼다.

존경하는 뉴캐슬 시장님께

"시장실을 예방치 못한 것은 경의가 부족해서가 아니었습니다. 나는 시장님의 직책과 귀하가 그 직무를 수행하시는 데 쏟으시는 열심에 대해 깊은 경의를 표하는 바입니다. 우리나라 안의 모든 장관이 귀하가 보이시는 모범을 배우게 되기를 하나님께 빕니다. 또한 조지 폐하에 대한 불충 때문도 아닙니다. 다만 나는 그런 경우에 출두하는 것이 필요한 일인지 아닌지를 판단키 어렵기에 그렇게 한 것입니다. 나는 뉴캐슬에 별로 재산이란 것도 없으며 1년 중 다만 몇 주간을 지내기 위한 식량과 작은 방을 사용하고 있을 뿐입니다.

경의와 사랑을 기울이는 폐하에 대하여 -나의 부친이 하셨던 데 비해 뒤떨어지지 않는다고 생각합니다만- 내가 할 수 있는 '모든 것은 다만 매일 군중 앞에서와 나의 사실에서 모든 적을 혼란 속으로 몰아내 주세요.' 라고 우리 하나님께 호소하는 것뿐입니다. 또한 나의 이야기를 듣는 모든 사람을 향하여 같은 일을 하라고 권고하고 있으며, 또한 하나님을 두려워하는 자는 왕을 영화롭게 할 수 밖에 없음을 가르쳐 각자를 세워주신 그 자리에서 충성스러운 백성이 되어야 함을 강조하고 있습니다.

이어 나의 마음속 깊은 곳에서 나오는 몇 마디 말씀을 더 드림을 용서해 주시기 바랍니다. 귀하께서 한층 더 하나님을 두려워하시고 하나님께서 나라를 통치하신다는 사실을 깊이 느껴 주십사는 것입니다. 우리 죄를 인해 노하신 하나님 외에는 누구에게 구원을 구할 수가 있겠습니까? 한번 생각해 보시기 바랍니다. 불신앙이 넘친 결과, 즉 우리의 거리거리에서 볼 수 있는 크게 눈에 띄는 악이나 술주정꾼과 불평등을 방지한다는 것이 불가능한 일일까요? 이것은 다만 작은 암시를 드린 것뿐입니다. 귀하가 섬기시는 하나님께서 이 일과 또 모든 일을 인도해 주시기를 마음을 다해 빕니다. 이것이 바로 내가 매일 기도드리고 있는 바입니다."

그리스도를 위해 당신의 종 된,

존 웨슬리(J.W)

9월 22일(주일) 사방의 성벽에는 대포가 장치되었고 모든 것이 만일의 습격을 예상하고 정돈되었다. 가련한 근처의 주민들은 물건들을 치우느라고 분주하였다. 우리가 있는 거리의 대부분의 좋은 집들에는 사람이고 도구고 창고고 다 비고 말았다. 성벽 안쪽에서도 역시 물품과 금전을 운반하기에 바쁜 듯하고, 부유한 집의 사람들은 점점 남쪽으로 이동해 갔다. 나는 8시에 천주교회당 근처의 넓은 거리가 있는 케이츠 헤드에서 하나님이 이 세상을 통치해 주시는 지혜에 대하여 설교하였다. 어떻게 모든 것이 복음의 진보를 위하여 도움이 되고 있는지를!

금주 중에는 경보가 매일 전해졌으며 폭풍우가 점점 가까이 오고 있는 것으로 느껴졌다. 많은 사람들은 우리가 성 밖에 살고 있음을 의아스럽게 여겼으며 다른 이들은 만일 대포 쏘아대기 시작하면 큰 변란을 겪게 될 것이니 이제라도 빨리 옮기는 것이 좋겠다고 말해 주기도 하였다. 이 말을 듣고서 나는 다시 한 번 대포가 배치된 성문가를 다녀보았다. 그리고 하나님께 감사할 수밖에 없었던 것은 1. 대포는 우리의 집에 탄환이 떨어지지 않게 포구가 다른 데로 겨냥되었다는 일, 2. 대포가 뉴게이트와 필그림 스트리트 문의 두 곳에 배치되어 있었으므로 적이 어느 대포에는가 분쇄되지 않고서는 우리의 집으로 접근할 수 없게 되어 있다는 일들이 분명하였기 때문이었다.

금요일과 토요일에는 유언비어꾼들이 오늘이라도 처들어 올 듯한 무서운 소식들을 퍼뜨렸기 때문에 가련한 거리 사람들은 크게 무서워하였다. 이를 듣고 보초가 증원되었고 시골의 신사들은 하인들과 말 그리고 무기들을 휴대하고 찾아들었다. 북쪽에서 들어 온 사람 중에는 간첩 혐의가 있다고 체포하라고 시장이 명을 내린 사람도 있었다. 그런데 그 사람이 홀로 있게 되자 그는 곧 자기 목을 찔러 자살하려 하였으나 의사가 곧 와서 상처를 꿰매었으며 모반자의 계획을 자백시켜 방비를 유효하게 하려 그를 심문할 수 있게 살렸다.

9월 29일(주일) 적이 전면적인 남진을 시작하였으며 뉴캐슬에는 월요일 밤쯤에 이를 것이라는 급보에 접하였다. 8시에 게이츠헤드에서 죄인의 집단을 향해 "만날 만한 때에 주를 찾으라."고 하였고 에리손도 다른 설교를 열심히 하여 모든 사람들은 주 앞에 엎드려진 것으로 보였다. 오후에 나는 그날의 일과의 일부인 "야곱이 천사와 씨름하였다."를 설명하였다. 회중이 너무 열심이었으므로 몇 번이고 이야기를 다시 시작하였고 어떻게 결론 지어야 할지 알 수 없었다. 그리고 우리는 하나님께 지극히 높으신 곳에서 우리 조지 폐하를 도우시사 죄 많은 나라이긴 하지만 하나님의 은혜의 날을 알 수 있게 되도록 잠시 여유를 주시옵기를 간절히 기도하였다.

10월 8일(화) 나는 다음과 같은 편지를 하스크 장군에게 썼다.

"오늘 밤 귀하께서 보내셨다는 사람이 왔습니다. 그는 2층에 올라오기도 거절하고, 집 안에 들어오기도 거절하였습니다. 그러더니 집 밖에 서서 나를 나오게 하고 또 나를 거리까지 억지로 함께 가게 한 후에 "당신네 집의 총 쏘는 구멍이 있는 벽을 허시오. 안 헐면 장군께서 내일 그것들을 허실 것이요."라고 말하였습니다.

장군이여, 이 일은 내게 별 일이 아닙니다. 그러나 이 비상한 시국에 황제의 신하의 한 사람에게 이와 같은 무례를 저지른다는 것은, 가령 그가 누구든 옳은 일이 아니라고 생각합니다..

만일 폐하를 위해서라면 총 쏘는 구멍 있는 벽만이 아니라 집 전체를 쓰러뜨리겠습니다. 또한 집의 어떤 부분 또는 전체라도 각하의 손에 맡기겠습니다."

10월 9일(수) 이제 위험이 다 지나간 것 같아서 4시에 게이트헤드에서 "믿음에 굳게 서서 강하라"는 제목으로 설교하였다. 그리고 셰퍼드와 함께 말을 타고 떠나 저녁에 샌드휴톤에 도착하였다.

11월 13일(수) 런던에 도착하였다.

11월 21일(목) 「주정뱅이를 위한 말씀」을 썼다.

1746년 3월 17일(월) 뉴캐슬을 떠나서 다운스와 셰퍼드 등과 함께 출발하였다. 그런데 스미톤까지 왔을 때 다운스가 몸이 몹시 아파서 더 이상 갈 수 없게 되었다. 세퍼드와 함께 가는데 내가 탄 말이 몹시 절름거려 나도 그렇게 되는 것이 아닌가 하고 염려하게 되었다. 어디가 잘못된 것인지 알 수 없으나 발을 땅에 댈 수 없는 것 같이 보였다. 그러나 무리를 해서 7마일 정도 더 타고 갔으므로 나는 더할 나위 없이 피곤에 지쳤고 심한 두통을 느끼게 되었다. 나는 그때 '하나님은 어떤 방법을 쓰시거나, 혹은 아무런 방법을 쓰시지 않고서도, 사람과 짐승을 다 고치실 수 없으실까?' 라고 생각하였다. 그랬더니 즉시 피곤도 두통도 다 사라져 없어졌고 다리 절던 말도 그 순간 다 나았다. 그날이나 그 다음 날이나 더 이상 어려움이 없었다. 놀라운 사건이 아닌가!

4월 7일(월) 나는 킹스우드에서 설교하였고 그곳에 세워지는 우리 새 집의 첫 돌을 놓았다.

7월 6일(주일) 남녀 지도자들과 여러 가지로 간담한 후에, 우리 신도회의 빈곤한 사람들이 차를 마시는 일을 그친다면 금전을 퍽 많이 절약하게 되고 시간과 건강상으로 생각해도 얼마나 좋은지 알 수 없었다는 데 의견이 일치되었다. 그래서 먼저 우리부터 시작하여 모범을 보이기로 하였다. 나는 26년간이나 계속해 온 습관을 깨뜨린다는 것은 퍽 곤란한 일일 것이리라 예상하였다. 처음 사흘 동안 하루 종일 머리가 다소 아팠고, 아침부터 저녁까지 계속 졸려서 견디기 어려웠으며, 사흘 되던 날에는 기억력이 거의 없어지고 말았다. 저녁때, 기도로 이를 고치자고 생각하였다. 그랬더니 목요일 아침에는 두통도 없어지고 기억력도 회복되었다. 그때부터 지금까지 아무런 불편을 느낀 일이 없으며 오히려 여러 가지 점에 있어서 유익을 얻고 있다.

7월 17일(목) 나는 우리 친구들 간에 헌금을 모아 적은 대부자금을 세웠다. 처음에는 30파운드에 이르게 되었으며 이 적은 금액으로 1년에 250명이나 되는 사람들을 도와주었다.

11월 12일(수) 저녁 채플 때 이가 더 아파졌다. 집으로 돌아오는데 스피어가, 유명한 의사도 못 고친다고 말하였던 그의 해묵은 탈장이 순간적으로 고쳐졌다는 일을 내게 말해 주었다. 나는 하나님의 뜻에 순복하는 마음으로 기도드렸다. 나의 고통은 그쳤고 다시는 더 아프지 않게 되었다.

제8장 │ 승리의 전진

12월 4일(목) 나는 신도회 회원들에게 가난한 사람들을 치료해 주려는 계획을 발표하였다. 다음날 약 30명이 찾아왔으며 3주 이내에 300명에 이르게 되었다. 우리는 이 일을 여러 해 동안 계속하였으며 환자의 수는 계속 늘어났으며 우리 능력으로 그 비용을 감당할 수 없을 정도까지 되었다. 그러는 동안에 하나님의 축복으로 여러 달 고생하던 많은 환자들이 완전한 건강을 얻게 되었다.

2월 10일(화) (런던에서) 동생이 북쪽에서 돌아왔기 때문에 나는 내가 대신 그 자리에 가기로 하고 준비하였다. 16일(월) 3시가 지나서 일어났는데 몸도 튼튼하였고 모든 불쾌하였던 것도 씻은 듯이 없어졌다.

전날 나는 이제까지의 여행에서 별로 경험하지 못한 온화한 기후를 좀 이상스럽게 생각하였다. 그러나 횟필드에 이르렀을 때, 돌변해서 바람이 북쪽에서 불어와서 몹시 추워지고 손발이 잘 움직이지 않게 되었다. 한 시간쯤 쉰 다음에 얼굴 정면으로 부딪히는 눈보라를 맞으며 출발하였다. 그런데 광풍은 점점 더 거세질 뿐이었다. 눈이 사정없이 얼굴에 뿌려졌기 때문에 볼 수도 없었고 숨쉬기도 어려웠다. 그렇지만 2시 전에 우리는 볼들에 도착하였으며 거기서 우리를 기다리고 있던 한 사람이 우리를 포텐까지 안전하게 안내해 주었다.

6시경 진지한 청중에게 설교하였다. 17일 화요일 날이 밝자 곧 출발하였다. 그러나 앞으로 나가기가 실로 곤란하였다. 서리가 꽉 얼어붙지도 않았고, 눈 위에는 사람의 발자국이 하나도 없었으므로 길이 어디인지 찾기 어려웠다. 그러고 있는데 바람이 점점 더 강하게 불어쳐서 사람이나 말이 다 바람에 불려 넘어질 것 같았다. 그렇지만 벅덴에서 잠시 휴식한 후에 다시 전진하였는데 넓은 벌판 한복판에 이르렀을 때 이제까지 보지 못하였던 그런 세찬 비와 우박이 뒤섞여 내렸다. 부장이든 누구든 모든 것을 다 적셨고 적셔진 것은 곧 얼어붙었다. 눈썹까지도 얼어붙는 정도여서 스틸톤의 숙소에 도착하였을 때는 몸을 움직일 수 없을 정도가 되었다.

눈이 너무 내리기 때문에 그린샴에 갈 생각은 포기하였다. 그래도 바람이 좀 약해지는 듯싶기에 출발해서 스탬포드 히드까지 힘을 다해갔다. 그러나 가는 도중에 이번에는 눈이 많이 쌓여 있어 곤란을 겪었다. 때로는 말도 사람도 거의 눈 속에 파묻힐 뻔하기도 하였다. 그렇지만 한 시간 좀 못 걸려 스탬포드에 도착하였다. 할 수 있는 대로 멀리까지 나가고 싶었기 때문에 여기서는 잠깐만 쉬고 또 나아갔다. 그래서 해질 무렵에는 추위와 피곤에 지치기는 하였으나 별 사고 없이 브리그 캐스터톤이라는 작은 마을에 도착하였다.

2월 18일(수) 소사가 와서 "주인님 오늘은 안 되겠습니다. 밤사이에 눈이 내려 쌓였기 때문에 길은 온통 눈으로 덮였습니다."라고 하였다. 나는 "말을 끌고 걸어가는 일이 있더라도 하루에 20마일은 걸을 수 있다."고 말하였다. 그리고 주의 이름으로 출발하였다. 동북풍이 살을 에어내듯 불어쳤으며 눈이 막 쌓이기 때문에 큰 길로는 도저히 나갈 수가 없었다. 그렇지만 어쨌든 걷기도 하고 말에 타기도 하며 전진을 계속하여 마침내 그린샴의 여관인 화이트 라이온에 도착하였다. 길에서 어떤 목사와 그의 종 가까이까지 갔었으나 이가 아파서 입을 열 수가 없었다. 5시경에 뉴아르크에 도착하였다.

3월 24일(화) 나는 브랜치랜드라고 불리는, 뉴캐슬에서 20마일쯤 떨어진 곳에 갔다. 도시를 둘러싼 주변의 산에는 아직도 흰 눈이 덮여 있었다. 산의 중간 중간에는 구불구불한 계곡이 있었으며, 계곡으로 따라 델웬트 강이 흐르고 있었다. 강 언덕에 이 도시는 서 있으나 폐허보다 조금 나을 정도였다. 폭 넓은 벽이 남아 있는 것으로 미루어 보아 옛날에는 대사원이 있었던 모양이다. 내가 그 큰 벽의 그늘 쪽에 있는 묘지로 가서 커다란 묘석 위에 서서 기도하고 있으니까 다른 청중도 풀 위에 무릎을 꿇었다. 그들은 사방의 아연 광산에서 모여 온 사람들로 6마일이나 떨어진 아란테일에서 온 사람들도 퍽 많았다. 작은 아이들은 반대편에 한 줄로 얌전하게 앉아 있었다. 모든 회중은 한 마디 한 마디 말씀을 열심히 받아들였다. 나는 하나님께서 이 사막과 같은 곳을 기쁨의 찬송이 넘쳐나는 곳으로 변화시켜 주시기를 바랄 뿐이었다.

5월 6일(수) 나는 높고 험한 산의 중턱에 자리 잡은 쇼어에 도착하였는데 이곳은 스톤세이의 남방 6마일 지점이었다. 여기서 12시에 나는 사랑스럽고 단순한 마음을 가진 사람들에게 설교하였다. 긴 산맥의 언저리에 있는 토몰덴 에드지로 올라가 한 무리의 진지한 사람들에게 "회개하고 복음을 믿으라."고 호소하였다.

6월 27일(주일) 4시에 설교한 후에 신도회 사람들과 여러 가지 이야기를 나누었다. 그런데 하나님의 사랑을 참으로 깨닫고 있었던 사람은 내 동생이 왔을 때까지 오직 한 사람뿐이었음을 알았다. 악마가 이제까지 조용하였던 일은 이상할 것이 없었으니 이는 그의 소유물들이 아무에게도 어려운 도전을 받지 않고 있었기 때문이었다.

저녁 6시경에 작년에 설교하였던 곳으로 갔다. 찬송가가 아직 끝나기 전에 유명한 중위가 병졸과 북치는 사람과 불량배들을 인솔하고 왔다. 북치는 소리가 멈춰지자 이발사가 말하기 시작하였다. 그러나 군중들의 지르는 소리로 그의 말소리는 들리지 않게 되었다. 무리들의 수는 점점 더 많아졌다. 15분 정도 기다려 보았다. 그들은 점점 더 난폭해지기에 나는 그들의 한복판으로 들어가서 무리들의 수령의 손을 잡았다. 그랬더니 그는 곧 "선생님, 안전하게 댁에까지 모셔다 드리겠습니다. 결코 아무에게도 손찌검을 받으시지 않게 해 드리겠습니다. 여러분, 물러가시오. 손대는 사람들은 때려눕히겠소."라고 하였다.

우리는 아무 일 없이 걸었다. 나를 안내하던 사람은 (키가 큰 사람이었는데) 이따금씩 목을 길게 빼고 좌우를 살피면서 누가 나쁜 일이라도 저지르지 않는가 보았다. 이리하여 하이드의 집문에 이르기까지 별일 없었다. 그리고 서로 뜨거운 사랑을 느끼며 헤어졌다. 그가 간 후에 나는 거리에 머물러서 거기까지 따라 온 군중들과 근 30분간 이야기하였다. 그들은 조금 전의 분노를 다 잊게 되었으며 기분 좋게 집으로 돌아갔다.

6월 30일(화) 아침기도 시간 전에 우리는 성 아이베스에 이르렀는데 한 번도 방해를 받는 일 없이 교회까지 갈 수 있었다. 1년 사이에 콘월의 모습은 변화되었다. 지금은 평화스러운, 아니 더 나아가 존경할 만한 지부가 되었다. 그들은 어디서나 친절하게 대해 주었다. 이 세상이 이렇게 우리에게 친절을 베풀게 대체 우리가 무슨 일을 하였단 말인가?

7월 1일(수) 나는 오는 선거에 투표권을 가진 사람들과 이야기를 나누었다. 내가 희망하는 바와 같은 마음들이었다. 한 사람도 자기들이 투표하려는 사람의 비용으로 음식이라도 먹으려 하지 않았다. 5귀니아(5파운드 5실링)를 W는 받았으나 곧 돌려주었다. T. M은 아무것도 받기를 거절하였다. 그의 모친이 은밀히 돈을 받았다는 말을 듣고는 모친에게서 3귀니아(3파운드 3실링)를 찾아서 이를 돌려주고서야 마음이 편안해지더라고 하였다.

7월 2일(목) 하원의원 선거일이었다. 아무 지장 없이 투표가 끝났다. 많은 청중이 모였는데 마음의 불안 때문에 울부짖은 사람들이 두세 명 있었다. 그 후에도 같은 일이 일어났는데 이는 특히 처음 사랑을 잃은 사람들이 그렇게 하였다.

8월 13일(목) 오후에 페닉스 공원 근처에 살고 있는 두 사람의 환자를 심방하였다. 거리와 공원이 접한 곳은 하이드 공원과 같이 숲이 우거져 있었다. 그리고 거리에서 1마일 가량 가면 오래 묵은 큰 떡갈나무가 즐비하게 서 있으며 그 한가운데에는 둥그런 녹색의 공지가 있고(거리에서부터 가로수가 사방으로 심어져 있었다) 그 중앙에는 불사조가 세워진 잘 다듬어진 돌기둥이 세워져 있었다.
나는 아침과 저녁에 집에 다 들일 수 없을 만치 많은 회중들에게 설교하였다. 그리고 점점 그들이 전혀 들을 가치가 없는 그런 청중이 아님을 알게 되었다.

9월 29일(화) 정오에 윈드소어에서 설교하고 오후에 리딩으로 말 타고 갔다. JR이 그의 동생의 설교소를 그날 밤 때려 부수기 위해 불량배들을 사서 동원하겠다고 그의 동생에게 말을 전해왔다. 저녁에 S 리처드는 백터 사람들의 무리가 설교소에 접근해 올 때 그 뒤를 따랐다. 그는 곧 말을 건네며 함께 참 좋은 설교를 들으러 가지 않겠냐고 권고하면서 "아무리 많이 오셔도 특별석을 만들어 드리겠습니다."라고 제안하였다. 그들은 모두 즐거워하며 가겠다고 하였다. 거기서 그는 "그렇다면 여러분 그 몽둥이는 안 갖고 가는 것이 온당하지 않겠습니까? 그런 것을 가지고 가시면 여자들이 놀랄 것입니다."라고 말하였다. 그랬더니 그들은 모두 몽둥이를 버리고 조용히 집에 들어왔고, 그는 그들을 그의 좌석 쪽으로 모두 앉게 하였다.

내가 설교를 끝냈을 때 키가 훤칠하게 큰 그들의 두목같이 보이는 사람이 일어서서 회중을 둘러보며 "저 분은 모두 좋은 말씀만 하셨습니다. 확실히 그렇습니다. 여기에 아무도 그것을 부정할 수 있는 사람은 없을 것입니다."라고 크게 말하였다.

1748년 1월 1일(금) 우리는 한 해를 새벽 4시에 기쁨과 감사로 맞았다.

1월 28일(목) 나는 데베럴 롱브릿지를 향해 출발하였다. 10시경에 제방과 제방 사이의 깊은 길을 가다가 포장마차를 만났으므로 나와 존 트랜바스는 길과 제방 사이의 좁은 길로 피하려 하였다. 그랬더니 말이 놀라서 뒷발로 서면서 제방으로 오르려 하였다. 그러자 뒤따르던 말도 놀라서 뛰어 오르며 목을 좌우로 흔들기를 그치지 않았으며 마침내 입에 물린 자갈쇠가 나의 외투에 걸려 그만 나는 말에서 굴러 떨어지게 되었다. 그런데도 나는 그 마차와 제방 사이의 좁은 길 위에 누군가가 두 손으로 받아 내려준 것같이 아무 탈 없이 떨어졌다. 말들은 모두 얌전하였으며 한 필은 내 앞에, 또 한 필은 내 뒤에 서 있었다.

2월 9일(화) 나는 브리스톨의 60인 신도 회원들과 건물을 확장하고 수선하는 일에 대해 상의하였다. 2, 3일 사이에 230파운드의 헌금이 약속되었고 경험 많은 건축자에게 비용의 견적을 내게 하였고 나는 (신도 회원 이외에) 이 일을 감독할 5명의 위원을 임명하였다.

2월 12일(금) 정오경 오크힐에서 설교한 후에 휩톤으로 말을 달려갔더니 모든 사람들이 큰 근심에 빠져있었다. 소문에 따르면 되도록 난폭을 극렬화하기 위하여 폭도들이 고용되었고 준비를 갖추고 술을 마시며 기다리고 있다는 것이었다. 4~5시 사이에 설교를 시작하였으나 아무도 방해하는 이가 없었다. 참으로 은혜로운 시간을 허락받아 많은 사람의 마음은 큰 위로를 받게 되었다. 나는 '그 폭도들은 어찌 된 일인가?' 라고 생각하였다. 그러나 그들이 장소를 잘못 알고 갔다는 소식이 곧 전해져 왔다. 그들은 (내가 늘 하던 대로) 내가 윌리엄 스톤의 집에 올 줄로 알고 큰 북을 치고 사람들을 모아놓고 내가 오기를 기다리고 있었다. 그런데 스윈델은 아무 것도 모르고 나를 거리의 저 반대편으로 데리고 갔다. 그래서 내가 설교를 마칠 때까지 그들은 잘못 알았음을 알지 못하여 계획하였던 설교 방해공작은 전적으로 실패하고 말았다.

그러나 저들은 우리가 설교한 집까지 가서 윌리엄 스톤의 집으로 가는 길을 죽 따라오면서, 진흙이나 흙덩이를 던졌다. 그러나 아무런 상처도 받지 않았다. 다만 스윈델의 웃옷이 더러워지고 내 모자에 진흙이 조금 묻었을 뿐이었다.

우리가 집 안으로 들어가자 그들은 커다란 돌을 던지기 시작하였고 문을 부수려고 하였다. 그러나 꽤 시간이 오래 걸렸기 때문에 한때 그 계획은 중지되었다. 그들은 먼저 출입구 위의 지붕의 기와를 다 부쉈다. 그리고 창문에 작은 돌을 마구 던졌다. 그런데 그들 중의 두목 같은 사람이 의기양양하게 우리 뒤를 돌아 들어왔는데, 그만 우리와 함께 갇혀 밖으로 나갈 수가 없게 되었다. 그래서 내 곁에 서 있는 것이 안전하다고 생각하였는지 되도록 내 곁으로 가까이 왔다. 그런데 층계를 서너 단쯤 올라간 곳에서 몸을 조금 숨길 곳이 있어서 기대고 있을 때 커다란 돌이 그 두목의 얼굴에 맞아 그만 피가 줄줄 흐르게 되었다. 그는 "오늘밤 우리는 죽임을 당하는 것 아닙니까? 어떻게 하면 좋겠습니까?" 라고 말하였다. 그래서 나는 "하나님께 기도드리세요. 하나님께서는 모든 위험에서 우리를 구원해 주시니까요!'라고 대답하였다. 그는 내 말을 듣고 그가 태어난 후 해 본 일이 없을 그런 열띤 기도를 올리었다.

스윈델과 나도 기도드리기 시작하였다. 기도를 마치었을 때 나는 "우리는 여기 머물러서는 안 됩니다. 아래층으로 내려가야 합니다."라고 말하였다. 스윈델은 "안 됩니다. 움직일 수 없습니다. 저렇게 큰 돌이 날아오고 있지 않습니까?'라고 하였다. 그러나 나는 방을 가로 질러가서 층계 아래의 방으로 내려갔는데 우리 모두가 아래층으로 다 내려갈 때까지 돌 하나도 날아오지 않았다. 마침 그때에 폭도들이 문을 부수고 들어왔다. 그들이 한 쪽 문을 열고 들어오고 있었던 위기일발의 순간이었다. 거리가 5야드 밖에 안 되는 곳에 서 있으면서 그들 중에 누구 하나도 우리 일을 눈치 챈 사람들이 없었다.

그들은 곧 집 안에 가득 차게 들어섰으며 집을 불태워 버리자고 말하기 시작하였다. 그러나 그들 중에는 근처에 제 집이 있는 이들이 있어 불 지르는 일만은 하지 말자고 간청하고 있었다. 그들 중의 한 사람이 큰 소리로 "정원 쪽으로 나갔는지도 모른다."라고 말하였다. 그것 참 좋은 일이라고 생각하고 우리는 정원으로 내려가 거리 끝까지 피해갔다. 거기에서 우리는 아브라함 젠켄스의 마중을 받고 그의 안내로 보크 힐로 향하였다.

셉톤 레인의 말을 타고 달리는데 벌써 날이 저물어 캄캄하게 되었다. 그는 "내려오세요, 제방에서 내려오세요."라고 말하였지만 계속 내려갔다. 제방은 매우 높았고 험해서 미끄러졌으며 나도 말도 다 거꾸러져 떨어졌다. 그러나 둘 다 다친 데 없이 일어났다. 한 시간 좀 못 되어 우리는 보크 힐에 도착하였으며 다음 날 아침 브리스톨로 향하였다.

2월 15일(월) 아일랜드를 향해 출발하였다.

4월 9일(토) 아쓰론에서 수마일 떨어진 콘노트에서 설교하였다. 많은 사람들이 듣고 있었지만 감명 받은 사람은 별로 없어 보였다. 사논 강은 내가 설교하고 있던 집에서 1마일 이내 되는 곳에 흐르고 있었다. 나는 이런 강이 유럽 땅에도 있으리라는 생각지 않았다. 원천에서 30마일 정도 내려왔는데 여기서는 강 폭이 10마일 이상 넓어졌다. 그 가운데에는 많은 섬들이 있으며 지금은 사람이 살고 있지 않으나 옛날에는 매우 많이 살고 있었다. 어떤 섬에든 폐허가 된 교회가 있는데 어떤 섬에는 일곱 개나 남아 있다고 한다. 하나님께서는 피로 더렵혀진 땅과 지금도 씨름하고 계시지 않으신가 생각한다.

4월 10일(부활주일) 아쓰론에서 성찬식에 이렇게 많은 사람이 참예한 일은 전에는 없었다. 3시에 설교하였다. 로마교도들이 무리를 지어 들으러 왔다. 그래서 사제가 자기 명령이 잘 이행되고 있지 않음을 알고 스스로 6시에 쫓아와서 양떼를 몰고 가듯 그들을 데리고 가버렸다.

4월 12일(화) 크라라에 말 타고 갔더니 한 시간 내에 유명한 투계(닭싸움)가 시작될 것이며, 근처의 마을에서 많은 사람들이 구령하러 오리라는 말을 들었다. 그렇다면 더 잘되었다. 그들 중에서 사람들을 끌어보자는 생각이 들어서 시간을 변경하지 않고 거리에서 설교를 시작하였다. 100~200명 정도의 사람들이 발을 멈추고 얼마동안 듣고 있더니 모자를 벗기 시작하고 마침내는 그들은 오락에 관해서는 잊어버리고 말게 되었다.

4월 23일(토) 몇 시간 동안 별로 재미도 없는 제임스 웨야 경의 「아일랜드 고적」이란 책을 읽었다. 각 지방에 발견되는 무수한 고적을 보아도 옛날에는 인구도 더 많아 현재의 열 배 정도는 되지 않았을까 한다. 어쩐지 지금 아주 황폐해진 흔적을 보면서 큰 도시가 여러 개 있었으리라는 일과 지금은 자그마한 촌락이 되어버린 마을들 중에도 옛날에는 크고 번창하였던 도성들이 적지 않게 있었을 것이라고 자꾸만 생각이 된다.

오후에는 열병에 걸려 아주 좁은 방에서 누워 있던 사람을 심방하였다. 그의 곁에 있으면서 나도 좋지 않음을 느꼈다. 집에 돌아와 보니 위장 상태가 좀 나빴다. 그러나 별로 걱정하지 않았으며 아침까지는 먼저와 같이 다

나을 것이라고 생각하였다.

4월 24일(주일) 나는 5시에 스키나 아레이에서 설교하였으며 8시에는 옥스만타운의 녹지에서 몸의 형편이 좀 좋지는 않았지만 청중이 진지하고 열심이었기 때문에 큰 기운을 얻었다. 기회를 놓쳐서는 안 되겠다고 생각하여 오후에 다시 한 번 설교하겠다고 광고해 두었더니 그 시간이 되니까 꼭 같은 수의 청중이 모여와 같은 열심을 가지고 듣고 있었다. 나는 편도선염을 일으켜 다소 열이 있었으므로 돌아와서 누웠을 때는 마음이 기뻤다. 그래서 신도회 사람들과 만날 때는 기다시피 해서 걸어갔다. 그런데 목소리도 회복되고 아무런 고통 없이 한 시간 가까이나 이야기를 나누었다. 하나님이 모든 것을 은혜로 인도하심을 알고 모두 기뻐하였다.

4월 25일(월) 열이 대단히 높아졌으므로 누워 있는 것이 좋겠고 또 사과와 사과즙으로 지내는 것이 좋겠다고 생각하였다. 화요일에는 퍽 좋아졌기에 설교하려 하였으나 (두어 번 진찰해 주신) 러터 박사가 얼마동안 휴식을 취하는 것이 좋겠다고 하였다.
나는 이제까지 나온 성 패트릭의 가장 정확한 이력을 읽었다. 그리고 잘 고찰해 본 결과 나는 성 패트릭과 성 조지는 같은 가족에 속한다고 생각하였다. 그들의 모든 이야기에 다 낭만파의 향기가 짙다.

4월 28일(목) 촌락전도를 위해 출발하기로 정해진 날이었다. 그러나 나의 주의의 사람들은 "오늘은 가지 않는 것이 좋겠습니다. 이 심한 비를 보십시오."라고 말하였다. 그래서 나는 "내가 한 말은 가능한 한 반드시 지켜야만 합니다."라고 그들에게 말하였다. 그러나 말을 준비해 달라고 부탁해 놓은 사람들에게서 이런 날에는 말이 나갈 수 없다는 기별이 왔다. 나는 새로이 한 사람을 그에게 보내었다. 이번에는 말 주인이 마음을 고치고 와 주었다. 그래서 6시에 겨우 말을 탈 수가 있었다. 9시에 컬곡을 방문하였다.

4월 29일(금) 나는 템풀막쿼타에 말 타고 갔으며 거기서부터 아쓰론으로 갔다. 예정보다 한 시간 이상 빨리 도착하였다. 그런데도 많은 사람들이 모여 있었다. 제일 먼저 온 사람들은 읍에서 2마일 가량 떨어진 곳에서 힘을 다해 달려온 12명의 소년들이었다. 그들은 다른 사람들이 뒤떨어져 있는 동안에 빨리 나와 이야기를 나누고 싶어서 모자도 쓰지 못한 채 뛰어왔다고 한다.

5월 18일(수) 배를 탔다. 오후에는 바람이 별로 없었으나 밤이 되면서 점점 더 세차게 불었다. 8시경에 후갑판에서 옆으로 누워 있었더니 곧 머리에서 발까지 물에 젖고 말았다. 그러나 감기에 걸리지는 않았다. 새벽 4시경에 우리는 호리헤드에 상륙하였고 저녁에는 칼날본에 도착하였다.

6월 24일(금) 킹스우드에서 학교를 개교하기로 예정된 날이어서, 나는 그 자리에서 다음의 제목으로 설교하였다. "네 자녀를 그가 마땅히 갈 길로 가게 훈련하라. 그리하면 그의 노후에도 그 길에서 떠나지 않으리라." 동생과 나는 멀리서 온 사람들을 위해 성만찬을 베풀었다. 그리고 우리는 학교의 일반 규칙을 만들었으며 후에 이를 인쇄하였다.

8월 12일(금) 뉴캐슬에서 도착하여 호머의 「일리아드」 제10장을 다 읽었다. 이 사람들이야말로 정말 놀라운 천재였구나! 아무도 밟지 않은 땅으로 나아가며 그렇게도 힘 있는 사상과 아름다운 표현 방법으로 써 내려갔다. 그에게 이교도적인 편견이 있음에도 불구하고 그의 모든 작품에는 경건한 맥이 줄기차게 흐르고 있었다. 그러나 한편 불쾌하기 이를 데 없는 온당치 못한 점도 섞여 있다.

8월 25일(목) 나는 그림쇼우와 함께 러플리로 말을 타고 갔는데 그곳에는 케이레이의 T 콜벡이 우리를 만나게 되어 있었다. 우리는 떠나기 전에 몇 번이고 더 가지 말라는 만류를 받았다. 왜냐하면 콜네에서 큰 무리들이 우리보다 앞서 갔기 때문이다. 좀 멀리까지 왔을 때 우리는 그들이 아직 러플리에 도착하지 않았음을 알게 되었다. 그래서 우리는 급히 서둘러서 그들보다 앞서 도착하려 하였다. 우리가 거기 도착하였을 때 모두들 조용하였다. 나는 그림쇼우에 대하여 좀 염려하였으나 그것은 필요 없는 염려였다. 왜냐면, 그는 벌써 그리스도를 위하여 옥에 갇히거나 또는 죽을 준비까지도 되어 있었기 때문이었다.

12시 반에 나는 설교를 시작하였다. 설교가 반쯤 진행되고 있을 때 폭도들이 격류와 같이 언덕을 내려오고 있었다. 그들의 수령과 몇 마디 교환한 뒤에 소요를 일으키지 않으려고 나는 그가 말하는 대로 함께 갔다. 2마일 떨어진 바로우포드까지 갔을 때 2, 3명의 친구와 같이 내가 끌려 들어간 집 앞에 전대의 병사가 전시의 준비상태로 몰려들었다. 한 시간 이상 유치된 후에 그들의 수령이 나갔다. 그래서 나는 그를 따라 나가서 내가 끌려온 그곳까지 데려다 주기를 부탁하였다. 그는 그렇게 하겠다고 하였으나 곧 또 폭도들이 뒤에서 따라왔다. 그는 이를 보고 분개하여 뒤로 돌아가 그들과 다투기 시작하였다. 그래서 나는 홀로 남게 되었다.

그때부터의 일은 다음 날 아침에 쓴 편지에 적혀 있으므로 이를 인용하기로 한다.

귀 하

어제 12시부터 1시 사이에 아무런 소요도 일으키지 않고 조용한 사람들을 대상으로 말하고 있을 때, 손에 몽둥이나 혹은 널판을 든 술 취한 군중이 마치 폭도라고 생각할 그런 모습으로 밀려왔습니다. 그들의 지도자인 리처드 비라는 사람이 자기는 대리 경무관이라고 하며 나를 귀하께서 계신 곳까지 가야 한다고 말하였습니다. 나는 그 말대로 따라갔는데 10야드도 가기 전에 그들 중의 한 사람이 주먹으로 내 얼굴을 힘껏 때렸으며, 곧이어 다른 사람이 그의 지팡이로 내 머리를 내리쳤습니다. 내가 좀 비틀거리자 당신의 부하 한 사람이 가장 격한 말로 욕하고 저주하면서 몽둥이를 치켜 올리고 "저를 데려가지 못할까!"라고 소리쳤습니다. 이런 시끄러운 호위를 받아가며 내가 귀하께서 계시다고 알려진 바로우포드까지 갔습니다. 북 치는 사람이 앞서 가면서 사방에서 오는 군중을 이끌고 가는 그런 형편이었습니다.

귀하의 대리인이 나를 그 집 안으로 데리고 들어갔을 때 그는 하월스의 목사인 그림쇼우 씨와 함께 있게 하였고 모두 아무 상처도 받지 않게 하겠다고 약속하였습니다. 귀하와 귀하의 친구가 오시더니 즉시 나에게 러플리에 다시 오지 않겠다는 약속을 하라고 요구하셨지요. 이에 나는 그런 약속을 하기 보다는 오히려 내 손을 자르는 편이 낫겠다고 하였고 또한 나의 친구들이 오지 않게 하겠다는 약속도 할 수 없다고 말씀 드렸지요. 1~3시까지 쓸데없는 이야기만 하였는데 이는 당신들이 어떤 점이든 인정해서 말하려 하지 않기 때문이었습니다. 마침내 당신들 중의 한 분이 "아닙니다. 우리는 가말리엘과 같이 되기를 원치 않으며 오히려 유대인과 같이 되기를 바랍니다."라고 솔직하게 말하였지요. 당신은 내가 "이번에는 러플리에서 더 설교하지 않겠습니다."라고 말하였을 때 다소 만족한 듯이 보였습니다. 그래서 당신들은 군중을 진정시키려고 밖으로 나갔으며, 두세 마디 말씀하니까 소요가 금방 그치고 말았습니다. 그러고 난 뒤에 나는 당신들과 함께 뒷문으로 밖에 나갈 수 있었습니다.

말씀드려 두지 않으면 안 될 일은, 당신들이 나를 내보내 주시기 전에 몇 차례고 나는 내보내 주시기를 부탁드렸으나 허락해 주시지 않으셨습니다. 특히 리처드 비 씨와 함께 나갔을 때에는 군중이 곧장 저주하고 욕하고 돌을 들고 밀려와서, 나를 쳐서 쓰러뜨렸으며 내가 다시 일어섰을 때에는 전체가 모두 다 사자와 같이 에워싸고 있었으므로 하는 수 없이 다시 밀려 집으로 되돌아가게 되었습니다.

당신과 내가 한쪽 문으로 나갔을 때 그림쇼우 씨와 콜벡 씨는 다른 편으로 나갔습니다. 그랬더니 군중은 또 다시 떠들어대며 난폭해졌으며 그림쇼우 씨를 밀쳐 쓰러뜨리고 진흙과 돌을 던졌지요. 그런데도 누구 한 사람 이 난폭한 사람들을 말리는 일도 없었습니다.

그리고 멀리 따라오면서 내 안부를 살피던 선량한 사람들에게 그들은 더욱 못할 일을 하였습니다. 당신의 대리인은 이를 묵인하고 있었을 뿐 아니라 특별하게 명령하고 있는 것 같았습니다. 연령과 성의 구별도 없이 모두 진흙과 비처럼 쏟아지는 돌을 맞으면서 목숨을 걸고 피해가고 있었습니다. 어떤 이는 진흙 속에 내동댕

이처졌으며 머리를 잡혀 이리 저리 끌려 다녔으며, 특히 뉴캐슬에서 온 맥포드 씨는 혹독한 취급을 받았답니다. 많은 사람들이 덤벼들어 사정없이 몽둥이로 때렸답니다. 한 사람은 12척이나 되는 바위 위에서 강물 속으로 뛰어들게 하였으며 (만일 그러하지 않으면 거꾸로 내던지겠다고 하더랍니다.) 그가 겨우겨우 헤엄쳐 나오니까 그들은 다시 한 번 내던지라고 소란을 피우더라는 것입니다. 그러나 그것만은 하지 않고 지냈답니다. 이런 난폭한 일이 연출되는 동안 당신은 자못 만족한다는 듯한 태도였고 하등의 제지도 하려 하지 않고 서 있었습니다.

더욱이 그런 때에 당신은 정의와 법률이라는 것을 말하고 있었습니다. 그러니 무엇이라 말하리까. 좋습니다. 우리가 비국교파에 속한 사람들이었다 하는 (나는 그것이 아닙니다만) 유대인이나, 터키인이었다 해도 우리에게 법률을 정당하게 적용시켜 주십시오. 무법한 폭력을 가지고 대한다든지, 취하고 미쳐서 앞뒤도 가리지 못한 채 욕하는 군중들을 재판관으로 삼고 배심원을 삼고 집행자를 삼는다는 것은 부당한 일입니다. 이는 실로 당신이 그 책임을 져야 할 하나님과 왕께 대한 진적인 반역임이 틀림없는 일이 아니겠습니까?

위도프에서

1748년 8월 26일

4~5시 사이에 우리는 러플리를 출발하였다. 그러나 언덕 위에 여러 조로 나뉜 사람들이 떼 지어 있는 것을 보고 그들의 계획을 살펴 알았으므로 그들이 향해 오고 있는 작은 길을 급히 달려 지나쳤는데 형제 중 한 사람이 좀 늦어서 그만 그들에게 차단되었다. 그들은 그를 곧장 때려 인사불성이 되게 만들었으며 어떻게 구출되었는지도 모를 정도가 되게 하였다.

7시 전에 위도프에 도착하였다. 바로우포드에서 생긴 일의 보고는 우리 모두를 친구가 되게 해 주었다. B가 설교한 일이 있었던 집에서 사람이 왔는데 꼭 오셔서 설교해 주시기를 바란다고 하기에 거기에서 8시에 설교를 하였는데 이렇게 짧은 시간에 어떻게 이렇게 많이 모였을까 하고 놀랄 정도의 청중이 모였다. 그는 우리를 그의 집에서 쉴 것을 초청해 주었다. 모든 시기심은 다 사라져 버렸다.

8월 28일(주일) 굿쇼우의 U 목사의 초청으로 그의 교회에서 설교하였다. 7시에 기도서를 읽기 시작하였는데 예배당이 회중의 반도 수용할 수 없었기에 기도드린 후에 밖으로 나가 교회 돌담 위 그늘에 서서 제2의 일과 "나를 크리스천이 되게 하려는구나." 에 대하여 설명하고 권고하였다.

그는 야외 설교가 무례한 일이라고 주장하는 사람들을 이상하게 여기지 않을 수 없다. 성 바울 교회에서 대다수의 회중이 졸거나 이야기하거나 두리번거리면서 조금도 설교에 주의하지 않는 그들 쪽이 얼마나 무례한가! 이에 반해 교회에서나 야외에서 전 회중이 진실로 모든 것을 다스리시는 이를 바라보며 하늘의 하나님께서 하시는 말씀을 듣는 것과 같이 몸가짐을 바로 한다면 거기야말로 가장 높은 엄숙함이 있는 것이다.

1시에 볼톤의 십자 탑으로 갔다. 많은 사람들이 모여 있었는데 대부분이 몹시 거칠었다. 내가 설교를 시작하자 곧 떠들어대기 시작하였고 내가 서 있는 층계에서 끌어내리려 하였다. 한, 두 차례 나를 끌어내렸으나 나는 또 올라가서 이야기를 계속하였다. 그러니까 그들은 돌을 던지기 시작하였고 그와 동시에 몇몇 사람들이 나를 밀어 넘어뜨리려고 십자 탑에 올라갔다. 나에게는 조금도 보이지 않지만 하나님은 여하한 위기일발의 순간에라도 지켜주심을 느꼈다. 한 사람이 내 귀 밑에서 큰 소리를 지르는가 하였더니 그 순간 돌이 그의 볼에 맞아 그만 그는 잠잠해졌다. 두 번째의 사람이 위에서 나를 향해 내려오는데 돌이 그의 앞이마를 치고 튀어나가 피가 막 흘러나와 더 나오지를 못하였다. 세 번째 사람이 거의 나를 붙잡을 만큼 손을 뻗었는데 그때 모난 돌이 그의 손가락 관절에 맞았다. 그는 손을 흔들더니 내가 이야기를 끝내고 떠날 때까지 조용하게 서 있었다.

10월 22일(토) 첼시의 약초원에서 여러 가지 하나님의 성업을 관찰하면서 한 시간 정도를 보내었다. 만일에 유능하고 열심인 사람이 있어 이 식물의 사용법과 효용을 충분하게 그리고 정밀하게 연구한다면 이 약초원을 세운 본래의 목적을 얼마나 잘 충족시키는 일이 될까라고 생각하였다. 그러나 그런 일을 하지 않고 그저 바라다 볼 뿐, 거기 진열되어 있는 것이 무엇을 나타내고 있는지를 알려고 하지 않는다면 다만 단순히 태만한 호기심을 만족시키는 일에 불과하다.

11월 21일(월) 나는 에섹스의 리그를 향해 출발하였다. 어제 초저녁에는 비가 많이 왔고, 이어서 서리가 내려서 도로는 마치 유리알과 같았고 동북풍이 정면으로 불고 있었다. 그러나 4시까지 리그에 도착하였다. 여기는 원래 번화하였던 도시가 황막한 촌이 되고 말았다. 저녁 무렵에 이 마을 사람들 거의 모두에게 설교하였고 아침에도 많은 사람에게 전한 후에 런던으로 말 타고 돌아왔다.

1749년 2월 14일(화) 동생과 함께 말을 타고 옥스퍼드로 가서 저녁에 적은 회중에게 설교하였다.

4월 3일(월) 아일랜드를 향해 출발하였다. 승선장에서 4시간이나 기다렸기 때문에 늦어서 어쩔 수 없이 뉴포드의 많은 회중을 실망케 하였다.
저녁때와 다음 날 아침(4일 화요일)에 카디프에서 설교하였다. 수년 전에는 실로 번화한 도시였다. 만일 사람들이 자기 자신들의 생각을 의지하지 않고 하나님의 율법과 증거에 의뢰하였더라면 작은 사람들에게서 위대한 사람에 이르기까지 도시 전체가 반드시 하나님을 아는 데 이르렀을 것이었다.

4월 7일(금) 가드에 도착하였다. 8일(토)에 나는 내 동생과 사라 귀인을 결혼시켰다. 그날은 존경할 만한 크리스천의 결혼에 적합한 엄숙한 하루였다.

1749년 8월 1일 ~ 1754년 10월 26일

제9장 | 폭풍 후의 고요

8월 1일(화) 나는 킹스우드에서 우리 어린이들과 소중한 시간을 보내었다. 그곳과 브리스톨에서 모든 일을 정리한 후에 런던으로 돌아왔으며, 콜크에서 놀라운 소식을 받았다. 8월 19일에 그곳의 대배심원에 28개조의 조서가 제출되었는데, 그들은 그것들을 다 폐기하고, 동시에 모든 후손들에게 전해지도록 아일랜드 연감에 수록 보존될 만한 가치가 있는 다음과 같은 배심의 신고서를 작성하였다.

"우리는 찰스 웨슬리가 악명 높은 자요, 유랑객이며 황제폐하의 평화를 상습적으로 파괴하는 자인 것을 발견하고 신고하는 바이며 그가 추방되기를 기도한다."

"우리는 다니엘 설리반이 악명 높은 자요, 유랑객이며 황제폐하의 평화를 상습적으로 파괴하는 자인 것을 발견하고, 신고하는 바이며, 우리는 그가 추방되기를 기도한다."

다니엘 설리반은 콜크에 여러 해 동안 살아온 정직한 제과업자였으며 그 도시의 어떤 다른 제과업자보다도 평판 좋은 업자였는데 그가 내 동생과 몇몇 다른 메도디스트들을 환대하였고, 그뿐 아니라 그의 집에서 설교하게까지 하였다. 다른 이름들(처참하게 난도질 되거나 죽임을 당한)은 그곳에 있었던 8명의 설교자들에게 적용되었다.

9월 6일(수) 뉴캐슬에 도착하였다. 하루 쉰 다음 이틀 저녁과 아침에 설교를 하고 보기 드문 복을 받은 후, 금요일에 북부지방의 신도회를 돌보기 위해 출발하였다.

9월 26일(화) 하인리 힐을 떠나기 전에 그곳에서 수요일 저녁에 다시 설교하기로 약속하였기 때문에 몸은 퍽 약해졌지만 오후 2시경에 출발하였다. 하나님께서 나의 힘을 새롭게 해 주셔서 시간이 갈수록 고통과 약함이 덜해졌다. 하나님께 심령을 맡기고 케스익까지 엄숙한 중에도 즐거운 승마여행을 하였다.

9월 27일(수) 3시 반에 말을 타고 출발하였다. 달도 별도 없고 다만 짙은 안개뿐이어서 길을 볼 수도 없고, 어찌할 도리가 없었다. 그러나 대낮인 것 같이 길을 잃지 않고 곧장 앞으로 잘 나아갔다. 펜라독무어에 가까이 갔을 때 안개는 걷히고 별이 나타났으며 아침이 밝아왔다. 그래서 이젠 위험이 다 지나간 것으로 생각하였으나 평원 한복판에 이르렀을 때 안개가 다시 밀려와서 곧 길을 잃고 말았다. 그러나 하나님께 마음을 기울이고 기도드렸다. 그랬더니 곧장 안개가 걷히고 길이 분명해졌다. 일스톤 무어에서 또 길을 잃었다. 아무도 그런 일을 하지 않으리라 믿지만, 한 번도 쉬지 않고 늪 속을 전진하여 드디어는 골짜기에 이르렀고 거기서부터 하인리 힐에 도착할 수가 있게 되었다.

저녁에 많은 회중이 모였다. 나는 계시록 20장의 일부분을 설명하였다. 실로 아아! 얼마나 은혜로운 시간이었던가! 마치 "크고, 흰 보좌" 앞에 나아가는 것 같은 생각이 들었다. 기도드리는 시간에도 한가지로 하나님은 가까이에 계시었다. 나의 바로 곁에 있던 사람이 크고 괴로운 목소리로 외치기 시작하였다. 그래서 나는 "모든 일이 합동하여 선을 이룬다는 증거를 보여 주십시오."라고 하나님께 기도드렸다. 그런데 하나님은 이를 주셔서 그 여자의 마음에 용서를 주셨다. 우리는 모두 주 하나님을 기쁨으로 찬양하였다.

10월 18일(수) 나는 존 베넷의 요청으로 랑카셔에 있는 로크데일에 갔다. 그 도시에 들어가자 곧 길 양측에 줄지어 선 무수한 사람들이 있었다. 소리 지르고, 욕하고, 불경스런 말을 하고, 이를 갈고 있음을 보았다. 그래서 아무래도 밖에서는 설교할 수 없으리라 생각되기에 큰 방으로 들어가 거리 쪽에 있는 문을 열어 놓고 "악한 자는 그 길을 버리고, 불의한 자는 그 생각을 버리고 여호와께로 돌아오라."고 큰소리로 외쳤다. 하나님의 말씀은 사람들의 광폭함을 쳐 이기셨다. 단 한 사람도 반대하거나 방해하는 이가 없었으며 사람들의 태도는 모두 변화되었으므로 무사히 거리를 통과하게 되었다.

우리는 오후 5시경에 볼톤에 도착하였다. 로크데일의 사자 같던 사람들도 이 볼톤 사람들에 비하면 어린 양과 같았음을 알게 되었다. 이렇게 거칠고 심한 모습은 인간의 형상을 하고 있는 다른 자들 중에서 일찍이 본 일이 없었다. 그들은 내가 들어간 집에 닿을 때까지 미친 듯이 외치며 따라왔다. 그리고 집에 들어가자 그들은 모든 통로를 막고 거리에 가득하게 모여들었다.

한참 있으니까 조용해졌다. 피시가 어떻게 해서든지 나가려 하였다. 나가려는 그에게 그들이 갑자기 밀려들더니 밀어 쓰러뜨리고 진흙 속에 마구 굴렸다. 그래서 그가 그들의 손에서 빠져 도망쳐서 집으로 다시 돌아왔을 때는 전혀 그가 누구인지 또 어찌된 일인지를 알 수 없을 정도가 되었다. 먼저 창문 안으로 돌이 날아들었기에 이어서 돌이 비 오듯 하리라고 각오하고 있었다. 특히 그들은 전부의 힘을 모으기 위하여 종소리를 울렸기에 더욱 그렇게 생각하였다. 그러나 그들은 멀리서 공격하려 하지 않았으며 어떤 사람이 뛰어와서 벌써 군중들이 집 안으로 밀려들어왔다고 보고하였다. 그리고 J·B를 자기들 한가운데로 끌어갔다고 말해주었다. 그러나 그는 "주님이 당한 대로"에 대하여 말할 기회를 놓치지를 않았다. 그러는 동안 D·T도 부드럽고 고요한 음성으로 그들을 달래었다. '이제야 때는 왔구나.'라고 생각되어 나는 사람이 제일 많이 있는 곳으로 내려갔다. 아랫방에는 사람들이 웅성대고 있었다. 나는 의자를 가져오게 하였다. 태풍은 지나갔고 모두 조용해지고 고요해졌다. 내 마음은 사랑으로 넘치고, 눈에서는 뜨거운 눈물이 흘렀다. 입술에서는 말씀이 나왔다. 그들은 놀랐으며 그들의 노여움은 녹아져 부끄러워하는 모습이 보였다. 한 마디 한 마디를 놓칠세라 조심스럽게 듣고 있었다. 이 어찌된 변화인가! 오! 하나님은 늙은 아히도펠의 회의를 어리석은 것이 되게 만드셨다. 실로 풍성하신 구원의 소식을 듣도록 하시려고 많은 주정뱅이와 불경스런 말을 하는 자들과 안식일을 지키지 않는 자들과 죄인들을 보내주신 것이다.

10월 29일(목) 새벽 5시에 이 집에 들어올 수 없을 정도로 많은 사람들이 모여왔다. 나는 평상시에 이야기한 것보다 더 크게 말하지 않으면 안 되었다. 그들이 그대로 더 듣고 싶어 하기에 9시에 가까이 있는 목장에서 한 번 더 설교하기로 약속하였다. 사방에서 들으러 왔기에 "모든 것이 준비되었으니 혼인 잔치에 속히 오라."고 크게 외쳤다. 잠시 동안인데 이 어찌된 큰 변화냐! 이젠 마음 놓고 어디고 다 걸어갈 수가 있게 되었다. 그리고 단 한 사람도 괴롭히는 사람이 없고 입을 열면 감사하고 축복해 줄 뿐이었다.

24일(화) 정오경에 다드레이에 도착하였다. 1시에 시장으로 가서 무례하고 시끄러운 군중을 향해 주의 이름을 선포하였다. 그러나 그들 대부분은 "무엇 때문에 왔는지"를 모르는 자들 같이 보였다. 한 시간 반쯤 계속해서 말하였더니 많은 사람들은 진지한 모습으로 듣기 시작하였다. 그러나 마침내 사탄의 종이 찾아와 소리 지르고, 불경스러운 말을 하고 손에 잡히는 대로 내던지기 시작하였다. 그래서 나는 먼저 있던 집으로 돌아왔다. 회중이 무리를 지어 따라왔기 때문에 내 옆에 있었던 사람들은 진흙투성이가 되었으나 내 옷은 조금 얼룩이 생겼을 뿐이었다. 4시에 웬즈베리에서 훨씬 고상한 사람들에게 설교를 하였더니 그들은 크게 기뻐하였다. 25일(수)의 아침에도 같은 일을 하였다. 기도하는 회중은 실로 설교자에게 큰 힘이 된다.

1시에 설교한 후에 나는 버밍햄으로 말을 달렸다. 이곳은 길고 메마른 불편한 곳이었다. 그래서 나는 별다른 기대를 하지 않고 있었는데 그런 나의 예상은 빗나가고 말았다. 그러나 이런 회중을 본 일이 없다. 언제나처럼 빈정대거나 진지하지 못하거나 조심치 않는 사람은 하나도 없었다. (내가 보는 대로 드물었다고 생각될 정도였다. 그와 같은 축복은 신도회의 모임인 아침의 설교 시간에서도 허락받았다. 이것을 보고도 하나님이 이 불순한 토지에 장미와 같은 꽃과 봉오리를 주시기 않으랴 의심할 수 있을까?)

1750년 1월 1일(월) 큰 회중이 새벽 4시에 모여 로마 교인들이 하는 것보다 더 좋은 방법으로 신년을 맞았다. 이 주일은 여러 날 동안 "처음 사랑"을 잃은 사람들을 방문하였는데 아무도 그들 자신을 정당화하지 않았으며 하나같이 모두 "하나님 앞에서 유죄함"을 진술하였다. 그러므로 하나님께서 돌아보시고 풍성한 용서를 주실 것이라 믿는다.

1월 28일(주일, 런던) 나는 기도서를 읽고 휫필드는 설교하였다. 다른 설교자에게 다른 은사를 주신 하나님은 실로 현명하신 분이다. 그의 태도나 언어가 조금 고상하지 못하게 여겨지는 점도 오히려 정중한 이야기나 조용한 태도로는 접근할 수 없는 많은 사람들을 유익하게 하는 길이기도 하다.

3월 6일(화) 나는 짤막한 프랑스어 문법책을 쓰기 시작하였다. 우리는 7일(수)을 단식과 기도의 날로 지켰다.

3월 11일(주일) 신도 수가 이상스럽게 계속 늘지도 않고 줄지도 않는 킹스우드의 신도회를 방문하였다. 다음 날에는 브리스톨에 있는 신도회를 방문하였다. 무엇이 이 사람들을 이렇게 되게 한 원인일까? 작년에는 100명 이상의 회원이 증가되었는데 금년에는 100명을 잃었다. 그런 쇠퇴는 이 신도회가 함께 모이기 시작한 이후 전혀 없었던 일이었다.

하나님께서 그 역사를 일으키시고 계신 증거가 점점 더 분명해지기에 브리스톨에서 더 긴 시간을 보내려고 하였다. 그러나 아일랜드에서 통지를 받고서는 그곳에 되도록 빨리 가는 것이 나의 의무라고 생각되기에 19일 월요일에 뉴 패세이지를 향하여 크리스토퍼 호파와 함께 출발하였다.

3월 20일(화) 칼디프에서 웰쉬에서 말하는 16마일 떨어진 곳에 있는 아바데아에서 설교하기 위하여 산들을 넘고 말을 타고 달려갔다. 아무런 광고가 없었으므로 한 시간 가량 휴식한 후에 또 브렉노크를 향하여 출발하였다. 그 도시가 보일 때까지 비는 멎지 않고 계속 내렸으며, 두 번이나 말이 넘어져, 나는 그대로 앞으로 떨어졌으나 말도 나도 아무런 상처를 입지 않았다.

3월 23일(금) 새벽에 밖을 내다보니 전에 먼저 바람소리와 창문을 치는 빗소리를 들었다. 5시에 말을 탔다. 우리가 타고 가는 도중 계속해서 비가 내렸다. 도시에서 4마일 지점에 있는 높은 산에 이르렀을 때(그때까지 나는 목에서 허리까지 젖었다) 길이 급경사가 졌으므로 어쩔 수 없이 말에서 거꾸로 떨어지고 바람에 밀려가는 호된 일을 당하였다. 그러나 10시경에 단나불에 아무 일 없이 도착하게 되었으니 사람들과 짐승을 모두 지켜주신 하나님을 찬미하게 된다.

말도 피곤해지고 우리도 비에 젖었으므로 남은 시간에는 쉬기로 하였다. 특히 이 지방에서는 진귀한 일지만 영어를 해득한 몇몇 가족들이 있었다. 친절하게 이 사람들에게 이야기하였더니 그들은 퍽 감동된 듯하였으며 특히 기도드릴 때에 큰 감명을 받은 듯하였다.

3월 24일(토) 5시에 출발하여 6시에 해변에 이르렀다. 그러나 조수가 만조였으므로 건너지 못하였다. 그래서 3, 4시간 동안 작은 집에서 앉아 기다리며 알드리히의 「논리학」을 번역하였다. 10시에 건널 수 있음을 알게 되었다. 그러나 선장이 바람과 조수의 상태가 좋지 않으니 좀 기다려 달라고 하였다. 그러나 사실은 손님을 더 기다려 보자는 속셈에서 한 말이었다. 그런데 이 일은 오히려 형편을 좋게 만들었다. 왔다 갔다 하고 있으려니까 젠킨 몰간이 왔다. 그의 집은 페리와 호리헤드의 중간 지점에 있으며 3년 전에 묵은 일이 있었다. 곧 밤이 되어 어두워졌으나 안내자는 그 지역에 대해 정확히 알고 있었으므로 아무 일없이 곧 자기 집으로 우리를 인도하였다.

3월 25일(주일) 나는 트리풀윈 교구의 하우엘 토마스의 집에서 적지만 열렬한 회중에게 설교하였다.

바람이 반대로 불고 있어서 정직한 세무관(홀로웨이)의 바람이 변할 때까지 자기 집에 가 있자는 초청에 응하였다. 그의 집은 가족의 목소리 이외에는 아무 소리도 들리지 않는 극히 조용하고 적적한 곳이었다. 화요일에 나는 호파에게 호리헤드에 가서 우리 여행에 대해 묻고 오라고 하였다. 하루나 이틀 사이에 출발할 수 있으리라는 답변이었다. 수요일에 둘이서 그리로 갔다. 여기에서 우리는 브리스톨에서 3실링을 호주머니에 가지고 도보로 출발한 존 제인을 만났다. 출발한 이래 일곱 밤 중 여섯 밤은 전혀 알지 못하는 사람들의 집에서 신세를 졌다는 것이다. 그가 어찌된 일인지 모르지만 한 페니를 남긴 채로 호리헤드에 도착하였다.

그에게 부탁하여 말을 몰간에게 돌려보내었다. 저녁에 많은 사람들이 몰려왔다. 그들이 너무 열심히 듣는 것을 볼 때 여기서 한 번밖에 더 설교할수 없음이 아쉽게 생각되었다. 11시 배에 타라는 것이었다. 풍세도 썩 좋았으며 항구 밖으로 나갈 때까지는 기분 좋게 달려갔다. 그런데 그때부터 서풍으로 변하고 거칠어지기 시작하였다. 달도 별도 없고 다만 비와 바람만이위세를 떨쳤으므로 갑판 위에 더 있고 싶지 않았다. 그래서 내려가니 또 다른 폭풍이 기다리고 있었다. 거기에 누가 있었느냐면 저 유명한 카나보샤이어의 G라는 보기 흉하고 키가 지나치게 크고 무서운 얼굴을 한 그런 사람이있었다. 그의 얼굴은 (30년 전에 드루리 레인좌에서 본)「막베스」에 있는 악당의 한 사람에 비할 만하였다. 내가 옆으로 누우려 하는데 그가 뒹굴며 오더니 우스운 이야기며 속된 이야기며 불경스러운 이야기를 쏟아 부었으며, 한두 마디마다 빌링스케이트 시장에서도 들어보지 못할 독선적인 말들을 토하고 있었다. 이야기를 건네는 것도 쓸데없는 일이라 생각되기에 그를 호파에게 맡기고 나의 선실로 갔다. 얼마 후에 그의 일행 한두 사람이 와서 그를붙잡고 그의 선실로 데려 갔다는 것이다.

3월 29일(목) 아일랜드 방면으로 4, 5리 정도 항해하였으나 오후에는 또항구의 입구까지 쫓겨 왔다. 그러나 바람의 방향도 정해지기 전에 다시 모험하며 출발하였다. 밤중까지 겨우 반쯤 갔었으나 바람이 반대로 불기 때문에 또 쫓겨 왔으며 9시경에 다시 한 번 항만으로 피해 돌아왔다.

저녁 때 어떤 방에 금과 은으로 장식한 사람들이 빈곤한 사람들 대신 자리를 차지하고 있는 것을 보고 놀랐다. 기회를 잃지 않으려고 곧 나사로와부자의 이야기를 설명하기 시작하였다. 그리고 그 이야기는 예상 밖의 성과가 있었는데 이는 (후에 들은 말이지만) 그들 중에는 사실상 어쩔 수 없는 사람들이 있었다는 것이다. 나는 전 심령을 기울여 이야기하였다. 그랬더니그들은 견딜 수 없게 되어 투덜대며 하나 둘씩 물러나갔다. 끝으로 네 명이남아 있었으므로 가까이 갔더니 그들은 모자를 푹 쓰고 서로 이야기하기 시작하였다. 내가 조용히 비난하기 시작하였더니 그들은 욕을 하며 하나님의 이름을 모독하는 말을 해 가며 나가 버렸다. 그때 나는 별 신분도 없고 정직한 웰쉬 사람들과 기분 좋은 한 시간을 지냈다.

밤중에 무서운 폭풍우가 있었다. 우리가 무사히 언덕에 닿을 수 있었던 것은 하나님의 은총이었다. 31일(토) 나는 일주일을 더 기다리기로 결심하였으며 그래도 출발할 수 없을 경우에는 브리스톨로 나가서 거기서 배를 기다리기로 하였다. 저녁 7시에 내가 막 설교하러 내려가려고 하는데, 크게 떠드는 소리와 함께 신사의 한 무리가 몰려오고 있음을 알게 되었다. 그들은 이번에는 술과 인원수로 위세를 갖추고 선두에 대장 G(그렇게 불리는 자)를 내세우고 밀려왔다. 그들은 곧 밖의 문도 안의 문도 부수고 들어와 여관의 주인인 노인 로버트 그리핏을 몇 번이고 때리고 그의 부인을 발로 차고 갖은 폭언을 다 하면서 "그 목사는 어디 있느냐?"고 하였다. 로버트 그리핏이 올라와서 다른 방으로 가라고 하며 나를 다른 방에 가두어 버렸다. 대장이 곧 뒤따라 올라와서 문을 한두 개 부수고 들어오더니 침대 위를 보려고 의자 위에 올라섰다가 그만 (그의 본직이 나무에 오르는 일이 아니었으므로) 미끄러져 떨어지며 뒤로 넘어지고 말았다. 겨우 일어나더니 주위를 두리번거려 보고 발을 절면서 나갔다.

그래서 나는 빈곤한 사람들이 있는 곳에 내려가서 반시간을 지냈다. 9시 경에 잠자리에 들려고 하는데 또 시끄러워졌다. 대장이 또 먼저 들어왔다. 로버트 그리피트의 딸이 (일부러 그랬는지 놀란 나머지 그랬는지 모르지만) 쥐고 있던 물통의 물을 그의 머리에다 끼얹어 버렸다. 그는 "살인자! 살인자!"라고 외쳤다. 그러고는 멍청하게 잠시 서 있었다. 그 사이에 그의 곁을 지나 열쇠를 채우고 말았다. 그는 자기 혼자만 들어와 있다는 것을 알게 되자 이제까지의 기운은 어디로 갔는지 그만 "제발 내보내 주세요. 내보내 주세요."라고 빌기 시작하였다. 그가 이제 다른 사람은 아무도 더 들어오지 않게 하겠다고 약속하였으므로 문을 열어 주었더니 다른 이들과 함께 가 버렸다.

4월 12일(목) (더블린) 나는 신도회의 한 여 회원과 아침식사를 하면서 그가 한 진귀한 손님을 유숙시키고 있음을 알게 되었다. 그는 유명한 필킹톤 부인이었으며 2층에 함께 올라갔으면 좋겠다고 하여 함께 갔다. 반시간쯤 진지하게 대화를 나누고 그 다음에 "복된 막달렌"을 함께 불렀다. 그 여인은 크게 감명된 듯하였다. 그러나 그 인상이 언제까지 갈 것이냐는 것은 다만 하나님만이 아신다.

5월 20일(주일) (코그) 평상시에 늘 설교하는 곳에는 열심히 귀를 기울이는 사람들이 별로 오지 않는 것을 알고 있으므로 8시에 나는 함몬즈 마쉬에 갔다. 청중은 많았으며 열심히 들었다. 근소한 사람들이 멀리에서 좀 시끄럽게 말하고 있었으나 점점 가까이 나와서 마침내 회중 속에 섞이고 말았다. 그래서 잉글랜드나 아일랜드의 교회에서 보는 것보다 더 정숙하고 질서 있는 집회가 되었다.

시장이 오늘 밤의 설교를 방해할 계획을 세우고 있다는 소문이 오후에 퍼졌으므로 나는 스켈톤과 존스에게 시장을 만나서 그 일을 바로 듣고 오라고 부탁하였다. 스켈톤은 내 설교가 마음에 걸리는지를 묻고 "만일 마음에 드시지 않는다면 웨슬리 씨는 이제 더 설교하지 않을 것입니다."라고 말하였다. 그랬더니 그는 "나는 군중 소요를 용서치 않습니다."라고 하며 흥분하여 대답하였다. 그래서 스켈톤은 다시 "오늘 아침에는 군중 소요는 없었습니다."라고 하였더니, "실은 있었습니다. 그 근처에 교회도 집회소도 넉넉히 있지 않습니까?" 그는 "군중도 소요도 절대로 용서치 않겠습니다."라고 대답하였다. 스켈톤이 다시 "웨슬리 씨도 듣고 있던 사람들도 모두 조용하여서 소요 등은 일어나지 않았습니다."라고 말하였더니 시장은 "이제 나는 설교를 허락지 않습니다. 그리고 웨슬리 씨가 설교를 하시려고 한다면 나에게도 생각이 있습니다."라고 분명하게 대답하였다는 것이다.

다섯 시 좀 지나서 우리의 집에서 설교하기 시작하였다. 시장은 그때 교환소 근처를 걷고 있다가 시의 북쟁이들과 경관들에게 명령을 내렸다. 그들은 의심 없이 질서를 지키기 위하여 달려왔다. 소위 그 뒤에는 와글와글 떠들어대는 무리들이 따라왔다. 그들은 끊임없이 북을 쳤고 나는 설교를 끝까지 계속하였다. 내가 집에서 나온 것을 보자 군중이 밀려와서 길을 막았다. 그래서 옆에 서있던 경관에게 황제의 평화를 지키라고 요청하였더니 그는 "그런 명령을 받은 일이 없습니다."라고 대답할 뿐이었다. 거리에 나가자 그들은 손에 닿는 대로 물건을 던졌다. 그러나 모두 내 옆이나 머리 위로 지나칠 뿐 하나도 맞는 것 같지 않았다. 내가 군중의 한복판을 곧장 걸어갔더니 모두 좌우로 비켜 주어 어려움 없이 단트스교 근처까지 왔다. 그 다리는 많은 사람들이 차지하고 있었으며 그 중의 한 사람이 "야, 환영해 드릴까!"라고 하였다. 그러나 내가 다리에 이르자 그들은 역시 뒷걸음질로 물러나기에 그들 가운데를 지나서 젠킨스의 집까지 걸어갔다. 그런데 한 로마교의 부인이 문 안쪽에 서서 들어가지 못하게 방해하려 하였으나 군중의 한 사람이 (나를 치려 하다가 빗나가서) 그 여자를 쳐서 넘어지게 하였다. 그래서 나는 어려움 없이 집 안으로 들어갔는데 하나님께서 거친 짐승들을 제어해 주셨으므로 한 사람도 나를 따라오지를 못하였다.

그러나 회중의 대부분은 혹독한 일을 당하였다. 특히 존시는 진흙투성이가 되었으며 기적적으로 목숨을 건지고 피해 나왔다. 군중의 주력부대는 설교를 한 집으로 몰려들어 의자며 마룻장을 부수고 문짝, 문틀 등 모든 나무로 된 것들을 부수어 저희 집으로 가져가기도 하고 거리에 나머지를 모아 불태웠다.

군중이 쉽게 해산할 것같이 보이지 않기에 나는 팸부럭 시의회 의원에게 사람을 보냈다. 그는 그의 조카인 윈드스로브 시의회 의원을 젠킨스의 집으로 가게 하였는데 내가 그와 함께 길을 걸으니까 아무도 나에게 실례되는 말을 하지 않았다.

5월 21일(월) 밴돈으로 말을 달리게 하였다. 코크의 군중들이 오후 3~7시 사이에 큰 세력을 이루고 몰려와서 단트스교 근처에서 내 모양의 인형을 불태웠다.

5월 23일(수) 군중은 아직도 거리를 누비고 다니면서 메도디스트들을 욕하고, 만일 그 길을 버리지 않는다면 그들을 죽일 것이고, 집을 불살라 버리겠다고 위협하였다.

5월 24일(목) 그들은 다시 스톡크데일의 집을 습격하여 창문에 못질로 붙인 판때기를 부수어내고, 남은 창틀과 덧문을 부수고 그의 소유물들을 모조리 부쉈다.

5월 31일(목) 나는 라스코먹크에 말을 타고 갔다. 오후에 성대한 장례식이 있어 사방에서 참여키 위하여 왔다. 로이드 목사가 교회에서 의식을 집례하였으며 내가 "만물의 마지막이 가까웠느니라"는 성구로 설교하였다. 나는 (다만 말로 듣기만 하였던) 아일랜드 사람들의 애곡소리를 듣고 견딜 수 없는 불쾌감을 느꼈다. 나는 전에는 그것이 노래인줄 알았는데 사실은 그것이 노래가 아니고 음울한 말이 아닌 아닌 우는 소리로써 4명(그 일을 위해 고용된 듯이 보이는)의 여자가 묘 옆에서 서서 큰 소리를 질러대는 것이었다. 아무도 눈물을 흘리지는 않고 있었다. 그래서 나는 아마도 계약에 눈물을 흘리라는 말은 없는 모양이로구나 하고 생각하였다.

9월 8일(토) 런던에 도착하였다. 여기서 나는 우리 설교자들 중의 한 사람에게서 다음과 같은 보고를 받았다.

"존 제인은 몹시 뜨거웠던 날에 엡워스에서 에인톤까지 걸어갔기 때문에 열이 많이 나고 그때부터 어쩐지 좋지 않았습니다. 그러나 그는 큰 평안과 사랑을 간직하고 그에게 사랑을 베풀지 않았던 사람에게까지도 잘 대하고 있었습니다. 그는 때로 아쓰리 샤도포스의 집에 있으면서 매일 하나님에 대하여 말하였습니다. 그는 결코 하나님의 사랑 없이 지내지 않았으며 또 많은 시간을 밀실의 기도에 바쳤으며 하루에도 몇 번씩 그 여자와 함께 기도시간을 기다리고 있었습니다. 8월 24일 금요일 그 여자의 생각으로는 그가 거의 다 회복되었다고 생각되었기에 저녁에 불 곁에 잠시 앉아 있었습니다. 그런데 6시경에 깊은 탄식을 한 후부터 아무 말도 못하게 되었습니다. 토요일 오후 6시경까지 살아있었습니다만 아무 고민도 없이 고통의 빛도 보이지 않고 얼굴에 엷은 미소까지도 보이면서 그는 숨을 거두었습니다. 그의 최후의 말은 '나는 그리스도 예수 안에서 하나님의 사랑을 찾았습니다.' 라는 말이었습니다.

그의 견, 모직의 의류와 양말, 모자, 가발 등은 1파운드 17실링 4펜스라는 그의 장례비용을 충당하기에도 모자랄 것 같습니다. 그가 가지고 있던 금전은 모두 합해서 1실링 4펜스였습니다."

독신의 복음 전도자로서 유언 실행자에게 남기는 유산으로서는 그만하면 충분한 액수다.

9월 17일(월) 동생이 북방 여행길에 올랐다. 그러나 다음 날 몸이 불편해서 되돌아왔다. 하나님의 마음은 우리가 측량해 알 수는 없는 것이지만 모든 것이 다 깊은 은혜임을 안다.

9월 19일(수) 저녁 때 돌아와 보니 동생의 병세가 몹시 나빠져 있었다. 며칠 밤을 잠을 이루지 못하였으며 또 수면제를 먹지 않으면 잠들 수 없게 되었다. 그래서 나는 아래층에 있는 형제들의 처소로 가서 우리의 소원을 하나님께 아뢰었다. 위로 올라와 보니 동생을 벌써 편안히 잠들었으며 아침까지 그렇게 잘 잤다.

9월 21일(금) 스피타필드에서 자정 기도회를 열었다. 나는 이 기도회들에 내려주신 하나님의 특별하신 보호를 가끔 생각하며 놀라지 않을 수가 없다. 런던에서나 브리스톨 그리고 더블린에서도 이렇게 밤늦게 멀리서 오는데도 지난 여러 해 동안 한 사람도 다친 일이 없었다.

9월 24일(월) 저녁 때 킹스우드에 도착하였다. 다음 날에는 제일 큰 아이들이 적어서 매주 암송하게 하기 위해 밀턴의 시를 골랐다.

9월 27일(목) 학교에 가서 학생의 절반수의 수업 상황을 보고 그들을 위해 도덕적 종교적인 시를 골랐다. 28일 금요일에는 다른 절반의 학생들이 수업하는 것을 보고 29일 토요일에는 아침 4시부터 5시까지 그들과 함께 지냈다. 거의 하루를 켈넷의 「유물」을 수정하고 학교에서 가르쳐도 좋겠다고 생각되는 곳에 표를 하였다.

10월 3일(수) 나는 아이들이 사용할 수 있도록 포터 대감독의 「그리스의 유물」이라는 무미건조하고 읽기 어려운 책을 수정하였다. 4일(목) 루이스가 지은 「히브리의 유물」이라는 먼저 것보다는 좀 재미있고 또한 교훈적인 책을 수정하였다.

10월 6일(토) 케브 박사가 지은 「초대 기독교」라는 책의 요약을 마치었다. 마치 제노폰이 소크라테스의 언행 중에 약점만을 들춘 것과 같은 태도를 고대 그리스도교에 대해 취한 것으로 내가 이제까지 읽은 책 중에 가장 박학한 것이었으나 동시에 다른 비판이 결여된 책이었다.

10월 11일(목) 아이들을 위해 간략한 「영국 역사」를 준비하였다. 금요일과 토요일에는 짧은 「로마 역사」를 라틴 역사가들을 위해 필요한 것을 발췌하였다.

1751년 2월 2일(토) P에게서 답변을 받았으므로 나는 분명히 결혼해야겠다는 것을 확신하게 되었다. 나는 결혼하는 것보다는 독신으로 있는 편이 하나님 쓰시기에 더 유용할 것이라고 믿었기에 다년간 혼자 생활하고 있었다. 그리고 나를 그렇게 되게 하신 하나님을 찬양하였다. 그러나 지금 현재와 같은 상태에서는 결혼 생활로 접어드는 것이 더 유용하게 일할 수 있는 길이라고 확신케 되었다. 이러한 분명한 생각과 동시에 친구들의 충고도 받아들여서 며칠 후에 결혼하게 되었다.

2월 6일(수) 나는 독신자들을 불러 놓고 하나님 나라를 위하여 독신으로 있을 힘을 받은 사람들에게 얼마나 많은 편의가 있는가에 대하여 설명하고 또 그 반면 일반적인 법칙에도 예외가 있을지도 모른다는 일을 설명하였다.

2월 10일(주일) 5시에 설교한 후에 스노우스필드의 사람들에게 북부지방 여행을 출발하기 전에 작별 인사를 하려고 급한 걸음으로 갔다. 런던교의 중간쯤까지 왔을 때, 그만 두 발이 다 미끄러져 크게 넘어졌으며 돌 모퉁이에 발목을 부딪쳐서 무척 아팠다. 그러나 기다리는 회중을 실망시키지 않으려 사람들의 부축을 받아가며 예배당에까지 갔다. 의사에게 치료를 받아 발을 잘 맨 후에 겨우 세븐 다이얼스까지 걸어갔다. 강단에 올라가서도 매우 곤란하였으나 하나님께서는 우리 많은 영을 위로해 주셨다.
B의 집에 마차를 타고 간 후, 다시 파운드리까지 가마를 타고 갔다. 그런데 발목 삔 것이 어쩐지 좋지 않아 설교할 수가 없었다. 나는 쓰레드니들 거리로 옮겨 그 주간의 나머지 날들을 기도와 독서 그리고 담화하는 데 절반을 보내고 절반 시간을 「히브리어 문법」과 「아동독본」을 쓰는 데 보냈다.

2월 17일(주일) 파운드리에 옮겨져서 (설 수 없기에) 무릎 꿇고 시편 23편의 어느 부분에 대하여 말하였다. 마음이 넓어졌으며, 입은 하나님의 사랑이 놀라우심을 선포하기 위해 넓게 열렸다.

3월 4일(월) 걸을 수는 없었으나 겨우 말을 탈 수는 있었으므로 브리스톨을 향해 출발할 때보다 조금은 좋아졌다.

3월 19일(화) 브리스톨에 온 목적이 다 끝났으므로 런던으로 다시 가려 하였다. 여러 사람들에게서 북부지방 여행에 오르기 전에 와서 2, 3일 함께 지내자는 제의가 있었다. 나는 목요일에 런던에 도착하여 모든 일을 다 마치었으므로 27일 수요일에 다시 런던을 떠났다. 나는 메도디스트 목사가 결혼하였기 때문에 독신으로 있을 때보다 한 번이라도 설교를 덜 한다든지 단

하루라도 여행을 피하는 일이 있다면 어떻게 하나님 앞에 대답할 수 있을는지 모른다. 이런 의미에서 분명히 "아내를 가진 자는 갖지 않은 것과 같은" 마음씨를 가져야 한다.

4월 11일(목) 나의 면도를 해 준 이발사가 "선생님. 선생님으로 인하여 하나님께 영광을 돌립니다. 지난번에 선생께서 볼톤에 오셨을 때, 나는 이 도시에서 제일가는 술주정뱅이였습니다. 그러나 선생님 집회에 가서 창가에서 말씀을 듣던 중 하나님께서 마음 속 깊은 곳을 쳐주셨습니다. 그래서 나는 술을 금할 수 있는 힘을 주십사 하고 기도드렸습니다. 하나님께서는 내가 구한 것 이상의 힘을 주시었습니다. 이제는 술을 마시고 싶어 하는 마음까지도 없어지게 해 주셨습니다. 그러나 점점 내가 죄 많은 자임을 느끼게 되었고, 4월 5일에는 더 이상 견딜 수 없게 되었습니다. 만일 하나님이 건져주시지 않으신다면 그때 나는 지옥으로 떨어지게 될 것이라고 생각하였습니다. 그런데 이때 하나님께서 나타나셨습니다. 나는 하나님의 사랑을 느꼈으며 말로 표현할 수 없는 기쁨을 맛보았습니다. 그런데 그때 또 나에게 믿음이 있다고는 말할 수가 없었습니다만 1년 전의 어저께 하나님께서는 나에게 믿음을 허락해 주셨습니다. 그리고 그때부터는 하나님의 사랑이 내 마음을 쉼 없이 채우고 있습니다."라고 말하였다.

1752년 3월 26일(목) 우리는 바람과 눈 사이를 헤치며 말을 달려 밤에 맨체스터에 도착하였다. 나는 내가 채샤이어에 온 후 지금까지 모든 곳에서, 존 배넷이라는 사람이 계속해서 좋지 않은 모든 말을 퍼뜨려 말하기를 웨슬리는 법황주의를 설교하며, 믿음으로 의롭게 됨을 부인하고, 그리스도를 아무것도 아닌 분으로 만들어 버린다는 터무니없는 말을 하고 있다는 소식을 듣고 슬펐다. 주여 이 죄를 그에게 돌리지 마옵소서.

4월 24일(금) 할의 성찬에 도착하였더니 군중이 넘치도록 모여 있었으며 "누가 그 사람이냐?" "누가 그 사람이냐?"고 서로 물었다. 그러나 그들은 그렇게 쭉 지켜보며 웃고 있을 뿐 다른 방해는 하지 않아 무사히 A의 집에 들어갈 수 있었다.

3시에 기도하기 위해 (광대하고, 엄숙한 구조의) 교회에 들어갔다. 5~6시 사이에 마차가 왔다. 도시에서 반마일가량 떨어진 마이톤카에 갔다. 가난한 사람도, 부자도, 걸어 다니는 사람도, 말을 타는 사람도, 또한 마차에 탄 사람도 곧장 모여들었다. 그들에게 나는 침착하고도 큰 목소리로 "사람이 만일 온 천하를 얻고도 제 목숨을 잃으면 무엇이 유익하겠느냐?"고 설교하였다. 수천 명이 진지하게 듣고 있었으나 다른 많은 사람들은 마치 몰록 신에게 잡혀 있는 것 같이 보였다. 흙덩이와 돌이 사방에서 날아왔다. 그러나 하나도 나에게 닿거나 상처를 입히거나 하는 일이 없었다. 나는 이야기를 그친 후 마차에 타려고 하였는데 마차꾼이 어디론지 도망쳐 버렸으므로 어찌할 도리가 없었다. 그랬더니 어떤 한 귀부인이 나와 아내를 그녀의 마차로 태워 주었다. 그 때문에 그는 퍽 어려움을 겪은 셈이다. 마차 안에는 9명이 탔는데 양쪽에 3명, 한복판에 3명이 앉아 있었으며 군중이 가까이까지 밀려와서 (위험을 느껴 달지 않은) 창문을 향하여 무엇이든 손에 닿는 것을 던지기 시작하였다. 그러나 나의 무릎 앞에 앉아 있던 큰 부인의 몸이 나를 가로막아 주었기 때문에 아무것도 내 가까이에 오는 것이 없었다.

5월 25일(월) 덜함으로 말을 달리고, 거기서부터 좋지 않은 기상에 나쁜 길을 달려 버나드 캐슬로 갔다. 도착하였을 때는 몹시 피곤하였었으나 시간이 되었으므로 설교하기 위하여 거리로 나갔다. 그런데 군중이 너무 많았으며, 너무나 시끄러워 많은 사람이 듣기 어려울 정도였다. 그래도 계속 이야기하였더니 가까이에 있던 사람들은 열심히 들었다. 이야기를 방해하기 위하여 어떤 자들은 기계를 가지고 와서 물을 청중에게 뿌리기 시작하였다. 그러나 나에게는 한 방울도 닿지 않았다. 45분 정도 지난 뒤에 나는 집으로 돌아왔다.

6월 9일(화) 6시에 나는 에우드 근처에서 많은 사람들에게 설교하였는데 특별히 축복이 있었다. 여기서부터 우리는 다시 말을 타고 토드몰덴으로 갔다. 그곳의 사제가 심한 중풍에서 서서히 회복되고 있었다. 그는 얼마 전에 메도디스트들에 대한 악의에 찬 설교를 한 후에 즉시 충격을 받고 중풍에 걸렸던 것이다.

내가 유숙한 곳은 내가 택할 만한 그런 집이 아니었다. 그러나 섭리 중에 선택되는 것은 무엇이든 선한 것이라고 생각한다. 침대는 지하실에 있었으며 그 방은 침실이 되기도 하고 저장고가 되기도 하는 그런 방이었다. 처음에는 추위보다 탁한 공기가 견디기 어려웠다. 종이(창에 유리 대신 발라놓은)의 한쪽을 찢어 신선한 공기가 들어오게 하였다. 그때부터 아침까지 잘 자게 되었다.

6월 15일(월) 이번 여행에 나는 이제까지 경험하지 못하였던 많고 작은 곤란을 겪었다. 나는 맨체스터를 출발할 때에 젊고 장대한 말을 빌려 탔다. 그런데 그 말이 그림스비에 가기도 전에 발을 절기 시작하였다. 그래서 다른 말을 갈아타고 갔더니 뉴캐슬과 벨이크 사이에서 그 말도 내리지 않으면 안 되게 되었다. 맨체스터로 돌아오는 길에는 나의 말을 타려 하였는데 목장에서 그 말은 발을 절고 있었다. 그렇더라도 4, 5마일은 타고 가야겠다고 생각하고 있었는데 얼마 후에는 그 말이 어디인가로 가버려 도무지 그 말에 대한 이야기조차 들을 수 없게 되었다. 그러나 맨체스터까지만 가면 최근에 사들인 말이 있다는 생각으로 마음을 달래고 있었는데 실상 맨체스터에 도착하고 보니 누군가가 그 말을 빌려 타고 체스터 방면으로 가 있다는 것이었다.

6월 22일(월) 저녁 6시에 체스터 광장에서 빈부귀천을 막론하고 모인 청중에게 설교하였다. 다수의 청중, 특히 점잖은 사람들은 매우 진지하게 이야기를 잘 들었다. 다만 주로 술에 취해 있는 소수자들이 방해하려고 하였다. 그러나 청중이 대체로 매우 열심 있는 사람들로 변한 것만은 누가 보아도 알 수 있게 되었다.

8월 25일(화) 킨 세일의 시장에서 설교하였다. 다음 날 아침 8시에 군의 요새가 있는 쪽으로 걸어갔다. 언덕 중턱에 23,000명을 앉힐 수 있는 넓은 부지가 있는 것을 발견하였다. 군인들이 그 한편에 검으로 풀을 쳐서 설 자리를 준비해 주었다. 그곳은 바람과 햇빛을 막아주는 적당한 곳이었으며 청중은 전방 초장에 앉아 있었다. 이름난 죄인들이, 특히 군인들이 거기 와 있었다. 그러나 나는 하나님께서 그들에게 회개를 촉구하시는 크신 음성을 들려주실 것을 믿고 있었다.

9월 23일(토) 코크에 도착하였다. 24일(주일) 밤에 나는 신도회 회원들에게 설교의 집을 건축할 것을 제안하였다. 다음 날 10명이 100파운드를 작정하였으며 그 후 3, 4일 만에 또 100파운드의 헌금이 작정되어 토지를 사들였다. 그래서 지난주에 출항하지 못한 일에 두 가지 섭리가 있었음을 알게 되었다. 즉 출항하였다면 이 집은 세우지 못하였을 것이고 우리는 바다 속에 가라앉을 것이었다. 30척 이상의 배가 이번 폭풍우로 파선되었다는 소식이다.

1753년 2월 3일(토) 나는 마샬시 형무소에 있는 한 사람을 방문하였는데 그곳은 형형색색의 악의 양성소 같았다. 이 지구상에 그런 지옥의 모습을 한 그런 곳이 있다는 것은 인간의 수치요, 더군다나 기독교국가에 형무소란 것이 필요하다는 일 자체가 그리스도의 이름을 지니고 있는 자들의 큰 수치가 아니겠는가!

2월 8일(목) 모든 번잡한 사무, 즉 회계와 기타의 일들은 위원들에게 넘기는 것이 어떠냐는 제안이 나왔다. 이 때문에 나는 (적어도 런던에서는) 이런 사사로운 일에서 벗어나 나에게 주어진 영적인 일에만 힘 기울이게 일이 이루어지는 셈이다. 오! 언제부터 그렇게 될 것인가! 오늘부터인가?
오후에 많은 환자들을 방문하였다. 그런데 누가 이런 광경을 보고 마음이 움직여지지 않을 수 있을까? 이런 일은 이방 나라에서 찾아볼 수 없는 일이다. 조지아의 인디언 중에 누가 병에 걸리면 (그들이 크리스천에게서 과음 과식을 배우게 될 때까지는 거의 병이 없었으나) 근처 사람들이 모두들 그 환자가 필요로 하는 것을 가져다주었다. 오! 누가 이 영국인들을 회개시켜 이교도들의 정직성을 갖게 할 수 있을까?

금요일과 토요일에 이제까지보다 훨씬 많은 사람들을 방문하였다. 어떤 사람들은 지하의 굴 속에서 살고 있었으며 다른 이들은 지붕 밑 좁은 다락에 살고 있었는데 피로와 고통과 추위와 기근이 겹치기 때문에 반쯤 아사 상태에 있었다. 그러나 방에서 비질을 할 수 있는 정도의 사람은 모두 일하였으며 노는 이들이 없었다. 사실 "그들은 나태하기 때문에 빈곤하다."고 말하는 그런 일반적인 비난들은 실로 사악하고 악마 같은 허위다. 누구라도 이런 일들을 눈으로 본다면 누구든 사치스러운 물건이나 화장품 등은 사지 못하게 될 것이다.

3월 31일(토) 부드뱅크에서 설교하였다. 거기서 최근까지 W백작의 정원사였던 C를 만났다. 실로 그럴 수 없는 일이다. 백작이 50년 이상을 그렇게도 정직하고 충실하게 일해 준 종을 다만 그가 메도디스트의 이야기를 들었다는 일만으로 내쫓았다는 일은 실로 있을 수 없는 일이었다.

4월 18일(수) 시가지(글라스고우)를 구경하였는데 크기는 큐캐슬아본다인 정도라고 생각되었다. 대학은 (더블린의 것과 같은 정도로) 두 개의 작은 네모 진 땅에 세워진 단과 대학인데 옥스퍼드의 링컨 대학보다 크지도 아름답지도 않은 것이라 생각되었다. 학생들의 습관에 놀았다. 그들은 겨우 무릎까지 오는 가운을 입고 있었는데 내가 만난 학생들은 대부분 때 묻었으며 어떤 이는 갈기갈기 찢어진 것을 입고 있었다. 대체로 거추장스러운 것을 입고 있었다. 높직한 교회는 홀륭한 건물이었다. 외관은 영국의 대회당과 흡사하였으나 내부는 그 장식이 다 지워져서 형식도 미관도 찾을 수 없었으며 조화도 찾아볼 수 없었다.

4월 20일(금) G가 자기 교회에서 설교해 주기를 원하였으므로 7~8시 사이에 시작하였다. 확실히 하나님께서는 능치 못하신 일이 없으시다. 누가 대체 25년 전에 내가 스코틀랜드에서 설교를 하리라든지 또는 교회의 목사가 그것을 청한다든지 하는 일들을 예상할 수 있었을까!

4월 25일(수) 알느윌에 도착한 날은 복무연한을 마친 사람들이 자유를 얻는 날이었다. 16,17명이 자유를 얻게 된다는데 그 자유를 얻기 위하여 저들은 커다란 물웅덩이를 통과해야만 하였다. 어떤 이에게는 목까지, 대부분의 사람들에게는 가슴까지 물이 차올랐다.

5월 8일(화) 나는 휫비에 가까운 로빈후트 만으로 말을 타고 갔다. 그 도시는 매우 흥미로운 곳에 세워져 있었다. 바다에 매우 가까운 곳에 세워져 있었다. 대부분이 날카로운 절벽 위에 세워졌었으며 어떤 절벽은 물에서부터 수직으로 서 있는 것도 있었다. 그런데 토지는 남북과 서쪽도 열매가 많았고 잘 경작되어 있었다. 나는 바위로 된 벽이 좀 높은 곳에 서서 따스하고 고요한 저녁에 각 방면에서 모여온 청중을 향해 "만날 만한 때에 여호와를 찾으라."는 말씀으로 설교하였다. 모두들 경청하였다. 그리고 대부분의 사람들은 다음 날 아침 4시 반에도 다시 한 번 모여왔다. 여기서 며칠 더 머물 수 있다면 얼마나 좋을까 하는 생각이 들었다. 그러나 예정이 꽉 짜여 있으므로 9일 수요일에 요크를 향하여 다시 출발하였다.

7월 25일(수) 콘월의 서부에서 온 집사들이 성 아이베스에서 모였다. 다음 날 신도회 회원의 형편을 알아보기 시작하였으나 곧 중지하지 않으면 안되었다. 살펴보는 도중 매우 좋지 않은 일들을 발견하였기 때문이었다. 거의 모든 회원들의 밀수입된 물품을 매매하고 있었다. 그래서 모든 회원이 다 모일 때까지 아무것도 말하지 않겠다고 하고, 저녁에 모두 모였을 때 그것을 분명히 말하고 이런 일을 전적으로 폐지해 버리든가 그렇지 않으면 내 얼굴을 볼 생각을 하지 말든지 어느 편이든 택하라고 말하였다. 27일(금)에 그들은 다 각각 그 일을 버리기로 약속하였다. 그래서 이런 곤란한 일은 그치리라고 믿는다.

10월 19일(금) 나는 런던으로 돌아왔다. 20일 토요일에 몹시 몸이 불편하였으나 곧 낫게 되리라 믿었다. 21일 주일에 더 좋지 않았으나 일하지 않고는 그날을 보낼 수 없었다.

11월 12일(월) 할 수 있는 대로 여행을 연기하였으나 더 할 수 없어서 마침내 사륜마차를 타고 출발하였다. 7시에 설교하였는데 매우 추운 때였고 바람이 사방의 문틈으로 불어 들어왔으므로 나의 발은 마치 차디찬 물속에 있는 것 같았다.

11월 26일(월) F 박사가 솔직히 말씀하기를 시내에는 하루라도 더 머물지 말고 "당신을 위해 좋은 일이란 시골의 맑은 공기 속에서 쉬는 일과 나귀의 젖을 마시는 일, 그리고 날마다 말을 조금씩 타는 일입니다." 라고 말하였다. 그래서 (말을 탈 수 없으므로) 정오에 루이샴까지 마차를 타고 갔다.
저녁에 (하나님이 나를 어떻게 해 주실는지 알 수 없기 때문에) 별난 찬사를 피하기 위하여 다음과 같은 것을 써 보았다.

여기 존 웨슬리의 육신이 잠들다.
불길 속에서 건져진 타다 남은 조각이 그의 나이 51세에 폐병으로 죽다.
죽은 후 그의 부채를 갚고 나면 십 파운드도 남기지 못하네.
하나님이시여, 비오니 이 무익한 종을 긍휼히 여겨 주시옵소서!

만일 나의 묘석에 비문을 쓰게 될 경우에는 이렇게 쓰도록 명하였다.

1754년 1월 2일(수) 나는 마차를 타고 출발하여 다음 날 오후 칩벤함에 도착하였다. 거기에서 우편마차에 바꿔 타고 저녁 8시에 브리스톨에 도착하였다.

1월 4일(금) 온천에서 물을 마시기 시작하였다. 그 근처에 숙소를 정하였기에 6일 주일부터는 신약성서의 주해를 쓰기 시작하였다. 이 일은 지금과 같이 병으로 인하여 읽고, 쓰는 일 밖에는 설교도 여행도 할 수 없을 때가 아니고서는 도저히 생각도 할 수 없는 일이었다.

1월 7일(월) 규칙적인 방법으로 일을 하기 시작하였다. 즉 4시에 일어나서 5시에서 밤 9시까지, 말 타는 시간과, 식사를 위한 반시간씩과 저녁 5~6시까지 승마를 하는 한 시간을 제외하고는 계속해서 쓰기로 하였다.

3월 10일(주일) 나는 온천을 떠나 브리스톨로 옮겼다.

3월 19일(화) 초고가 완성되었기에 복음서 주해의 원고를 쓰기 시작하였다.

3월 26일(화) 4개월간의 중단 끝에 처음으로 다시 설교하였다.
5월 22일(수) 우리의 협의회가 시작되었다. 평안과 사랑의 정신이 우리 가운데 움직였다. 우리가 헤어지기 전에 모든 회원들이 서로 서로 함께 일하며 결코 단독으로는 아무것도 하지 않겠다는 약속에 모두 서명하였다. 그래서 근간 우리 사이에 있었던 감정의 작은 충돌은 오히려 이전보다 우리를 강하게 단합시키는 결과를 가져왔다.

9월 9일(월) 타운톤에서 6마일 지점에 있는 찰톤이란 마을에서 온 많은 사람들이 모였다. 이곳에 농가들은 메도디스트의 설교자에게 설교를 들으러 가는 자는 누구든 일터에서 쫓아내고 또 그에게는 다시 일을 주지 않기로 하는 약속에 조인을 하였다. 그러나 하나님을 배반하는 협의란 성립될 수가 없다. 그들 중의 주요 인물이었던 G가 얼마 안 되어서 진리를 깨닫게 되고, 그 메도디스트 설교자에게 자기 집에 와서 설교해 주기를 요청하게 되었다. 다른 연맹 회원들도 속속 들으러 왔다. 이런 과정으로 사탄의 계획은 전적으로 땅에 떨어지고 말았으며 하나님의 말씀이 성장하여 승리를 획득하게 되었다.

10월 2일(수) 나는 올드 샐럼으로 산책하러 갔다. 거기에는 집도 주민도 이제는 없고, 상식적으로 생각할 수도 없는 일인데도 아직도 의회에 2명의 의원을 보내고 있는 곳이다. 상당히 깊고 또 넓은 웅덩이로 둘러싸인 둥근 언덕이었다. 그 정상에는 밭이 있었고 그 한가운데에는 새로이 직경 200야드 정도의 벽과 웅덩이로 구별된 또 하나의 둥근 언덕이 있다. 대포가 발명되기까지는 이 도성은 난공불락의 성이었을 것이다. 트로이는 그러하였겠으나 이제는 다 사라지고 "공허한 돌"뿐 다른 아무것도 남아 있지 않다.

10월 3일(목) 리딩으로 말을 타고 가서 설교하였다. (전에 신도회 회원이었던) 노여움에 찬 사람이 문 옆에 있기에 일부러 고개 숙여 인사를 하였다. 그러나 그는 모르는 척하였다. 첫 번 기도를 드리는 동안 서 있었으나 찬송가를 부르는 동안에는 앉는다든지 하여 모두 반대되는 일만 하고 있었다. 설교하는 동안 안색이 변하였으며 마침내 얼굴을 벽 쪽으로 돌리고 말았다. 두 번째 찬송을 부를 때에는 일어섰으며 그 다음에는 무릎을 꿇기까지 하였다. 집회가 끝났을 때에 그는 내 손을 잡고 마음에서의 축원을 하며 나를 보내었다.

10월 4일(금) 런던으로 돌아왔다. 7일(월)에 나는 하크네이 근처의 작은 시골마을로 갔다. 원래 보나 감독이 주재하였던 곳으로 (시대는 많이 변하였다) 역시 이름만은 남아 있다. 여기는 마치 내가 대학에 와 있는 것 같다.

10월 26일(토) 뉴잉글랜드의 길버트 테넷이 나를 찾아와서 실현할 준비가 다 되어 있는 계획을 알려주었는데, 그것은 모든 교파의 개신교도들을 위한 한 미국 대학의 설립 계획이었으며, 그 계획은 만일 모든 교파의 개신교파가 서로 짐을 함께 지게만 된다면 참으로 훌륭하게 될 것이다.

1755년 4월 14일 ~ 1760년 5월 1일

제10장 │ 설교자

4월 14일(월) 맨체스터(거기에서 12시경에 설교하였다)를 거쳐 와링톤으로 말을 달렸다. 15일(화) 아침 6시에 열심인 다수의 회중에게 설교한 다음 에리바폴로 갔다. 이곳은 영국에서 가장 깨끗하고 정돈된 도시로, 체스터보다 두 배 가량 넓은 곳이자 거리가 대부분 반듯반듯하게 뚫린 도시였다. 도시의 3분의 2가량은 지난 40년 전 브리스톨과 같은 크기가 될 것이다. 도성 사람들은 항구도시 사람들에게서는 찾기 드문 그런 친절하고 예의 바른 사람들이어서, 유대인이나 구교 사람들에게뿐 아니라, 메도디스트(그들이 그렇게 부르고 있는)인 우리에게까지도 참으로 우정 어린 모습을 보여 주었다. 설교할 집은 뉴캐슬의 설교소보다 훨씬 큰 곳이었다.

4월 25일(금) 10시경에 토드몰덴 근처에서 설교하였다. 사람들은 산비탈에 몇 겹으로 줄을 지어 서 있었다. 외형적으로는 거칠게 보였으나 마음은 퍽 부드러운 사람들이었다. 여기서부터 우리가 통과한 계곡은 실로 글로 표현할 수 없는 그런 아름다운 곳이었다.

5월 6일(화) 협의회가 리드스에서 열렸다. 모든 설교자들이 흉금을 털어 놓고 협의하기를 바라서 제출된 문제는 "우리가 교회(영국 국교회)에서 분리할 것이냐, 말 것이냐?"는 것이었다. 어느 쪽으로 나가든 사람들은 진지하고 침착하게 생각하였다. 그리하여 제3일에는 전회원이 일치하여 (분리가 합법이냐 비합법이냐 하는 것은 별 문제로 하고) 분리하는 것은 절대로 현명한 길이 아니라는 결론을 얻게 되었다.

5월 12일(월) 우리(나와 나의 아내)는 노스알러톤에 말을 타고 갔다.

6월 7일(토) 그 근처에 살고 있던 한 사람이 나를 초청하여 그의 교회에서 설교하게 하려 한 윌리엄슨에게 "나는 박해한다는 것을 매우 싫어합니다만 만일에 웨슬리 씨에게 설교하게 하신다면 당신에게 좋지 않은 것입니다."라고 말해 왔다는 소식을 들었다. 그런데도 그는 일을 실현하려고 하였다.

그러나 나는 이를 거절하였다. 무엇인가 섭리가 있을 것이다. 내게 남은 근소한 정력을 잘 들어 주지도 않을 사람들을 위해 허비하지 않게 해 주시는 것일 것이다.

6월 8일(주일) 우리는 아침에 대회당에 갔고 오후에는 교구 교회에 출석하였다. 같은 사람이 양쪽에서 설교하였다. 내가 잘 알지 못하는 사람이었다. 아침에는 기운이 있었으며 몸짓도 잘 하였으나 오후에는 기운이 없었다. 저녁 5시에 비가 와서 할 수 없이 몹시 더운 곳에서 설교하였다.

6월 24일(화) (런던) 질리스가 저술한 「역사를 통해 본 헌금」이라는 책을 읽고 모든 시대의 기독교인의 단체에는 어떤 시기를 정해놓고 엄격하게 감사헌금을 드린 습관이 있었음을 알았다. 그래서 지금까지 우리가 그렇게도 큰 은혜를 받았으면서도 이를 실천하지 않고 있었던 일을 생각하며 놀랐고 또 부끄럽게 생각하였다. 많은 사람들에게 이 일을 말하였더니 모두 같은 생각들이었다.

8월 31일(주일) 5시에 그웬냅에서 수천 명에게 설교하였으나 한 사람도 경솔한 태도를 취하거나 부주의한 사람은 없었다. 설교가 끝나자 폭풍이 일었으며 큰 비가 쏟아지더니 아침 4시까지 계속되었다. 그때부터는 하늘도 맑아졌고 하나님을 경외하는 많은 사람들이 기쁜 마음으로 하나님 앞에 모여왔다.

9월 2일(화) 우리는 팔마우스로 갔다. 이 도시에는 10년 전의 모습은 전혀 찾을 수 없었으며, 이 끝에서 저 끝까지 고요하였다. 교회 근처의 언덕 위에서 설교하려 하였으나 바람이 심하였으므로 집 안에서 하기로 하였다. 그러나 마당에 있던 사람들에게도 이웃집에 있는 사람들에게도 말소리는 들렸으므로 모두 열심히 들었다.

9월 13일(토) 성 저스트의 새 신도회의 첫 돌 위에 서서 설교하였다. 저녁에 감본으로 마을 달리고 있을 때 레드루스의 존 피어스가 재미있는 이야기를 알려 주었다. 그가 헬스톤에 살고 있을 때 어느 날 밤에 속회로 모인 일이 있었다. 그런데 그 속회원 중에 한 사람이 갑작스레 "여기 있으면 안 됩니다. 뛰쳐나가지 않으면 안 됩니다."라고 말하였다. 그래서 왜 그런지 그 이유는 알 수 없었지만 급히 일어서서 거리의 맞은편에 있던 집을 향해 뛰쳐나갔다. 그러자 숨 쉴 사이도 없이 그 다음 방에 있던 화약통에 불이 옮겨져 폭발되었다. 이리하여 하나님을 믿는 이들을 보호하시사 사람들의 불경스런 조소를 면하게 해 주셨다.

9월 14일(주일) 나는 큐벌트로 계속 말을 달렸다.

9월 15일(월) 우리는 바닷가를 한 시간 동안 산책하였다. 진귀한 동굴이 있어서 들어가 보니 풀스 홀이나 더비셔의 픽크 산의 동굴에서 볼 수 있는 것 같은 놀라운 것이 많았다. 바위의 어떤 부분은 황금과 같이 빛났고 어떤 부분은 하늘색, 그밖에 녹색인 것도 있었고 진주 모양과 같은 것도 있었다. 특히 홀리 웰 근처의 큰 바위는 물이 흐를 때마다 단단하고 하얀 바위로 덮였는데 마치 설화석고 같았다. 이 샘물은 바위 위에서 솟아나왔으며 괴혈병과 연주창 치료에 좋기로 유명하다.

11월 5일(수) 횟필드가 나를 찾아왔는데 이제는 더 이상 논쟁할 필요가 없었다. 우리는 서로 사랑하고 손에 손을 마주잡고 우리 모두의 주님 뜻을 넓혀나갈 것뿐이다.

12월 23일(화) 나는 국왕께서 장의를 입으시는 시간에 상원에 붙어 있는 곳에 있게 되었다. 국왕의 얼굴은 더해지는 연세로 주름이 늘어났고, 여러 가지 심려로 그늘져 있었다. 겨우 이것이 이 세상이 국왕께 드릴 수 있는 전부일까? 이것이 세상이 국왕께 드릴 수 있는 영광이란 말인가? 국왕의 어깨에는 너무 무거워서 몸을 움직이기조차 어려울 정도의 담비모피를 두르고 있었고, 머리 위에는 커다란 가발을 썼으며 황금 장식품들이 번쩍였다. 아, 아! 인간적인 위대함이란 실로 값싼 것이로구나!

1756년 2월 25일(수) 나는 대령과 식사를 같이 하였다. 그는 "하나님을 두려워하는 사람들만큼 용감하게 싸우는 사람들은 없습니다. 그러기에 나는 황제의 육군 일개 연대보다는 하나님을 두려워하는 500명의 병력을 지휘하는 편을 더 좋다고 생각합니다."라고 말하였다.

3월 11일(목) 필까지 말을 타고 가서 많은 열성적인 청중에게 설교하였다. 그 중의 많은 사람들이 뱃사람들이었다. 그런데 한참 이야기하는 중에 수병 강제모집대가 군함에서 상륙해서 우리 있는 곳으로 몰려들었다. 그들은 한참 동안 귀를 기울여 들은 후에 조용히 가 버렸으며 아무도 방해하지 않았다.

8월 13일(금) 말을 빌려 타고 체스터를 향하여 7시경에 출발하였다. 9월 8일과 9일 수요일과 목요일에 회계 정리를 하였다. 내가 저술과 출판을 시작한 지 18년이 되는데 그동안 얼마나 돈을 벌었을까? 그런데 1756년 3월 1일(지난번 런던을 떠난 날)에 계산해 본 결과 인쇄와 설교를 합하여 총계 1,236파운드의 빚을 지고 있음을 알게 되었다.

10월 10일(주일) 무어필드에서 수많은 청중에게 "이스라엘의 집아, 너 어찌 죽으려 하느냐?"는 제목으로 설교하였다. 아직도 큰 효과가 있는 것이 야외 설교이며, 그 유용성은 비길 데가 없다.

10월 11일(월) 레이로 갔다.

11월 9일(화) 전기기구 장치를 마치었기에 여러 가지 병으로 괴로워하는 사람들에게 전기치료를 받으라고 권고하였다. 어떤 사람들은 곧장 나음을 얻었으며 어떤 사람들은 서서히 좋아졌다. 이때부터 처음에는 매주 몇 시간씩, 후에는 매일 한 시간씩 희망하는 사람들에게 이 놀라운 기계의 효능을 알게 해 주느라고 할애하였다. 2, 3년 후에는 병자가 너무 많이 늘어서 몇 조로 나누어 일부는 사우스왈크에서, 다른 일부는 성 바울 근처나 세븐 다이얼스 근처에서 모이기로 하였다. 그때부터 오늘에 이르기까지 이 방법을 계속하고 있는데 수백 명 아니 수 천 명의 사람들이 큰 도움을 받았다고 말한다. 그리고 단 한 남자나 혹 여자도 아이들까지라도 이 일로 인해 나쁜 결과를 보았다고 말하는 이는 없다. 그래서 전기에 감전될 위험이 있다는 그런 말을 하는 것을 들으면 (특히 의사가 그런 말을 하는 것을 들을 때는) 그것은 상식이 부족하든지 그렇지 않으면 정직한 마음이 결여되었든지 둘 중의 어느 하나일 것이라고 생각이 들 수밖에 없다.

1757년 6월 10일(금) 6시에 윌리엄 코워드와 나는 케르소에 있는 시장의 집으로 갔다. 얼마 동안 있으나 남자도 여자도 아이들까지도 가까이 오지를 않았다. 마침내 나는 스코틀랜드의 성가를 부르기 시작하였다. 그랬더니 그 덕으로 15명 내지 20명 정도의 사람들이 목소리가 들리는 데까지 왔다. 그러나 매우 조심하고 있어 가까이하지 않았다. 다음에 무슨 일이 일어날지 모른다고 경계하는 듯하였다. 그러나 기도를 드리는 동안에 그 수가 점차 증가하여서 몇 분 동안에 매우 많은 회중이 생겼다. 나는 그 도시의 중요한 인물들이 거기 와 있다고 생각하였으므로 주저 없이 나의 소신을 말하였다. 오늘과 같이 예리하고 딱딱 잘라내는 그런 표현 방법은 평상시에 쓰지 않기 때문에 나 자신도 좀 이상하다고 생각할 정도였다. 그리하여 많은 사람들은 자기들이 그만큼 겉으로는 기독교의 형식을 지키고 있었으나 역시 내적으로는 이교도임을 느꼈을 것이라고 생각하였다.

6월 13일(월) 몰펠의 시장에서 죄인에 대한 그리스도의 사랑을 선포하였다. 거기에서 플레이시로 말을 달려갔다. 이곳 광부들로 구성된 메도디스트 집회는 영국내의 모든 집회의 모범 형이라고 해도 좋으리라 생각한다. 한 사람도 그 단체나 속회에서 탈퇴한 사람도 없고, 그들 사이에는 아무런 알력도 없었고, 같은 마음과 같은 뜻으로 "사랑과 선한 사업을 힘쓰고" 있었다.

6월 16일(목) 저녁에 나는 선더랜드에서 설교하였다. 끝난 뒤에 신도회의 사람들을 만나 분명하게 말하였다. 만일 그들이 모든 죄에서 떠나지 않는다면 이제 더 이상 함께 있을 수 없다고, 특히 국왕을 속여 밀수입한 물품을 매매하는 것은 내가 가장 싫어하는 것이라고 잘라 말하였다. 몇몇 소수의 사람들은 끝내 그것을 그치기로 약속하지 않았기 때문에 하는 수 없이 제명처분하기로 하였다. 250명가량의 사람들은 더 좋은 마음을 가졌다.

7월 28일(목) 정오경 우드시츠에서 설교하고 저녁에는 셰필드에서 하였다. 나는 실로 설교로 살고 있다.
박해의 주모자들이 없어져, 이 지방은 참으로 조용해졌다. 그들 중의 얼마나 많은 사람들이 생각지도 않고 있을 동안에 강탈을 당하였을 것인가! 얼마 전에 토프의 어떤 여인은 때때로 다음에 오는 설교자의 심장의 피로 손을 씻어 보이겠다고 맹세한 일이 있었다. 그러나 다음 설교자가 오기 전에 그녀는 영원한 죽음의 집으로 끌려가고 말았다. 존 존슨이 웬트워스에 거처를 정하기 조금 전에 그곳에 살고 있던 한 장부가 근처 사람들에게 "5월제(May Day) 후에 또 설교와 기도가 있겠으나 이번에는 소요를 일으켜 그것을 중지시키고 말겠다."고 말하였단다. 그러나 5월제가 오기 전에 그는 자신의 묘소 안에서 침묵을 지키고 있었다. R경의 한 종은 R경만큼이나 지독한 사람이었다. 사람들을 미혹하기 위하여 많은 거짓말을 퍼뜨리고 다녔는데, 이 일을 다 마치기 전에 그의 입은 다물어지고 말았다. 그는 물고기 기르는 연못에서 익사하고 말았던 것이다.

1758년 1월 17일(화) 나는 웬즈워스에서 설교하였다. 미국에서 온 신사 하나가 이 황막한 고장에 다시 문을 열었다. 아침에 나는 길버트의 집에서 설교하였다. 그의 두 흑인 종과 한 흑백 혼혈인이 크게 깨우침을 받은 것으로 보였다. 주의 구원을 모든 나라 사람들에게 전하여야 하지 않겠는가?

2월 10일(금) 성 바울 교회의 회중은 수도 많았으며 퍽 주의 깊었다. 그곳 판사가 설교 후에 즉시 사람을 보내어 오찬에 초청해 주었으나 시간이 없었으므로 양해를 구하고 1~2시 사이에 출발하였다.

8월 17일(목) 나는 브리스톨의 대회당에 헨델의 "메시아"를 들으러 갔다. 회중이 이 음악을 들을 때와 같이 설교 시간에도 진지하였는지 의아스러웠다. 많은 부분, 특히 합창 부분은 참 잘 연주하였다.

8월 27일(주일) 우리는 7시에 스완스에 도착하여 한 사람을 만났는데 그는 먼저 우리를 자기 집으로, 다음에는 한 성과 같은 곳으로 안내하였는데 그 성 안은 푸른 잔디밭이 있었고 그 둘레에는 오래된 높은 담이 둘려져 있었다. 큰 회중이 곧 회집되었는데 모두 참으로 예의바른 사람들이었다. 마음이 단순한 사람들에게 늘 내려 주시는 놀라운 복이 그들에게 임하였다.

8월 28일(월) 저녁에 스완스에서 설교한 후에 나는 신도회에 가입하기를 원하는 사람들을 만나고 그들이 잘 모르고 있는 신도회의 성격과 계획들을 자세히 설명해 주었다.

10월 16일(월) 캔터베리로 말을 달렸다. 거리에 들어서자 돌이 튀어 말의 다리에 맞아 큰 상처를 입었으므로 말은 곧 쓰러졌다. 이번에는 나를 아래에 깔고 뒹굴었다. 그런 후 말이 일어나려 애쓰기에 좀 도우려 하였으나 어쩐지 내 발은 발인지 대퇴부인지를 쓸 수 없게 되었다. 그러나 친절한 이발사가 따라와서 나를 부축해 일으켜 세워주고 자기 이발소로 데려다 앉혔다. 몹시 아프기에 냉수 한 잔을 청하였다. 곧 떠다 주기에 마시고 나니 아픔이 다 사라졌다.

11월 29일(수) 나는 웬즈워스로 말을 타고 가서 길버트에 소속된 두 흑인과 얼마 전에 안티구아에서 온 신사 한 사람에게 세례를 베풀었다. 이들 중의 한 사람은 죄를 깊이 느끼고 뉘우쳤으며 다른 한 부인은 구원받았다고 생각하며 크게 기뻐하였다. 그리고 이들은 내가 아는 최초의 아프리카인 기독교 신자다. 우리 주님께서 때가 차면 이들 이교도들도 "그의 상속자"로 삼으시지 않으실까?

12월 4일(월) 런던 시장 관사 뒤에 있는 성 스테반 교회로 일반에게 알려진 왈부르크의 작은 교회를 잠깐 참관하였다. 그것은 결코 웅대한 것은 아니었으나 글로 표현할 수 없을 만큼 산뜻하고 우아한 교회였다. 그래서 나는 저 이태리의 유명한 건축가가 이태리에서 빌링톤 경을 만나 "경이여, 런던에 돌아가시거든 꼭 성 스테반 교회를 찾아보세요. 로마에도 그런 훌륭한 건물은 없습니다."라고 하였다는 말을 별로 이상하게 여기지 않는다.

12월 29일(금) 오늘 나는 아마도 영국에서 가장 오래된 건물이라고 할 수 있을 유명한 성을 돌아보았다. 대부분이 1,400~1,500년 전의 건물이었다. 로마의 벽돌로 세워졌는데 두께가 두 치, 폭이 일곱 치, 길이가 열 서너 치다. 영국과 로마의 제왕이 얼마나 사람들에게 두려운 존재였던가를 짐작할 수 있다. 그러나 그들은 지금 무엇이냐? 실로 "산 개는 죽은 사자보다 낫지 않은가?" 현재 이 지상에서 자랑하고 있는 사람들과 같이 저들이 믿고 의뢰하던 모든 것들이 지금 어디 있는가?

작은 영화, 작은 권세
짧은 겨울날 기우는 태양
이것이 이 세상의 위인과 영걸들이
요람과 묘석 사이에서 얻는 모든 것이다.

1759년 3월 29일(목) 녹윗지 신도회를 여러 속회로 나누었는데, 티운더리나 태버나클에 속한 사람을 구별하지 않고 섞어서 나누었다.

4월 1일(주일) 나는 전 회원을 6시에 만났는데 모두에게 들어올 때 회원증을 내보이게 하였다. 이런 일을 저들은 전에는 들어보지도 못하였던 일이었다. 그와 같은 일로 또 한 가지 이상한 규칙을 강조하였는데 그것은 남녀가 따로 나누어 앉으라는 것이었다. 셋째 규칙을 그날 만들었다. 태버나클을 지은 후 주의 만찬이 베풀어질 때마다 회당에는 언제나 구경꾼들이 가득 차 있었다. 나는 이것이 온당치 못한 일이라 여겨지기에 성찬에 참여할 사람만 들어올 수 있게 하고 다른 이들의 출입을 제한토록 명하였다. 그런데 퍽 어려울 줄 알았으나 별로 어려움 없이 순종시킬 수가 있었다.

5월 17일(목) 나는 섭리의 현저한 예를 찾을 수 있었다. 탄광의 갱도를 깊이 파들어 갈 때에는 공기 순환을 위하여 입구에서 끝(탄 파는 곳) 부분 3, 4 야드 앞까지 칸막이벽을 세우는 것이 습관이다. 공기가 한쪽을 통해 와서 끝 부분에서 반대쪽으로 돌아서 빨리 소통되는 것이다. 도시에서 2마일가량 되는 곳에 있는 탄광에서는 400야드 이상 파 내려간 부분을 오랫동안 버려두었기 때문에 벽이 무너진 곳이 몇 군데 있었다. 네 사람이 이 벽을 수리하기 위해 그곳에 파견되었다. 300야드 가량 내려갔을 때 가스가 많은 공기에 불이 붙게 되었다. 삽시간에 불은 벽을 따라 이 끝에서 저 끝까지 퍼져나가 입구에 이르자 폭발하여 대포같이 되고 말았다.

그들은 곧 얼굴을 덮고 엎드렸다. 그렇지 않으면 잠깐 사이에 타 죽게 되어 있었다. 그 중의 한 사람 앤드류 잉글리시는 전부터 하나님의 사랑에 대해 알고 있었으므로 하나님의 자비를 구하며 외쳤다. 그러나 곧 그의 숨은 막히고 말았다. 다른 세 사람은 손과 무릎으로 기어서 나와 그 중 두 사람은 입구까지 와서 밖으로 들어 올려졌다. 그러나 그 중의 하나는 몇 분 못 견디고 죽고 말았다. 존 맥콤은 그 다음에 끌려 올라왔는데 머리에서 발까지 화상을 입었으면서도 하나님을 찬양하며 감사하였다. 그 후에 앤드류를 찾으러 내려가 보았더니 그는 기절해 넘어져 있었다. 그렇지만 그 때문에 그는 오히려 살아남게 되었던 것이다. 즉 그가 기절해서 땅에 엎드려져 딱 붙어 있었기 때문에 불길이 그의 등위로 스쳐 지나갔던 것이다. 만일 그가 손과 무릎으로 기고 있었다면 그는 틀림없이 불에 타죽고 말았을 것이다. 그러나 하나님께서 그의 얼굴의 광채를 되찾으셨으므로 우리는 생사 간에 환영하여야겠다.

6월 4일(월) 나는 뉴캐슬로 갔다. 만일 내가 내세를 믿지 않는다면 나는 모든 여름철을 이곳에서 보내고 싶다. 대영제국에서 여기보다 더 상쾌한 곳이 있는지 모르겠다. 그러나 나는 다른 세계를 구하고 있으므로 이 땅위에서 방랑자로도 만족한다.

7월 4일(수) 5시에 존스가 설교하고 8시에 내가 하였다. 설교가 거의 끝나갈 무렵에 이상한 모습을 하고 진흙투성이가 된 시골 사람으로 보이는 남자가 회중을 혼란시키려고 날뛰기 시작하였다. 설교가 끝났을 때 나는 그 사람이 그 근처 사람에게 상처를 입히지 않을까 염려되기에 두세 명의 형제를 그에게 접근시켜 그와 계속 이야기하여 그를 피곤하게 만들라고 부탁하였다. 그들은 곧 가서 그리하였으나 별로 효과가 없었으며 그는 점점 더 떠들 뿐이었다. 그래서 W.A는 말을 좀 바꾸어 보았다. 그 사람 가까이에 있는 사람들 틈으로 들어가서 한참동안 그가 말하는 것을 들은 후에 "참 재미있군요. 한 번 더 말해 보시죠." "어떻게 되셨습니까? 벙어리가 되셨나요?" "모두 즐겁게 하기 위하여 모쪼록 한 번 더 해 주세요. 모두 듣고 있어요."라고 두 번 세 번 반복하자 이 사람은 그만 견딜 수 없는 듯, 두 세 마디 불평하더니 어디론지 사라지고 말았다.

저녁에 다른 날과 같이 스탁톤의 시장 가까이에서 설교를 시작하였다. 찬송이 끝나기 전에 모두 떠들기 시작하였다. 이는 중위가 수병 강제 모집대를 데리고 와서 조셉 존스와 윌리엄 올우드를 데리고 가라고 명령하였기 때문이었다. 조셉 존스는 "나는 웨슬리의 부하입니다."라고 말하고 두 세 마디 주고받은 후 놓임을 받았다. 또 윌리엄 올우드도 한가지로 등록된 설교자임이 확인되어 놓임을 받게 되었다. 중위는 또 그 도시의 다른 젊은 남자를 붙잡았으나 여자들이 억세게 덤벼들어 그를 빼어냈다. 여자들은 중위의 머리를 때리고 그와 그의 부하에게 돌을 마구 던졌다. 그래서 그들은 견디다 못해 있는 힘을 다해 뛰어 도망치고 말았다.

8월 3일(금) 나는 게인스보로우의 네빌 힉크만 경의 큰 홀에서 설교하였다. 그곳은 브리스톨에 사는 위버의 홀만큼 넓었다. 2시에는 방 안에 시끄러운 사람들로 가득 찼다.(그 중에는 다소 성질이 좋은 이들도 있었겠지만) 그런데 두세 명을 제외한 모든 신사들은 주의 깊게 "사람이 만일 온 천하를 얻고도 제 목숨을 잃으면 무엇이 유익하리오."라는 제목의 설교를 들었다. 그리고 내가 멍하니 보고 있는 군중 사이를 지나서 나왔더니 네빌 경이 와서 설교에 감사한다고 하였다. 곁에 있던 사람들은 그것을 보고 마치 귀신을 본 사람들처럼 놀라고 있었다.

8월 6일(월) (에버톤) 나는 때때로 환상을 본다는 안 톤과 그 밖의 두 사람과 많은 이야기를 나누었다. 그들이 모두 일치하게 말하는 점들은 1. 그들이 환상에 들 때는 그들이 가장 뜨겁게 하나님을 사랑하고 있을 때요, 2. 그것은 아무런 예고 없이 순간적으로 오며 그들의 모든 감각과 힘을 빼앗아가고, 3. 예외도 있으나 대체적으로 전혀 다른 세계로 옮겨져 둘러선 사람들의 하는 말이나 일은 전혀 알지 못하게 된다는 것들이었다.

오후 5시경에 찬송을 부르는 소리를 들었다. 얼마 후에 B·C가 찾아와서 애리스 밀러(15세)가 환상을 보기 시작하였다고 전해 주었다. 곧 그리로 가 보았다. 의자에 앉아 있었고 벽에 기대어 눈은 뜬 채 위를 바라보고 있었다. 나는 때리는 시늉을 해 보였으나 눈은 그대로 움직이지 않은 채였다.

그녀의 얼굴은 경건함과 사랑으로 넘쳤으며 그의 양 볼에는 뜨거운 눈물이 조용히 흐르고 있었다. 그녀의 입술은 조금 열려 있었으며 가끔 작은 소리를 내는 정도였다.

나는 이만큼 아름다운 사람의 얼굴을 본 일이 없다고까지 생각하게 되었다. 때로는 쏟아질 듯한 웃음이 나타나고, 사랑과 경건이 넘치는 기쁨의 빛이 넘치는 때도 있었고, 때로는 눈물이 조용히 볼을 적시기도 하였다. 그녀의 맥박은 틀림없었다. 30분쯤 지나니까 그녀의 얼굴이 공포와 연민과 고통의 빛으로 변한 것을 볼 수 있었다. 그러더니 홍수와 같은 눈물을 흘리면서 "오! 주여 그들은 멸망합니다. 멸망합니다."라고 외쳤다. 그러나 5분쯤 지나는 동안에 그녀의 미소가 되돌아 왔으며 사랑과 기쁨만이 그 얼굴에 넘치게 되었다.

6시반경 또 고통의 빛이 나타나더니 곧 심히 울고, "주여, 모두들 지옥으로 갑니다. 세계가 지옥으로 가고…"라고 외쳤다. 곧이어 또 "큰 목소리로 외치시오, 목소리를 아끼지 마시고 내시오."라고 하였다.

얼마 안 가서 얼굴도 안정되고 믿음과 기쁨이 충만한 목소리로 말하기 시작하였다. 그리고 "하나님께 영광을 돌리시오."라고 말하였다. 7시경에 정신을 차리고 원상태로 돌아왔다. 나는 "그대는 어디에 다녀왔는지요?"라고 질문하였다. "나는 구주와 함께 있었습니다." "하늘입니까? 땅 위입니까?" "알 수 없습니다만 영광중에 있었습니다." "왜 소리쳤나요?" "나를 위해서가 아니라 세계를 위해서였습니다. 세상이 지옥으로 떨어져 가는 것을 보았습니다." "누구에게 '영광을 하나님께 돌리시오'라고 말하고 싶었나요?" "세상을 향하여 소리높이 외치고 있는 목사님들에게요. 그렇지 않으면 목사님들은 교만해져서 하나님은 그들에게서 떠나시고 그분들은 영적인 생명을 잃어버리게 될 것이라고 생각되었기 때문이었습니다."

8월 30일(목) 나는 놀윗지의 회당에서 예법을 모르고 떠들썩한 많은 회중에게 설교하였다. 그리고 그들이 이제까지 어떤 종류의 교사에게 가까웠는지를 알게 되었으므로, 그것을 개선하고 그런 일을 그치게 하려 하였다. 그래서 다음 날 저녁에 두 가지를 주의시켰다. 하나는 설교가 끝나자 곧 커다란 목소리로 이야기를 한다든지 동물원의 곰처럼 이리 저리 다니는 것은 좋은 일이 아니라는 것, 또 하나는 설교 후에 곧 이어 몇 조로 나누어 잡담을 하기 시작한다면 예배당을 커피숍으로 타락시키는 악습이라고 하는 점이었다. 그러므로 이제부터 이 지붕 밑에서 쓸데없는 말은 하지 말고, 조용히 돌아가 주기를 바란다고 부탁하였다. 그랬더니 다음 주일인 9월 2일에는 오랫동안 그렇게 해 왔던 것 같은 표정으로 모두 조용히 각각 돌아갔으며 이를 보고 나는 기쁘게 생각하였다.

9월 3일(월) 5시에 신도회로 모여 속회 모임의 성격과 그 시간의 선용방법에 대하여 설명하였다. 문답을 통하여 나는 지금 우리가 500명가량의 회원을 가지고 있음을 알게 되었다. 그러므로 나는 이들을 계산에 넣지 않는다. 그들은 붙어 있기는 하나 외줄로 연결되어 있을 뿐이다.

9월 14일(금) 런던으로 돌아갔다. 15일 토요일, 웨스트 스트리트의 예배당을 급히 수리하라고 명한 일이 있기에 얼마만큼 일이 이루어졌는지 보러 갔다. 그리고 이 일에 대해서도 큰 감사한 일을 보게 되었다. 중요한 제목들이 썩어 있어서 나무에 손가락이 푹 들어갈 정도였다. 만일에 봄까지 공사를 연기하였더라면 건물은 모두 쓰러졌을지도 모를 일이었다.

9월 17일(금) 나는 캔터베리로 갔다. 200명가량의 병졸과 다수의 장교들이 저녁에 모였다. 다음 날 저녁에는 그 숫자가 부쩍 늘었으며, 참으로 하나님을 두려워하는 사람들같이 행동하였다.

9월 23일(주일) 무어필드에 모인 대회중의 대부분은 모두 진지하였다. 그것을 본다면 아무리 편견에 사로잡힌 사람이라 하더라도 야외 설교의 효과를 인정하지 않을 사람은 없을 것이다. 성 바울 대회당 이외에 이만한 청중을 수용할 수 있는 건물이 어디 있겠는가. 있다손 치더라도 전체에게 울려 퍼지도록 말할 만한 목소리의 소유자가 어디 있을까? 몇 차례의 경험으로 야외에서 하는 편이 지붕 밑에서 말하는 것보다 3배나 더 잘 울린다는 것을 알았다. ① 야외 설교에 어떤 회당에서의 집회보다 더 많은 사람이 모여드는데, ② 또한 하나님의 능력을 느끼고, ③ 회개하는 사람이 점점 더 많아지고 있는데 야외 전도의 시대가 이미 지나갔다고 누가 감히 말할 수 있단 말인가?

10월 1일(월) 브리스톨에 체재하는 동안 여유 있는 시간을 나의 마지막 출판이 되리라 생각되는 (설교집) 제4권을 완성하는 데 보냈다.

10월 15일(월) 브리스톨에서 1마일 떨어진 노을에 프랑스의 포로들을 보기 위해 찾아갔다. 사정을 듣고 보니 이런 좁은 곳에 1,100명이나 넣었으며 바닥에 깔은 것은 더러운 보리 짚뿐이고, 입은 것은 엷은 넝마 같은 것만이 주어졌을 뿐이어서 병든 양처럼 힘없이 죽어간다는 것이었다. 나는 퍽 안쓰럽게 생각되어 저녁에 "너는 이방 나그네를 압제하지 말라. 너희가 애굽 땅에서 나그네 되었은즉 나그네의 정경을 아느니라(출 23:9)." 는 성경 말씀을 근거로 설교하였다. 당장에 18파운드의 헌금이 모였으며, 다음 날에는 24파운드에 이르렀다. 홑이불 등과 양털 천을 사서 그것으로 내의와 조끼 그리고 아랫바지 등을 지었다. 거기에 양말을 사서 이것들이 가장 필요한 사람들을 조심스럽게 찾아 나누어 주었다. 얼마 후에는 브리스톨 시청의 직원들도 이불과 담요 등을 많이 보냈다. 그리고 런던에서도 또 그 밖의 여러 지방에서도 헌금이 모였다. 그래서 그때 이후로는 생명에 필요한 것만은 상당량 분배된 것으로 생각한다.

11월 17일(토) GH 귀부인과 CH 경과 즐겁고 유익한 시간을 보냈다. 부자와 귀족들이 부르심을 받았다는 것은 좋은 일이다. 오, 하나님이시여. 그들의 수를 늘리어 주시옵소서. 그러나 (하나님 뜻에 합당하시다면) 다른 사람의 전도로 그렇게 되었으면 기쁘겠다. 내 마음대로 택하라면 (이제까지 해 온 바와 같이) 나는 가난한 사람들에게 복음을 전파하고 싶다.

12월 9일(주일) 나는 신도회원 전부를 위해 제1회 사랑의 만찬식을 거행하였다. 12일 수요일 나와 동생 그리고 다른 두 사람과 함께 희랍어 신약성경과 주해를 연구하기 시작하였다. 조심스럽게 원서와 번역본을 비교하고 주해를 때때로 정정하기도 하고 첨가하기도 하였다.

같은 날 오후의 대부분을 브보티시 박물관에서 보내었다. 그 안에는 커다란 도서관과 많은 진귀한 사본별로 많이 볼 수 없는 옛날 비문들이 있었으며, 또 조개들, 나비들, 갑충들, 그리고 귀뚜라미 등 한스 스론 경이 80년 세월에 걸쳐 막대한 비용을 들여 채집한 것들이 진열되어 있었다.

1760년 1월 13일(주일) 나는 웨스트 스트리트 예배당에서 설교하였는데 이젠 확장되었고 전부 수리가 되었다. 내가 18년 전에 이것을 사들였을 때 나는 세상이 우리를 이제까지 견디어 주리라고는 별로 생각지 않았다. 그러나 주의 오른 손은 뛰어나시어 우리는 오늘까지 잘 견디어 온 것이다.

1월 16일(수) 한 여인이 찾아와서 하나님의 메시지를 전한다고 하며 말하기를, 내가 너무 땅 위에 보물을 쌓고 있으며, 안일을 구하고, 음식에 관한 일을 너무 염두에 두고 있다고 하였다. 이 말을 듣고 나는 그녀에게 대답하기를 하나님께서는 나를 더 잘 아시고 계시기 때문에 만일 당신이 정말 하나님의 보내심을 받고 온 사람이라면 그런 말이 아닌 다른 더 적절한 말씀을 가지고 왔을 것임이 틀림없을 것이라고 하였다.

4월 7일(월) 나는 신도회 회원들과 개별적으로 말하였으며, 저들 대부분이 하나님을 위해 바로 살고 있음을 알게 되어 기뻤다. 이 일의 결과로 알게 된 또 한 가지 사실은 신도회가 지난 몇 해보다 더 커졌다는 것이다. 그러나 놀란 것은 없다. 하나님의 참 능력이 역사하시는 곳이라면 어디서나 자연히 복음은 더욱 넓게 퍼져나가게 되어 있는 것이다.

4월 18일(금) 나는 미스 F와 함께 캐럭펄고스에서 온 프랑스 포로들을 보러갔다. 포로들은 여기 더블린에서 그들이 파리에서 듣는 것 같은 유창한 프랑스 말을 듣고 놀랐으며, 더욱이 "사랑으로 역사하는 믿음", 즉 가슴의 종교를 권하는 것에 크게 놀랐다.

4월 28일(월) 나는 네우리에서 애란리수로 7마일가량 되는 곳에 있는 래스프리랜드까지 말을 타고 갔다. 그 도시는 산 정상에 세워진 작은 도시였는데 먼저 깊은 골짜기로 둘러져 있었고, 다음으로 조금 떨어진 거리에 높은 산으로 둘러져 있었다. 그곳 장로교 목사가 교황주의 사제에게 편지를 보내어 교인들이 웨슬리의 설교를 듣지 못하게 잘 간수하라고 하였다. 그러나 그들을 막을 수가 없었다. 개신교도나 교황주의자들이 함께 떼를 지어 목장으로 모여들었으며 풀밭 위에 앉아, 밤중같이 고요한 중에 있었으며, 나는 사람들에게 설교하고 또 "회개"하고 "복음"을 믿으라고 권고하였다. 그와 똑같은 좋은 태도가 저녁에 테리휴간에 모였던 회중들에게서도 보였다. 그곳의 프로벨쳄버에서 편안하게 쉬었는데 그 방은 아홉 자 길이에 일곱 자 넓이, 그리고 여섯 자 높이였다. 천정과 바닥과 벽이 모두 소위 대리석, 통칭 진흙으로 되어 있었다.

5월 1일(목) 나는 모리아로 말을 타고 갔다. 12시 조금 후에 교회 근처에 있는 묘석에 서서 상당히 많은 사람들에게 "하나님을 알고 그의 보내심을 받은 예수 그리스도를 알라."고 간청하였다. 우리는 모리아의 백작 저택 맞은편에 있었는데 그 저택은 애란에서 내가 본 중에 제일 잘 지은 집이었다. 그 집은 언덕 위에 있었으며 정면에 큰 통로가 있었고 맞은 편 언덕에 있는 교회와 경계를 이루고 있었다. 다른 세 면은 과수원과 정원과 숲이었다.

1760년 9월 1일 ~ 1765년 2월 12일

제11장 ㅣ 커져가는 노고

9월 1일(월) 나는 콘월을 향해 출발하였다.

9월 8일(월) 성 아이베스에 왔을 때 나는 밖에서 설교하기로 정해져 있었다. 그러나 내가 서기로 생각하였던 곳은 너무 바람이 세차게 불어서 있을 수가 없었다. 그런데 그 근처에 좀 둘러싸인 곳이 있어 그곳으로 갔다. 그 한 끝에는 11, 12척 되는 높은 자연 암벽이 둘러 있고 그 아래에 땅이 평평하게 경사지어 있었다. 아래에서 4척쯤 되는 곳에 바위가 불쑥 나와 있어 강단으로 안성맞춤이었다. 여기에 그 도시 사람 거의 전부가 즉 빈부귀천 구별 없이 다 모여왔다. 토요일에는 북풍이 불어와서 나의 목소리가 안 들릴까 걱정하였다. 그러나 하나님은 모든 사람에게 들릴 수 있을 만한 강하고 분명한 목소리를 내게 주시었다.

9월 14일(주일) 나는 목장의 경사진 곳에 있는 넓은 땅을 택하였다. 회중은 줄을 지어 아래에서 위로 나란히 섰기 때문에 모든 사람은 귀로 듣는 동시에 눈으로 잘 보게도 되었다.

5시에 나는 성 아이베스에 있는 마당으로 갔다. 그 읍내의 몇몇 중요한 인물들은 이제는 변두리에 서 있지 않고 많은 사람 한복판에 있었다. 저 맑은 하늘, 노을 지는 저녁 해, 부드럽고 고요한 물결, 이 모든 것이 청중의 모습과 조화를 이루고 있다. 하나님을 대항할 만큼 굳은 것이 있을 수 있을까?

9월 20일(토) 저녁에 레드루스의 번화가에 자리를 잡았다. 가난한 사람과 부자들, 많은 사람들이 모여 조용히 들었다. 실로 거칠었던 읍이 영국에서 가장 조용한 읍이 된 셈이다.

9월 21일(주일) 나는 8시에 같은 곳에서 설교하였다. 1시에 맑고 따스한 날씨였으므로 가장 많은 회중이 모였다. 그러나 내가 그웬냅에서 설교하고 있을 동안에 비가 많이 왔다. 우리는 애찬회(Love-feast)로 하루의 일을 마치었는데, 그 자리에서 성 아이베스의 함석공인 제임스 로버트가 하나님께서 그의 영혼을 어떻게 다루셨는지를 말하였다.

그는 성 아이베스의 신도회의 최초 회원 중의 한 사람이었다. 얼마 후에 그는 옛 죄와 음주에 다시 빠지고 말았다. 2년간을 그렇게 돌아다녔다. 설교소를 쓰러뜨릴 때도 그는 앞장을 섰다. 그 후 에드워드 메이의 상점 앞에 그의 동료와 함께 서 있는데 한 설교자가 그곳을 지나갔다. 함께 있던 동료가 " '나는 메도디스트입니다.' 라고 말해 볼까?' 라고 하였다. "안 돼!" "네 말씨가 네 정체를 드러내고 말 거야."라며 에드워드가 말렸다. 그런데 제임스는 이 말이 찌르는 칼날처럼 느껴졌으며, '그래. 내 말이 지금 나의 근성을 드러내고 있구나.' 하고 생각하게 되었다. 그래서 그는 돌아서서 마치 사탄이 뒤밟아오는 것 같은 것을 느끼면서 집으로 달려 돌아왔다. 40시간 동안 한 잠도 자지 못하였고 먹지도 마시지도 못하였다. 그는 어쩔 수 없게 되었으며 창가에 가서 곧장 지옥으로 떨어져 버릴까 하고 있다가 "내가 네 불의를 자비로 대할 것이며, 너의 죄와 허물을 더 이상 기억하지 않으리라."는 말씀을 들었다. 그 순간 모든 무거운 짐은 사라져 버렸고 그때부터 여러 해 동안 복음에 합당한 길을 걸어왔다는 것이다.

10월 12일(주일) 나는 킹스우드에 있는 속회들을 방문하였다. 여기만이 아직 속회가 늘어나지 않았으며 그뿐 아니라 존 세닉이라는 악한 사람이 이상한 교리들을 퍼뜨려 가련한 사람들을 혼란에 빠뜨릴 징조가 보였다.

나는 신도회에 속한 부모들에게 그들의 자녀들을 오후에 브리스톨에 모이게 하라고 하였다. 그날 그들 중 30명이 왔으며 그 다음 주일과 목요일에는 50명 이상이 왔다. 이들 중의 절반가량으로 네 반을 만들었다. 남자 두 반과 여자 두 반으로 나누어 거기에 각각 적당한 지도자를 세우고 따로 만나게 하였다. 나는 1주에 2회 그들 전부를 만났다. 얼마 안 가서 하나님께서는 그들 중의 여러 사람들의 마음에 변화를 일으키기 시작하였다.

10월 22일(수) 근처의 신사들이 펜스포드에 오는 다음 번 설교자를 체포해 버리겠다고 하였다기에 그들과 회담하러 말을 타고 갔으나 아무도 나타나지 않았다. 여기에서 마침내 하나님의 말씀이 뿌리를 내릴 시기가 온 것으로 보인다.

10월 24일(금) 나는 노울에 있는 프랑스 포로들을 방문하여 대부분이 다시 헐벗은 것을 발견하였다. 다른 사람들도 배우게 되기를 바라면서 헌금을 모집하고 그 헌금으로 리넨과 조끼를 사서 제일 필요한 사람들에게 주라고 이야기해 두었다.

10월 25일(토) 조지 왕이 그의 조상들이 계신 곳으로 갔다. 언제 영국은 더 좋은 황태자를 맞게 될 것인가?

1761년 1월 20일(화) 얄마우스에 관하여 알아보았는데 이 도시는 크고 인구도 많은 도시이며, 죄악과 무지 두 면에서 영국의 어느 항구 도시보다도 이름난 곳이었다. 어떤 사람들이 그들을 회개시키려 노력해 보기도 하였으나 그것은 그들이 목숨을 걸고 반대하는바 되었다. 그러니 무엇을 더 할 수 있겠는가? 그래서 하나님께서는 지난여름에 거기에 연대를 주둔하게 하셨으며 하우엘 해리스는 그 부대의 한 장교였다. 그가 나가서 매일 밤 설교하였더니, 감히 아무도 그를 반대하지 못하였으며, 그런 과정을 통해 선한 씨가 뿌려졌다. 많은 사람들이 하나님을 찾게 자극을 받았으며 이제 그들 중의 몇이 나를 그곳에 오라고 간절한 마음으로 초청해 주었다. 그래서 오늘 오후에 방문하였으며 저녁에 설교하였다. 집은 차고 넘쳤으며 예상하였던 소요는 전혀 없었으며 모두 런던 사람들 같이 조용하였다.

2월 24일(화) 나는 레위샴으로 가서 신도 회원 명부를 옮겨 썼다. 현재로 더 선도할 수 없다고 생각되는 약 160명가량을 제명하였다. 현재 남아 있는 사람들은 2,375명이다.

3월 10일(화) 우리는 에베샴으로 말 타고 갔으며 거기서 나는 거의 아무것도 남지 않을 만큼 기울어져 가는 가련한 신도회의 상태를 발견하였다. 마터가 올 때까지 아무런 도움도 못 받았으니 그도 그럴 수밖에 없었다. 저녁에 나는 공회당에서 설교하였다. 이 시간과 새벽 다섯 시 집회에 하나님께서 말씀으로 역사하시어 많은 사람들이 그들에게 아직 남아 있는 믿음을 강하게 해 주시기를 소원하게 되었다.

5월 4일(월) 정오경에 올드 애버딘의 킹스 대학에서 산책하고 있었다. 옥스퍼드의 퀸즈 대학과 같이 깨끗하게 광장에 삼 면에 세워져 있었다. 강단을 보러 갔더니 많은 부인들과 몇 몇의 신사들이 있었다. 그들은 이쪽을 보면서 무엇인가 소곤거리더니 한 신사가 용기를 내어 내게로 다가왔다. 그는 말하기를 "우리는 어제 밤에 대학 구내에 갔으나 설교를 듣지 못하였습니다. 그러하오니 무슨 말씀이든 이제 좀 해 주시면 참으로 고맙겠습니다."라고 하였다. 하나님이 하시는 일은 측량할 수 없는 일이기에 곧 "하나님은 그리스도 안에 계시사 세상을 자기와 화목하게 하신다."는 데 대하여 전하였다. 오후에 마리샬 대학의 도서관을 보고 있으려니까 학장과 신학교수가 찾아왔다. 교수는 그의 주택으로 나를 초청해 주어 그곳에서 즐거운 한 시간을 보냈다. 저녁에 열심 있는 많은 사람들이 서로 발이 밟힐 정도로 모여 있었다. 그래 얼마 동안 좀 소란스러웠으나 마침내 한 마디 한 마디를 열심히 들었다. 설교 후에 (용무가 있어 이 도성에 왔었던) 아치볼드 그랜트 경이 이야기를 나누고 싶다고 사람을 보내왔으나 그때에는 갈 수 없었으므로 하나님의 허락을 기다려 에든버러에 돌아갈 때 들르겠다고 대답해 보냈다.

5월 5일(화) 나는 학장의 초대를 받아 그의 집에서 한 시간을 보내었다. 조금도 어색하지 않고 느낌이 좋으며, 넓은 학식과 좋은 풍채를 가진 사람이었다. 다른 모든 교수들도 모두 저녁 집회에 참석한 듯하였다. 모든 창문을 다 열어 놓았으나 강당은 목욕탕 같이 무더웠다.

5월 6일(수) 6시 반경에 대학 구내에서 십자가에 달리신 그리스도를 선포하였다.

6월 8일(월) 나는 말을 타고 산을 넘어 몇 해 동안 가지 못하였던 아란 데일로 갔다. 설교하고 신도회 회합을 가진 후에 다시 말을 타고 산맥을 넘어 11시 이전에 위어데일에 도착하였다.

6월 10일(수) 3시 반에 말을 타고 출발하여 바 나드 캐슬에 6시 조금 후에 도착하였다. 8시에 시가지에 접해 있는 마당에서 설교하였다. 이 사람들이 바로 몇 해 전에는 으르렁 대는 사자들과 같았던 사람들인가? 그들은 지금 조용하기가 어린 양 같으며 몇 차례 내린 소낙비도 내 설교가 끝날 때까지는 그들을 흩을 수가 없었다.

6월 23일(화) 저녁에 (휫비에서) 191단계나 올라갈 수 있는 언덕 정상에서 설교하였다.

6월 24일(수) 오래된 회당 주위를 둘러보았다. 그 크기와 (내 판단으로 길이가 100야드) 그 일의 기교에 있어 우리나라의 허물어진 사원 중에서 가장 훌륭한 것이 아니라면 적어도 가장 훌륭한 것 중의 하나임은 틀림없다. 여기서부터 우리는 로빈 후드 해안으로 말을 달려 부두 근처의 한 거리에서 6시부터 설교하였다. 그런데 설교 도중에 큰 고양이가 2층 방에서 쫓겨 나와 여자의 머리 위로 뛰어 내려와 많은 사람들의 머리와 어깨 위를 뛰어 옮겨 다녔으나 청중들은 나비들이 날아왔을 때와도 같이 한 사람도 움직이지 않았고 소리를 내지도 않았다.

6월 25일(목) 바람이 불어 뜨거운 햇빛을 좀 식혀 주어 스카보로우를 향해 유쾌한 여행을 할 수 있었다. 저녁에 밖에서 설교하기로 하였으나 천둥과 번개와 비 때문에 장애를 받아 할 수 없었다. 그러나 내가 발코니에 나가보니 그 아래에 수백 명이 모여 있었으며 심한 비가 내리는데도 내 설교가 끝날 때까지 꼼짝하지 않고 서 있었다.

7월 3일(금) 요크에 돌아와 성중에 있는 가련한 죄수를 방문해 달라는 부탁을 받았다. 나는 전에 '형평법 재판소 조례' 라는 괴물을 본 일이 있었는데 이번에는 그것과 흡사한 선언서라는 것을 보았다. 사실은 다음과 같다. 야무 근방에 살고 있던 한 사람이 브랜드 밀수입에 관련되었다. 그는 4파운드 정도의 할당을 받았다. 그 후 그는 그 나쁜 일에서 완전히 손을 끊고 자기 본직인 직조업으로 돌아간 후에 체포되어 요크의 감옥으로 송치되었다. 그리고 얼마 후에 그 선언서라는 것이 내려졌다. 즉 "쟈크 호는 런던 항에서 일반 브랜디와 짐 술을 밀수입하여 이것을 런던에서 매각하였다. 이에 따라 그는 폐하에게 벌금 577파운드의 빚을 지고 있다."는 것이다. 그래서 이 귀한 말을 하는 데에만 법관은 이중으로 도장이 찍힌 종이를 13, 14매나 쥐고 있었다.

오! 영국이여, 영국이여! 이 수치를 그대에게서 제해 버릴 수 없겠는가? 구교도, 터키인, 이방 나라에도 이런 일이 있을 수 있을까. 진리와 정의와 박애와 상식의 이름으로 나는 묻는다.

1. 왜 사람은 거짓을 위해 거짓을 말하는가? 거짓을 능란하게 말하기 위해 거짓말을 해 보는 것일까? 브랜디는 분명히 그곳에서 300마일이나 멀리 떨어진 곳에서 양조되었다는 것을 알고 있으면서도, 왜 런던 항에서 양조되었다고 말하지 않으면 안 되는가? 이는 진리를 전혀 우롱하고 있음을 나타내는 것이며 오히려 진리를 미워하고 있다고까지 생각할 수 있는 것이 아닐까!
2. 4파운드를 577파운드로 증대시키는 저의가 어디 있단 말인가?
3. 또 열 줄쯤으로 족한데도 불구하고 일부러 14매를 소비하는 어리석음에 상식의 유무를 의심치 않을 수 없다. 그렇게도 빈곤한 사람을 짓밟고, 그렇게도 빈곤한 사람들을 착취하고 거지같은 죄수를 괴롭히는데 어디에 박애라는 것이 있을까. 종이와 필기대가 한 장에 6펜스밖에 안 되는데도 그들이 그의 소유물 전부를 약탈하고 14구로트도 남기지 못

하게 하였다면 이야말로 저주받을 죄악이 아니겠는가?

7월 5일(주일) 요크에서 하나님의 하시는 일이 방해되는 한 가지는 야외 전도를 무시하는 일이라고 생각하였기 때문에 아침 8시에 성벽 근처의 공지에서 설교하였다. 많은 사람들이 달려와서 대부분이 잘 들어주었다. 다만 한두 사람이 분노하여 돌을 던지고 있었으나 아무도 상대해 주지 않았으므로 헛수고였다.

7월 12일(주일) 하우오스에서 설교하기로 약속이 되어 있었는데 사방에서 찾아온 사람들을 수용할 수가 없었으므로 그림쇼우가 창 밖에 발판을 매주었으므로 기도 후에 거기에 섰다. 그래서 사람들은 교회마당 쪽에서도 듣게 되었다. 오후에는 회중이 한층 더 많아졌다. 이 깊은 산골에서 하나님은 어떤 일을 성취해 주시려는지!

7월 13일(월) 5시경에 파디함에서 설교하였는데 사람들의 자세가 매우 좋지 않았다.

7월 19일(주일) 나는 8시에 버스탈 룸에서 설교하였다. 1시에 수천 명의 회중에게 설교하였는데 그들 대부분은 "하나님을 두려워하고, 의를 행하는 사람"들이었다. 나는 곧 오랜 고통 끝에 위대한 평안을 안고 죽은 매리 센트의 장례식 설교를 하기 위해 곧 리드로 말을 타고 갔다.
　나는 브리스톨에서 열리는 애찬회(사랑의 만찬)에 참석키 위해 급히 되돌아왔다. 그것은 이곳에서 처음 있는 일이었다. 많은 사람들은 내가 그들에게 "애찬회의 목적은 자유롭고 친숙한 대화이며 하나님의 영광을 위한 것이라면 무슨 이야기든 또 남녀 간에 차별 없이 누구나 다 말할 수 있는 자유가 있습니다."라고 말하였을 때 크게 놀래었다. 여러 사람들이 귀한 말들을 하였으며 불길은 이 사람의 가슴에서 저 사람의 가슴으로 번져갔다. 특히 한 사람이 참으로 단순한 마음으로, 아침 설교 시간(내가 원하노니 깨끗함을 받으라)에 하나님께서 역사하시사 자기 영혼을 자유하게 하신 일을 말하였을 때 그러하였다. 두 사람이 역시 같은 결과에 대하여 말하였고 다른 두 사람은 하나님과의 평화를 되찾았다고 말하였다. 우리는 기쁨으로 우리 영혼을 하나님 앞에 쏟아 놓았으며 그의 놀라우신 일을 인해 그를 찬미하였다.

8월 2일(주일) 나는 미단이 헥시에서 훌륭한 설교를 하여 흡족한 은혜를 입었다. 2시에는 웨스트우드 사이드에서 이 악스홀 군도에서 처음 본 많은 회중에게 설교하였으며 교회의 예배가 끝난 직후에 엡윌크로스에서 거의 같은 수의 회중에게 설교하였다.

8월 22일(토) 나는 런던으로 돌아왔다. 하나님의 역사가 이곳에서도 점점 확대되고 있음을 알게 되었다. 어느 곳에서나 회중의 수는 전보다 많아졌다.

9월 1일(화) 우리 회의가 시작되어 토요일에 끝났다. 런던에서 2주를 더 보낸 후에 설교자와 회중에게 다 같이 어느 한편으로 극단적으로 치우치지 말 것을 경계하였다. 20일 주일에 그 기백을 찾아가지고 21일 월요일 브리스톨로 왔다. 여기서도 역시 하나님의 역사가 상당히 확장되었음을 보았다.

1762년 1월 21일(주일) 뎁포드와 웰링 그리고 베노아크스에서 설교한 후에 화요일과 수요일에 턴브릿지 근방에 있는 토마스 란손 경 댁으로 말 타고 가서 6~7시 사이에 홀처럼 넓은 그의 응접실에서 설교하였다. 단순한 거기 사람들은 조심스레 들었으며 뿌려진 씨에 계속 물만 준다면 좋은 결실이 있을 것인데!

3월 12일(금) 런던에서도 국가적인 금식 행위를 신중하게 행하였다. 하나님께서는 당신이 세상을 다스리신다는 것을 인정하는 이 일을 분명히 기뻐하셨고, 한 나라의 외적인 겸양이었지만 이에 대해 외적인 복을 주실 것이다.

4월 2일(금) 그림쇼우가 영면한 것이 이때였다.

8월 4일(수) 우리는 리버풀로 말 타고 갔다. 거기서도 전에 보지 못하였던 하나님의 역사가 계심을 보았다. 저녁에 놀라운 수의 회중이 모였다. 그들은 하나님을 갈망하고 있었다. 이 일은 3월 하순경부터 시작되었으며 내가 도착하기 조금 전까지 계속 되어 있었다. 그래서 9명이 한 시간에 의롭다 하심을 받기도 하였다. 다음 날 아침에 나는 그들이 죄 씻음을 받았다고 믿는 이들을 개인별로 면담하였다. 그들은 51명이었는데 21명의 남자와 21명의 과부와 부인들, 그리고 젊은이와 어린이들이 9명이었다. 그들 중의 한 사람에게는 의롭다 하심을 받은 지 3주일 후에 변화가 왔으며, 세 사람에게는 의롭다 하심을 받은 지 3주일 후에 변화가 왔으며, 세 사람에게는 7일 후에, 하나에게는 5일 후에, 수스 루트윗치란 14세 된 이에게는 단 이틀 후에 그런 변화가 왔다. 내가 12세 된 한나 브레이크레이 양에게 "지금 너는 무엇을 원하니?"라고 물었더니 그녀의 볼에는 눈물이 흐르는데도 힘 있는 목소리로 "아무것도 원치 않습니다. 나의 주 예수님 밖에 더 원하는 것이 없습니다." 라고 대답하였다.

12월 31일(금) 나는 이 한 해의 고비에 서서 지난해를 돌이켜 보았다. 비상한 시련과 그 반면 비상한 복을 받은 한 해였다. 많은 사람들이 죄를 깨달았고 많은 사람들이 하나님과 화평을 얻게 되었다. 런던에서만도 200만 명 정도가 영광스러운 자유의 세계로 옮겨졌다. 나는 6개월 동안 지난 몇 해 동안에 당한 것보다 더 많은 수고를 감당하였다. 마지막이 어떠할지 알 수 없다. 다만 하나님께서 아시고 계시다는 것으로 충분하다.

1763년 1월 17일(월) 나는 레위샴으로 말 타고 가서 신도회 앞에서 "알 자세의 혁명"이라는 제목의 설교를 썼다.
신도회 회원의 명부를 정리하는 지루한 일에 3일을 소비하였다. 죄에서 구속되었던 자들 중 30명 정도가 그들의 형제에게서 떨어져나갔음을 알게 되었다. 그런 400명 이상의 같은 고백을 한 사람들은 전보다 더 굳게 연합되어 있었다.

5월 29일(주일) 7시에 에든버러의 고등학교 교정에서 설교하였다. 때는 마침 총회가 있는 때였으므로 목사들만이 아니라 오후 5시에 더욱 많은 사람들이 모였다. 내 생애 중에 이 이상 더 직설적인 이야기를 하였다고 노여움을 사리라고는 생각지 않는다. 이 점에 있어 스코틀랜드 사람들은 전 인류의 모범이라 말해도 좋으리라 생각한다.

6월 6일(월) 나는 버나드 성으로 말을 타고 가서 저녁에 그 수효에 있어서만이 아니라 그 진지함과 침착성에 있어서도 전에 그곳에서 전혀 볼 수 없었던 좋은 회중에게 설교하였다.
설교 후에 신도회 회합을 하려고 하였으나 많은 사람들이 더 듣기를 간절히 소원하였으므로 방에 들일 수 있을 만큼의 사람들을 다 받아들일 수밖에 없었다. 그리고 그날은 하나님의 능력의 날이었다. 그들은 모두 열렬한 기도로 하늘을 에워싸고 힘으로 하늘나라를 취하려는 것 같이 보였다.

6월 15일(수) 나는 말을 타고 동캐스터로 가서 10시에 야외에 서서 거센 듯하나 교양 있는 군중에게 "주를 만날 만한 때에 찾으라."고 권고하였다. 그리고 리드로 가서 큰 회중에게 "지금은 구원의 날이로다."라고 선포하였다.

6월 16일(목) 저녁 5시에 듀스베리에서 설교하고 17일(금)에는 맨체스터에 도착하였다. 여기에서 한 특기할 만한 사실을 알게 되었다. 콩글톤의 이름 높은 주정뱅이가 진흙투성이가 되어 가지고 누군가가 설교하고 있을 동안 그 반대편에 서 있으면서 늘 설교자를 조롱하고 또 욕하기도 하여 왔다. 어떤 날 밤에 그는 설교자가 도대체 무슨 말을 하는지 들어보자는 마음을 갖게 되었다. 그래서 그대로 하였다. 그런데 듣고 나니 그 일이 마음에 걸려 밤새도록 잠을 이루지 못하였으며, 아침이 되어서도 안심할 수가 없었으며

들에 나가도 안정되지 않기 때문에 마침내 메도디스트를 욕할 때 맞장구를 치던 동료의 집을 찾아갔다. 그는 그에게 있었던 일을 다 말하고 어떻게 하였으면 좋겠느냐고 물었다. 사무엘은 "그렇다면 가서 그들 속에 들어가는 수밖에 없지 않은가? 나는 아직껏 그렇게 고심해 본 일은 없었으나 함께 가자."고 말하였다. 그들은 지체치 않고 일을 실행하였다. 그래서 둘 다 신도회에 가입하였다. 그런데 얼마 안 가서 데이비드는 "괜한 일을 하였다. 또 술에 취한다든지 해서 신도회에서 축출 당할는지 알 수 없다."고 소리쳤다. 4일간 참고 견디다 5일 되던 날, 옛날 나쁜 친구의 꾐에 빠져 딱 한 병만 마시겠다고 시작한 것이 한 병 더 한 병 더하다가 끝내는 "여기 만취된 메도디스트가 있다."고 조롱당하게 되고 말았다.

　데이비드가 일어나 그 남자를 때려눕히고 의자 등을 던지기 시작하였다. 그는 다른 사람들을 집 밖으로 내어 쫓고, 여주인을 붙잡아 시궁창에 던져 버리고, 집으로 뛰어가서, 문을 두들겨 부셔 길에 던지고, 그런 다음 들판으로 뛰어가서 머리칼을 쥐어뜯으면서 땅 위에 뒹굴었다. 1, 2일 후에 애찬회가 있었는데 뒤쪽에 가만히 들어와 앉아 아무에게도 들키지 않으려 하였다. 퍼제가 기도드리고 있는 동안 그는 마음과 몸의 무서운 고통에 사로잡히게 되었다. 이로 인해 많은 사람들이 "하나님과 씨름"하게 되었다. 얼마를 지난 후 그는 일어서더니 양손을 벌리고 큰 목소리로 "나의 모든 죄는 용서되었습니다."라고 외쳤다. 같은 때에 반대쪽에 있던 사람이 "예수는 내 주, 그는 나의 모든 죄를 제거해 주셨도다."라고 외쳤다. 이 사람은 사무엘이다. 데이비드는 사람들을 헤치고 가서 두 팔로 그를 얼싸안고 "아, 마리아의 찬미를 부릅시다. 어쩐지 이제까지 그것을 노래할 수가 없었어요. 나의 영혼이 주를 존귀하게 여기오며 '나의 영이 나의 구주 하나님을 기뻐하나이다.'라는 말을 할 수가 없었습니다."라고 말하였다. 그리고 그때 이후의 행동은 그들의 고백이 진실이었음을 여실히 입증하는 것이었다는 이야기다.

　6월 20일(월) 정오경에 맥스필드에서 설교하였다. 나는 아직 몸이 좋지 않았고 완전히 회복되지 않았기 때문에 우리 형제들은 바스렘까지 마차를 타고 가라고 권고하였다. 4~5시 사이에 마차에서 내려서 말에 옮겨 탔다. 얼마 후에 우는 소리가 들려오기에 돌이켜 보니 마차가 뒤집혀 있는 것이 눈에 보였다. (차가 돌에 몹시 부딪혔기 때문에) 거의 원형을 알아볼 수 없을 정도로 부서져 있었다. 7시경에 바스렘에서 많은 사람들에게 설교하였다. 이 가난한 도자기공들은 4년 전에서 킹스우드의 광부들과 같이 무식하고 거친 사람들이었다.

주여! 당신은 참으로 당신의 진흙덩이 위에 그 능력을 미치셨나이다.

6월 24일(금) 일찍 말을 타고 오후에 다시 한 번 안전하게 런던으로 돌아왔다.

8월 25일(목) 요즘 나는 사도들과 같이 설교만 해 버리고, 각성한 사람들을 모아 하나님의 길로 걸어가게 지도해 주지도 않는다면 그것은 다만 아이를 낳아 살인자의 손에 맡김과 같다는 것을 전보다 더 확신하게 되었다. 펨브로크서에서 20년간이나 외치던 많은 설교는 대체 어찌된 것일까. 신도회도 없고, 훈련도 없고, 질서도 없고, 연락도 없다. 그래서 그 결과로 믿음을 가졌던 성도들이 전보다도 더 신앙이 약해졌다.

8월 27일(토) 7시에 스완시에서 100~200명에게 설교하였는데 선한 소망으로 가득한 사람들로 보였다. 그러나 그곳에 신도회가 없으므로 나는 깊고 긴 역사가 있으리라 기대하지 못한다.

누구든지 이 지역으로 오는 사람에게는 불같이 뜨거워야만 한다. 이 지역의 모든 사람들은 얼음과 같이 차갑기 때문이다. 그러나 하나님은 그들의 마음을 뜨겁게 하실 수 있으며, 메마른 땅에 강물이 흐르게 하실 수 있다.

9월 14일(수) 나는 바스에서 "오늘이 바로 구원의 날"이라는 제목으로 설교하였다.

9월 18일(주일) 프린세스 스트리트에서 아침에 많은 회중에게 설교하였다. 월요일 저녁에 "세상을 사랑치 말며, 세상에 있는 것을 사랑치 말라."는 준엄한 주의를 주었다. 이 일은 그들에게 큰 위험이다. 그들은 근면하고 절약하는 생활을 하기 때문에 자연히 자산이 늘게 된다. 이 일은 런던에서나 브리스톨에서나 또 많은 상업도시에서 나타나는 현상이다. 그들의 소유는 7배 정도가 되었고, 20배 내지 100배에까지 이른 사람들도 있었다. 그래서 이제 가장 크게 경계해야 할 일은 부(富)다. 그렇지 않으면 그들은 그것에 미혹되어 멸망하고 말 것이다.

10월 1일(토) 런던으로 돌아와 보니 나의 집은 수리하기 위해 대부분 헐려 있었다. 그러나 나에게 필요한 만큼은 남아 있었다. 밤이나 낮이나 6척 평방만 있으면 족하다.

12월 1일(금) 런던에 있는 동안 이 달과 그 다음 달의 모든 여가 시간을 우리 설교자들의 활동에 대해 읽고 어떤 반대가 있었는가를 살피고, 또는 사실에 있어서나 그 표현에 있어서 우리가 잘못 판단한 것이 있으면 고치는 일을 위해 보냈다.

1764년 2월 6일(월) 와핑에서 새 예배당을 창립하였다. 그곳은 깊은 주의를 기울이는 청중으로 채워졌다.

2월 16일(목) 목요일에 나는 다시 한 번 웨스트민스터 아베이의 묘석 사이를 진지하게 생각하며 걸어보았다. 이 어찌 무의미한 돌과 대리석의 쌓아 올림인가! 그러나 단 한 가지만은 우리의 상식을 나타내 주는 것이 있었다. 그것이 나이팅게일이 그의 아름다운 부인을 죽음에서 지키려는 아름다운 모습을 한 상이었다. 여기서만은 대리석도 무엇인가를 말하고 있는 듯하며 생명이 있는 것 같았다.

2월 24일(금) 나는 런던으로 돌아왔다. 29일(수)에 롯크에서 연주된 "쥬틸"이라는 종교음악을 들었다. 어떤 부분은 참으로 훌륭하였다. 그러나 나의 상식과는 도무지 일치할 수 없는 근대적인 부분이 있었다. 그것은 같은 말을 10회도 더 되풀이한 일이며, 또 한 가지는 다른 말을 각각 다른 사람이 동시에 노래하는 일이었다. 더구나 그것은 기도드린다든지 감사드린다든지 하는 하나님께 말씀 드리는 참으로 엄숙한 경우에 쓰였기 때문이었다. 이러한 방식은 현재의 이성이 말끔히 없어지지 않는 한 유럽의 음악이 이것을 택하지 않을 것이다.

2월 31일(토) 에베샴에서 2시간 반 가량 말을 타고 간 후에 우리는 한 작은 마을에 멈췄다. 우리는 온 집에 남긴 표식으로 한 남자가 부인을 때렸음을 쉬이 알아볼 수 있었다. 나는 그 때부터 그 부인에게 강하게 말하려고 때때로 들렀으며, 모든 고통당하는 이들을 위한 하나님의 손길에 대하여 말해주었다. 그것은 시기에 적절한 말씀인 듯하였다. 그녀는 감사하였을 뿐 아니라 깊이 감화된 듯하였다.

버밍햄에서 원래 극장이었다고 하는 집에서 많은 회중이 모였다. 우리나라 안에 모든 극장이 모두 그런 좋은 일을 위해 쓰이게 된다면 얼마나 행복하겠는가? 예배가 끝난 뒤에 군중이 밀려와서 나오는 사람들에게 진흙과 돌을 던졌다. 그러나 그들 중의 어떤 자는 벌써 옥사에 들어가 있으니까 다른 이들도 얼마 안 가서 조용해질 것이다. 다음 날 저녁에는 설교 도중에 방해를 해온 자들도 있었으나 모두 열심히 듣고 있었기 때문에 별 일이 아니었다.

3월 23일(금) 나는 닫드레이로 갔다. 이곳은 전에 사자의 굴과 같았던 것 같은데 이제는 브리스톨과 같이 얌전해졌다. 막 설교소가 세워졌던 것이다. 가득 차게 사람들이 모였다. 그러나 서로 이야기하는 사람은 없었고 도리어 많은 사람이 눈물짓고 말았다.

3월 31일(토) 로델함에서 아침 설교 도중에 재미있는 일이 있어났다. 진지한 사람들만의 집회였던 것은 다행한 일이었다. 그 일이란 바로 노새가 진지한 얼굴을 하고 문에서 들어와서 문 안으로 고개를 기웃거리다가 감동되었다는 듯이 가만히 듣고 있었다. "말 못하는 짐승"도 근신치 못하는 패거리들보다는 얼마나 더 잘 이해하는가를 보여 주는 일이 아닐까.

정오경에 (집이 너무 작아 사람들을 다 수용할 수 없었으므로) 돈 카스타교 근처의 마당에서 설교를 하고 있었다. 바람이 몹시 세차게 불었다. 그 때문에 인후를 앓게 되고 엡워스에 도착하였을 때는 거의 말소리를 낼 수 없을 정도였으나 무리를 하며 설교를 하였다. 그 때문에 거의 아무것도 말할 수 없게 되었다가 후에 다소 좋아졌다.

4월 2일(월) 하루 휴식을 취하였다. 여기서부터 우리는 한때 전국에서 가장 심하게 타락하였던 곳이었으나 이제 가장 생생한 곳으로 변화된 그림스비로 말을 타고 갔다.

저녁에 시장과 그 밖의 신사들이 모두 참석하였으며 우리 주님도 특별하신 은혜를 주시었다.

4월 5일(목) 11시경에 나는 엘샴에서 설교하였다. 여기서 제일 열심이고 활동적인 사람들은 한 신사의 문지기와 정원사였는데, 그들의 주인은 만일 그 일을 그치지 않는다면 쫓아내버리겠다고 위협하였다고 한다. 그는 일주일간의 생각할 여유를 주었는데 그들은 일주일이 끝나는 시간에 태연하게 "저 세상에 가서 한 방울의 물 없이 갈급하는 이보다는 이 세상에서 빵이 부족하여 찾게 되는 편을 택하겠습니다."라고 대답하였다. 그랬더니 주인은 "그렇다면 그대들의 양심을 따라가시오. 다만 내 집에서 맡은 일을 전과 같이 하기만 하면 되오." 라고 하였다.

4월 6일(금) 아침 9시와 저녁에는 훼리에서 설교하였고 정오에는 게인스보로우의 N.H경의 강당에서 설교하였다. 설교가 시작되자마자 새 한 마리가 내 머리 위에서 울기 시작하였으나 곧 밖으로 쫓아냈으며, 가난한 사람이나 부자나 모두 조용히 잘 경청하였다.

4월 8일(주일) 보통 길은 모두 물에 덮여 건널 수가 없었으나 돌아서 가는 길을 찾을 수 있었으므로 미스터톤을 향해 출발하였다. 8시에 설교하였는데 조심 없이 듣는 이는 하나도 없었다. 돌아가려고 말을 탔는데 너무 거칠게 갑자기 뛰어 나갔기 때문에 발이 문기둥에 걸렸으며 그 순간 뒤로 넘어졌다. 말은 내가 일어서서 다시 탈 때까지 가만히 서서 기다리고 있었다. 양편 모두 다친 데가 없어 다행이었다.

4월 10일(화) 바람이 멎었기 때문에 바톤에서 배를 탔는데, 별로 볼 수 없는 두 사람과 함께 탔다. 이제까지 듣지 못한 그런 모독적이고 부끄러운 말을 거침없이 하고 있었다. 우리는 처음에는 부드럽게 타일렀으나 아무런 효과도 없었다. 그래서 참을 수가 없어 심하게 꾸짖었더니 배가 헐에 닿을 때까지 근신하고 있었다. 예정보다 빠르게 5시에 설교를 시작하였다. 그 때문에 거기 와 있던 사람은 거의 다 방 안에 들일 수가 있었다. 설교를 들은 사람들 중에 그냥 돌아간 사람은 별로 없었던 것으로 믿는다.

5월 9일(수) 나는 이웃에 사는 F의 조찬 초대를 받았다. 나는 그를 잊었으나 그는 나를 기억하고 있었다. 나는 진지하고 감동적인 사람과 참 만족스러운 시간을 보냈다.

5월 18일(금) 나는 우리 신도회의 가장 영예스러운 회원인 금년 95세 혹 96세인 헨리 잭슨과 대화하는 중에 만족을 느꼈다. 그는 내 마음속에, 하나님의 부르심을 받기 몇 해 전에 그의 친구에게 늘 자주 "기억력은 쇠퇴하고, 이해력은 다 사라졌으나 그러나 나는 어느 때보다도 더 뜨거운 사랑을 가졌다고 생각한다."고 말한 뉴잉글랜드의 존경받던 위인 엘리엇을 생각하게 해 주었다.

6월 27일(수) 나는 오트레이로 말을 타고 갔다. 저녁에 큰 산 밑에서 많은 회중이 모였다. 아침 설교 후에는 죄에서 구원받았다고 믿는 사람들을 시험하였다.

7월 2일(월) 우리 중의 두 형제가 파산하였으므로 이에 대해 공정하게 듣고 조사하였다. 그런 사람들은 만일 그것이 그들 자신의 실수가 아니었음이 분명하게 드러나지 않는 한 속히 제명시켜 왔다. 그들은 양쪽 다 장사를 퍽 잘하여 번창의 길을 걸어왔으나 마침내 주식 중매업에 손을 대게 되었으며 이에 손대는 사람들은 거의 다 모든 소유를 잃게 되어 있었다.

7월 3일(화) 나는 잘 설명할 수 없는 기묘한 일을 생각하고 있다. 음악을 처음 들었을 때 비로소 음미하게 되는 것이다. 그런데 좀 더 완전히 습득하고 나면 이번에는 음미할 수 없게 되고 만다. 시도 같아서 상상의 대상이 되는 것은 모두 그런 것임을 보게 된다. 시의 구절도 처음에 들었을 때에는 조금 좋을 것 같아도 자주 듣고 있으면 별로 느끼지 못하게 된다. 더더구나 그것을 외워버리게 되면 아무런 느낌도 갖지 못하게 되고 만다. 노래든 그림이든 처음에는 별로 좋게 생각되지 않던 것이 친숙하지면 점점 더 재미있어진다. 그러나 그것도 어느 정도까지이지 너무 잘 알게 되면 아무런 기쁨도 갖지 못하게 된다. 실로 우리 주변에 있는 기계마저도 완전히 이해하지도 못하지 않는가?

7월 21일(토) 나는 위버햄프톤 근처의 빌브르크에 말을 타고 가서 2~3시 사이에 설교하였다. 거기서부터 우리는 나무와 언덕으로 에워싸인 참으로 아름다운 마을 메데레이로 말을 달렸다. 거기에서 오래된 메도디스트의 한 사람으로 자신을 부정하고 십자가를 지고 "진실한 크리스천"으로 삶을 살려는 결심을 갖고 있는 한 사람과 다시 한 번 이야기를 나눌 수 있었던 것은 즐거운 일이었다.

7월 22일(주일) 10시에 플레처가 기도서를 읽고 이어서 "나는 선한 목자다. 선한 목자는 그 양을 위하여 자기 목숨을 버리느니라."는 복음서의 말씀으로 내가 설교하였다. 교회에 모든 사람을 수용할 수가 없었으므로 강단 가까이의 창문을 떼어 놓았으며 이로 인해 교회마당에 서 있던 사람들까지도 잘 들을 수 있으리라고 생각한다. 오후 집회가 보통 아침보다 적다고 말하나 여기서는 수적으로나 그 열심으로나 조금도 다른 점을 찾아 볼 수 없었다.

7월 27일(금) 카마덴까지 아름다운 계곡과 무성하게 자란 나무로 덮인 언덕을 넘어 상쾌한 여행을 하였다. 조금 쉰 다음 펨브로크에 도착하였는데 예정 시간보다 좀 일렀다. 슈루스베리에서 로스 페어까지 손해를 본 여행길을 다 보충한 것은 아니었지만 그날 밤은 그곳에서 휴식하기로 하였다.

7월 31일(화) 그라몰간셔를 향해 출발하여 라안에 이르기까지의 5시간 정도는 준험하고 돌이 많은 산을 오르락내리락 하며 전진하였다. 거기서 참 순조롭게도 빨리 배가 준비되었으므로 란스테판의 도선장까지 갈 수 있었다. 그러나 그 도선장에서 물에 이르기까지 자칫 잘못하였다가는 진창 속으로 말려 들어갈 뻔한 위험도 있었다. 1~2시까지 사이에 키드웨리에 도착하였다. 7시간 동안 말을 타고 있었으니 그 동안에 칸마덴 쪽으로 돌아서 왔더라면 말도 사람도 좀 더 편하였을는지도 모르겠다. 도선장을 건넌다 해도 (좋은 길이 있다 하더라도) 별로 시간을 단축할 것 같이 보이지 않기 때문에 도선장을 건너지 않기로 하였다. 그러므로 이제까지의 곤란도 위험도 비용도 모두 손해를 입은 셈이다. 상식이 있는 사람들이 이런 경험을 맛보았다면 펨프로크에서 스완시로 갈 때는 반드시 칼마덴을 돌아서 가리라고 생각한다.

키드웨리의 한 친절한 사람이 모랫길을 가는 데 별다른 곤란이 없으리라고 말해 주기에 그의 말대로 말을 타고 가기로 하였다. 10분도 지나지 않아서 그곳 모래땅을 건너가는 사람들을 안내하고 있던 사람이 왔다. 그를 우리 안내자로 고용한 일이 참으로 다행한 일이었다. 그가 와 주지 않았더라면 십중팔구 우리는 모래에 파묻히고 말았을 것이다. 모래땅 전체는 적어도 10마일 이상이나 되었다. 그리고 곳곳 모래가 섞여 흐르는 작은 시내가 있었으나 우리 안내자는 지리를 잘 알고 있어 냇가를 피하고 다른 편에 있는 길을 찾아 그리로 인도하였다. 그의 도움으로 5~6시 사이에 퍽 피곤하였으나 고우어의 옥스위치에 도착하였다.

고우어는 동북으로는 브렉놀셔로 경계를 이루고 남서 방면은 바다로, 그리고 다른 면은 강으로 경계를 이룬 넓은 땅이나, 이곳 사람들은 모두 영어를 말하여 웰스에서 가장 솔직하고 사랑 많은 사람들이다. 그러므로 그들이 "말씀을 준비된 마음으로 받아들일 것"은 틀림없는 일이다.

그들이 상부로 또는 하부로 흩어져 살고 있음을 알기 때문에 나는 두 사람을 일요일에 선발대로 보내어 월요일 아침에 이곳에 도착하여 내가 왔다는 일을 사방으로 통지하라고 하였다. 그러나 그들은 우리가 도착하기 약 15분 전에서야 겨우 옥스위치에 도착하였다. 그래서 가련한 사람들에게 전혀 소식이 전해지지 않았으며, 우리를 도와줄 사람도 전혀 없었다. 또 설교자들이 늘 머무는 집은 (공회당 같은 것도 없었으므로) 읍에서 약 3마일이나 떨어진 곳에 있다는 것이다. 아침 식사 후에 아무것도 먹지 않았으므로 퍽 시장하여 무엇을 먹고 싶은 마음이 간절하였다. 그런데 그 여인은 짐이라는 술밖에 없다는 것이다. 그래서 조금 후에 다른 집으로 가서 차를 대접받고 기운을 차리게 되었다. 7시경에 소수의 사람에게 설교를 하였고 이튿날 아침에도 하였다. 그들은 비상한 열심을 갖고 귀 기울여 말씀을 들었으므로 참 적은 수효의 사람들이긴 하였으나 나의 노력은 헛되지 않으리라 생각하였다.

9월 30일(주일, 브리스톨) 저녁에 신도 회원 전원이 모여 리처드 아레이네가 권고해 준 형태로, 하나님 앞에서의 서약을 모두 함께 새롭게 하였으며, 그러는 동안 많은 사람들은 하나님께서 함께 계심을 느끼게 되었다. 그날은 잊을 수 없는 하나님의 능력의 날이었다.

10월 7일(주일) 나는 아침에 스노우필드에서 설교하였고 후에 웨스트 스트리트에서 하였다. 우리는 주의 만찬 자리에서 바위들이 가루로 부서지는 영광스러운 자리를 가졌다. 5시에 나는 모아필드에서 큰 무리에게 "너희는 믿음을 통하여 구원받았다." 는 제목으로 설교하였다.

11월 4일(주일) 나는 신도회를 돕고 있는 지도자들을 모아놓고 그들의 다액의 부채에 대한 방침을 변경함이 어떠하냐고 제안하였다. 그들 중의 한 사람은 "우리 자신의 빚을 먼저 갚아야 하지 않겠습니까?" 라고 질문하였다. 그러나 여러 면으로 협의한 결과 신도회의 부채를 갚기로 결정하였다. 런던 신도회의 부채는 주로 예배당과 설교소를 수리한다든가, 와핑과 스노우필드에 건축을 하였기에 900파운드 정도의 빚을 갖게 되었다. 저녁에 신도 회원들이 모였으며, 그 일을 위해 힘쓰고, 현재 드릴 수 있는 헌금을 드리는 동시에 1월 2월과 3월의 3개월간에 할 수 있는 헌금액을 예약해 주기를 요청하였다.

11월 5일(월, 런던에서) 여가 시간을 이용하여 독신생활에 대한 현재의 생각을 써 보았다. 역시 30년 동안 변함이 없었으며, 내가 성서를 버리지 않는 한 변하지 않으리라 생각한다.

11월 8일(목) 10시에 (매일같이) 도시 안에 있는 모든 설교자들과 만났으며, 그와 함께 「창조에 있어서 하나님의 지혜에 관한 연구」를 읽었다. 내가 대학에서 많은 학생들을 가르쳤고 그들을 위해 고통도 겪었는데 결과는 무엇이냐? 그들이 지금 무엇이 되었는가? 지금 몇 학생이나 옛 스승이나 하나님을 생각하고 있을까? 그러나 하나님은 축복해 주셨다. 내게 나의 수고에 대해 보답해 온 몇 학생이 있다. 이제 "주안에서 굳건히 서라는 말씀으로 나는 산다."

11월 19일(월) 이 주간 매일 오후에 도시 각 방면에 살고 있는 우리 신도회의 중요 인물들을 찾아다니는 십자가를 졌다. 이런 방법으로 6일 내에

600파운드의 돈이 우리 공채를 갚기 위한 기금으로 예약되었다. 그리고 이 모든 것을 참으로 기쁜 마음으로 바쳤다. 그러나 한 신사가 피를 짜내듯 10 실링을 억지로 낸 그런 한 예외가 있었음을 기억한다.

12월 31일(월) 좀 다른 실험을 해 보는 것도 무가치한 일은 아니라고 생각 하였다. 에든버러에서 사자가 음악을 참 좋아하는 것을 생각하게 되어 모든 같은 종류의 동물들이 그러한지 아닌지 시험해 보기로 하였다. 그래서 나는 독일 피리를 잘 부는 사람들과 함께 탑으로 갔다. 그가 네댓 마리의 사자 곁 에서 피리를 불기 시작하니까 한 마리가 (다른 것들은 무관심한데도) 일어나서 우리에게로 오더니 주의 깊게 듣는 것 같았다. 그런데 얼마 안 되어 호랑이 가 일어나서 오더니 사자의 등을 타고 넘고 또 배 밑으로 기어 나와서는 또 등을 타고 넘는 일을 계속하며 뛰어 다녔다. 이것을 단지 기계론만으로 설 명할 수 있을 것인가? 대체 이 일을 어떻게 무엇이라고 설명할 수 있겠는가?

1765년 1월 20일(주일) 금주의 여가 시간을 편지를 정리하는 데 들였다. 많은 것을 태워버렸다. 남겨진 것 중에 어떤 것들은 내가 죽은 후에 빛을 보 게 될지도 모른다.

2월 13일(수) 마단의 그풀에서 공연된 '롯'의 오라토리오를 들었다. 느낌 은 전편을 통하여 가상한 것이었으며 시도 좋은 편이었다. 시가 절묘한 음 악과 함께 어우러졌으니 아마도 저 부자들과 영예로운 죄인들에게까지도 깊은 인상을 주었을 것이다.

제12장 ⌐ 신도회들을 돌아보며

8월 14일(수) 나는 저녁에 리즈에서 설교하고 다음 날 아침에 허더스필드로 말 타고 갔다. 벤이 주일에 있을 나의 설교에 대해 통지를 해 왔으며, 많은 회중이 모였다. 여기서 맨체스터로 더운 여행을 하였다.

10월 18일(수) 나는 프리마우스 독크를 향해 출발하였다. 독크에 있는 신도회는 얼마 동안 비참한 상태에 있었다. 논쟁이 커지고 각자의 칼을 서로의 형제를 향하여 겨누고 있었다. 나는 그들에게 사탄이 얼마나 그들을 갖기 원하였기에 그들을 밀을 체에 치듯 하고 있는지를 보여 주었다. 후에 그들에게 말해 주기를 그들이 취할 한 가지 길이 있는데 그것은 전적으로 잊어버리는 길뿐이라고 하였다. 즉 어느 쪽에서든지 말해 오거나 해 오던 일들을 어떤 구실 하에서든지 다시는 말해서는 안 된다는 것이다. 그들은 진심으로 그리하기로 결심하였다. 만일 그들이 결정을 그대로 지켜나간다면 하나님은 그들에게로 돌아오실 것이다.

10월 21일(월) 나는 새리스베리까지 마차를 타고 갔으며 24일 목요일에 런던에 도착하였다. 28일 월요일에 나는 휫필드와 아침 식사를 함께 하였다. 아직 50세도 안 되었을 터인데 주님의 일을 퍽 많이 하였기에 저렇게 노쇠해지고 마른 것 같다. 이에 비해 내가 63세인데 어디 한 곳 나빠지지도 않았고 약해지지도 않았으며 아픈 곳도 없고 25세 때에 비교하여 치아 수가 좀 줄은 일과 백발이 늘어났다는 일 이외에 별로 변한 것이 없다는 것은 감사할 수밖에 없다.

12월 3일(화) 바로 가서 그곳의 작은 단체가 지난 몇 해보다는 훨씬 잘 단결되어 있는 것을 발견하였다. 몇몇 사람들의 왕의 것을 훔치고 있는 동안은 모래밭을 쟁기질 하는 것 같았으나 그들이 그 "오른손을 잘라 버린" 때부터 하나님의 말씀은 그들의 마음속 깊이 잠겨 들어갔다.

12월 5일(목) 훼바샴까지 말 타고 되돌아갔다. 여기서 나는 이곳 폭도들과 도성의 유력자들이 짝지어 메도디스트를 추방하겠다고 말하였다는 급보에 접하였다. 설교한 후에 나는 롤벤덴의 판사들이 한 일들을 말하고 또 그들이 만일에 메도디스트의 사람들을 간섭하지 아니하였다면 그 수백 파운드의 손해를 입지 않았을 것임을 이야기하였다. "우리 쪽에는 하나님과 법률이 함께 있으니까 만일 온당한 방법으로 해결된다면 대단히 기쁜 일이겠지만 그렇게 되지 않는다면 어떤 방법을 써서라도 평화를 얻어야겠다."고 잘라 말하였다.

12월 18일(수) 시내를 말을 타고 가고 있는데 말이 그만 넘어지면서 발이 말 아래로 깔리게 되었다. 어떤 신사가 뛰어나와 나를 도와 꺼내 주었으며 그의 상점으로 데리고 갔다. 퍽 심하게 다쳤으나 정신을 차리는 데 좋은 약과 물을 받아먹고 나니 기운이 났다. 몇 분간 쉰 다음 마차에 탔다. 추위를 느끼게 되었을 때 퍽 몸이 좋지 않은 것을 알게 되었다. 오른팔과 가슴과 발과 발목에 심한 타박상을 입어 매우 많이 부어 있었다. 그렇지만 쇼오함까지 가서 하루에 두 차례나 당밀을 발랐으므로 아픔도 가셔지고 기운도 다소 회복되어 조금은 걸을 수 있게 되었다. 하나님의 말씀은 여기에서도 열매를 맺고 있었다. 21일(토)에는 아직 말을 탈 수 없었으므로 마차를 타고 런던으로 돌아왔다.

12월 22일(주일) 웨스트 스트리트에서 예배를 모두 집회하기에는 아직 체력이 모자랐다. 그러나 하나님은 이를 위해서도 준비해 주셨다. 그리스는 마침 안수를 받은 분이었는데 그가 곧장 예배당으로 와서 내가 원하는 것을 도와주었다.

12월 26일(목) 만일 수일간 휴식할 수 있다면 좋겠다는 생각은 드나 이 바쁜 계절에 그런 일은 바랄 수 없는 일이다. 그러나 조석으로 전기 치료를 가하여 조금씩이기는 하지만 저는 발이 낫고 있다.

1766년 1월 31일(금) 휫필드가 나를 찾아왔다. 그는 평안과 사랑만을 호흡하고 있다. 편협한 신앙은 그 앞에서는 견디지 못하며 그가 가는 곳 어디서나 그 머리를 감추고 만다.

2월 5일(수, 런던) 상당히 많은 재산을 사기에 걸려 잃어버리고 오늘의 양식에도 곤란을 느끼게 된 사람이 찾아왔다. 나는 그에게 옷을 입히고 고향까지 보내주고 싶었다. 그러나 돈이 모자랐다. 한 시간쯤 후에 다시 찾아오라고 일렀더니 그는 그대로 다시 찾아왔다. 그런데 그 바로 전에 내가 전혀 예기치 않았던 사람이 20귀니아(21파운드)를 보내왔다. 그것으로 그의 머리 끝에서 발끝까지 의복을 입도록 해 주고 그를 곧 더블린까지 보내주었다.

4월 7일(월) 와링톤에서 정오경에 빈한한 사람과 부자, 교양이 있는 사람과 없는 사람 등 다수를 향해 설교하였다. 나는 이만큼 분명하게 말한 일도 또 청중들이 이만큼 잘 들어준 일도 이제까지 경험하지 못하였다. 거기서부터 리버풀로 가서 신도회를 정리하였는데 그 일은 참으로 필요한 일이었다.

4월 10일(목) 최근 여기에서 만들어진 조례를 보았다. 거기에서 내가 눈여겨보게 된 점은 1) 3매의 양피에 쓰여 있기 때문에 아무리 싸도 6귀니아는 들었을 것이다. 그런데 우리가 원래 가진 것은 어떤 친구가 베껴준 것이기에 6실링 밖에 들지 않았다. 2) 거기 쓰인 용어가 상식과 이성으로는 생각할 수 없는 것들이었으며 의미가 모호하기 때문에 겨우 그 한 줄의 글을 가지고도 법정에서 12년간이라도 다툴 수 있는 재료를 제공하고 있다. 3) 내가 특히 반대하고 있는 집회소라는 이름을 여러 집에 대해 쓰고 있는 일, 4) 간사의 임명에 대해서까지도 나도 나의 조수들도 하등의 권한을 갖지 못한다는 일, 5) 또 나도 회의도 같은 설교자를 2년간 계속해서 파송할 권한이 없다는 일, 그리고 이 모든 일보다 더한 것은 6) 설교자가 연회에서 임명되지 않는다면 교회의 임원회와 교인들이 다수결로 정해도 좋다는 것이다. 메도디스트의 장정을 뿌리에서 뒤집어엎는 이 조례를 내가 싫어한다고 이를 이상하게 여길 사람이 있을까?

조금이라도 나를 생각하고 우리의 조직을 염두에 두는 사람이, 이런 조례를 변경하는 데 다소라도 주저한다면 이는 이상스러운 일이 아니겠는가?

　5월 26일(월)　나는 국회에서 몇 시간을 보내었다. 나는 이 회의의 신성함을 극구 찬양한 횟필드와는 같은 마음을 가질 수 없다. 나는 신성한 것을 별로 보지 못하였으며 오히려 여러 국회의원들의 태도를 보고 큰 충격을 받았다. 어떤 설교자이든 그가 우리 회의에서 저와 같은 태도를 갖는다면 그는 우리 회의에 더 머물러 있을 수 없게 될 것이다.

　6월 24일(화)　8시 전에 담프리이스에 도착하여 만조가 되기 전에 솔웨이 강 입구까지 이르고자 생각하여 쉴 새도 없이 전진하였다. 강 입구 곁에 있는 여관으로 가는 길을 물었더니 큰 거리에서 좀 떨어진 곳의 앞쪽에 보이는 집으로 가라고 해서 그리로 갔다. 10분쯤 지난 뒤에 던칸 라이트가 진흙탕 속으로 떨어졌다. 그러나 말이 뛰어 올라와 무사히 통과하였다. 나는 돌아서려 하였으나 던칸이 좀 왼편으로 가서 걸어가면 되리라고 하기에 그대로 하였더니 갑자기 나의 말의 등까지 빠져 들어갔다. 말은 두 번이나 뛰어오르려 하였으나 두 번 다 떨어져 점점 더 깊이 빠져 들어갔다. 세 번째에는 겨우 나를 내던지며 말도 함께 올라올 수가 있었다. 나는 머리끝에서 발끝까지 가늘고 부드러운 진흙으로 뒤덮였으나 감사하게도 조금도 상하지는 않았다. 그러나 7시나 8시까지에는 강을 건널 수 없다는 것이었다. 어떤 친절한 사람이 모래땅을 건너 스킬바네스까지 인도해 주었다. 거기에서 작으나 깨끗한 집을 찾아 편안하게 하룻밤을 지낼 수 있었다.

　6월 25일(수)　우리는 화이트 헤븐으로 말을 달리었다. 여기서 그 주의 남은 날을 보내었다. 29일 주일에 아이들과 만나기로 약속하였고 아트레이에게 오는 시간에 아이들을 만나려고 하였다.

　7월 19일(토)　베일돈 교회에는 청중을 모두 수용할 수 없을 것 같았으므로 아침이나 저녁에나 기도가 끝난 후 곧 뜰로 나왔다. 바람이 강하여 언제나 얼굴에 강하게 불었으나 모든 사람들에게 내 목소리가 잘 들렸을 것이다. 브래드포드에서는 청중이 매우 많았는데 비 소리가 요란해서 구석에 있었던 사람들에게는 좀 듣기 어려웠을지도 모르겠다. 그들은 새로운 설교소를 건축하였는데 사방 54척의 커다란 8각 건물이며 영국에 있는 이런 유의 건물 중에 가장 큰 것이다. 특히 그 높이가 폭의 3분의 1밖에 안 되는 상식적으로 세워진 최초의 지붕이다. 아주 탄탄하며 벽을 헤치지도 않는다. 왜 바깥 지붕을 높이 하지 않으면 안 되는가? 그것은 단지 건축가들의 기술이 모자라거나, 정직성이 모자라기 때문이다.

7월 29일(화) 저녁에 파디함의 설교소 근처에서 설교하였다. 설교가 끝날 무렵에 M이 왔다. 그의 너무나 길고 흰 턱수염은 그의 어지러운 마음이 아직도 계속되고 있음을 보여 주고 있다. 다른 모든 점에 있어서 그는 보통 상태였는데, 마침내 그는 걱정스러운 모습으로 "턱수염 없이는 천국에 들어갈 수 없습니다. 그러니 당신도 빨리 기르시오." 라고 나에게 말하였다.

8월 12일(화) 우리 회의가 시작되어 금요일 저녁에 끝났다. 우리가 이제까지 갖지 못하였던 행복한 회의였으며, 유익한 것이었다.

8월 30일(토) 스톨브릿지에 말 타고 갔는데 이 도성은 오랫동안 수치를 모르는 폭도들이 유지들의 응원을 받고 조용한 근처 사람들을 모욕하는 전투장이었다. 왜 그렇게 하였는가? 그들이 미치광이며 메도디스트들이었기 때문이라는 것이다. 그래서 그들이 본심으로 돌아오게 하기 위해서는 그들의 머리를 때려 부수지 않으면 안 된다며 폭도들은 메도디스트들의 창문을 두드려 부숴 완전한 창이 하나도 없게 만들었다.
그리고 거리에 나타나면 언제나 그들에게 진흙이나 썩은 달걀이나 또는 돌을 던지는 것이었다. 판사가 종종 손을 썼는데도 아무리 해도 공평을 보전할 수가 없었다. 마침내 메도디스트의 사람들이 나에게 편지를 보내왔다.

거기서 나는 변호사에게 명하여 폭행자들에게 통지를 내도록 하였다. 그러나 그것도 별로 효과가 없었다. 그래서 이번에는 재판소에 요청을 하였다. 여러 면으로 진압하기 위하여 방법을 써서 18개월에 이르렀다. 하는 수 없이 그들이 유죄인 것이 드러나면 무거운 법은 가하기로 되었다. 그때 이후 메도디스트를 위해서도 법률이 정해졌기 때문에 그들은 겨우 떠들지 않게 되었다.

나는 중심가에서 설교하였으나 많은 사람들이 잘 들어주었으며 아무런 방해도 받지 않았다.

9월 1일(월) 나는 프리마우스 독크에 왔다. 이전에는 큰 폭풍이 있던 곳이었으나 이제는 고요해졌다.

9월 4일(목) 정오에 나는 트루로에서 설교하였다. 워커가 죽었을 때 소위 그의 사람들이라 불린 사람들이 가졌던 적대감도 함께 죽었으리라 기대하였다. 그러나 사실은 그와 정반대였다. 그들은 아직도 우리를 으뜸가는 이단들로 보고 있으며 우리와 교제를 갖지 않으려 하였다.

9월 5일(금) 헬스톤 근처에서 설교하였는데 사람들이 퍽 많이 모였으며, 진지하였다. 참으로 놀라운 변화가 이곳에서도 일어났다. 몇 해 전만 하여도 메도디스트 설교자들은 다만 거리를 지나가기만 하여도 돌팔매 세례를 받았던 곳이었다.

9월 12일(금) 성 힐라리에 말을 타고 가서 새 집 근처에서 "잠든 자여 깨어라!"라는 제목으로 설교하였다. 숙소로 돌아갈 때, 몹시 어두웠으므로 말이 주석 광산의 갱도로 들어가려 하였는데, 한 친절한 사람이 와서 말머리를 잡아 좋은 길로 인도해 주었다.

9월 23일(화) 11시에 리샴그린에서 많은 진지한 회중에게 설교하였다. 내가 설교를 끝냈을 때 한 사제가 평신도 설교자에게 관한 일로 논설을 펴며 사람들을 선동하기 시작하였다. 바로 그 순간 심한 소나기가 내려 사람들은 그를 홀로 남겨 두고 모두 다 가버렸다. 그러나 오후에는 날씨가 활짝 개어 우리는 브리스톨로 기분 좋게 말을 달렸다.

10월 31일(금) 런던에 가서 레이톤스톤으로 급히 가야함을 알고 서둘러 갔으나 너무 늦었었다. 미스 레우엔이 5일간 병으로 고생한 후 바로 그 전날 죽었다. 그녀가 죽기 몇 시간 전에 다음 같은 좋은 고백으로 그녀의 믿음을 간증하였다.

육의 마지막 고뇌가 끝났으며
잔혹한 죄도 이제는 다 없어졌네

잠시 후에 그녀는 힘써 부르짖기를 "주님이 보이지 않습니까? 저기 주님이 계십니다! 영광! 영광! 영광! 나는 주님과 함께 있으렵니다. 영원히! 영원히! 영원히!"라고 하였다.

1767년 8월 6일(목) 뉴캐슬에 도착하였다. 8일 토요일에 뉴잉글랜드의 휘테이커의 요청으로 설교한 후에 아메리카의 인디언 학교를 위해 헌금을 거두었다. 상당히 많은 돈이 거두어지기는 하였으나 돈이 이방인을 개종시킬 수 있을까? 데이비드 브레이너즈와 같은 선교열정을 가진 설교자를 찾아야만 하겠다. 이 일 없이 금과 은이 무슨 일을 한단 말인가? 그것들은 단지 납과 쇠일 뿐이다. 그것들은 수많은 사람들을 지옥으로 보내었으나 한 영혼도 천국으로 보내지는 못하였다.

8월 18일(화) 나는 우리 제자들과 설교자들 중에 선택된 이들과 회의를 하였다. 목요일과 금요일에는 우리 회원들에게 휫필드와 하우엘 해리스 그리고 많은 간사들과 지방 설교자들이 합류되었다. 사랑과 조화가 시종 회의의 분위기를 지배하고 있었으나, 우리에게는 더욱 더 사랑과 거룩함이 필요하며, 그것을 위해 우리는 "주여! 우리 믿음을 더 하소서!"라고 기도드렸다.

9월 25일(금) 프레시포드에서 설교해 달라는 의뢰를 받았으나 그 집에 살고 있던 "참 이스라엘 사람"이었던 요셉 알라딘이 전날에 천연두로 죽었기 때문에 아무도 거기로 모이려 하지 않았다. 그래서 교회 뜰 가까이에 책상을 놓았다. 내가 설교를 시작하자마자 근처에 있는 신사의 계략으로 교회의 종이 울리기 시작하였다. 그러나 그 사람의 기대는 빗나갔으며 내 목소리가 더 커서 이겼고 모였던 사람들은 모두 분명하게 들을 수 없었던 귀머거리가 이웃 사람에게 말하기를 자기는 처음부터 끝까지 설교를 잘 들을 수 있었다고 말하였다는 것이다.

9월 26일(토) 12시와 1시 사이에 브랙웰 부인이 사경에 이르렀다는 소식을 들었다. 더 지체할 수 없다고 판단되기에 1시에 브리스톨을 떠나 일요일 아침 7시경에 런던에 도착하였다. 거기서 그녀의 병세가 호전되어간다는 것을 알게 되어 나는 채플에서 설교하고 성찬식을 집례한 후 레위샴으로 급히 가서 헌금을 하였다. 잠시 후에 다시 역마차를 타고 월요일 정오경에 브리스톨로 왔다.

9월 30일(수) 나는 레드크리프 힐에서 진지하게 듣는 많은 회중에게 설교하였다. 이것이 바로 사탄의 왕국을 뒤집어엎는 길이다. 다른 어떤 방법보다도 야외 설교를 통하여 하나님께서는 하나님을 찾지 않은 사람들을 찾으신다. 이 길을 통해서 그들의 귀에 죽음, 천국 그리고 지옥 등에 대한 말이 들리게 되는데 그렇지 않으면 그들의 심령은 "이런 일에 대하여 도무지 관심을 두지 않을 것이다."

11월 23일(월) 캔터베리로 가서 필경 보난빌리어스 백작이 쓴 것으로 여겨지는 마호메트의 전기를 보았다. 그것의 저자가 누구였든 간에 그는 참으로 버릇없고, 천박하며, 교만하고 멋만 부리는 사람이었으며, 대담한 점과 그리스도를 멸시하고 있다는 것 밖에는 별로 눈에 띄는 것도 없다. 책은 읽기도 지루하고, 아무런 역사적인 근거도 없는 것이며 자기 자신도 알지 못하는 로맨스다. 이에 반하여 딘 프리더욱(그보다는 열 배는 지혜로운)은 모든 설에 대하여 반드시 하나하나 역사적인 근거를 들고 있다.

이 주간은 매일 밤 놀위치에서 설교하였다. 우리 신도회의 오랜 회원 한 사람이 1년 전에 신도회를 떠났으며 그때 이후 다시 설교를 듣지 않았다. 왜냐면 링컨이 말하기를 "웨슬리 씨와 그의 추종자들은 모두 다 함께 지옥에 떨어진 것이다."라고 하였기 때문이었다. 그런데 화요일 밤에 그는 모험하듯 우리의 집으로 찾아왔으며 하나님은 그를 그곳에서 만나셨고 그의 아드님을 그의 심령에 보여 주시었다.

1768년 1월 4일(월) 다소 여가가 있기에 프리스 토레이 박사의 전기의 신기한 일들을 모아 잘 알 수 있게 기록하였다. 그러나 이것이 전체인가라고 생각하니 좀 적은 듯하다. 사실상 우리는 전기의 용법을 잘 알고 있으며 어떤 선까지는 퍽 많이 응용하고 있다. 나는 그것만으로도 100종류의 약에 견줄 만한 것을 알고 있다. 이제까지 발견된 여러 가지 신경병에 잘 듣는 듯하다. 그런데도 그 이론에 관해서는 거의 아무것도 알지 못한다. 우리는 곧 "열매 없는 연구에 헛되이 맴돌게" 된다.

1월 11일(월) 금주에는 나의 토막 시간들을 드로우스의 「스코틀랜드 교회 수난사」를 읽으며 보냈다. 박해가 믿음을 덮어버리는 때도 있을 것이다. 그러나 여러 증인들(수난자들)은 예외 없이 언젠가는 승리가 주어짐을 말해 주고 있다. 호인이라 부름 받는 찰스 2세는 참으로 축복받은 정치가였다. "피비린내 나는 메리 여왕"과 같은 이도 그에게 비하면 어린 양이고 단지 비둘기에 불과하였다.

2월 8일(월) 나는 "코헤레스" 또는 "전도자"라는 제목의 놀라운 시를 읽었다. 그것은 전도서를 퍽 좋은 말들로 의역한 것이다. 나는 사실 이 저자(터키의 상인)가 고금의 어느 학자보다도 난해한 구절을 알기 쉽게 표현하는 법과 전체의 관계를 연결 지어 이해하는 데 있어서 월등하였다고 생각한다. 그는 리스본에서 대지진이 있었을 때 잠옷을 입고 슬리퍼를 신고 있었다. 의복을 바꿔 입고 있는 사이에 집의 일부가 쓰러져 그는 나갈 수가 없게 되었다. 그 때문에 그의 생명은 구출되었으며 뛰쳐나갔던 사람들은 마구 쓰러지는 집에 눌려 죽고 말았다는 것이다.

3월 14일(월) 북방여행을 시작하였다. 15일 화요일 정오경에 패인스익에서 설교하였다. 폭도들이 상당한 시간 동안 떠들며 방해하였다. 그러나 친절한 읍장이 주선해 주어 사람들의 야성을 진정시켰다. 어느 곳의 장관이든지 하고자만 한다면 이만큼은 할 수 있는 것이다. 그러므로 소동이 계속되는 때는 그 책임을 오합지졸들에게 돌릴 것이 아니라 장관에게 있다고 생각하여야 할 일이다.

3월 16일(수) 9시경 첼텐함에서 설교하였다. 거기서는 교구장과 아나뱁티스트(재침례교회)의 목사가 뒤에서 선동하여 소요를 일으키려 하였으나 청중은 아주 조용해서 참 기분 좋게 설교할 수 있다. 양편에서 모든 힘을 다해서 결국 나팔을 불게까지 하였으나 청중을 귀를 기울이지 않았다. 월세스터에서는 어디서 설교할 것이냐 하는 것이 큰 문제였다. 사람들을 다 들어가게 할 방이 없으며 그렇다고 밖에 세워 두기에는 날씨가 너무 차가웠다. 그래서 우리는 그 도시 교회에 살고 있으며 교회보다 큰 골목 창고를 가진 친구를 찾아갔다. 여기에서 부족한 것은 넓은 집인데 하나님께서는 이것도 갖추어 주시지 아니하시겠는가?

3월 18일(금) 팹월스의 목사가 일요일에 교회에서 광고하기를 내가 금요일에 거기서 설교할 것이라고 하였다. 그런데 교구의 대지주가 "그런 일은 법규에 위배되니 할 수 없다."고 말하였다는 것이다 (현명하신 대지주여!). 그래서 거기서부터 1마일이나 떨어진 이덴의 집 곁에 있는 브로드 말스톤에서 설교하였다.

3월 19일(토) 우리는 버밍함으로 갔다. 오랫동안 계속하던 반대자들도 단호한 조치로 마침내 자취를 감추고 말았다. 설교를 마친 뒤에 107세나 되었다는 옛 시대의 신앙 깊은 사람의 전형이라고 할 수 있는 사람과 대담할 수 있어서 기뻤다. 그는 걸어서 설교를 들으러 오며 느낌도 이해력도 좋았다. 그러나 그가 영원한 세계에 눈을 뜰 때는 100년의 생애도 잠깐의 꿈과 같이 생각될 뿐일 것이다.

3월 22일(화) 농부의 딸인 화타리 양이 쓴 작은 "시집"을 읽었다. 그녀는 별로 교육을 받지 못하였으나 놀라운 천부의 재주를 가지고 있었다. 그녀의 어떤 비가는 그레이의 것과 견줄 만하다고 생각되었다. 만일 2, 3년간 적당한 지도를 받았다라면 이제까지 영국에 나타났던 여류 시인들 중에 가장 뛰어난 시인이 되지 않을까 하고 생각해 보았다.

5월 2일(월) 아침 일찍이 애버딘을 떠나 정오경에 브레킨에서 설교하였다. 설교 후에 시장이 나를 찾아와서 "목사님 내 아들이 어려서부터 간질병으로 자주 쓰러졌습니다. 오길비 박사님께 여러 번 치료를 받게 하였으나 이제는 박사님도 어쩔 수 없다고 단념하셨습니다. 그래서 지난 월요일에 브레이에게 목사님께 말씀드리라고 부탁하였지요. 그런데 화요일 아침에 제 아들이 자기 어머니에게 발작이 다 낫는 꿈을 꾸었다고 말하더랍니다. 그러고 나서는 완전히 좋아졌습니다. 목사님이 권고해 주신 약을 주었기 때문에 좋아졌으며 그때 이후 한 번도 발작하지 않았습니다."라고 말하였다. 저녁에 던디에서 많은 사람들에게 설교하였다. 그들은 주의 깊게 듣기는 하였으나 별로 느낌은 없는 것 같이 보였다. 다음 날 저녁에 더 강하게 말하였으며 그들의 이해력에 보다 그들의 가슴에 호소하였더니 양편에 날 선 검과 같은 하나님의 말씀을 몇몇 사람이 느끼고 받는 것 같았다.

5월 5일(목) 경치가 좋고 풍성한 카스 오부 가우리라는 타이 강과 산맥 사이에 많은 인구가 사는 15, 16마일의 평야를 지나 퍼스에 말을 타고 갔다. 오후의 스콘의 왕궁을 거닐었다. 넓고 좋은 곳에 세워진 옛집이었는데 많이 낡아 있었다. 그러나 왕과 여왕의 방이라고 불리는 곳에는 아름다운 그림과 색 무늬의 금수단이 걸려 있었다. 그런데 더 재미있었던 일은 가련한 메리 여왕이 록크리벤 성에 유배되어 있을 동안 만들었다고 전해지는 침대와 침대보가 왕들의 방이었다는 곳에 놓여 있는 일이었다. 그것은 내가 이제까지 본 중에 참으로 훌륭한 자수이었으며 분명히 그녀의 절묘한 솜씨와 지칠 줄 모르는 근면성을 나타내 보여 주는 것이었다.

1768년 5월 14일 ~ 1770년 7월 31일

제13장 | 열매를 거두어들임

5월 14일(토) 다시 한 번 훌륭한 건물이 늘어서 있는 에든버러의 호리루드 궁전을 걸어 보았다. 대부분 방치되어 거칠어져 가고 있었다. 금수단도 더럽혀져 있었고 색도 흐려져 가고 있었다. 훌륭한 천장도 부서져 떨어져 있고 대청마루 같이 넓은 방에 있는 그림들도 많이 찢어져 있었다. 이런 일들은 대부분 호우레이 장군의 부하들이 한 일들로 (강한 장수 아래에 약한 병졸은 없다) 폴카크에서 스코틀랜드 군에게 쫓겨 왔을 때 죄 없는 캔버스에 분풀이를 하였을 것이다.

5월 15일(주일) 8시에 고등학교 교정에서 설교하였다. 몇몇 사람들은 심령 깊은 곳까지 찔린 것 같았다. 12~1시 사이에 캐슬 힐에 많은 사람들이 모였다. 내 음성이 모든 사람에게 잘 들렸다고 생각한다. "내가 죽은 자들이 큰 사람이든 작은 사람이든 다 보좌 앞에 서 있음을 보았다."는 놀라운 말씀을 인용하여 설교하였다. 저녁에 우리의 집에는 상당히 많은 사람들이 모여 왔는데 부자와 사회적 직위가 높은 이들도 있었다.

6월 1일(수) 티스데일에서 설교하였다. 설교를 시작하였을 때에는 타는 듯이 햇볕이 쪼였으나 얼마 후에 구름으로 덮였다. 많은 군인들이 저녁에 버나드 성에 모여 왔으나 조용하게 있었다. 이 도시에서 반마일 가량 떨어진 곳에 살고 있는 노신사의 집에서 하룻밤을 지낸 일은 유쾌한 일이었다. 우리가 차터하우스 학교에 함께 있을 때부터 흘러간 50, 60년의 세월이란 꿈결 같은 것이로구나!

6월 2일(목) 웨스트모어랜드 주의 부라후 근처의 농가에서 정오에 설교하였다. 태양이 뜨겁게 쪼이고 있었으나 나무 그늘이 나와 청중의 대부분을 덮어 주고 있었다. 작은 새가 나무 가지에 앉아 처음부터 끝까지 노래 부르고 있었다. 많은 사람들은 매우 멀리서부터 왔으나 아무도 헛걸음을 하였다고 생각지 않았을 것이다.

6월 3일(금) 나는 우리 친구 중의 한 사람의 집 가까이에서 설교하려고 생각하면서 리치몬드에 갔는데 도시의 중진 한 사람이 시장에서 설교해 주십시사 하고 부탁해 왔다. 요크서의 국민군이 훈련을 마친 후 그곳에 모두 와 있었는데 전에 볼 수 없었던 정말 눈치도 없고, 예절도 없고 태도가 좋지 않은 사람들이었다. 어제 산에서 내려올 때 허벅지를 다친 듯했는데 오늘 더욱 나빠졌다. 그러나 버나드 성까지 말을 달리는 동안 태양이 잘 비춰 주어서 도시까지 돌아오니 다 나았다. 저녁때 지휘관이 덜함의 모든 국민군이 설교를 들으러 가게 하기 위해 훈련을 하지 않겠다는 명을 내렸다는 것이다.(참 놀라운 대조다. 그래서 병사와 함께 많은 장교도 출석하여 열심히 들었으며 아침에도 많이 모여 들었다.)

8월 13일(토) 우리는 11시와 12시 사이에 브리스톨에 도착하였다.

8월 14일(주일) 아내가 매우 위중하다는 말을 듣고 급히 마차를 달려 1시에 도착하였다. 열이 좀 내리고 위험이 사라졌기에 2시경에 다시 출발하여 오후에 브리스톨에 도착하였으나 별로 피곤하지 않았다.
우리 회의는 16일(화)에 시작되어 19일(금)에 끝났다. 오! 더 필요한 많은 사역자를 위해 어찌할 것인가? 우리는 다만 "추수의 주인께" 구할 수밖에 없다.

9월 16일(금) 몹시 비가 쏟아지는 중에도 말을 타고 폴펄로 갔다. 내가 묵기로 되어 있던 집 아랫방에는 청어와 봉장어가 하나 가득 쌓여 있어서 냄새가 몹시 나서 견디기가 어려웠다. 그래서 친구 중의 한 사람이 그녀의 집으로 숙소를 옮겨 주기를 바란다고 할 때 퍽 기뻤다. 설교를 시작한 지 얼마 안 되어 비가 오기 시작하였으나 아무도 예배가 끝날 때까지 물러가지 않았다.

9월 17일(토) 우리가 크림불 해협에 이르렀을 때 멈추고 말았다. 선장이 말하기를 폭풍이 너무 심해서 도무지 건널 수 없다고 하였다. 그렇지만 이모저모로 강권하다시피 해서 건너가기로 하였다. 그런데 건너편에 이를 때까지 배 안에 한 번도 물결이 넘쳐 들어오지 않았다.

9월 18일(주일) 1~2시 사이에 프리마우스의 부두에서 설교하였다. 비가 내리는데도 불구하고 많은 사람들이 서서 듣고 있었다. 지각없는 사람 하나가 계속 중얼거리고 있기에 회중에게 좌우로 몸을 비켜 내가 그의 얼굴을 직접 볼 수 있게 해 주기를 부탁하였더니 그대로 하였다. 그랬더니 그는 모자를 벗고 뛰쳐나가고 말았다.

10월 28일(금) 런던으로 돌아 왔다.

11월 30일(수) 도버로 말을 달려 심한 폭풍이 일기 직전에 도착할 수 있었다. 그러나 청중에게 방해가 되지는 않았다. 실내가 만원이 되었으므로 할 수 없이 되돌아 간 사람들도 많았다. 내가 가는 항구 도시는 어디든지 이렇게 하나님의 말씀을 들으려는 열심이 대단하다. 확실히 하나님께서는 이 나라를 포위 공격하시려고 모든 입구를 먼저 공격하시는 것 같다.

12월 14일(수) 웨스트민스터의 학생들이 테렌스의 "아델피"를 공연하는 것을 보았는데 크리스천에게 유익한 연극이었다. 이 이교도들 앞에 우리가 부끄러움을 면할 수가 없다. 그 희극은 실로 훌륭하게 인정과 인물의 활약상을 잘 묘사하고 있으며 크리스천 작가에게서 자주 볼 수 없는 도덕적인 면을 보여 주고 있었다.

1769년 1월 9일(월) 휫필드와 지난날의 일들을 이야기하였다. 우리가 아직 생각지도 못하였던 일들을 위하여 준비를 시켜 주신 하나님의 일하시는 방법을 생각하면서 즐겁고 유익한 시간을 보냈다.

2월 6일(월) 나는 한 존경하는 부인과 한 시간 동안 지냈는데 그분은 나이가 90세인데도 건강하며, 판단력이 정확하고 이해력도 좋으며, 상당히 좋은 기억력도 가지고 있었다. 지난 세기에 그분은 나의 증조부 아네슬리 님의 교인 중 한 분이었으며, 그분은 내 증조부님 댁에서 만찬을 가졌다고 한다. 그리고 증조부님이 집의 제일 높은 층에 있던 서재에 겨울이나 여름이나 문을 열어 놓은 채로, 그리고 불도 피우시지 않으시고 계시던 것을 자주 뵌 일을 기억한다고 하였다. 증조부께서는 77세까지 사셨는데 만일 70세 때부터 물을 많이 잡수시는 병을 갖지 않으셨더라면 아마도 훨씬 더 오래 사실 수 있으셨을 것이다.

2월 27일(월) 나는 다시 오랜 친구요 동역자인 휫필드와 즐거운 대화 시간을 보냈다. 그의 심령은 아직도 건강하지만, 육체는 급작스럽게 쇠약해지고 있어 하나님께서 붙들어 주시지 않으신다면 즉시 그의 수고를 그치게 될 것이다.

3월 8일(수) 나는 브리스톨에서 설교한 후에 신도 회원들을 만났다. 그 후 3일에 걸쳐 회원들을 하나씩 점검하였다.

4월 17일(월) 저녁에 그리고 화요일에 두 번 나는 알마하에 있는 맥고후의 집 앞 가로에서 예의바르고 진지한 청중에게 설교하였다. 19일 수요일에 비가 오기에 맥고후 집의 마당에서 설교하기로 하였다. 그런데 비가 너무 많이 왔으므로 우리는 그의 한 건물 안으로 피하였다. 이것이 내가 마구간에서 한 첫 설교였는데 여기에서 한 설교가 알마하의 다른 어떤 데서 한 설교보다도 더 좋은 설교였다고 믿는다.

10시 경에 말을 타고 킨나드(1마일 떨어진 곳)에 가려고 하였다. 거기에는 최근에 조직된 신도회가 있으며, 회원 모두가 하나님 앞에 생생한 삶을 가진 사람들이었다. 다시 가까이에 이르렀을 때 그곳의 부감독인 C가 자기와 함께 묵었으면 좋겠다고 전갈을 보내왔다. 그런데 조금 있다가 부감독이 다시 연락을 주기를 자기 집에서 여장을 풀게 해 달라고 하여 그대로 하였더니 그는 34, 35년간 만나지 못하였던 옛 친구였다. 그는 진심으로 나를 환영해 주었다. 잠시 후에 그는 말하기를 "우리는 새로운 교회를 건축하였는데 이 근처 사람들은 나에게 봉헌식을 집례해 달라고 합니다. 그런데 당신이 해 주신다면 참 좋겠습니다."라고 하였다. 종소리를 듣고 많은 사람들이 사방에서 몰려들어 "준비된 마음"으로 말씀을 받아들였다.

6월 27일(화) 경건하고 현명한 부인에게 보낸 나의 편지다.

기독자의 완전이란 의미는 1. 우리가 온 마음을 다해 하나님을 사랑하는 일인데, 이 일에 반대하실 수 있을까요? 2. 하나님께 전적으로 바친 마음과 생활을 말합니다. 이보다 못한 것을 바라시겠습니까? 3. 하나님의 완전한 형상을 인간이 다시 찾는 일입니다. 이 일에 무슨 차질이 있을까요? 4. 그리스도께서 가지신 모든 마음을 갖는 일입니다. 이것이 지나친 일일까요? 5. 그리스도의 발자취를 그대로 따라 걸어간다는 일입니다. 이것은 크리스천들은 아무도 반대할 수 없는 일일 것입니다.

완전이란 말을 이 이상으로 생각하거나 또는 이 이하로 생각한 경우에 대해서는 모르겠습니다. 그러나 이렇게 말한 것이 나쁘다고 하며 이를 고백하는 사람을 누구라고 가릴 것 없이 분개하고 반대하며 해치려고 할 필요가 있겠습니까?

7월 3일(월) 쿠리라후에 말 타고 가서 (계삭회로 모이기에) 11시와 저녁에 설교하였다. 찬송을 부르는 동안 사방팔방에서 말들이 달려와서 우리를 둘러싼 것을 보고 놀랐다. 사실 말도 사자나 호랑이와 같이 음악을 듣는 귀를 가지고 있는 것이 아닐까?

7월 15일(토) 나는 시골 길을 가로질러서 옛 제자 몰간의 집을 방문하고 오후에 더블린으로 돌아왔다. 그로부터 한 주간 동안 아침저녁 예배에 놀라운 복을 받았다. 수요일과 목요일에 우리는 단기 회의를 개최하였으며 왕국 안에 모든 설교자들이 다 출석하였다. 21일 금요일 하루 동안 금식하고 기도드리기로 하였다. 시간마다, 특히 마지막 시간에 우리 주님이 우리를 놀라운 길로 새롭게 하여 주셨다.

7월 30일(주일) 크루크가 불편하다기에 내가 헌스렐 교회에서 아침과 저녁에 기도드리고 설교하였다. 5시에는 리드에서 설교하였다. 31일 월요일에는 다가오는 회의를 위해 준비하였다. 회의는 8월 1일부터 시작되었는데 이제까지 없었던 사랑으로 훈훈한 회의였다. 목요일에 나는 뉴욕의 형제들이 최근에 메도디스트 최초의 교회를 세웠는데 금전이 모자라며 그보다 더 필요한 것은 설교자라는 사실을 전하였다. 리처드 보트맨과 요셉 필모아 등 두 사람이 그 일을 위해 헌신하기로 결심하였으며, 그들을 통해 우리의 형제애의 표시로 50파운드를 보낼 것을 결의하였다.

8월 23일(수) 트레베카에 갔다. 많은 사람들이 사방에서 헌팅톤 백작 부인의 생일을 축하하기 위하여 모여 왔다. 그 채플에서 설교하였는데 가득차게 모였다. 그리고 채플은 식당이나 학교 그리고 그 밖의 곳과 한가지로 깨끗하고 우아하였다. 9시경에 하우엘 해리스가 그의 가족들을 위해 짧막한 격려의 말을 해 주기를 원하기에 그렇게 하고, 그 후 그 부인의 집으로 가서 편안히 쉬었다.

8월 24일(목) 가족들에게 성찬을 베풀었다. 10시에 예배가 시작되었다. 플레처는 교회가 너무 작기 때문에 안마당에 나가 거기에서 참으로 힘 있는 설교를 하였다. 그 후 윌리엄스가 1시 좀 지나기까지 웰스어로 설교하였다. 2시에 우리는 빵과 고기 광주리를 가져왔다. 3시에 내가 이야기를 하고, 이어서 플레처도 말하였고 5기경에 회중은 해산하였다. 7~8시까지 사랑의 만찬이 있었는데 모두 즐거워하였던 것 같다. 저녁 때 우리 몇몇은 걷기에 상쾌한 작은 길이 있는 근처의 숲으로 갔다. 퍽 기분 좋은 곳이었으나 거기서 더 나아가 목장 한복판에 우뚝 솟아 전망이 좋은 작은 산으로 올랐다. 이 모든 것은 다 하우엘 해리스가 마련한 것들이다. 그는 또한 집도 퍽 넓고 아름답게 단장하였으며 화원도 있었고 과수원도 있었으며 목장도 있었고 작은 연못도 있어서 마치 일종의 작은 파라다이스였다.

9월 6일(수) 오후에 나는 브렌트힐의 정상에 올랐다. 나는 이전에 그렇게 좋은 경치를 본 일이 없었다. 서편으로는 브리스톨 수로의 입구가 보이며 눈길이 닿는 데까지 멀리 뻗힌 다른 새 길들을 보았다. 또 보이는 모든 땅은 잘 경작되었고, 산림은 잘 보호되었으며 급수가 잘 되어 있었다.

9월 19일(화) 12시와 1시 사이에 프레시포드에서 저녁에는 브랫포드 근처의 화이츠 힐에서 설교하였다. 이리하여 방 안으로는 오지 않을 많은 사람들에게 설교를 들을 기회를 줄 수가 있었다. 여기에서 다음 날 저녁에 다시 한 번 이야기하려 하였으나 어떤 한 신사가 그의 집 앞에서 설교해 주기를 간청해 왔다. 사람들의 짐승 같은 성질은 설교가 거의 끝날 때까지는 조용하였다. 그러나 설교가 거의 끝나려 할 때 일시에 소리를 질렀으며 특히 썩은 달걀을 양 호주머니에 가득히 넣어가지고 온 신사가 그러하였다. 그러나 한 청년이 그도 모르게 뒤에서 가까이 와서 그의 양 호주머니를 쳐 눌렀으므로 달걀을 모두 깨져버렸다. 그랬더니 곧 심한 냄새가 사방으로 퍼졌는데 향유와 같이 좋지는 않았다.

10월 24일(화) 6~7시에 노스앰프톤에서 설교하였는데 실로 장엄한 시간이었다.
저녁에는 아직껏 보지 못하였던 극광을 보았는데 흰색과 불에 타는 듯한 진홍색의 두 색깔이 눈부시게 강하였으며 아름다웠다. 너무 감동 받아서였던지 많은 사람들이 두려워하며 귀한 결심을 할 수 있었다.

12월 26일(화) 아메리카에 있는 설교자들에게서 그곳에 하나님께서 위대한 역사를 시작하셨음을 알려온 편지를 받았다. 뉴욕에서도 필라델피아에서도 많은 사람들이 진지하게 귀 기울여 들었으며 신도회도 각각 백 명을 넘었다고 한다.

1770년 2월 23일(금) 나는 유태인 회당에서 레오니가 노래하는 것을 들으러 가자는 청을 받았다. 나는 이렇게 예절 바른 유대교인을 처음 보았다. 참으로 장소 자체가 대단히 엄숙하였으며, 그 결과 하나님께 대해 별다른 생각을 갖지 않았던 사람들까지도 충격을 받고 경건하게 하였다.

2월 28일(수) 베론 스웨덴벌그의 한 저서를 읽고 생각하기 위해 시간을 보냈다. 처음에 나는 그를 경건한 사람이며, 강한 이해력을 가진 박학하고 자신에 넘치는 강한 사람이라고 좋은 견해를 가졌다.

그러나 그의 사고방식을 오래 견디어 줄 수가 없었다. 그의 환상도 그의 모든 품성을 유감없이 드러내 주었다. 그는 펜을 들어 기록을 남긴 미치광이 중에서도 가장 재주 있고, 생생하고도 웃기는 미치광이였다. 그의 꿈 아닌 꿈은 너무나도 성서와 상식에서 거리가 먼 것이어서 그의 말을 믿는 이보다는 "거물 깡패"나 "대 살인자"의 말을 그대로 받아들이는 것이 나을 것이다.

3월 19일(월) 크레이드레이로 말을 타고 갔다. 그 후 스태포드셔와 체셔를 거쳐 맨체스터로 서서히 나아갔다. 이 여행에서 나는 거의 모든 사람들이 가진 잘못을 관찰하였다. 모든 여행자들이 이 일에 주의하였더라면 곤란과 위험을 미연에 방지할 수가 있었을 것이다. 약 30년 전에 '내가 (마상에서) 책을 읽고 있을 동안에 말이 비틀거리지 않는 까닭이 무엇일까?'라고 생각한 일이 있었다(다른 때에는 다른 일들로 분주하였기 때문에 나는 언제나 역사, 시가, 그리고 철학 서적 등은 말을 타고 여행할 때 마상에서 읽기로 하였다). 그 원인이란 말고삐를 말의 목 위에 던져서 늦추어 놓는 일 이외에는 없었다. 그래서 그때부터 나는 관찰해 보기 시작하였다. 그리하여 10만 마일 이상을 타고 가는 동안 내가 고삐를 늦추어 놓고 있을 때 넘어지거나 비틀거린 말은 한 마리도 없었다(두 마리는 예외였으나 그 말들은 어떤 상태에 있었어도 넘어졌을 것이었다). 그래서 나는 고삐를 조이는 것만이 이 비틀거리는 것을 방지하는 일이라는 생각은 잘못된 생각이라고 보았다. 나는 이 나라의 어떤 사람보다도 더 많이 이를 실험해 보았다. 늦추어 놓은 고삐가 비틀거림을 막는 것이다. 그러나 개중에는 어쩔 수 없는 말도 있다.

4월 25일(수) 5시에 말을 타고 고원지대에서 가장 먼저 보이는 던켈드에 갔다. 실로 상상할 수 없을 만큼 좋은 곳이어서 기뻐하며 놀랐다. 그 후 타이 강 상부에 마련된 평탄하고 걷기에 즐거운 도로를 몇 마일 걸어가 부레아 성에 이르렀다. 그로부터 20마일 가량 계속된 산들은 무척 높아져서 정상에는 흰 눈이 덮여 있었다. 저녁때 북방에서 가장 요금이 비싼 여관이 있는 달윈니에 이르렀다. 아침이 되니 눈이 너무 내려서 더 나아간다는 것은 좀 힘들 것이라는 이야기를 들었다. 실제로 브레이어 산을 넘어 온 젊은 부인들은 눈에 덮여 있었다. 그러나 우리는 하나님의 도우심으로 갈 수 있는 데까지 나가기로 결정하였다. 그러나 정오경에 더 이상 나갈 수 없게 막히고 말았다. 산 정상에서 눈보라가 불어와서 눈이 길에 많이 쌓여 있었기 때문에 우리는 말에서 내려 조심하면서 어떤 때는 길 좌편으로 나가고 어떤 때는 길 우편으로 나가면서 몇 차례고 쓰러질듯 해 가면서 겨우 겨우 달마가리에 이르렀으며 저녁때에 인버네스에 다다를 수 있었다.

4월 27일(金) 담임 목사인 켓지라는 경건하고 친절한 사람과 아침 식사를 하였다. 저녁 6시에 교회에서 설교를 시작하였는데 평상시에 없었던 마음의 자유까지도 얻었다. 아침 7시에 자유로이 설교하였다. 넓고 편리한 장소이었으나 청중을 전부 수용할 수가 없어서 많은 사람들이 그대로 돌아가지 않으면 안 되었다. 후에 포트 조지라고 하는 4,000명을 수용할 수 있는 훌륭한 성으로 말을 달렸다. 내가 말을 타고 막 떠나려고 하였을 때 사령관이 사람을 보내어 꼭 좀 설교를 해주십사 하고 의뢰해 왔다. 그러나 좀 늦었다. 인버네스로 돌아갈 시간 밖에 없었다.

5월 1일(화) 나는 애버딘으로 말 타고 가서 거기서 그 주간의 나머지 날들을 보냈다.

5월 6일(주일) 7시에 나는 애버브로스윅이라고 불리는 아브로스에서 설교하였다. 읍내 전체가 감동된 것 같았다.

5월 8일(화) 작은 성당의 유적을 찾아보았다. 북영국에서 이런 식의 유적은 처음 보았다. 길이를 재보니 100야드나 되었다. 폭도 이에 비례할 만큼 넓었다. 지금도 남아 있는 서쪽 부분은 웨스트민스터 수도원만 한 높이다. 함께 서 있는 날개 건물의 남단에는 원형의 큰 창문이 있었다. 광폭해진 "개혁자"들이 여기에 불을 질렀다고 한다. 하나님이여, 개혁자라는 폭도들에게서 우리를 건져 주소서!

나는 이 도시같이 빨리 발전하고 좋은 상식을 바탕으로 이루어진 도시는 스코틀랜드에서 처음 보았다. 새로운 두 길과 제3의 거리 일부는 2년 사이에 만들어졌다. 거리는 평행을 되었으며 그 사이에는 정원이 계속 이어져 있었다. 그래서 어떤 집이든 모두 마당을 가지게 되었고, 위생과 편리도 고려하였다.

5월 14일(월) 10년의 연구 결과 스코틀랜드의 고원지대가 어디에 있는지를 알게 되었다. 어떤 사람은 "데이 강을 걷는 곳부터가 고원지대다."라고 말하며, 어떤 사람은 "스페이 강을 건너는 곳부터다."라고 말한다. 그러나 모두 틀렸다. 사실은 강으로 구역이 정해져 있는 것이 아니고 바다에서 바다로 서남과 동북으로 나뉘어 쌓여 있는 일렬의 돌로 구분된다. 이것들은 본래 픽트 사람들의 영토와 칼레도니안 사람들의 영토를 구분하던 것으로, 북쪽 지방은 칼레도니안 사람들의 것으로 지금도 남아 있다. 그 방면에는 아가일서와 퍼스서와 머레이서와 그 밖의 서북지방도 포함하고 있다. 이쪽은 (전부는 아니지만) 대체로 산지이기에 고원지대라고 불렸다. 그러나 그곳은 북웨일즈, 잉글랜드나 아일랜드의 산지만큼 산이 많지 않다. 또한 스노우든 힐이나 컴버랜드의 스키도우만큼 높지 않다. 그러므로 어즈 지방을 올라가 보아도 저지대를 걷는 것과 차이가 별로 없다. 강도 마찬가지다. 테이 강, 에스크 강, 스페이 강도 고원지대의 중간을 통해 흐르고 있으므로 그것들을 경계선으로 삼을 수가 없다.

6월 16일(토) 나는 우리 설교자 중의 한 사람인 제임스 브라운필드가 자기 길로 갔다는 소식을 들었다. 그가 메도디스트를 떠난 이유는 1) 그들이 교회에 출석한다. 2) 그들은 완전을 고집한다는 것들이었다. 나는 우리 신도회 회원들에게 그를 하나님께 맡기고 그에게 대해 좋든 싫든 아무 말도 하지 말라고 당부하였다.

6월 28일(목) 높은 산들로 에워싸인 사랑스러운 골짜기에 있는 후호울의 서트크리페스에게로 말을 타고 갔다. 나는 (좀 서서히 높아진 곳에 있는) 그의 집 앞에 서고 모든 사람들은 내 앞의 비탈에 앉았다. 참으로 영광스러운 기회였다. 많은 사람들이 "보좌 앞으로 용감히 나와" "필요한 때에 도우시는 은혜"가 무엇인지를 발견했을 것이다.

내가 오늘부터 68세가 되었다니 믿기 어렵다. 하나님의 섭리는 참으로 놀랍다. 어린 시절부터 하나님은 얼마나 나를 잘 지켜주셨는지!

10세에서 13, 14세까지는 빵 이외에는 별로 먹는 것도 없었고 실로 그 빵도 충분히 먹지를 못하였다. 이것이 오히려 좋았던 것 같다. 내 건강의 기초가 된 것이다. 성장한 후에 체이네의 글을 읽은 결과로 좀 덜 먹고, 물을 마시는 일을 계속하였다. 이것이 27세까지의 건강을 유지하게 되었던 다른 하나의 원인이었을 것이다. 그때부터 각혈을 몇 해 동안 계속하였으나 따스한 기후가 이를 고쳐 주었다. 그 후 심한 열병으로 위독하게 된 일이 있기도 하였으나 그 후 오히려 더 건강해졌다. 11년 후에 나는 폐병 제3기에 이른 일이 있었으나 하나님께서 이것도 제거시켜 주셨다. 그때 이후로 나에게는 고통을 느낀 일도 없으며 병에 걸린 일도 없었으며, 현재도 40년 전보다도 더 건강한 편이다. 이는 오로지 하나님께서 베푸신 일이다.

7월 31일(화) 저녁 때 레이세스터 성의 마당에서 졸고 있는 사람들과 깨어 있는 사람들에게 설교하였다. 어떤 사람 하나가 방해할 목적으로 보내어졌으며 그는 좀 떨어진 곳에서 "싱싱한 연어요! 싱싱한 연어 사세요!"라고 생선장수 흉내를 내며 소리쳤으나 아무도 그에게 신경을 쓰지 않았으므로 쓸데없는 수고만 한 셈이었다.

1770년 11월 10일 ~ 1775년 12월 2일

제14장 ┃ 영예로운 손님

11월 10일(토) (런던) 횟필드가 죽었다는 슬픈 소식을 들었으며, 18일 주일에 있을 그의 장례식 설교를 부탁받았다. 그래서 이를 준비하기 위하여 나는 월요일에 루이샴으로 갔다. 그리고 그 다음 주일에 토텐함 코트 로드의 예배당으로 갔다. 다양한 분야의 많은 사람들이 모여 왔다. 처음에는 저렇게 많은 사람에게 다 들리게 설교할 수 있을까 하고 생각하였으나 하나님께서 내 목소리를 강하게 해 주셨으므로 문간에 서 있던 사람들까지도 잘 들을 수 있었다. 실로 침통한 분위기였다. 고요하고 깊은 밤과 같았으며 아무 소리도 없었다. 모두 깊은 감명을 받고 있었으며 다 이 감명을 간직하기를 원하였다.

태버나클에서 5시 반부터 설교할 예정이었으나 3시에 벌써 만원이 되었으므로 4시에 시작하기로 하였다. 처음에는 모두 시끄럽게 굴었으나 내가 말하기 시작하자 조용해졌고 내 목소리도 커졌으므로 때때로 약간 방해를 받은 시간 이외에는 청중이 모두 잘 들은 줄 생각한다.

11월 13일(금) 그린위치 교회의 직원이 그곳에 와서 횟필드의 장례식 설교를 해 주기 바란다고 하기에 그곳에 갔다. 그런데 이 집도 역시 모여든 많은 사람들을 다 수용할 수 없었다.

1771년 1월 2일(수) 저녁에 뎁포드에서 횟필드의 기념설교를 하였다. 어디서나 이 위대한, 그리고 착한 하나님의 사람에 대한 기억을 말하고 싶다.

1월 23일(수) 오늘 무슨 이유인지 알 수 없으나 아내가 "이제 결코 다시 돌아오지 않겠다."고 말하고 뉴캐슬로 가버렸다. 나는 그녀를 버리지 않았으며 그녀를 내어 쫓지도 않았으며 그녀를 다시 불러들이지도 않고 그대로 두련다.

1월 25일(금) 나는 내 유서를 수정하고 고쳐 썼다. 할 수 있는 대로 단순하게, 명백하게, 그리고 간단하게 나타냈으며 그 밖에는 아무것도 없다. 그것은 다만 내가 남기는 땅 위에 있는 것에 관해 써 놓은 것뿐이다.

4월 11일(목) 나는 라프한과 애쓰로움에서 설교하였다.

4월 14일(주일) 야외에서 설교하려 하였으나 폭풍우 때문에 집으로 들어가게 되었다. 이 집은 한 신사가 대지와 그 외에 건축한 건물을 함께 바친 집이었다.

12월 21일(토) 나는 25년간 만나지 못하였던 옛 친구 제임스 하톤과 오랜만에 만났다. 그러나 그렇다고 별로 달라진 것은 없었다. 내 마음은 옛날과 같이 열려 있었고 그도 또한 한가지였다. 페터레인에서 1738년에 만났을 때와 꼭 같은 마음으로 서로 즐겁게 이야기를 나누었다.

12월 23일(월) 이날부터 수일간은 특별한 약속이 없을 때에는, 오전 한 시간을 내가 옥스퍼드의 학생들과 함께 하였던 것과 같이 우리의 설교자들과 함께 연구하면서 지냈다.

12월 30일(월) 동생의 요청에 따라 또 초상을 그리기 위해 앉아 있게 되었다. 이 싫은 일을 당할 때마다 자연히 생각하게 되는 것은 "보라. 우리 인간의 약한 모습을, 자신의 그림자보다도 더 자주 변하는구나!"

1772년 1월 14일(화) 현재 생존해 있는 친구 중에서 가장 나이 많은 에스 박사와 참 즐거운 시간을 가졌다. 그는 우리가 흔히 보지 못하고 넘기는 일에 관심을 기울이는 데 특별한 재능을 갖고 있다. 그의 가까이에 있는 것들은 다소간을 막론하고 그의 발명품들이다. 난로 칸막이, 여러 종류의 램프, 그의 잉크통, 촛대받침까지도 다 그렇다. 그래서 만일 그가 최선을 다해 노력한다면 틀림없이 세계 제일의 쥐덫을 만들 수 있으리라고 생각한다.

2월 12일(수) 나는 정직한 퀘이커 교도가 쓴 노예매매라는 저주스러운 일을 소상하게 기록한 책을 읽었다. 이교도의 나라에서도 고금에 그런 간악한 일이 있었다는 데에 대해 읽어 본 일이 없으며, 기독교도가 마호메트 교도의 나라에서 받은 야만적인 대우도 이보다는 좀 나은 편이었다.

2월 14일(금) 나는 오랫동안 하고 싶다고 생각해 오던 일을 실천하기 시작하였다. 즉 서적 출판업자들과 같이 나의 서적을 중판하는 일을 정확하게 계산하고자 한 것이다. 하나님께서 하시는 바와 같이 금전에 관한 일도 하나님을 위하여 정확하게 하지 않으면 안 되리라고 생각한다.

2월 21일(금) 내가 말을 타지 않고도 다닐 수 있게 하기 위해 의연금을 걸고 있던 몇몇 친구들을 만났다. 몇 달 전에 입은 상처가 좋지 않아서 어쩐지 말 타기가 편안치를 않다. 그들이 계속해 주면 그대로도 좋고 그렇지 않으면 필요에 따라 적절한 힘이 주어질 것이다.

4월 6일(월) 오후에 O 댁에서 차를 마셨다. 그런데 놀라운 것은 전에 내 둘레에 매달리거나 내 말에 귀를 기울이던 아이들이 어느 사이에 벌써 기숙학교의 학생들이 된 일이다. 거기서는 종교를 부정하고 진실성도 잊고 거만하고 허영에 들뜨고, 하나님의 사랑과 지식에 반대되는 모든 것을 배우고 있었다. 그러니 메도디스트의 양친들은 그들의 딸들이 지옥으로 거꾸로 떨어지기를 바란다면, 이 유행하는 기숙학교에 보내면 될 것이다.

5월 2일(금) 이 도시에서 2, 3마일 떨어진 산 위에 세워진 유명한 로만 캠프를 찾아보았다. 그것은 넓고 깊은 두 도랑으로 에워싸여 있었으므로 어느 쪽에서부터든지 접근하기 곤란하게 되어 있었다. 여기에 레스레이 장군과 그의 군대가 자리 잡고 있었으며, 크롬웰은 아래에서 굶주리고 있었다. 도망갈 길도 없었는데 스코틀랜드 사람들의 용맹성이 그를 구출한 것이었다. 적이 그를 삼키려 밀려들어 오자 풀을 베어내듯 죽여 버렸다는 것이다.

6월 2일(화) 티스데일의 뉴 오리간으로 말을 타고 갔다. 사람들은 주의 깊게 들었다. 그러나 어쩐지 깊은 감명을 받고 있는 것 같지 않았다. 그 다음 높은 산에서 우리는 위아데일의 경치를 내려다 볼 수 있었다. 실로 아름다운 경치였다. 수정과 같은 맑은 물이 흐르는 양편에 짙푸르고 완만한 경사가 펼쳐져 목장과 초원을 이루고 있었다. 그리고 수많은 작은 집들이 흩어져 있었는데 그 4분의 3은 메도디스트가 이곳에 온 후에 세워진 것들이다. 그때 이후 짐승(같은 사람)들이 사람으로 바뀌었고, 황무지는 풍성한 땅으로 변한 것이었다.

6월 4일(목) 5시에 이 은혜 받은 사람들과 작별하였다. 그런데 자세히 살펴보니 그들이 어제까지 보지 못하였던 그런 아름다운 모습을 하고 있어서 놀랐다. 특히, 12, 13세의 아이들(주로 남자 아이들)의 얼굴은 빛나고 있었다. 그런데 이렇게 빛나는 것은 자연 때문이 아니라 오히려 은혜를 통하여 내적으로 받은 천국이 밖으로 반영되었기 때문이라고 생각한다.

8월 21일(금) 8시경에 다시 한 번 설교하였다. 저녁 식사 후에 급히 팻세이지로 갔으나 선장이 별로 서두르지 않고 있기에 편리한 바위에 앉아 손에 들고 있던 소책자를 다 읽었다. 펨브로크에 겨우 시간을 맞춰 갔으며 시내의 공회당에서 설교를 하였는데 진지하고 유쾌한 시간이었다.

1773년 1월 1일(금) 늘 해오던 예를 따라 우리는 하나님과의 계약을 새롭게 하였다.

1월 4일(월) 나는 편지와 원고를 다시 읽어 보기 시작하였다. 그 중에는 150년 전에 쓰인 것도 있었다. 우리 증조부께서 1619년에 수일 내로 결혼하게 될 우리 증조모님께 보낸 것 같다. 우리 형제들과 내가 학교에서 주고받은 편지도 많았는데 우리가 자라면서 지녔던 포부들을 (알 만한 가치가 있다면) 잘 보여 주는 내용들이었다.

2월 2일(화) 윕 선장이 파운드리에서 설교하였다. 여러 사람의 취향에 맞게 여러 설교자를 계속 세워 주시는 하나님의 지혜를 찬양할 수밖에 없다. 선장은 생기가 있었고 또 불같이 뜨거웠다. 그러므로 그에게는 깊이 있는 내용이나 갖추어진 형식은 없었지만, 소위 수준 높은 설교자를 좋아하지 않는 사람들이 오히려 그의 설교를 들으러 모여 들었다. 그리고 많은 사람들이 그의 설교를 통해 확신을 얻었으며, 의롭다 하심을 받았으며, 몇몇은 사랑의 생활을 시작하게 되었다.

7월 21일(수) 우리는 런던에서 계삭회를 열었는데 그 회의에서 수입이 아직도 지출을 따르지 못하고 있음을 알게 되어 놀랐다. 우리는 또다시 200파운드 가량의 빚을 지게 되었다. 나는 다른 여러 저술가와 같이 수고하여 많은 책을 썼고 많은 것을 벌었는데도 70년 수고 끝에 얻은 것은 5,600파운드의 빚뿐이다.

8월 28일(토) 브리스톨로 돌아갔다.

9월 10일(금) 킹스우드로 가서 아동들의 현재 형편에 대해 문의하였다. 나는 그들의 일부분은 하나님을 가까이하여 가고 있으나, 다른 일부분은 그렇지 못하여 무거운 마음으로 지내고 있음을 발견하였다. 그들이 저녁에 자기들끼리 학교에서 기도한다는 소식을 듣고 그 곳에 갔으나 그들이 하는 일을 중단시키게 될까 봐 창문 곁에 서서 보았다. 두셋이 먼저 들어갔다. 그리고 점점 더 들어가 마침내 30명 이상이 함께 모이기까지 되었다. 그런 광경을 전에 본 일이 없었으며 그 이후에도 없었다.

1774년 1월 11일(화) 시가지의 동쪽 끝에서 우리 신도 회원의 집을 한 집한 집 심방하기 시작하였다. 우리 목회 업무 중에 이 일보다 더 중요한 것은 없다고 생각한다.

4월 17일(주일) 나는 해리팩스로 말을 타고 갔다. 그러한 시골교회는 처음 보았다. 내 생각으로는 요크민스터를 제외하고는 이 군에는 그렇게 큰 교회가 없다고 생각한다. 그러나 그 큰 교회도 그 많은 회중을 다 들일 수가 없었다.

6월 1일(수) 에든버러에 가서 신도 회원들을 하나씩 조사하였다. 참 놀랐다. 전번에 왔을 때보다 모두 다 많이 진보하였다. 많은 사람들이 여기서는 이제까지 발견할 수 없었던 건전한 기독교적인 경험을 쌓고 있었다. 저녁때에 참으로 훌륭하고 마음이 넓은 사람들에게 설교하였다.

6월 4일(토) 에든버러에서 에스겔이 본 마른 해골의 환상을 자유로이 응용하여도 좋으리라 생각한다. 집으로 급히 가고 있는데 두 사람이 따라 오더니 "선생님, 경찰서로 잠깐 와 주세요. 형무소로 데리고 가라는 장관의 위탁장이 왔습니다."라고 말하였다. 처음에는 희롱하는 말인 줄 생각하였으나 그들의 태도가 진지하기에 한두 친구의 동행을 허락받고 그리로 갔다. 형무소 옆집에 이르렀을 때 그 위탁장을 보여 달라고 하였다. 그래서 원고가 전에 신도회의 회원이었던 조지 서덜랜드임을 알게 되었다. 그는 고소하기를 "존 웨슬리의 설교자의 한 사람인 휴 사운더손이 그의 처에게서 현금 100파운드와 물품 30파운드 이상을 빼앗아갔으며 그녀를 두렵게 하여 발광케 하였으므로 그녀의 위자료와 실업으로 오는 손실을 보상하기 위하여 500파운드를 요구함."이라고 하였다.
집행관 아치버드 코크번 앞에서 그는 "존 웨슬리와 휴 사운더손은 그녀의 추궁을 피하기 위하여 외국으로 도피하려 준비 중이오니 그들이 도망치기 전에 찾아서 체포하여 감옥에 넣도록 위탁장을 내 주시기 바랍니다."라고 말하였단다. 집행관이 이에 찬성하여 즉시 위탁장이 발부되었다.
그러나 왜 존 웨슬리가 투옥되어야만 하는 것일까? 나에게는 아무 관계도 없는 일이다. 휴 사운더손이 나와 관계있는 설교자이지만 내가 이 사건과 무슨 상관이 있는가 하는 사실을 집행관이 간과한 것은 이상스러운 일이다.
서덜랜드는 즉시 투옥하여야 한다고 강력하게 주장하였다. 그러나 친구들이 이번 달 24일에 출두하게 하겠다고 보증하여 겨우 그 자리를 모면하였다. S가 나타나서 전후의 사정을 조사한 결과 벌금 1,000파운드가 구형되었다.

6월 20일(월) 9시경에 호파와 스미스와 함께 홈스리로 향하였다. 스미스 부인과 그의 두 어린 딸들도 마차에 태웠다. 시가지에서 2마일 정도 되는 언덕 위에 왔을 때 별다른 이유도 없이 갑자기 두 마리가 마구 달리기 시작하여 마치 화살같이 빨리 달려 나가기 시작하였다. 마부는 그만 아래로 떨어져 버리고 말았다. 말은 우편 강변으로 기우는가 하면 좌편으로 돌며 계속 달려 나갔다. 그런데 이번에는 짐을 실은 마차가 맞은편에서 오는데 어찌된 셈인지 마부가 잘 보고 몰 때와 같이 기묘하게 피해 달아났다. 또 좁은 다리를 건널 때도 용케도 한복판을 빠져 나갔다. 조금도 속도를 늦추지 않고 다음 언덕으로 오르기 시작하였다. 많은 사람이 오고 가고 있었으나 모두 길을 피해 갔다. 정상 근처에 문이 있었는데 문이 열렸고 농가의 마당과 통해 있었다. 말은 급히 방향을 변경하여 문 안으로 달려 들어갔다. 그런데도 기둥에도 부딪히지 않고 곧장 빠져 나갔다.

나는 마당 끝에 있는 문은 반드시 닫혀 있을 것이므로 제 아무리 빨리 달리던 말이라도 멈출 것이라고 생각하였다. 그러나 문이고 무엇이고 아랑곳없이 마치 거미줄 끊어지듯 통과하더니 밭 사이로 달려갔다. 어린 딸들은 "할아버지! 우리 좀 살려 주세요"라고 하며 울기 시작하였다. 나는 그들에게 "아무런 위험도 없으니 걱정하지 마라."고 하였다. 사실 (참 감사하게도) 나는 서재에 있을 때와 같은 기분으로 마침내 무서운 낭떠러지 끝까지 달려왔다. 그때까지 따라서 가지 못하였던 스미스가 마침 말 앞으로 다가섰다. 그 순간 말들이 정지하였다. 만일에 마차를 끌던 말들이 조금만 더 달려 나갔었더라면 그들도 우리도 모두 생명을 잃을 뻔하였다.

이 사건을 겪은 후에 선악의 천사가 참 많이 활동하는 것임을 깊이 느꼈다. 지금은 잘 알 수 없으나 언젠가는 모든 것이 밝혀질 날이 있을 것이다.

6월 28일(화) 오늘은 내 생일이며 72세가 되는 날이다. 왜 나는 30년 전과 꼭 같은 힘을 가지고 있을 수 있는지 생각해 보았다. 오히려 그때보다도 시력도 퍽 좋아졌고 신경도 강해졌다. 늙었다고 해서 약해진 점은 없으며, 그보다도 도리어 젊은 시절에 가졌던 약함이 없어져 버렸다. 그 주요 원인은 마음에 합당하게 여기실 때 무엇이든지 하시는 하나님의 크신 은혜. 좋은 방법이 있었다면 1. 40년간 계속해서 4시에 기상한 일 2. 대체로 아침 5시에 설교한 일인데 이는 세상에서 가장 좋은 건강법이다. 3. 바다와 육지로 1년에 적어도 45,000마일 이상 꼭 여행한 일 등이다.

10월 6일(목) 나는 다가오는 선거에 투표하게 될 신도회 회원들을 만났다. 그리고 그들에게 충고하기를 1. 돈을 받거나 보상을 받지 말고 투표하라. 2. 그대들이 반대표를 던진 그 사람을 나쁘게 말하지 말라. 3. 그대들과는 다른 편에 투표한 사람들을 향해 신경을 날카롭게 하여 화내지 마라.

10월 31일(월) 수일간 런던 근처의 신도회를 순회 방문하였다.

11월 4일(금) 오후 우리와 오랫동안 함께 설교해 온 존 다운스가 "나는 웨스트 스트리트의 주민들과 함께 즐거이 죽을 수 있을 정도로 그들을 사랑하게 되었습니다. 조금 몸이 불편하기는 하지만 오늘밤 그들과 함께 모이지 않으면 안 됩니다."라고 말하였다. 그는 그 곳에 가서 "수고하고 무거운 짐 진 자들은 다 내게로 오라."는 설교를 시작하였다. 그런데 10~20분 정도 말한 다음 그는 쓰러지고 더 이상 말하지 못하게 되었고 그의 영혼은 하나님 곁으로 돌아갔다.
그는 아이작 뉴턴에 견줄 만한 천부의 재능을 소유한 사람이었다고 생각한다. 두세 가지 예를 든다면 다음과 같다.
그가 학교에 다닐 때 수학시간에 교사에게로 가서 "선생님 이 책에 있는 방법보다 더 좋은 방법으로 이 문제를 풀 수 있습니다."라고 하였다. 교사는 과연 그럴까 하고 생각하였으나 실제로 해 보니까 그대로임을 인정할 수밖에 없었다.

그 후 그의 아버지가 괘종시계를 수선하라는 심부름을 가게 되었다. 거기서 그는 시계공의 도구를 잘 보아 두고 그 후에 어떤 방법으로 시계를 분해하고 또 결합하였는가를 잘 기억해 두었다가 집에 돌아온 후 먼저 도구를 스스로 만들고 이어서 도회지에 있는 것과 꼭 같은 시계를 만들었다는 것이다. 이만한 천재는 유럽에서 찾아도 별로 많지 않을 것이다.

또 그의 천재를 증명한다고 생각하는 것은 30년쯤 전에 내가 면도를 하고 있는데 열심히 지팡이 끝을 젖히고 있었다. 그래서 무엇을 하고 있느냐고 물었더니 "당신의 얼굴을 동판에 떠 보고 싶습니다."고 하였다. 그래서 아무런 지도도 받은 일 없이 먼저 도구를 만들고 다음에 동판을 만들었다. 그리고서 떠낸 것이 나의 「신약성서 주석」 첫머리에 게재된 것이다. 이런 일은 영국은 물론이요 전 유럽에서도 보기 드문 일이라고 생각한다.

하늘의 부르심을 받기 수개월 전에 그는 그때까지 경험치 못하였던 하나님과의 깊은 영교를 체험하였다. 그리고 수일 동안 "나는 너무 행복해서 어떻게 살아가야 할지 모르겠다. 실로 이 세상에 있는 동안에 맛보리라고는 꿈에도 생각지 못하였을 정도의 하나님과의 교제를 즐길 수가 있었다."라고 되풀이해서 말하였다. 52년간의 고통과 질병과 빈곤과의 격심한 싸움을 다 마쳤으므로 그는 마침내 영광스러운 휴식을 얻게 되었고 주님의 즐거움에 참여케 된 것이다.

11월 13일(주일) 하루의 수고를 마친 후, 규칙대로 (9시 반에) 잠자리에 들었다. 나는 집의 일꾼에게 "놀위치로 가는 마차가 4시에 출발하므로 3시에는 꼭 일어나야 해요."라고 말해 두었다. 생각하였던 것보다 이르게 문을 두드리기에 일어나 옷을 입었으나 시계를 보자 10시 반 밖에 안 되었다. 어찌할까 하고 생각하는 동안에 아래쪽이 몹시 떠들썩한 것을 알게 되었다. 그래서 마당 쪽으로 난 창을 보니 태양과 같이 붉게 타고 있었다. 불꽃이 집 둘레에 많이 떨어져 있었다. 그런데 이 집의 지붕 부분은 목재로 만들어져 있으므로 부싯깃같이 바싹 말라 있었다. 집에서 아주 가까운 데 있는 큰 목재소가 다 타고 있었으며 서북풍이 파운드리 쪽으로 불길을 몰아오고 있었다. 아무데서도 물을 얻을 수 없기 때문에 도움을 받을 가능성이 전혀 없었다. 어찌할 도리가 없기에 일기와 원고를 들고 친구의 집으로 피하였다. 나는 아무것도 두려워하지 않았으며 모든 것을 하나님께 맡기고 가장 좋게 해 주시리라 믿고 있었다. 그런데 갑자기 바람이 변하여 동남풍이 되었고, 또 우리의 집 펌프가 기계에 충분한 물을 댈 수 있었으므로 2시간 좀 더 지난 후에 모든 위험이 제거되었다.

1775년 4월 2일(주일) 6시 경에 우리는 던리어리에 상륙하여 9~10시에 화이터프리어 스트리트에 이르렀다. 9일 일요일에 나이든 호인인 성 패트릭 교회의 주임 목사가 내게 레일 안으로 들어와서 성찬을 도울 것을 청하였다. 이것도 저 교회에 대하여 열렬한 사람들의 편견을 씻는 데 좋은 방법이었다. 10일(월)부터 영국을 전부 도는 여행을 시작하였다.

5월 17일(수) 나는 리머리크의 신도회를 점검하였다. 그런데 이 모임의 인원은 2년 전보다 일곱 명이 줄은 101명이었다. 나는 우리 형제들의 현명하고 끈질긴 자세로 인해 이곳에서 십자가의 거침돌이 거두어진 것을 보고 좀 놀랐다. 그러나 그들에게는 열심이 부족하였다. 그들의 심령이 뜨겁지 못하기 때문에 자라지를 못하고 있었다.

5월 31일(수) 우리는 서둘러서 다그브릿지로 갔더니 많은 회중이 기다리고 있었다. 그들은 모두 하나같이 진지한 모습이었다. 참으로 놀라운 개혁이 이 지역 전체에 널리 퍼져가고 있었으며 그 영향은 사방 여러 마일까지 이르렀다. 외적인 악행은 다 사라졌으며 많은 젊은이와 또 노인들도 하나님의 나라가 그들 심령 속에 있음을 간증하였다.

6월 1일(목) 런던 다리에 이르렀다. 6월 4일(주일)에 그곳 감독께서 성령을 모독하는 일에 대한 사려 깊고 유용한 설교를 하였다. 6일(화)에 그가 나를 만찬에 초대하였는데 그는 말하기를 "나는 당신이 우리 식사 시간을 좋아하지 않음을 잘 알고 있으므로 만찬이 2~3시에 나오게 명하였습니다."라고 전하였다. 우리는 한쪽의 삶은 소고기를 받고 그 위에 영국식 푸딩(양념)을 쳤다. 참 좋은 음식이었다. 감독은 모든 몸가짐이 편안하고 꾸밈이 없다. 또한 전형적인 공중예배 인도를 하며 좋은 일을 많이 하는 분이었다.

7월 4일(화) 몸이 좀 더 건강해졌기에 처음으로 설교하였다. 대부분이 잘 들은 줄로 믿는다. 목요일에 다시 설교하였는데 목소리가 좀 약하였으나 맑았다. 그래서 주일에는 모험적으로 두 번 설교하였으나 조금도 피곤치 않았다. 10일(월)에는 아침저녁을 정규적으로 설교하는 일을 다시 시작하였다.

8월 1일(화) 회의가 시작되었다. 우리 설교자들의 다수가 그 일에 대한 은혜도 은사(기능)도 없음을 지적하는 편지를 몇 장 받았기에 모든 방법을 다해 이 중대한 건의가 사실인지 시험해 보기로 결심하였다. 그래서 그 편지들을 전 회원들 앞에서 낭독하고 누구누구에게 그런 혐의가 있거든 구애받지 말고 말하라고 하였다. 제출된 건수는 많아야 두세 가지가 어려운 경우였기에 그를 조사하기 위해 특별조사 위원회를 구성하였다. 이들의 조사 결과 먼저의 고발은 사실무근임이 밝혀졌다. 하나님께서 그의 포도원에 그들 모두를 일꾼으로 보내셨고 그들은 모두 그 일을 맡은 자격자로 인정해 주셨음을 재확인하였다. 그 결과로 여러 해 동안 해 오던 것보다 더 굳건하게 단결하게 되었다.

11월 11일(토) 「아메리카 식민지에 대한 조용한 충고」에 몇 마디 더 추가하였다. 무슨 목적으로 그것을 썼느냐고 질문할 필요는 없을 것이다. 주위를 돌이켜 보라. 영국은 화염에 쌓여 있다. 왕과 왕 밑에서 권세를 잡고 있는 자들에 대한 악의와 분노의 불꽃이 튀고 있다. 나는 화염을 끄고 싶다. 참된 애국자는 나와 같은 일을 하여야 하지 않겠는가? 이에 대해 아메리카나 영국의 기자들이 무어라 하든 그것은 내가 책임질 바 아니다.

1776년 1월 14일~1779년 8월 8일

제15장 ｜ 새로운 설교소 설립

1월 14일 (주일) 웨스트 스트리트의 예배당으로 가는 도중 마차의 용수철이 딱 부러졌으며 말이 즉시 정지하였으므로 별다른 불편 없이 밖으로 나오게 되었다.

　이때부터 2주간 정도는 모든 여가를 「영국약사」를 완성하려고 소비하였다. 리처드 3세, 스코틀랜드의 매리 여왕 등 사람들의 오해를 받고 있는 인물들에 관해 다분히 독자적인 판단을 내리고 있으므로 다소간 문제가 되리라 생각한다. 더 좋은 재료가 제공된다면 즐거이 받아들이겠는데 지금 현재로는 내가 생각하는 바를 말할 수밖에 없다.

　1월 28일(주일) 롬바드 스트리트의 올해로우스 교회에서 자선을 위한 설교를 부탁받았다. 약 40년 전 1735년에 나는 이 교회에 갔다가 교구위원의 간청으로 내가 거기 갔었던 것과 똑같이 헤이린 박사의 설교를 들으러 왔던 많은 회중에게 설교한 일이 있었다. 이것이 사전 통보 없이 행한 나의 첫 번째 즉석 설교였다.

　3월 1일(금) 파운드리를 더 오래 사용할 수 없을 것 같아서 새로운 예배당을 건립하는 의논을 하였다. 우리는 건축에 필요한 토지를 위해 시의 위원회에 청원서를 제출하였으나 언제 결정이 내려질지 예측할 수 없었으므로 나는 순회를 평상시와 같이 계속하기로 하였다. 그러나 우리 청원이 수락되었다는 소식을 받으면 언제고 돌아오겠다고 약속하고 떠났다.

　4월 30일(화) 저녁 때 콜른의 광장에서 많은 사람들에게 설교하였다. 모든 사람들이 말씀에 취해 있었다. 남녀와 아이들까지 이렇게 정숙하게 들은 일은 처음이었다. 특히 이 도시에는 30년 전만 해도 한 사람의 메도디스트도 그 모습을 나타낼 수 없었다. 여기에서 처음 설교한 사람은 존 제인이었다. 그가 말을 타고 거리를 지나고 있는데 갑자기 열띤 군중들이 몰려와 그를 말에서 끌어내리고 우리 안에 가두어 버렸다. 그는 이 기회를 놓치지 않고 용감하게 "다가오는 진노에서 피하라."라고 외치며 권고하였다.

5월 6일(월) 코커마우스와 윅톤에서 설교 한 후에 칼라일로 가서 열렬한 청중에게 설교하였다. 나는 거기서 4세 때에 소경이 된 놀라운 천재를 만났다. 그는 털실을 뽑아내기도 하고, 자기가 만든 기계와 베틀을 사용하여 꽃 모양이 든 견면 비로드를 짜기도 하고, 자기 이름을 그 속에 짜 넣기도 하고, 의복도 짓고, 여러 가지 도구를 만들 줄도 알았다. 몇 해 전에 파이프 오르간이 있던 방에 들어박혀 오르간의 각 부문을 손으로 만져 보고 곧 오르간을 고안해 내어 만들었는데 실제로 잘 만들어졌다는 평판을 받았다. 그때부터 혼자서 배우고 익혀, 시편이든 찬송가든 무엇이든지 들은 것은 곧 연주할 수 있게 되었다. 그가 연주하는 여러 곡을 들어 보았는데 매우 정확하였다. 유럽 전체에서도 이런 예를 다시 찾기란 힘들 것이다. 그의 이름은 조셉 스트롱이다. 그러나 그가 아직도 "세상에서 하나님 없이 사는 사람"이라면 이 모든 일들이 그에게 무슨 위로가 되겠는가?

5월 16일(목) 나는 어느 안수식에 참여하였다. 예식이 근 4시간 동안이나 계속되었으나 아무런 감명도 없었다. 참으로 엄숙한 예식이기는 하였으나 내게는 퍽 지루하였다.

5월 28일(금) 나는 73세인데 23세 때보다도 설교를 더 잘 할 수 있다. 이런 이상하고도 놀라운 결과를 만드시려 하나님께서 쓰신 자연스러운 방법은 어떤 것이었을까? 1. 1년에 4,000마일 이상의 여행으로 끊임없이 운동하고 공기를 바꿔 마신 일. 2. 계속해서 4시에 기상한 일. 3. 자고 싶을 때 언제나 곧 잠을 못 이룬 경험이 없는 일. 4. 두 차례 심하였던 열병과 두 차례의 중한 결핵. 이 일들은 실제로 강한 제약이었으나 또한 참으로 귀한 일을 해 주었는데, 바로 나의 육체를 어린이의 육체와 같이 새롭게 해 주었다. 끝으로 나의 평온한 성격을 더 들 수 있지 않을까? 나도 느끼기도 하고, 슬퍼하기도 하나 아무 일에도 초조해 하지는 않는다. 그렇게 하면 "지상에서 주어지는 도움을 하나님 자신이 해 주신다." 그리고 많은 기도의 응답으로 이를 이루어 주신다.

7월 18일(목) 노팅함에서 설교한 후에 지체할 시간이 없었으므로 정오에 마차를 탔다. 다음 날 19일 금요일 저녁에 파운드리에서 위원회로 모였다.

8월 2일(금) 우리는 새 건물을 짓기 위한 헌금 약속을 하였는데 이번과 그 뒤에 두 차례의 모임에서 1,000파운드 이상을 기쁜 마음으로 약속받았다.

8월 4일(주일) 많은 설교자들이 도회지로 오고 있었으므로 그날을 위한 서신의 말씀 중 "스스로 섰다는 자는 넘어질까 조심하라."는 말씀을 강조하며 심각한 주의를 주었다. 하나님께서 많은 사람들의 심령 속에 이 말씀이 적용되게 해 주셨다. 오후에 나는 무어필드에서 수천 명에게 사도행전 2장 32절에 있는 "이 예수를 하나님이 살리신지라. 우리가 다 이일에 증인이로다."는 말씀으로 설교하였다.

8월 13일(화) 나는 타운톤에서 설교한 후에 브라운과 함께 킹스톤으로 갔다. 크고 오래된 목사관이 교회 정원에 가까이 있었는데 명상 생활하는 사람에게 적당한 집이었다. 여기서 나를 만나러 20마일을 달려 온 전 옥스퍼드 지저스 칼리지의 자비생이었던 한 성직자 코크 박사를 만나게 되었다. 나는 그와 장시간 대담하였으며 서로 마음을 합하게 되었다. 이 합심은 영원히 변하거나 그치지 않으리라 믿는다.

11월 29일(금) 우리는 새로 세워진 "런던" 채플을 위해 제안된 몇 가지 계획들을 고려해 보았다. 그 중의 한 안이 채택되었기에 우리는 기사에게 비용을 계산해 가면서 구체적인 설교를 하게 요청하였다.

1777년 1월 1일(수) 우리는 종전과 같이 하나님과 우리 사이의 계약을 새롭게 하기 위하여 모였다.

1월 13일(월) 나는 매일 아침 한 시간씩 옥스퍼드에서 학생들에게 하였듯이 설교자들과 함께 보낼 기회를 마련하였다. 그리고 상호간의 지식을 넓히기 위해 힘썼을 뿐 아니라 "서로 서로 사랑하고 선한 일을 힘쓰도록 자극하기"를 힘썼다.

1월 15일(수) 베스날 그린의 시골 마을에 사는 신도회의 회원들을 방문하기 시작하였다. 많은 사람들이 직접 눈으로 보지 않고 믿을 수 없을 만큼 빈곤한 생활을 하고 있음을 발견하였다. 왜 저 하나님을 두려워하는 부자들이 이 가난한 사람들을 방문하지 않는 것일까! 그 부자들이 여가 시간을 이용하는 데 이보다 더 좋은 길이 따로 있을까? 분명히 없다. "모든 사람들이 그의 수고에 따라 그의 보상을 받는" 날에야 그것이 참 길이었음을 알게 될 것이다.

다음 날에도 다른 신도 회원들의 무리 속에서도 같은 상태를 발견하였다. 나는 그와 같은 비참한 모양을 뉴게이트의 형무소에서도 보지 못하였다. 가련한 사람이 병상에서 일어나 누더기를 입은 부인과 거의 나체가 되어 있는 아이들이 있는 곳으로 가려고 하였는데 거기에 한 사람이 빵을 가지고 오니까 모두 뛰어 가서 단숨에 쥐어 조각내고 말았다. 이것을 보고 내세가 있음을 기뻐하지 않을 사람이 있겠는가?

4월 21일(월) 오늘은 새로운 예배당을 기공하는 날이다. 비가 왔으므로 몰려오리라고 생각하였던 수천 명이 오지 않았으므로 큰 도움을 받았다. 그런데도 상당히 많은 사람들이 와 있었으므로 첫 돌을 놓으려고 그곳에 가기 위해 그 사람들을 헤치고 가기란 매우 곤란한 일이었다. 돌 위에 놋쇠 판이 놓여 있었고 그 위에 "1777년 4월 1일, 존 웨슬리에 의하여 세워지다."라고 새겨져 있었다. 그 위에 다시 돌 하나가 놓이기 때문에 사람의 눈으로 다시 볼 수 없을 것이다. 그러나 땅과 그 위의 모든 것이 불타 없어질 때까지는 영구히 남아 있을 것이다.

4월 27일(주일) 태양이 힘 있게 솟아오를 때 나는 무어필드에서 수천 명에게 설교할 수 있는 기회를 잡았다.

5월 20일(화) 나는 건축위원회를 소집하였다. 이것이 런던에서의 나의 주 업무였다. 우리는 몇몇 구절을 상고하였는데 마침내 일을 시작하게 하신 분이 우리에게 일을 마칠 수 있게도 해 주시리라는 말씀에 큰 감명을 받았다.

5월 24일(토) 나와 동생은 다시 한 번 도드 박사를 방문하여 침울하였으나 유용한 시간을 보내었다. 사람의 눈으로 판단컨대 그 사람이야말로 참 복음적인 참회자로 보였다.

5월 30일(금) 화이트 헤븐에 가서 나를 기다리고 있는 배를 발견하였다. 저녁 때 설교를 한 후 8시경에 배를 탔다. 다음 날 아침에 만이란 섬의 도우그라스에 상륙하였다. 캐슬타운으로 가는 마차가 준비되어 있었다. 캐슬타운은 또 갈웨이와 꼭 같았는데 다만 조금 작을 뿐이었다. 6시에 성 부근에서 이 섬의 전 인구인 것으로 보이는 많은 사람들에게 설교하였다. 두셋 경솔한 부인들이 종교에 대하여 아무것도 모르고 있음을 드러냈을 뿐 다른 사람들은 진지하게 듣고 있었다.

6월 1일(주일) 6시에 내 방에서 설교를 하였는데 놀랍게도 숙녀들이 퍽 많이 모여와 있었다. 젊은이들도 노인들과 같이 열심이었으며 만일 가능하다면 한두 시간 더 머물러 주기를 요청해 왔다. 그러나 예배 시작 전에 필타운에 가야만 하기에 서둘러야 하였으므로 이에 응할 수가 없었다.

코페트는 기쁜 마음으로 나를 영접하여 설교해 주기를 바라고 있었으나 감독이 이를 금지하였고 모든 목사들에게 메도디스트의 설교자가 성찬에 참예하는 것을 금지하라고 명령하였다는 것이다. 그러나 이런 금지에 대하여 양심상으로나 법률상으로나 따라가야만 할 이유가 있을까? 만일 그것이 국왕의 의사라 할지라도 명백한 법률이 보장하는 일이 아니라면 영국 국민을 좌우할 수는 없다. 감독쯤이 하는 일에 그 이상의 권위를 인정할 수 있겠는가? "그러나 그에게 복종하기로 약속하지 않았는가?"라고 말할 것이다. 아니다. 나도 전국의 어떤 목사도 복종하기로 약속하지 않았다. 이것은 단지 일반적인 과오일 뿐이다. 일반적으로 이렇게 생각하고 있다는 것은 부끄러운 일이다.

6월 2일(월) 이제까지 보지 못하였던 단순하고도 사랑에 넘치는 사람들이었다. 그러나 별로 이상할 것이 없다. 섬에는 다만 6명의 교황주의자가 있을 뿐이요 비국교도는 하나도 없었기 때문이었다. 섬사람들은 거의 3만 명에 가까웠는데 그들은 참으로 예의 바르고 친절한 사람들이었다. 밀수가 금지된 후부터 그들은 한층 더 열심히 농가 일에 힘썼고 청어 잡이가 잘 되어 마을은 점점 더 발전되어 갔다.

8월 5일(화) 연회가 시작되었다. 나는 특별히 모든 교역자들에게 (그런 보고서가 널리 배포되었기에) "당신 자신의 생각에 메도디스트들이 타락한 사람들이라고 믿을 만한 이유가 있습니까? 당신이 본 바에 따르면 하나님의 역사가 쇠퇴하고 있습니까? 그렇지 않으면 더욱 더 생명을 얻고 있습니까?"라는 질문을 해 보았다. 대체적인 대답은 "그 열매로 따져 본다면 사람들 사이에 일으키시는 하나님의 역사는 쇠퇴하고 있지 않으며 신도회는 하나님 앞에서 생명을 잃고 있지 않습니다. 예전과 다름없이 생생하게 살아있습니다. 이 소문은 악마가 우리의 두 손을 늘어지게 하여 기운을 빼버리려는 음모라고 보아야 할 일입니다."라고 하였다. "그러나 이 문제는 어떻게 결말지어야 할 일인가?" 각각 자기가 보고 들은 것밖에는 판단할 수가 없다. 한 곳만 보고 다른 곳을 판단할 수는 없다. 브리스톨을 보고 런던을 논할 수는 없는 것이다. 전국을 고루 순회하고 있는 사람은 나 외에는 별로 없다.

그러나 간단히 말한다면 대개 어느 곳에서나 메도디스트는 아직도 가난하고 경멸받고 있으며 속박 하에 노동을 하며 불편한 중에서 신앙생활을 힘쓰고 있는 사람들이 많다. 그래서 하나님의 능력이 없어지면 그들은 곧 수가 줄어들게 된다. 이에 따라 정확한 판단을 내릴 수 있을 것이다. 메도디스트는 대체적으로 보아 수가 줄어들고 있을까? 만일 그렇다면 은총을 받는 일이 적어지며 타락의 길로 걷고 있을 것이다. 그러나 그들은 수적으로 조금도 줄어들지 않고 오히려 점점 더 증가하고 있다. 그렇기 때문에 그들은 타락한 사람일 수가 없다.

8월 19일(화) 나는 코크 박사와 함께 타운톤으로 향하였다. 코크 박사는 그때 그의 교구에서 직위 해제를 당하였으나 그는 그 영예로운 이름에 안녕을 고하고 우리와 운명을 같이하기로 결심하였다.

11월 11일(화) 나는 많은 건강한 사람과 병든 사람을 심방하면서 그들 상호간의 사랑을 확인시키려 노력하였다. 나는 이 일을 해 갈수록 더욱 하나님께서 나를 이 시대에 하나님의 백성들의 찢긴 곳을 고치려고 보내 주셨음을 확신하게 되었다.

11월 14일(금) 잡지를 출판하려는 근 40년에 걸친 나의 소원이 이제 겨우 실현되게 되었다. 이제 그 자료들을 모으고 있다. 한 번 시작되면 내 생명이 계속되는 한 중단하지 않으련다.

12월 13일(토) 바스에 새로 지어지는 예배당의 첫 돌을 놓아 달라는 간청이 있었으므로 14일(주일) 오전에 웨스트 스트리트 채플에서 설교하고 오후에는 샤드웰의 성 바울 교회에서 설교한 후에 브렌트포드로 갔다. 거기서 나는 6시에 설교하고 12시에 마차에 올라 15일 월요일 오후에는 바스에 잘 도착하였다.
요즘 바스로 가는 길에는 우편 마차와 도적들 간에 연락이 있다는데 특히 야간에 심하였으며 일정한 장소에서 숨어서 기다리고 있던 자들이 습격해 온다는 것이다. 그 때문에 많은 사람들이 도적을 당하였다. 그러나 나는 참 좋은 "호위자"와 함께 여행하고 있으니 한 번도 어려움을 당하지 않았다.

1778년 2월 17일(화) 나는 「영국 국민을 위한 진지한 연설」을 썼는데 이는 이상하게도 무지하고 또 권모술수 하는 사람들에 의하여 잘못된 소문이 돌고 있는 이 나라의 현상에 관한 것이며, 그런 현상이 너무나 속속들이 퍼져 파멸의 벼랑 위에 서 있는 것 같은 불안을 안고 있기에 할 수만 있다면 이를 씻어 보려는 것이었다.

2월 27일(금) 이날은 국가적인 단식일이었다. 실로 장엄한 심정으로 맞은 하루였다. 모든 상점들은 문을 닫았고 거리에 나가도 조용하였고 어느 예배당이든 사람들이 가득 찼고 저녁 5시까지 왕궁에서도 음식이 제공되지 않았다. 적어도 이런 범위 안에서는 하나님이 이 나라의 나갈 길을 인도해 주시리라 믿는다.

6월 28일(주일) 오늘로서 나는 75세가 된다. 하나님의 은총 하에 25세 때에 비하여도 하등 건강이 쇠퇴됨을 느끼지 않는다. 이도 하나님께서 해 주신 일이다.

8월 4일(화) 회의가 시작되었는데 전에 보지 못하였던 많은 수의 설교자들이 모였다. 나는 목요일 저녁까지 아침과 저녁으로 설교를 하였다. 그런데 그때부터 나의 목소리가 좀 약해지기 시작하여 다음 날에는 다른 두 설교자들에게 내 일을 맡겼다. 토요일에 회의는 끝났다.

8월 17일(월) 코크 박사와 나의 동생과 나는 브리스톨로 마차를 타고 갔으며 20일(목) 일찍이 콘월을 향해 출발하였다.

9월 1일(화) 티벨톤으로 갔다. 그리고 퍽 오래 전에 어떤 사람이 하던 말을 생각해 보았다. "나는 7년에 한 차례씩 나의 모든 설교를 불태워 버립니다. 7년 전보다 더 훌륭한 설교를 쓰지 못한다면 부끄럽기 때문이오."라고 하였다. 그러나 그것은 다른 사람들은 그렇게 할 수 있는지 모르겠으나 나는 그렇게 할 수가 없다. 나는 "착한 청지기"에 대해 7년 전보다 더 좋은 설교를 쓸 수 없다. 또 "최후의 심판"에 대해 20년 전보다 더 잘 쓸 수 없다. 금전 사용에 관해서는 30년 전보다 더 낫게 쓸 수가 없다. 더군다나 마음의 할례에 대해서는 45년 전에 쓴 것과 같은 것을 쓸 것 같지 않다. 나는 그 후 500~600여 권의 서적을 읽었으며 역사와 물리학에 관해서도 어느 정도 더 알게 되었으나 이것이 하나님께 대한 지식의 본질에 대해서 무엇인가 더 보탬이 되었다고는 생각하지 않는다. 40년 전부터 내가 지금 설교하고 있는 기독교의 교리를 모두 알고 있었으며 설명해 오고 있다.

11월 1일(주일) 시티로드 채플의 헌당식 날이다. 멋지지는 않으나 말쑥하였다. 파운드리 회당보다는 훨씬 더 많은 사람을 수용할 수 있으며 모닝 채플보다도 더 많은 사람을 수용할 수 있다고 생각한다. 많은 사람들이 각 방면에서 모여 오는 사람들로 매우 혼잡을 이루리라 생각하고 있었으나 그들의 예상은 빗나갔으며 그런 혼잡은 전혀 없었고 모든 일은 정숙하고 순서 있게 진행되었다. 나는 솔로몬이 성전을 봉헌할 때 드린 기도에 대하여 설교하였다. 아침과 저녁에 "시온 산의 어린 양과 함께 있는 14만 4천 명"에 대해 설교하였을 때 하나님께서는 분명히 회중 속에 서 계셨다.

11월 29일(주일) 올드 스트리트의 성 누가 교회에서 자선 설교를 해 주십사 하는 부탁을 받았다. 이만큼 많은 사람이 모였던 일은 아직껏 없었을 것이다. 그러나 청중은 하나님을 두려워하는 마음으로 넘쳐 있었다. 오후에는 새 예배당에서 설교하고, 7시에는 루드 레인의 성 마가렌 교회에서 설교하였다. 성 누가 교회에서와 거의 같은 수의 청중이 모였다. 십자가에 대한 반감은 다 지나간 것일까?

12월 25일(금, 성탄일) 예배는 평상시와 같이 새벽 4시 새 채플에서 시작되었다. 나는 리처드슨이 웨스트 스트리트 채플에서 기도서를 읽을 줄로 기대하였으나 그가 오지 않았으므로 내가 기도서를 읽고 설교하고 수백 명에게 성찬을 베풀었다. 오후에 나는 입추의 여지없이 꽉 채워진 새 채플에서 설교하였고 밤에는 런던에서 가장 큰 교구교회인 성 세펄커스에서 설교하였다.

1779년 1월 1일(금) 마침내 우리는 우리 신도 회원 전체를 수용할 수 있는 집을 갖게 되었다. 우리는 하나님과의 계약을 새롭게 하기 위하여 그곳에 모였다.

3월 11일(목) 나는 바스에서 새 채플의 문을 열었다. 그것은 런던의 채플의 반 정도의 크기였으며 거의 그와 같은 형으로 지어졌다.

3월 15일(월) 잉글랜드와 스코틀랜드의 순회 여행길에 올랐다. 옛 사람들에게는 믿어지지 않을 만큼 1월과 2월과 3월의 중순까지 좋은 일기가 계속되었다.

7월 25일(주일) 양쪽 채플이 모두 꽉 채워졌다. 월요일에는 나는 글을 쓰기 위해 레위샴으로 돌아갔다. 8월 3일(화)에 우리 협의회를 시작하였으며 그 회의는 사랑과 화기에 찬 분위기 속에 끝났다. 8일(주일) 아침 웨스트 스트리트에서, 저녁에는 새 예배당에서 설교하였다. 거기에서 이 친절한 회중과 아쉬운 작별을 고하였다. 이것이 파운드리에서 보낸 마지막 밤이었다. 이 교회에서 41년 동안에 하나님이 이룩하신 일이란 얼마나 큰 것이었던가!

1779년 8월 9일 ~ 1782년 7월 24일

제16장 [|] 연로한 메도디스트들의 서거

8월 9일(월) 동생과 그의 가족들과 함께 웨일즈를 향해 출발하였다. 12일
(목)에는 거센 폭풍이 강타하고 간 몬마우스에 갔다.

8월 13일(금) 매우 급한 경사의 층계를 내려오고 있을 때, 발이 미끄러져
몇 계단 굴러 떨어졌다. 층계 모서리에 떨어졌기에 호주머니 안에 넣었던
달력 케이스가 다 부서져 버렸다. 그리고 그 아래층 모서리에는 구두의 점
쇠가 닿아서 그 둘레가 빠져 버렸다. 그러나 내 몸에는 조금의 상처도 나지
아니하였다. 우리의 선한 주께서 그와 같이 하늘 천사를 보내시어 지켜 주
신 것이다. 밤에 브렉노크에서 설교하였다. 그곳에 동생을 남겨두고 14일
(토)에 칼말덴으로 나아갔다.

8월 20일(금) 우리는 정오에 모여서 우리의 왕과 국가를 위한 중재 기도
를 드리는 엄숙한 시간을 가졌다.

8월 21일(토) 나는 펨브로크로 갔다. 상당수의 아메리카인 포로들이 그곳
에 감금되어 있음을 알았기에 저녁에 나는 그들이 감금되어 있는 곳 맞은
편 위에 자리를 잡고 그들이 분명하게 들을 수 있게 설교하였다. 그들 대부
분은 크게 감동한 것 같았다. 오! 하나님이시여. 저들의 영혼을 자유롭게 하
여 주소서!

8월 26일(목) 나는 5시에 그리고 11시에 또 설교하였다. 가난한 자나 부한
자나 함께 감동을 받은 것 같았다. 오, 세월의 변화여! 내가 코우브릿지에
있을 때 사람들이 내가 있던 집을 에워싸고 사방에서 돌을 던지던 때에 비
한다면 이 얼마나 큰 변화냐!

8월 29일(월) 서쪽을 향해 출발하였다. 저녁에는 타운톤에서 설교하였다.

10월 8일(금) 오늘 밤 나는 런던의 새 집에 들었다. 몇 밤이나 더 이곳에서

쉬어야 할까?

12월 13일(월) 나는 루이샴으로 돌아가서 신도회의 명부를 정리하였다.
57명의 회원이 금년에 죽었는데 그 중에 "어리석은 죽음으로 마친 사람"은
하나도 없었다.

1780년 1월 22일(토) 나는 애쉬튼 레버 경의 박물관에서 기분 좋은 한두
시간을 보내었다. 그 크기는 대영 박물관에 견줄 수가 없으며 그렇게 크게
건축되지도 않았고, 사본도 책도 골동품도 어떤 유명한 그림도 없었다. 그
러나 자연의 진귀함을 나타낸 면에서는 유럽의 어떤 박물관에도 뒤지지 않
으리라 믿는다. 거기 진열된 모든 짐승들, 새들, 파충류들, 그리고 곤충들은
참으로 잘 정리되었고 보존되어 있었다. 그래서 누구나 그것을 딴 곳에서
보게 된다면 살아있는 것으로 착각하게 될 것이다. 특히 하마는 마치 강에
서 올라오려는 것 같아 보이며 사자는 탑 속에서 목을 흔들 때와 같이 무서
운 모양을 하고 있다.

4월 19일(수) 오트레이로 갔으나 내가 이르기 전에 릿치는 사망하였다.
그러나 그는 먼저 좋은 간증을 하였다. 어떤 이가 그에게 "당신은 곧 회복될
것입니다."라고 하였더니 그는 대답하기를 "나는 회복될 수 없습니다. 그러
나 나는 나의 마음속에 하나님을 모셨습니다. 나는 행복합니다. 행복합니
다. 주님의 사랑 안에 있으므로 행복합니다."라고 하였단다.

5월 21일(주일) 비 때문에 정오에 캐슬 힐에서 하려던 설교는 중지하였다.
저녁에는 집에 가득 차게 모였으므로 좀 강한 어휘들을 쓰며 설교하였다.
그러나 나는 에든버러 사람들을 위한 설교자는 아니다. 휴 사운더손이나 미
카엘 펜위크가 그들의 구미에 더 맞을 것이다.

5월 31일(수) 덜함 근처의 쉰크리프에 있는 파카의 집에 갔다. 회중이 너

무 많이 왔으므로 나는 문 옆에 섰다. 마치 마을 전체가 기쁨으로 복음의 진리를 받아들이려는 것 같았다. 그들의 열광적인 상태는 필경 덜함 사람들의 질투심을 자극할 것이다.

6월 16일(금) 우리는 링컨 이외에서는 이 지방에서 큰 곳인 보스톤에 갔다. 첨탑의 정상에서 (나라 안에서 가장 높은 탑이라고 생각되는데) 보니 근처의 읍과 마을들이 다 보일 뿐만 아니라 다른 지방도 모두 다 바라볼 수 있었다. 이 읍은 원래 늪이 없어지고 그 대부분이 목장이 되었고, 일부분은 농경지가 되었다. 6시에 집 안에는 많은 사람이 모여 있었는데 모두 점잖게 행동하였다. 미첼과 마사가 상대하였던 저 짐승 같았던 자들에게서 얼마나 많이 변하였는가! 놀랍다. 17일(토) 아침에 집에 가득하게 사람들이 모였으며 많은 사람들이 큰 감동을 받았다. 거기 참석하였던 한 신사가 나를 만찬에 초대하였고 그의 작은 목장을 사용하라고 하였으나 바람이 너무 심해서, 내가 26년 전에 이곳에서 하였던 것 같이 야외에서 설교할 수 없었다. 잘 아는 재세례교도인 톰슨이 그의 널따란 사교실 사용을 제안하기에 기꺼이 받아들였다. 나는 그 도시에 중요 인물들이 거의 다 모인 가운데서 고린도전서 13장 1절로 3절을 가지고 설교하였는데 그들 대부분이 크게 놀라는 것 같았다.

6월 20일(화) 틸비에서 설교한 후에 나는 그림스비로 갔다. 초대 회원들이 거의 다 아브라함의 품에 고이 안기어.이제는 얼마 안 남았으나, 그래도 링컨서 동쪽은 다른 어느 곳보다도 나에게는 마음 놓이는 곳이다. 그리고 머뭇거리는 심령들을 그들의 합법적인 먹이로 움켜 가는 칼빈주의자들에게 다소 방해를 받고는 있으나 아직도 사랑스러운 사람들이 남아 있다.

6월 28일(수) 세필드에 이르렀으나 집안 형편이 여의치 않기에 광장에서 설교하기로 하였다. 오늘 나는 78세가 되었다고는 생각되지 않는다. 하나님의 은총으로 28세 때와 조금도 다름이 없다. 하나님께서 나에게 계속해서 아침 일찍이 일어나고, 새벽과 저녁에 설교를 하게 인도하셔서, 이런 건강의 은혜를 주신 것이다.

12월 16일(토, 런던) 조지 골든 경에게서 면회하러 와 주십사 하는 두 번째 편지를 받았기에 스토몬트 경에게 한 장 써서 보내어 면회 가는 데 필요한 호위병을 파견 받았다. 19일(화)에 나는 런던탑 속에 있는 그의 방에서 그를 만나 한 시간 가량 보냈다. 우리의 대화는 천주교 등 종교 문제까지 폭넓게 전개되었다.

그는 성경에 친숙하였던 것 같았으며 서재를 꾸며도 될 만큼 많은 책들을 가지고 있었다. 나는 그가 아무 일에도 다른 사람을 원망하지 않는 것을 보고 놀랐다. 나는 그의 유폐가 하루 속히 가벼워져 긴 축복이 계속 되기를 기도하였다.

12월 29일(금) 조지 골든 경에 대한 대심원의 고소장을 읽었다. 참으로 놀라운 일이다. 진리와 상식에 대한 더할 나위 없는 모욕이다. 그러나 이것은 늘 있는 일 중의 하나다. 얼마나 부끄러운 일인가! 어찌하여 국회는 그런 모욕된 일을 이 나라에서 제거시켜 주지 않는 것일까?

12월 30일(토) 새벽 1시와 2시에 잠이 깨어졌다. 눈을 떠 보니 예배당 위에 붉은 빛이 보였다. 바로 근처에 화재가 났으며 아마도 제재소에서 난 것 같았다. 그렇다면 우리는 잠시 후에 잿더미로 변하게 될 것이다. 집 안에 있던 이들을 불러 모아놓고 먼저 기도드렸다. 그리고 나가보니 집에서 100야드 밖에 안 되는 곳에 불이 있었으며 남풍이 불고 있었다. 그러나 한 수부가 "멈추시오. 멈추시오. 바람은 곧 그 방향을 바꿀 것입니다"라고 소리쳤다. 우리가 기도드리는 사이에 풍향은 바뀌어 서쪽으로 향하였으며 불길은 우리에게서 멀어져 갔다. 우리는 감사하면서 돌아와 나머지 하루 밤을 잘 쉬었다.

1781년 1월 25일(목) 나는 조카의 연주회에 참석하여 유쾌한 한 시간을 보냈다. 그러나 숙녀들에게 에워싸이고 보니 어쩐지 불편하였다. 나는 평민적인 음악과 평민의 친구들을 제일 좋아한다.

3월 30일(금) 나는 맨체스터에 새 예배당 문을 열었는데 그것은 런던의 것과 거의 같은 크기였다.

4월 1일(주일) 10시에 기도서를 읽기 시작하였다. 우리 시골 친구들이 사방에서 몰려왔다. 성찬식에는 내가 맨체스터에서 보지 못하였던 광경이 벌어져 1,100~1,200명이 성찬을 받았으며 그들 모두가 하나님을 두려워하고 있었다.

4월 3일(화) 나는 이곳에 있는 애정 깊은 친구들과 마음 무거운 작별을 고하고 볼톤으로 갔다. 이곳에 있는 신도회는 참으로 원형적인 메도디스트들로 이루어졌다. 그들은 세상을 따르지 않았을 뿐만 아니라 그들의 강령이나 정신이나 자세에 있어서 어린 양을 따르는 사람들이었다. 그 결과로 그들은 질적으로나 양적으로나 크게 증대되고 있었다.

5월 8일(화) 저녁에 칼디프의 공회당에서 설교하였는데 회중은 거의 다 새 사람들이었다.

8월 5일(주일) 리즈에 있는 오래된 교회에 18명의 성직자와 1,100명의 성찬 참예자들이 모였다. 나는 그곳에서 3시에 설교하였는데 교회는 가득 채워졌으며 하나님께서 지금 이스라엘과 맺은 "새로운 계약"에 대해 설명하고 있을 동안 모두 잘 들을 수 있었다고 믿는다.

9월 7일(금) 나는 킹스우드에 가서 학교 운영에 대해 특별조사를 하였다. 나는 어떤 규칙은 전혀 준수되지 않고 있었음을 발견하였는데, 특히 아침

기상 시간이 지켜지지 않았다. 분명히 사탄은 이 학교에 악의를 품었음이 틀림없다. 30년 이상 수고한 값이 무엇이란 말인가? 나는 계획할 수 있다. 그러나 누가 실천한다는 말인가? 나는 모르겠다. 하나님이여, 나를 도와주시옵소서!

11월 2일(금) 런던으로 돌아왔다.

11월 5일(월) 속회를 방문하기 시작하였으며 신도회가 점점 커가고 있음을 발견하였다. 나는 이 일은 주로 매일 새벽 5시에 계속해서 기도해 온 젊은이들의 모임에 그 공을 돌린다. 다음 주일에 나는 대부분의 시골 신도회들을 방문하였는데 어느 회나 줄어들지 않고 증가되고 있음을 발견하였다.

1782년 3월 29일(수난일) 막크레스필드로 가서 심프슨의 퍽 바쁜 일을 도울 수 있었다. 그이 대신 오전과 오후에 설교를 하고 1,300명에게 성찬을 베풀었다. 성찬 도중에 어디선지 나지막하고 부드럽고도 장엄한 소리가 들려 왔다. 5, 6분간이나 계속되었으므로 많은 사람들이 감동되었고 눈물까지 흘렸다. 마침내 서서히 사라져 갔다. (내가 알고 있는) 다른 오르가니스트가 이를 생각지 못한 것은 이상스러운 일이다. 저녁에 내 방에서 설교하였다. 예술로도 본뜰 수 없는 묘한 조화가 있었다.

5월 14일(화) 수년 전에 방직과 직물회사 등 4개사가 엡워스에 설립되었다. 그 공장들에 수많은 젊은 부인들과 소년 소녀들이 고용되었다. 그들의 이야기는 매우 추잡하여 들을 수 없을 정도였다. 그런데 어떤 직공들이 잘못 출석하였던 기도회에서 오히려 마음에 큰 변화를 받고 돌아갔다. 그들은 다른 직공들을 감화시켜 동료가 될 때까지 계속 권면하여 마침내 전체가 변하였다. 세 공장에서는 이제는 더러운 말이나 음담패설이 자취를 감추었으며, 하나님은 그들의 입에 새로운 노래를 주시고 모독적인 입술을 찬미하는 입술로 바꿔 주셨다. 이들 세 공장을 오늘 방문하였는데 쓸데없는 말을 들을 수 없었으며 서로 사랑으로 교제하고 있었다.

5월 31일(금) (에든버러에서 3마일 떨어진 곳에 있는 훌륭한 고옥) 사우톤 홀의 맥스웰 부인 집에 숙소를 정하였다. 그 부인이 자기 집 근처의 가련한 사람들에게 이야기 좀 해 달라고 부탁해 왔다. 그래서 오후 4시에 다윗과 나사로의 이야기를 들려주었다. 7시에 에든버러의 우리 집에서 설교하여 마음껏 말할 수 있었다. 6월 1일 토요일에 맥스웰 부인이 지원해 주는 40명의 불쌍한 아이들과 함께 학교에서 얼마 동안 시간을 보내었다. 그들은 읽기와 쓰기 그리고 종교의 가르침을 잘 받은 아이들이었다. 그러나 그들에게는 장식에 대한 사랑이 넘치고 있음을 발견하였다. 아무리 빈곤하여도 무엇인가 장식을 하고 있었다. 많은 아이들이 구두는 신지 않고, 누더기를 입고 있는 소녀라 해도 "주름 장식"은 틀림없이 달고 있었다.

6월 28일(금) 80세가 되는 해에 접어들었다. 그러나 하나님의 은혜는 깊으시사 지금도 "괴롭거나 슬픈 때"가 아직 아니다. 나는 25세 때에 비하여 하등의 약함도 괴로움도 느끼지 않는다. 이는 전적으로 다음의 일들 덕분일 것이다. 1. 위하여 부르신 일에 나를 적합한 자가 되게 해 주시는 하나님의 능력. 2. 1년에 4,500마일을 계속 여행하는 일. 3. 졸릴 때는 밤이거나 낮이거나 잘 수 있는 일. 4. 정한 시간에 일어나는 일. 5. 항상 설교하는 일, 특히 아침에 하는 일 등.

7월 20일(토) 런던에 도착하였다. 그때부터 일주일간 전례를 깨뜨릴 정도로 많은 청중이 모여 들었다. 24일(수) 동생과 함께 레위샴을 마지막으로 방문하여 우리의 옛 친구 브랙웰의 유족과 함께 눈물겨운 한 시간을 보내었다. 그가 열심히 개량한 정원과 목장 둘레를 다시 한 번 산보하며 감개무량하였다. 40년 가까이 2, 3일의 여가가 생기면 런던에서 고요한 시간을 가지려고 찾아온 곳이었다. 그 사이에 먼저 스파라우 부인이 안식에 들어갔으며 다음에 데왈 부인이, 그리고 이번에는 브랙웰 자신이 갔다. 얼마 후에 우리가 그들을 뒤따르게 될지 누가 감히 말할 수 있겠는가?

1782년 9월 6일 ~ 1790년 10월 24일

제17장 | 남은 날들

6월 6일(금) 오후에 우리는 브리스톨로 갔다.

9월 8일(주일) 동생이 기도서를 낭독하고 나는 범상치 않은 청중에게 설교하였다. 그러나 그보다 훨씬 더한 청중을 킹스 스퀘어에서 저녁에 만났으며 나는 그들에게 "너희가 하나님과 재물을 겸하여 섬길 수 없느니라."고 강조하였다.

11월 24일(주일) 나는 스코틀랜드에 있는 성 클레멘트에서 (아마도 성 세펄커스를 제외하고는 런던에서 내가 설교한 중에 가장 큰 교회) 많은 회중에게 설교하였다.

1783년 1월 10일(금) 나는 이제 나이 90세 된 페로넷 씨를 다시 한 번 방문하였다. 나는 이분만큼 존경할 만 한 분을 알지 못한다. 이해력은 약해져, 어찌 보면 전적으로 손상된 듯하나 그의 가슴은 사랑으로 가득 차 있었다.

2월 21일(금) 특별히 개최된 연회 석상에서 1년의 경비를 조사해 보았더니 (보고에 따르면) 1년에 3,000파운드로 증가된 것을 알게 되었다. 내가 받는 것은 단지 30파운드일 뿐이다.

9월 26일(금) 우리 형제들의 심한 빈곤을 보고 나는 그들을 구호하기 위해 내가 할 수 있는 일을 실천하기로 결심하였다. 나는 몇몇 유복하게 사는 형제들에게 개별적으로 말하여 40파운드 가량을 받았다. 다음으로 그들 중 가장 빈궁한 사람들이 누구인지를 묻고 그들의 집으로 직접 찾아갔다. 나는 그들 중에 하나도 불평하지 않고 오히려 하나님 안에서 참으로 행복하게 지내는 모습을 보고 크게 놀랐다. 그리고 그들은 그들이 받은 이 적은 구호에 대하여 크게 감사하고 있었다.

11월 1일(토) 런던으로 돌아왔다. 1769년에 내 체중은 122파운드였다.

1783년은 한 파운드도 더하지도 덜하지도 않았다. 나는 이런 예가 대영제국 안에 다시 있으리라고 생각지 않는다.

12월 18일(목) 자연히 쇠약해지기 때문에 사경으로 접어들어 가는 위대한 존슨 박사와 2시간 동안 이야기를 나누었다.

12월 27일(주일) 나는 아우브레이스의 집에서 화란의 상인의 아들 바이난츠와 함께 만찬을 가졌는데, 그 화란 상인의 집에서 나는 45년 전에 피터 뵐러와 그의 형제들을 만났다.

1784년 1월 12일(월) 몹시 가난한 사람들을 구제하기 원하였으나 남은 돈이 없었다. 이런 경우에 하나님께 도움을 구하는 것은 마땅치 않은 일이라고 생각지 않는다. 그런데 몇 시간 후에 내가 전혀 기대하지 않았던 사람 하나가 와서 나의 손에 10파운드를 쥐어 주고 갔다.

4월 5일(월) 체스터에 와서 이 중대한 시기에 이곳에서도 새벽 설교가 중지되는 것을 발견하고 놀랐다. 그렇게 하는 그럴듯한 구실은 "사람들이 겨울에는 조금도 모이지 않기 때문"이라는 것이었다. 그렇다면 메도디스트는 이제 쇠퇴되고 있다고 말하지 않으면 안 된다. 여기에 증거가 있다. 그들은 "처음 사랑을 잊은 것"이다. "처음 일"을 다시 시작하기 전에는 이를 회복할 수는 없는 것이다.

나는 조지아에 발을 디디자마자 새벽 5시에 설교하는 일을 시작하였다. 성찬 참예자로 그 읍에서 열심 있던 사람들은 모두 1년 내내 계속해서 출석하였다. 병들지 않는 한 여름이나 겨울에나 매일 아침 계속하였다. 그곳을 내가 떠날 때까지 그들은 계속하였다. 1738년 영국에서 하나님이 크나큰 일을 하시기 시작하셨을 때 나는 겨울에나 여름에나 같은 시각에 설교를 하기 시작하였다. 그러나 회원들 중에 결석하는 일은 없었다. 그들이 이에 출석치 않는다면 그들은 열성을 잃은 것이다. 그러므로 그들은 시들어 가고 있고 용두사미와 같은 사람들이라 불려도 할 말이 없는 것이다.

그와 동시에 우리는 다음 세대에 이르기까지 설교소를 유지해 나가기 위해 노력한다. 하나님의 이름으로 가능한 한 현 세대를 타락의 길에 떨어지지 않게 지켜 나가야겠다. 이와 함께 하나님의 생명을 간직한 모든 설교자들이 하나가 되어 단식하고 기도하고, 그 목소리를 나팔 소리와 같이 크게 울려 때를 얻든지 못 얻든지 저들이 타락되어 가고 있음을 경고하고 끊임없이 회개하고 "처음 일을 하라"고 권장하고 싶다. 이를 실행하지 않는다면 영육간의 모든 건강을 길게 보전할 수가 없다.

4월 19일(월) 앰블사이드로 가서 저녁을 먹고 있는데 내 설교가 있겠다는 광고가 있었으므로 모두 모여 기다리고 있더라는 소식이 왔다. 그들을 실망시킬 수 없으므로 곧 가서 믿음으로 얻는 구원에 대해 설교하였다.

5월 4일(화) 오후 4시와 5시에 애버딘에 도착하였다. 5일(수)에 나는 그곳에서 새벽 설교가 오랫동안 중단되고 있음을 발견하였다. 그러나 신도회 모임은 계속되었다. 그러나 새벽 기도회와 설교가 없었으므로 많은 사람들은 메마르고 약해져 있었다. 스코틀랜드 전역에서 이런 새벽 설교는 거의 찾아볼 수가 없었다.

저녁에 나는 많은 설교자들과 이야기하면서 설교자들이 한 곳에 6주 내지 8주까지 머물러 있는 것이 그들 자신과 회중에게 모두 해가 된다는 것을 보여 주었다. 설교자는 매일 새벽에 설교할 주제를 찾지 못할 것이요, 따라서 사람들도 그들의 설교를 들으러 오지도 않을 것이다. 그래서 그들은 회중과 함께 침대에 누워 차갑게 잠들 것이다. 그러므로 한 곳에 두 주간만 머물면 할 말이 충분할 것이며 사람들도 기쁜 마음으로 들으러 올 것이다.

그들은 이 순회 구역을 위해 그러한 계획을 수립하였고 그대로 하기로 결정하였다.

6월 8일(화) 나는 스탁톤 어픈 티에 왔다. 여기서 나는 어린이들 가운데 역사하신 하나님의 비상하신 일을 보았다. 대부분 6세로 14세 사이의 어린 이들이 퍽 신중하였고 그들의 영혼의 구원을 갈망하고 있었다. 정오경에 내가 "하나님 나라가 가까우니"라고 설교하였는데 사람들은 한 말씀 한 말씀에 감동되는 것 같았다. 강단에서 내려서자마자 어린이들이 나를 에워싸더니 하나둘씩 무릎을 꿇고 엎드렸다. 그래서 나도 그 자리에서 무릎을 꿇고 그들을 위해 기도하기 시작하였다. 뜨거운 불이 가슴에서 가슴으로 타 옮겨져 거의 모두에게 퍼져갔다. 이야말로 이 지구상에 처음으로 있는 새 일이 아니냐? 하나님께서는 어린이들 가운데서 그의 일을 시작하신 것이다.

6월 26일(토) 나는 아직도 이 세상 어느 곳보다도 더 사랑하는 엡워스로 말을 달려갔다.

6월 28일(월) 오늘로서 81세가 되었다. 아직도 얼마든지 일할 수 있을 것 같다. 몸도 마음도 40년 전과 비해 아무 차이가 없다. 이 일은 모든 것의 주권자이신 주님이 하시는 일이니 주께 감사하여야겠다. 원하시는 대로 생명의 태양을 멈추시는 이는 하나님이시다.

81세인 현재 나는 21세 때와 똑같이 강하며, 그뿐 아니라 젊었을 때 있었던 두통 치통 그리고 그 밖의 육신의 질환이 이제는 다 없어지고 말았다. "다만 주께서 다 살려 주실 뿐이다." 검은 눈동자가 움직이는 그때까지 다만 하나님을 위해 일하고 싶을 뿐이다.

8월 31일(화) 코크 박사와 와트코트, 그리고 베시가 아메리카로 가기 위하여 런던에서 왔다.

9월 1일(수) 나의 마음도 맑게 개었으므로 마음속에 오랫동안 무거운 짐이 되었던 일을 실천하는 한 걸음을 내디뎌 와트코트와 베시를 아메리카에 있는 쓸쓸한 양떼들을 돌보게 파송하기로 하였다. 2일(목)에 그들 외에 새로이 3명을 추가하기로 하였는데 이 일은 분명히 하나님께 영광 돌리는 일이 되리라고 믿는다.

11월 20일(토) (런던에서) 새벽 3시에 두 세 명이 부엌 창문을 부수고 집안으로 들어왔다. 그들은 응접실로 들어가 모어의 책상 서랍을 열고 2,3파운드를 발견하였다. 전날 저녁에 나는 그가 그날 받은 70파운드를 거기 두기에 주의시켜 거기 두지 않게 제지시켰다. 그런 후에 벽장문을 열고 은 스푼 몇 개를 훔쳤다. 그런데 바로 그때 모어가 (4시에 걸을 것을) 잘못하여 3시 반에 걸어 놓은 경종 시계가 우레 같은 소리를 냈다. 그래서 도적은 놀라서 한참 일하다가 급히 뛰어 달아나고 말았다. 그 덕으로 손해는 총액 6파운드 정도도 안 되었다.

12월 26일(주일) 뉴게이트에서 죄수들에게 설교하였다. 47명이 사형선고를 받은 사람들이었다. 그들이 들어올 때에 쇠사슬 소리가 매우 언짢은 느낌을 자아냈다. 그러나 "이와 같이 죄인 하나가 회개하면 하늘에서는 회개할 것이 없는 의인 아흔아홉을 인하여 기뻐하는 것보다 더하리라."는 성경 구절을 읽은 뒤에는 그들 중에나 또는 청중 사이에서도 그런 언짢은 느낌은 사라지고 말았다. 주님의 능력이 나타나서 많은 죄수들이 눈물을 흘리고 있었다. 5일 후에도 그 중 20명이 사형되었으나 그 중의 5명은 평화로운 모습으로 죽었다. 나는 그곳 교화사 빌레트의 정신과 태도에 큰 감명을 받았다. 나는 그가 언제나 그와 같은 귀한 정신과 태도를 갖고 있다는 것을 듣고 감사하였다.

1785년 1월 4일(화) 이 시기에 우리는 늘 빈곤한 사람들에게 석탄과 빵을 분배하는 일을 하였으며 빵과 같이 옷가지도 필요하리라고 생각한다. 그래서 4일간 도시를 돌아다니며 가장 필요한 사람들에게 옷가지를 갖추어 주기 위해 필요한 파운드를 거두러 다녔다. 그러나 눈이 너무 많이 쌓여 어떤 곳은 무릎까지 빠질 정도여서 쉬운 일이 아니었다. 아침부터 밤까지 내 발은 눈 녹은 물로 흠뻑 젖어 있었다. 토요일 저녁때까지 꽤 잘 견디었으나 마침내 설사가 시작되었으며 시간마다 더 심해지므로 아침 6시에 화이트헤드 박사가 왕진해 주었다. 약을 한번 마셨더니 퍽 좋아졌으며 서너 차례 마시고 나니 완전히 나았다. 그가 몇 해만 더 산다면 유럽에서 가장 유명한 의사 중의 한 사람이 되리라고 기대한다.

4월 24일(목) 나는 요즘, 50년 전에 심은 한 알의 겨자씨가 참으로 이상할 만큼 성장되었구나 하는 것을 절실히 느끼게 된다. 그레이트 브리테인 아일랜드, 화이트 섬, 만 섬, 이어서 아메리카와 리워드 군도, 전 유럽, 캐나다, 뉴핀란드에 이르기까지 널리 퍼져 나갔다. 각 지방에서 신도회들이 조직되고 거룩한 종교임을 인정하여 한 규칙 하에 전진해 나가며, 다만 형식에 있어서만 아니라 "신령과 진리로" 하나님을 예배하려고 노력하고 있다.

5월 5일(목) 콜크로 가는 길 절반쯤 갔을 때 약 30명의 말 탄 사람들을 만났다. 우리는 미들톤에서 식사를 하고 잘 가꾸어진 시골 길을 유쾌하게 말을 달려 콜크에 도착하였다.

6월 1일(금) 나는 신도회의 상황을 정확하게 파악하였다. 회원 수는 약 400명이었으며 모두 열심이었다. 많은 아이들, 특히 소녀들은 분명히 의롭다 하심을 얻었으며 몇몇은 성화된 것으로 보이며 삶이 모두 거룩하였다.
그러나 이제 콜크에서만이 아니라 전국 각처에서 붙여진 이 불꽃을 어떻게 하면 꺼지지 않게 지켜 나갈 수 있을 것인가? 가만히 앉아 있을 것이 아니라 그들이 내적으로 받아 가지고 있는 하나님의 은사를 자극함으로, 중단 없는 정성으로 모든 사람들은 조심시킴으로, 모든 사람들을 훈계함으로, 그리고 기도의 힘으로 보좌를 움직일 것이다. 그러나 이런 모든 노력을 한 후에 어떤 이들은 받은 은사를 발전시켜 나가는 이도 있을 것이고 그렇지 못한 이도 있을 것이다. 그리고 그 결과로 떨어져 나가는 이들도 생길 것이다. 우리는 이에 낙심할 것 없다. 내일 염려는 하나님께 맡기고 오늘 우리 앞에 놓인 일만 모두 힘쓸 뿐이다.

6월 28일(화) 하나님의 섭리로 나는 82세가 되었다. 하나님께 능치 못하신 일이 무엇일까? 내가 피곤 같은 것을 느끼지 않게 된 지 벌써 11년이 된다. 때때로 목소리가 나오지 않아 한 마디도 말하지 못하였던 일도 있었고 힘이 쑥 빠져 조금도 더 걸을 수 없게 되었던 일도 종종 있었다. 그러나 그럴 때라 할지라도 별로 피곤을 느끼지는 않았으며 머리끝에서 발끝까지 편안하였다. 이것은 자연의 결과라고는 생각하지 않으며 전적으로 하나님의 은혜다.

9월 26일(금) 저녁에 나는 성 아이베스의 시장에서 거의 모든 읍내 사람들에게 설교하였다. 이곳은 우리가 콘월에서 처음으로 설교하였던 곳이며 사탄이 그의 왕국을 위해 심하게 싸운 곳이었으나 이제는 모두 고요하고 평화로워졌다. 나는 이곳의 노장 존 낸스가 그의 수고를 마치고 안식에 들어간 것을 알게 되었다. 몇 달 전에 강단의 설교자 뒤에 앉아 있다가 쓰러졌으며 옮겨진 뒤에 그는 편안히 잠들었다고 한다.

10월 4일(금) 런던으로 돌아갔다. 6일(주일)에 나는 저 착한 사람 플레처의 장례 설교를 하였는데 대부분의 회중은 하나님이 그들과 함께 해 주심을 느꼈다.

12월 5일(월) 오늘과 이번 주간 내내 얻을 수 있었던 모든 여가 시간은 새 예배당을 마치기 위해 고용되어 일하는 가난한 사람들에게 나누어 줄 것을 얻기 위해 도움을 청하러 다니는 별로 유쾌하지 못한 일, 그러나 필요한 일을 위해 바쳤다.

1786년 1월 24일(화) 상원에서 왕 폐하가 연설하신다고 하여 초대되었다. 실로 놀랍도록 기뻤다. 모든 말씀을 분명하게 발음하셨다. 이만큼 정확하고 자연스러운 연설을 할 수 있는 왕이 유럽에 또 있을까?

6월 28일(수) 오늘로서 83세가 된다. 자연으로서도 의아스럽기 그지없다. 피곤 같은 것을 느끼지 않게 된 지 벌써 12년이 된다. 저술과 설교와 여행으로 피곤해 지친 일은 없었다. 실로 하나님의 은혜다. 다만 한 가지 자연적인 원인이 있다면 의심할 여지없이 계속해서 충분히 운동한다는 것과 공기를 바꾸고 있다는 것이리라. 그것이 얼마나 좋은지는 충분히 알지 못하지만 좋은 일임은 틀림없다.

9월 25일(월) 나는 플레처의 전기 자료를 퍽 많이 소집하였기에 그것을 저술하는 데 온갖 힘을 다 기울이고 있다. 이것을 위하여 11월까지 아침 5시에서 밤 8시까지 가능한 모든 시간을 바쳐 왔다. 그 시간은 나의 연구 시간이지만 낮이라도 그 이상하면 눈이 피곤해져 곤란해진다.

10월 2일(월) 차탐에 갔는데 진진한 청중이 모여들어 즐거웠다. 새벽 5시에도 그와 같이 모였다. 3일(화)에 때를 맞춰 불어오는 바람을 맞으며 시어니스로 내려갔다. 이곳 설교소가 준공되었는데 그 세워진 경로가 퍽 재미있다. 이 건축은 수개월 전에 아주 소수의 사람들이 기공하였는데 그들만으로는 좀처럼 준공될 것 같지 않았다. 그러나 하나님께서 독크 읍 사람들의 마음을 크게 움직여 주시어 종교에 대해 평소에 별로 흥미를 가진 것 같지 않았던 목공, 조선공, 노동자들이 틈만 나면 달려와서 아무런 보수도 없는데도 열심히 일하였다. 이런 경로로 순식간에 안과 밖에 훌륭하게 완성되었으며 런던의 새 회당을 제하고는 남쪽 잉글랜드에서 가장 보기 좋은 예배당이 세워진 것이다.

11월 5일(주일) 나는 오랫동안 크게 설교하다가 순교한 존 코우메로우의 유해를 안장하였다. 할 수만 있으면 그의 생명을 구해 보려고 그가 반쯤 죽어가고 있을 때 데리고 갔다. 그러나 너무 늦었다. 그는 좀 회생되는 듯하더니 다시 병세가 악화되어 몇 달 후에 편안히 잠들었다. 그는 온유한 성품과 조용한 마음의 소유자이었으며 모범적인 자세의 소유자였다.

12월 5일(화) 이 주간의 주말까지 낼 수 있는 모든 시간을 바쳐 신도회의 명부를 정리하였다. 지루한 일이었으나 그러나 필요한 일이다. 그러기에 나는 지난 50년간 1년에 한 번씩 이 일을 계속해 왔다.

1787년 2월 9일(금) 뉴와크에 있는 우리 형제들이 런던에서 124마일이나 되는 그곳에 와서 그들이 지은 새로운 집을 개관해 주십사 하고 간청하기에, 저녁에 우편 마차를 타고 출발하여 다음 날 오후 4시경에 뉴와크에 도착하였다.

3월 8일(목) 내가 브리스톨로 간 날 오후에 플레처 부인도 매더레이에서 그곳으로 왔다. 하나님의 역사는 내가 지난번에 이곳을 다녀간 후 퍽 확대되었다. 특히 젊은 사람들 사이에 그러하였다.

3월 10일(토) 나는 플레처 부인과 대담하는 즐거운 한 시간을 가졌다. 나는 그에게 브리스톨에 머무는 동안 잠시만이라도 그가 할 수 있는 가장 좋은 일을 하라고 권고하였다. 이에 따라 플레처 부인은 한 주간 내내 그의 시간과 건강이 허락하는 한 많은 속회들을 방문하였다. 그분의 말씀은 불과 같아서 그의 말을 들은 모든 사람들의 마음은 빛과 뜨거움으로 채워졌다.

3월 30일(금) 오전 5시에 설교하기로 약속하였는데, 4시가 조금 지난 후에 쥬리스 마카비우스의 곡으로 우리 현관에서 찬송을 부르는 음성과 기악의 연주를 듣게 되었다. 그것은 참 좋은 서곡이었다. 그래서 나는 거의 5시 30분 전에 설교하기 시작하였는데 그런데도 아래 위층이 꽉 찼다. 나는 힘있게, 그러나 부드럽게 "스스로 섰다 하는 자는 넘어질까 조심하라."는 말씀을 강조하였다.

6월 21일(목) 우리는 2개월 남짓 더블린을 비웠다가 무사히 다시 돌아와 하나님을 기쁘시게 하였다.

6월 26일(화) 우리는 코크 박사가 29일 만에 필라델피아에서 돌아와 아메리카에서 이룩하신 하나님의 역사를 전해 주어 크게 기뻐하였다.

8월 13일(월) 바람이 순조롭기에 오후에는 권제이에 도착하리라고 생각하였다. 그러나 바람이 다시 역풍이 되었으므로 될 것 같지 않았다. 그래서 오르다네 섬에 입항하는 것이 상책이라고 생각하였으나 그 해변에서도 거의 난파할 뻔하였다. 많은 바위 한가운데에서 바람이 갑자기 멈춰졌다. 만약 그대로 계속 되었다면 파도가 일어서 어떤 바위에든 부딪히고 말았을 것이다. 거기에서 기도드리기 시작하였더니 금세 바람이 일었다. 해질 무렵에 상륙할 수 있었다. 그 밤에는 방 안에 다섯 개의 침대가 있었음에도 불구하고 평안하게 잘 수 있었다.

8월 18일(토) 코크 박사와 나는 총독과 함께 식사를 하였다. 서로 친절하게 지내게 된 것을 감사하였다. 잘 이해할 줄 알고 예의 바르고 또 유쾌한 인물과 한 시간 가까이 대화하였다. 저녁에 이곳에서 처음 보는 많은 회중에게 설교하였다.

8월 19일(주일) 요셉 브래드포드가 아침 6시에 몬트레이서 레스 테레스에서 수많은 회중에게 설교하였다. 나는 8시 반부터 설교를 하였다. 10시에는 프랑스 교회에 갔다. 5시에는 더 많은 사람들이 모였다.

8월 20일(월) 새벽 3시와 4시에 아주 작은 불편한 배로 출발하였는데 적당한 수부도 타고 있지 않아서 7리그 밖에 안 된다는 곳까지 가는 데 7시간이나 걸리는 정도였다. 11시경에 세인트 해리어에 상륙하여 곧장 브랙캔베리 집으로 갔다.

8월 28일(화) 역풍으로 떠나지 못하고 저녁 6시에 집회소에서 이제까지 볼 수 없었던 많은, 아마도 5,600명 정도 모인 회중에게 설교하였다. 신사들이 많이 모였는데 하나님께서 우리 가운데 함께 계심을 깊이 느꼈다. 계속 발이 묶여 다음 날 저녁에 한층 더 많은 사람들에게 설교하였다. 그래서 나는 내가 말해야 할 일은 충분히 말하였다고 생각하였다. 그랬더니 다음 날 아침이 되자 바람이 사우햄프톤 방면으로 불지 않고 권제이 방면으로 계속 불고 있었으므로 이는 분명히 하나님의 섭리일 것이라고 믿고 권제이를 향해 기쁜 마음으로 갔다.

오후에 시장의 넓은 집회소를 제공해 주겠다는 제안을 받았다. 그곳은 이제까지 장소보다 3배나 사람을 많이 수용할 수 있는 곳이기에 이 제안을 기쁨으로 받아들여 6시에 설교를 하였다. 이제까지 이곳에서 보지 못하였던 많은 회중이 모여 들었다.

10월 29일(월) 나는 잡지를 위하여 수집한 원고들을 다시 조사하여 출판할 가치가 없다고 여겨지는 것은 버리고 나머지 것은 교정하였다.

11월 29일(목) 나는 램베트에 있는 에드워드의 집에서 설교하였다. 하나님께서 사람들을 그 맡은 일에 적응시키시는 일을 보며 놀라게 된다. 무슨 비상한 능력도 갖춘 바 없는 에드워드 부인이 근 100명의 어린이들을 가르치고 있으며 이 나라의 어떤 여자 선생님보다 못지않게 어린이들을 잘 돌보고 있는 것이 아닌가!

12월 9일(월) 나는 5시 반경에 내려가 보았으나 어떤 설교자도 와 있지 않았으며 우리가 3, 4명 모여도 아무도 설교하지 않기에 내가 설교에 참석한 이들이 없었느냐고 물었더니 그들은 전날 밤에 너무 늦게까지 앉아 있었기 때문이었다고 대답하였다.

나는 이런 일을 중단시키기로 결심하고 다음과 같은 명령을 내렸다. 1. 나의 집에 기거하는 이는 누구나 다 저녁 9시에 잠자리에 들 것. 2. 모든 사람은 새벽 설교 시간에 다 참예할 것.

12월 22일(토) 화가의 소청을 거절할 수 없어서 초상화를 그리기 위하여 한 시간 반가량 앉아 있었다. 이제까지 그린 것 중에 제일 잘 된 것이라고 생각한다. 그러나 80세가 넘은 사람의 그림이 무엇이 되겠는가?

1788년 2월 25일(월) 나는 웨스트 스트리트의 회중에게 내가 50년 전에 강조하였던바 "믿음을 통하여 은혜로 그대들은 구원을 받았느니라."는 설교를 다시 함으로 무거운 이별을 고하였다. 다음 집회에 하나님이 함께 하심으로 놀랍게도 그 장소가 차고 넘쳤다. 다음 날 밤에 새로운 예배당에 만은 회중이 모였으며 나는 그 회중에게 하나님의 모든 뜻을 선포하였다. 이제 런던에서 나의 일을 다 마친 것 같다. 다시 한 번 보게 되든지, 혹 다시 못 보게 될지 모르나 나는 하나님께 하나님의 일을 위하여 더욱 신앙적이고 더욱 성공적인 일꾼들을 일으켜 주십사 하고 기도드리련다.

3월 3일(월) 나는 브리스톨로 가서 2, 3일간 조용히 지냈다.

3월 16일(주일) 나는 시장 에드가의 초청으로 그의 교회에서 설교하고, 후에 시장 공관에서 그와 함께 점심을 먹었다. 많은 시의회 의원들과 높고 낮은 신분의 사람들이 많이 참석한 그 교회에서 나는 그들에게 성경에 나오는 다윗과 나사로의 무서운 이야기를 설명하고 그들에게 적용시켜 말하였다.

3월 17일(월) 나는 따뜻하고 명랑한 아침에 북방 순회 길에 올랐다.

3월 19일(수) 정오경에 나는 테우케스버리에서 설교하였는데 시장 복판인데도 불구하고 집은 가득 채워졌으며 사람들은 깊은 주의를 기울였다.
우리는 오후에 월체스터로 갔는데 거기서도 집이 좁을 정도로 많은 사람들이 모여들었다. 이곳의 메도디스트들은 그 규모 있는 실천 생활로 무지한 사람들을 잠잠케 만들어 버렸다. 그래서 그들은 이제는 불명예 때문이 아니라 명예 때문에 교만해질까 봐 오히려 큰 위험 가운데에 있게 되었다.

3월 22일(토) 저녁에 우리는 버밍햄에서 큰 회중을 맞았다. 이곳에 하나님의 역사가 영광스럽게도 확장되고 있었다. 신도회 회원은 800명 이상으로 늘어났으며 런던과 브리스톨을 제외하고는 영국 내의 어느 신도회보다 못하지 않은 모임이었다.

4월 3일(목) 나는 리크로 질러갔다. 그곳에서 우리는 여러 해 동안 모래밭을 가는 것 같이 보였으나 마침내 열매가 맺히기 시작하였다.

4월 19일(토) 볼톤으로 가서 저녁에 우리나라에서는 가장 좋은 집에서 참으로 생기 넘치는 회중에게 설교하였다. 그리고 전국에서 이만큼 성가를 잘 부르는 사람들이 있는 곳은 없다고 공언하였다. 많은 주일 학교에서 선택된 생도들을 정확하게 훈련하여 이루어진 소년 소녀의 3부합창이기 때문에 어떤 교회에서든 대회당에서는 또는 세상의 어떤 음악실에서도 이보다 나은 것은 찾을 수 없을 것이다. 특히 성가를 부르는 정신과 그들의 순수한 아름다움과 멜로디가 온전히 조화를 이루고 있으므로 하늘 아버지 집의 천사들의 합창을 제하고는 이보다 더 아름다움을 지닌 사람들이 없으리라 생각한다.

4월 20일(주일) 8시와 1시에 집은 가득 채워졌다. 3시경에 우리 교회학교에 속하는 900~1,000명가량의 아이들이 모여들었다. 좀처럼 다른 곳에서는 보기 드문 광경이었다. 그들은 모두 깨끗하고 소박한 복장을 하고 있으며 모두 조용하고 얌전하게 앉아 있었다. 소년들이나 소녀들이 모두 다 잉글랜드나 유럽 각 국의 어린이들 같이 어여쁜 얼굴들이었다. 그리고 그들이 함께 노래할 때 한 아이도 곡조에서 벗어나는 일이 없으며, 멜로디는 어느 극장의 것보다 훌륭하였으며, 참으로 하나님을 두려워하고 구원을 찬양하고 있는 점에 있어 매우 아름다웠다. 모든 도시가 다 모범으로 삼아야 할 점이라 생각한다. 그들이 늘 뜻하는 바는 (6명, 8명 또는 10명이 일단이 되어) 빈곤한 병자들을 방문하여 이를 격려하고 위로하는 일들이었다. 때때로는 10

명 내외가 모여 기도회를 열기도 하며 때로는 30~40명이 모이기도 한다고 한다. 열심히 찬송하고 기도하고 있었으므로 집으로 돌아가는 일도 잊는 때가 있다.

5월 16일(금) 글라스고우의 새 설교소는 바스에 있는 예배당만큼 크리라고 믿는다.

6월 5일(목) 웨어데일에 있는 사랑스러운 신도회를 한번 방문하기 위하여 일찍 출발하여 골짜기 입구 근처의 작은 도시인 왈싱함으로 가는 신기한 길을 통해 여행하였다. 폭풍우 때문에 야외에서 설교할 수 없게 되었는데 모여 온 사람들을 집 안에 다 수용할 수 있을 것 같지 않았다. 그러나 들어갈 수 있는 한 빽빽이 다 들어가고 나머지는 출입문과 창문 곁에 서 있었으며 그들의 그 간절한 마음은 주께 상달되어 큰 은혜가 있었다.

6월 28일(토) 오늘로서 85세가 되었다. 영육 간에 풍성한 복으로 나를 이끌어 주신 하나님을 어떻게 다 찬양할 수 있으랴! 이렇게 나이 많아졌어도 그 연륜이 나를 상하게 하는 일은 적었다. 물론 전과 같이 쾌활치는 못한 것은 사실이다. 전과 같이 빨리 달리지도 걷지도 못한다. 시력도 좀 약해져서 왼쪽 눈은 독서에 지장이 많다(수개월 전에 다친 이래). 바른쪽 눈동자와 관자놀이가 매일 조금씩 아프고, 또 발목을 삐어서 그런지 혹은 류마티스 때문인지 종종 오른편 어깨와 팔목이 아프다. 또 기억력이 둔해져서 최근 있었던 일에 대해서는 사람 이름이나 일들을 잊어버리게 된다. 그러나 20년, 40년, 60년 전에 들었거나, 읽은 일들은 결코 잊지 않는다. 또 듣고, 냄새 맡고, 먹는 일에 있어 (먹는 것은 전의 3분의 1밖에 안 되지만) 전보다 조금도 못하지 않다. 또한 여행하거나 설교를 하여도 피곤치 않으며 설교를 쓰는 일도 별 다름없이 전과 같이 빨리 또 바르게 쓸 수 있다고 생각한다.

내가 이럴 수 있는 데에는 어떠한 원인이 있을까? 먼저 제1은 하나님의 힘으로, 나를 하나님의 뜻대로 인도하시사 나를 불러 맡겨주신 일에 적합하게 해 주시는 데 원인이 있음은 의심할 여지가 없으며 다음으로 사람들의 열렬한 기도에 힘입은 바 크다. 그 다음에 들 수 있는 원인들은

1. 공기를 바꾸는 일과 늘 운동하는 일
2. 출생 이후 건강한 날이거나 병든 날이거나 육상에서나 해상에서나 밤에 반드시 자는 일
3. 몸이 피곤하다고 생각될 때에는 언제나 곧 자는 일
4. 60년 이상 새벽 4시에 기상한 일
5. 생활에 대하여 고민하지 않고 탄식하지 않았으며 근심하지도 않은 일

지금도 매일 눈과 관자놀이와 팔목에 통증을 느끼기는 하지만 별로 대단치 않으며 그렇게 오래 계속되지도 않는다.

이런 병고가 이 세상에 있는 장막 집을 속히 떠나게 되리라는 하나님의 경고인지 아닌지는 알 수 없으나 어쨌든 다음과 같이 말하고 싶다.

나의 남은 날들을
온 세상을 구원하시려고,
바로 그 일 위해 돌아가신 분을
찬양하며 보내련다.
나의 남은 날들이 길든 짧든
주님 뜻을 따라
다만 하나님께 바치면서 보내련다.

7월 6일(주일) 교회 예배가 시작되기 전에 엡워스에 도착하여 깁슨이 기도서를 읽고 분명하게 유익한 설교를 하는 모습을 보고 참 기뻤다. 그러나 성찬 참여자가 20명밖에 안 되며 내가 집례하던 때보다 반도 안 되는 점이 퍽 섭섭하였다. 또 주일에는 보통 50명도 모이기 어렵다는 말도 들었다. 어떻게 견딜 수 없는 이 잘못을 바로잡을 수 있을까?

회원들이 성공회에서 떠나지 않게 하려고 생각하지만 어찌할 도리가 없다. G는 경건한 사람이 아니며 오히려 불신앙적인 편이어서 때때로 진리에 위배되는 일을 말하고, 진리를 간직하고 사랑하는 사람들에게 반대하는 설교를 하기도 한다. 그래서 나의 감화력을 가지고서는 그의 설교를 듣지 못하게 하고 그가 베푸는 성찬에 참여하게 하지도 못한다. 내가 할 수 없다면 내가 죽은 뒤에는 대체 누가 이를 할 수 있을 것인가? 이 엡워스의 현상은 목사가 복음을 사랑치 않고 또 선포하지 않는 교회에서는 어디서나 나타나는 현상이다. 메도디스트는 아무도 그런 성찬에는 참여할 수 없을 것이다. 그런 때에는 어떻게 하여야 좋을까?

7월 19일(토) 나는 체스터필드 스트리트에서 과부가 된 여동생과 그의 아이들과 한 시간 동안 함께 지냈다.

나는 협의회 기간 동안 -즉 7월 29일(화)에 시작되어 8월 6일(수)에 끝난 - 매일 저녁 새 예배당에서 설교하였다. 그리고 우리는 더 충분히 생각하여야 할 일들을 시간이 충분치 못하여 간단히 해 넘기고 있음을 발견하였다.

이 협의회에서 가장 크게 문제가 되었던 것은 교회와의 관계였다. 여러 가지 논의된 것을 종합해 보면, 1. 50년 동안 교회의 교리와 조례의 규정에서 떠나려 한 일은 의식이나 무의식 간에 전혀 없었다. 2. 교리의 어떤 점에 관해서도 교회에서 떠나려고 하지를 않았다. 3. 그러나 50년 동안에 스스로 그렇게 하려고 한 것은 아니었으나 할 수 없이 점점 여러 가지 실제적인 면에서 독특한 걸음걸이를 취한 일, 예컨대 야외에서 설교한다든지 기도서에 없는 기도를 한다든지 평신도 설교자를 등용한다든지 신도회 등을 조직한다든지 연회를 개최하는 일 등을 하여 왔다. 그러나 이 일을 중지한다면 우리의 영혼이 상처를 입을 것이므로 중지하지 못하고 계속하는 것이다.

8월 6일(수) 협의회는 평화스럽게 끝났다. 우리는 오늘을 단식일로 정하고 5시와 9시와 1시에 기도하기 위하여 모였고 장엄한 철야기도회로 오늘의 막을 내렸다.

9월 3일(수) 나는 동생의 생애에 대해 쓰기 시작하였다. 아마도 이것을 마칠 때까지 살 수 없을 것이다. 그리되면 좀 더 나은 사람에게 이 일을 맡겨야겠다.

9월 6일(토) 하남에 있는 헨더슨 집으로 걸어갔고 이어 브리스톨로 갔다. 그러나 현명하기보다는 친절한 편인 나의 친구들은 5, 6마일을 걷는 것이 힘든 것 같았다. 메도디스트 설교자가 건강이 좋은데 그런 정도도 못한다면 부끄러운 일이 아니겠는가?

10월 10일(금) 나는 내 회계에 결산을 내고 또 출판사 사업을 감독할 위원회를 설립하였다. 출판사 사업은 이제까지 운영되던 방법과는 판이한 방법으로 운영될 것이 틀림없다.

12월 15일(월) 저녁에 하이게이트에 있는 테우론 양의 학교에서 설교하였다. 내가 기억하고 있는 중에서 가장 추운 밤이었다.
이 주간은 동생의 작품을 읽는 데 바쳤다. 작품이란, 시편과 4복음서와 사도행전 등을 주제로 한 단시들이다. 어떤 것은 별로 좋지 않았고, 어떤 것은 그저 그렇고 어떤 것은 월등히 좋은 것도 있었다.

1789년 1월 1일(목) 금년이 어떤 사람이 말하는 대로 최후의 해라면 이제까지 없었던 가장 좋은 해일 것임을 바라마지 않는다. 그렇다고 별로 마음에 걸리는 것도 아니었으나 밀톤의 시에 있는 천사의 충고를 잘 받기로 하자.

> 아무리 그대의 건강이 좋다 해도
> 하늘나라에 부름 받을 날이
> 한 없이 연기되지는 않으리

1월 5일(월) T 부인의 간청으로 다시 한 번 초상화를 그리기 위하여 앉게 되었다. 롬니는 참된 화가다. 그는 즉석에서 닮은 모습을 잘 그려냈다. 한 시간 동안에 조수아 경이 10시간이나 걸렸던 일을 해 냈다.

1월 9일(금) 전에 쓴 유언장에는 아무에게도 줄 돈이 없었다. 그러나 이제는 언제든지 내가 죽게 되면 서적을 판매하여 돈을 만들 수 있다는 것을 참작하여 다시 유언장을 작성하여 약간의 유산을 정해 놓았다. 그러나 살아 있는 동안에 할 수 있는 모든 좋은 일을 하련다. 죽은 후에 어찌될 것인지 누가 알겠는가?

1월 20일(화) 집에서 금년의 회계 정리를 하였다. 할 수 있으면 더 경제적인 사람이 되고 싶다. 아직 지불하지 못한 것이 많다. 이런 것들을 다 벗고 싶다. 죽기 전까지는 회계에 관한 모든 일을 말끔히 정리하고 싶다.

3월 1일(주일) 오늘은 실로 장엄한 날이다. 새 예배당은 오전에도 오후에도 가득 찼다. 이별의 축복을 동경하며 왔던 사람들 중에 실망하고 돌아간 사람은 별로 없다. 저녁 7시에 우편 마차를 타고 3, 4명의 형제들과 함께 잘 자고 노래 부르면서 즐거운 밤을 지냈다. 내가 이 달을 다 살아가지 못하리라고 예언한 사람이 정말 하나님의 보내심을 받은 자이냐 하는 것은 곧 나타날 것이다. 그러나 그것이야 어쨌든 언제든지 준비하는 것이 내가 할 일이다.

4월 5일(주일) 새 예배실에서 7시에 설교하였다. 11시에 나는 대회당으로 갔다. 나는 우리 신도회 회원 중에 그들의 교구 교회에 출석치 않는 형제들에게 성 패트릭 교회로 가자고 하였다. 많은 사람들이 이에 동의하고 그렇게 하였다.

5월 1일(금) 카포퀸으로 갔다. 비가 와서 야외 설교를 할 수 없게 되었는데, 병영 안에 있는 큰 집을 쓰라고 제안하기에 그렇게 하기로 하였다. 그곳을 향해 거리를 걸어가고 있는 동안 많은 사람들이 뒤따라오면서 힘을 다해 우리를 부르기도 하고, 큰 소리를 지르기도 하였다. 그러나 보초병이 이 무리를 다 막아 주어서 집 안에는 조용한 회중만 남게 되었다. 로마 교황주의자인 한 신사가 그의 집에서 쉬십사 하고 초청하기에 가서 평안하게 하룻밤을 쉬었다.

6월 28일(주일) 아침 예배 설교가 끝날 무렵에 우리는 큰 은혜를 받았는데 저녁에도 하나같이 모든 회중의 심령이 감동되었다.

오늘 나는 86세가 되었다. 실로 나도 이제는 노인이 되었음을 생각하게 한다. 1. 먼저 시력이 약화되어 작은 글자는 아주 밝은 빛이 아니고서는 읽을 수가 없다. 2. 체력이 약하여져서 몇 해 전에 비하면 걸음이 퍽 느려졌다. 3. 장소와 인명에 대한 기억력이 약하여져서 즉시 생각해 내기 어렵게 되었으므로 일일이 수첩에 적어두기로 하였다. 내일 일을 좀 생각한다면 내가 두려워 할 일은, 나의 체력이 약해짐이 나의 마음 위에 무거운 짐이 되어 이해력이 둔해지기 때문에 완고해지거나, 체력이 약해지기 때문에 마음이 까다롭게 되지나 않을까 하는 점이다. 하나님이시여! 그런 경우라 할지라도 당신이 나의 모든 것을 맡아주시리라 믿습니다. 오! 주 나의 하나님이시여!

8월 8일(토) 나의 평상 사무를 정리하고 특히 아르미니안 잡지를 준비하기 위하여 새로운 사람을 선택하였다. 그리고 유감스럽지만 O를 사양하지 않으면 안 되었는데 그 이유는 1. 내가 12년간이나 참아왔는데도 그가 너무나 많은 착오를 내기 때문에 더 이상 견딜 수 없게 되었다. 2. 나에게 알리지도 않고 산문과 시를 잡지에 실은 일이다. 이제부터 짧은 여생 동안 할 수 있는 대로 고쳐 나가지 않으면 안 된다.

8월 19일(수) 정오경에 헬스톤의 하이 스트리트에서 내 기억으로는 이제까지 보지 못하였던 정도의 회중에게 설교하였다. 20일(목) 성 저스트로 가서 저녁에 하나님의 사랑을 잃지 않은 아름다운 청중에게 설교하였다. 21일

(금) 11시경에는 뉴린에서, 저녁때에는 펜잔스에서 설교하였으나 양쪽 다 노방에서 하여야만 하였다. 22일(토)에는 레드루스로 건너가서 늘 하던 대로 시장의 층계에서 수많은 청중에게 설교하였다. 말씀은 한 사람, 한 사람의 마음속 깊은 곳으로 스며드는 것으로 보였다. 콘월에서 이런 흐뭇한 주간을 보내기는 이번이 처음이었다.

8월 23일(주일) 아침에 그곳에서 한 번 더 설교하고 저녁에는 자연 극장에서 하였다. 그러나 목소리가 계속 나오지 않기 때문에 이것이 마지막이 아닌가 하고 생각하였다. 2만 5천명 이상이 모였던 것 같은데 그들 모두가 듣게 하지는 못하였다고 생각한다.

9월 11일(금) 나는 킹스우드로 갔다. 이곳은 즐거운 휴식처이며 모든 것이 이제는 꼭 내가 원하는 대로 되어 있는 곳이다. 그러나 "사람은 누워 있기 위해 어둠 속에 태어난 것은 아니다." 이제도 또 일하자: 우리는 잠시 후에 쉬게 될 것이다.

10월 8일(목) 일찍 출발하여 오후에는 런던에 도착하였다. 하나님의 섭리로 사는 동안은 이렇게 있었으면 하고 원하는 그런 상태에 놓여 있다. 시력이 줄었으므로 촛불로는 책을 읽기가 매우 어렵지만 쓰는 일은 전과 같아서 별로 곤란을 느끼지 않는다. 체력이 약하여져서 하루에 두 번 이상 설교할 수는 없다. 그러나 하나님의 축복으로 나의 기억력은 별로 심하게 감퇴되지는 않았기 때문에 지난 50년에 비해 별 다름이 없는 이해력을 가지고 있다.

11월 1일(주일) 내가 특별히 사랑하는 "모든 성자의 날"이기에, 나는 계시록 7장 1절의 말씀으로 설교하였고, 우리 모두 크게 기뻐하였다.

12월 27일(주일) 나는 우리 교구 교회인 성 누가 교회에서 오후에 매우 많은 회중에게 "성령과 신부가 말하기를 오라 하는도다."라는 제목으로 설교하였다. 이제 좀 변하여 내가 수락할 수 있는 것보다 더 많은 초청을 교회들에서 받고 있다.

12월 28일(월) 나는 폐함으로 물러나가서 여가 시간에 「벨라미 부인의 생애」라는 책을 일부분 읽었다. 이 우아하신 저자보다 "악을 미화하고 죄를 빛내는 일"에 더 자유스러웠던 사람은 존 드라이덴 이래로 없었다. 그녀의 생각 속에는 하나님이 전혀 없었다. 혹 진실일지도 모르고 혹 그렇지 않을지도 모를 많은 일화를 삽입하고 있다. 개릭에 대한 이야기는 좀 이상스럽다. 그녀의 말에 따르면 "그가 잉글랜드로 출발하여야 할 때 한 부인이 와서 소포를 주면서 '바다로 나갈 때까지 열지 말아 주십시오.'라고 하였다는 것이다. 말대로 바다로 나간 다음 열어보니 웨슬리의 성가집이 나왔는데 그는 곧 그것을 내버렸다."는 것이다. 그러나 나는 이것을 믿을 수 없다. G는 좀 더 사려 깊은 사람이라고 생각한다. 그는 내 동생을 잘 알고 있으며 내 동생이 저 톰슨은 그 밖의 세속 극작가들을 다발로 묶어 놓은 경우보다도, 그 박학함에 있어서만 아니라 시에 있어서도 훌륭하였다는 점을 인정해 주고 있음이 틀림없다. 그들 중에는 한 사람도 동생의 그 강하고 예민한 감각과 청순하고 아름다운 용어 구사를 따를 자가 없다. 그의 자녀들의 음악적인 작품도 그들의 아버지의 것에는 미치지 못한다.

1790년 1월 1일(금) 나는 이제는 어쩔 수 없는 노인이다. 눈은 흐리고, 오른손이 흔들리고 입은 아침마다 열이 있고 타서 바싹 마르고 있다. 거의 매일 계속해서 열이 좀 오르며 몸의 움직임은 약해지고 느려졌다. 그러나 감사한 것은 주를 위한 일은 계속할 수 있어서 설교도 할 수 있고 저술도 계속하고 있다.

1월 2일(토) 나는 소노우필드에서 내가 금년에 처음 보는 그런 많은 회중에게 "나는 그리스도의 복음을 부끄러워하지 않노라."는 제목으로 설교하였다. 3일(주일)에 근 2,000명가량이 하나님과의 계약을 새롭게 하려고 뉴 채플로 모여들었다. 성서적인 길로 은혜 받는 것을 메도디스트 이외의 사람들은 거의 다 잊어버렸다.

1월 29일(금) 우리는 계삭회로 모였는데 거기서 우리가 1년에 3,000파운드를 수입하고 지출하였음이 밝혀졌다. 그러나 우리 지출이 아직도 수입보다 더 앞서고 있는 형편이다.

2월 21일(주일) 나는 뉴 채플에서 아이들에게 설교하였는데 결과는 퍽 좋았다.

3월 14일(주일) 편안한 날이었다. 오전에 나는 '생소한 사람들의 모임'에 갔는데 이 모임은 우리 신도회가 아니고 모두 구제받은 가난하고 병들고 친구가 없는 낯선 사람들로 이루어진 것이다. 나는 몇 해 전까지만 해도 이런 이름의 기관이 있다는 것을 듣지도 읽지도 못하였다. 그러니 이것 역시도 우리 메도디즘의 한 열매인 것이다.

5월 5일(월) 아트링함을 방문하였을 때 그곳의 새 예배당에서 사람들에게 몇 마디 이야기를 해달라는 부탁을 받았기에 갔더니 내가 도착하자마자 예배당이 거의 채워졌으며 조금 후에는 넘치게 되었다. 12시경에 놀스위치 예배당에서 많은 회중에게 설교하였고 저녁에는 체스터에서 우리 애정 깊은 옛 친구들과 재상봉의 기쁨을 가졌다.

6월 28일(월) 오늘로서 87세가 되었다. 86세까지는 별로 변한 일도 없고 눈도 그렇게 흐리지 않았으며 체력도 쇠하지 않았다. 그러나 작년 8월에서부터 급히 변해졌다. 눈은 아주 침침해지고 이제는 안경도 아무 쓸모가 없게 되었다. 체력도 다해진 것 같아 다시 힘을 차릴 것 같지 않다. 그렇다고 해서 특별히 어디가 아픈 것도 아니고 다만 자연히 쇠약해져 갈 뿐이어서 인간적으로 말한다면,

"생명의 약한 샘줄이

마침내 고요히 멈추는 것"

이라고 할 수 있으며 그 날이 오기까지 점점 가라앉아 갈 것이다.

6월 30일(화) 나는 엡워스를 가로질러 오우스톤으로 가며 여러 설교자들과 함께 평안한 하루를 보냈다. 이곳 신도회는 그 순회 구역에서 제일 뒤진 신도회였으나 이제는 신령상 형편으로나 숫자적인 면에 있어서나 단연 선두를 달리는 신도회가 되었다. 모여 온 회중을 새 예배당에는 반도 수용할 수 없었으므로 나도 고요하고 온화한 저녁에 야외에서 설교하였으며 하나님께서 그의 말씀을 많은 사람들의 심령 속에 깊이 새겨주신 줄로 믿는다.

7월 1일(목) 나는 링컨으로 갔다. 오후에 대회당 내부와 외부를 돌아보았는데 요크의 것보다는 그 환경으로나 여러 모의 구조로 보아 훨씬 훌륭하다고 생각되었다. 저녁때 새 예배당에서는 열렬한 사람들이 넘치도록 모여왔다. 링컨과 욕크의 회중 사이에는 상당히 다른 점이 있어 보인다. 이곳 사람들은 영적으로 뜨겁고 강한 면이 있어서는 한 걸음 뒤지지만, 부드럽고 상냥한 면에서는 훨씬 앞섰다. 그래서 만일 외부에서의 조력을 받게 된다면 그들은 훨씬 더 훌륭해질 수 있을 것이다.

링컨의 몇 마일 전방에서 우편 마차의 말에 물을 먹이기 위하여 길가의 여관 앞에 멈췄다. 거기 들어갔더니 곧 그 여관 주인이 눈물을 글썽이고 그의 부인은 손을 꽉 쥐고 소리 내어 울기 시작하였다. 그리고 "이렇게 우리 집에까지 오서 주시다니! 나의 아버님이 바로 엡워스의 존 레스터입니다."라고 하였다. 그 이야기를 듣고 나니 그들이 여기에 올 때까지 신도회 회원이었음을 알게 되었다. 그래서 함께 기도드리고 잠시 동안 함께 지냈는데 이것이 결코 헛되지 않으리라 믿는다.

8월 27일(금) 나는 브리스톨로 돌아왔다.

9월 4일(토) 나는 바스로 가서 저녁에 열렬한 사람들에게 설교하였는데 광고가 잘 안 되어 회중은 적었다.

9월 5일(주일) 오늘부터 하루에 세 번 설교한다는 별로 좋지 않은 습관을 금지시켰다. 같은 회중에게 같은 설교자가 하루에 세 번이나 설교한다는 것은 설교하는 이에게나 듣는 이에게나 영육간의 피곤을 가져올 뿐이다.

9월 17일(금) 나는 쏜버리로 가서 정오에 열심 있는 많은 회중에게 설교하였다. 밤에 우리는 킹스우드에서 철야 기도회를 가졌다.

9월 22일(수) 나는 템플 교회에서 "믿는 자에게는 능치 못할 일이 없느니라."는 제목으로 다시 한 번 설교하였다.

10월 3일(주일) 참으로 평안한 하루였다. 나는 아침과 저녁에 새 예배당에서 성령의 크신 역사 속에서 설교하였다. 이어서 사랑의 만찬에서 우리는 모두 큰 기쁨을 나누었으며, 여러 사람이 하나님께서 그들의 영혼을 위해 베푸신 은혜에 대해 간증하였으며 많은 사람들이 큰 위로를 받았다.

10월 13일(수) 저녁에 놀위치에서 설교하였는데 청중을 모두 다 받아들일 수가 없었다. 세월도 많이 변하였다. 이제는 나도 놀위치에서 유명한 사람이 되었다. 하나님은 마침내 우리의 대적자들과 우리를 화목케 해주셨다. 도덕 폐기론자들 외에는 우리에 대하여 반대하는 이들이 없게 되었다.

10월 14일(목) 얄마우스로 가서 그곳 신도회가 마침내 융화되고 일치되고 있음을 발견하였다. 저녁에 설교소에 수용할 수 없을 만큼 많은 청중이 모여 들었는데 보통 때보다도 오히려 더 조용하였다. 저녁 식사 후에 소수의 무리가 함께 기도드렸을 때에는 다만 놀라움과 기쁨 속에서 하나님의 능력을 체험하였다. 15일(금) 로웨스토프에 있는 건실하고 사랑이 넘치는 잘 단합된 신도회를 방문하였다. 그런데 이상스럽게도 회원 수가 증가되지도 감소되지도 않고 그대로 있었다. 16일(토) 1시경에 런던에서 설교하였고 6시에 놀위치에서 설교하였다. 17일(주일) 7시에 작년보다 그 배가 되는 150명 정도의 사람들에게 성찬을 베풀었다.

10월 18일(월) 오늘은 린으로 가는 마차가 없기 때문에 할 수 없이 우편마차를 탔다. 그러나 데레함에서 새 말을 찾을 수 없었으므로 같은 말로 스와팜까지 달리지 않으면 안 되었다. 집에 청중이 가득 차게 모였으며 말씀을 받을 준비가 잘 되어 있었다. 그런데 여기서도 우편마차를 정비할 수가 없어서 한 필이 끄는 마차를 빌렸다. 바람이 불어 우리 얼굴에 비를 몰아쳤는데 막을 수가 없었다. 그래서 린에 도착하기 전에 머리에서 발끝까지 적셔져 차갑게 되었다. 그러나 막상 회중의 열심을 보게 되었을 때 그런 일쯤은 아무것도 아닌 일이 되고 말았다.

10월 19일(화) 저녁에 이 도시 안에 있는 목사들이 발 아픈 사람 하나를 제외하고 모두 교회에 출석하였다. 그들은 모두 메도디스트에 대하여 호의를 가지고 있는 사람들이었고 도시 사람들도 그러하였기에 주일 학교를 위하여 헌금을 하였더니 근 20파운드나 모였다. 20일(수)에 스콜톤에 가까운 디스에서 설교 부탁을 받았는데 어디서 설교하느냐가 문제였다. 목사는 교회에서 설교하기를 원하였으나 런던으로 가는 도상에 있던 감독이 몇 마일 밖에 와 있었으므로 그의 뜻을 거스르는 일이나 되지 않을까 하는 점을 두려워하고 있었다. 그러나 한 신사가 가서 감독에게 문의하였더니 "전혀 반대하지 않는다."는 대답을 해 주었단다. 이 교회는 나라 안에서 가장 큰 교회 중의 하나라고 생각한다. 수백 년을 지내오는 동안 그 교회가 회중으로 가득 채워졌던 일은 없었을 것이다. 이 저녁과 다음 날 저녁에 나는 버리에서 참으로 열심 있고 진지한 청중들에게 설교하였다. 그래서 이에서의 우리의 수고는 결코 헛되지 않았다. 22일(금)에 우리는 런던으로 돌아갔다.

10월 24일(주일)　스피타필드의 교회에서 많은 사람들에게 "하나님의 전신 갑주"에 대하여 설명하였다. 샤드웰의 성 바울 교회에 오후에 더 많은 사람들이 모였는데 나는 거기서 "없어서는 안 될 것은 한 가지 뿐"이라는 중대한 진리를 힘 있게 전하였다. 많은 사람들이 그 즉시로 더 좋은 편을 택하였기를 바라마지 않는다.

개정판
존 웨슬리의 일기

초 판 1994년 8월 15일
개정판 1쇄 2007년 5월 24일
        2쇄 2015년 4월 14일

존 웨슬리 지음
나원용 옮김

발 행 인 | 전용재
편 집 인 | 한만철

펴 낸 곳 | 도서출판 kmc
등록번호 | 제2-1607호
등록일자 | 1993년 9월 4일

(110-730) 서울특별시 종로구 세종대로 149 감리회관 16층
        (재)기독교대한감리회 출판국
대표전화 | 02-399-2008 팩스 | 02-399-4365
홈페이지 | http://www.kmcmall.co.kr

값 20,000원
ISBN 978-89-8430-354-6 03230